KB243872

HOW TO TEPS

점수대별 TEPS 실전 모의고사

실전력 700

How to TEPS 실전력 700

지은이 넥서스 TEPS연구소
펴낸이 안용백
펴낸곳 (주) 넥서스

초판 1쇄 발행 2010년 7월 25일
초판 7쇄 발행 2013년 12월 20일

출판신고 1992년 4월 3일 제311-2002-2호
121-840 서울시 마포구 서교동 394-2
Tel (02)330-5500 Fax (02)330-5555

ISBN 978-89-6000-697-3 18740

가격은 뒤표지에 있습니다.
잘못 만들어진 책은 구입처에서 바꾸어 드립니다.

www.nexusbook.com

텝스 상급 진입을 위한 최적의 실전 모의고사

HOW TO TEPS

넥서스 TEPS연구소 지음

점수대별 TEPS 실전 모의고사

실전력 700

넥서스

Preface

1999년 1월 첫 TEPS 정기시험 시행 이후 100회를 훌쩍 넘으면서 TEPS는 이제 명실공히 한국인의 영어능력을 가장 객관적이면서 과학적으로 테스팅하는 시험으로 자리매김을 하였습니다.

TEPS 시험 유형을 자세히 분석해 보면 기존의 영어능력 검정시험과 확연히 다른 두 가지 점을 파악할 수 있을 겁니다. 문법과 어휘 영역에서 문어체 표현뿐만 아니라 구어체 표현까지 다양하게 출시된다는 것과 테스팅 타임(2시간 20분) 동안 처리해야 할 문제 정보량이 너무나 방대하기 때문에 TEPS만의 독특한 문제 유형에 익숙해지지 않으면 시간 안에 주어진 문제를 다 풀기가 버겁다는 것입니다. 따라서 TEPS 문제 유형에 익숙해지도록, 소위 말해서 전천후 TEPS 체질로 영어 공부 환경을 완전히 바꾸어야 TEPS 시험에서 고득점을 얻을 수 있습니다.

이러한 문제 유형 파악을 위해 단시간에 가장 효과적인 학습 방법은 시험 출제 경향과 유사한 문제들을 많이 경험하는 것이라는 것을 TEPS를 준비해 본 수험생이라면 누구나 알 것입니다. 시중에 TEPS 모의고사 문제집은 이미 많이 나와 있지만 수험생 각자의 학업 성취 목표에 따라 난이도를 제대로 조절한 모의고사 교재는 아직 없는 것을 발견하고 이번에 넥서스 TEPS연구소 연구원들이 난이도별 모의고사 시리즈를 개발하게 됐습니다.

보다 TEPS 기출문제와 유사한 문제들을 개발하기 위해 연구원들 전원 수시로 TEPS 시험에 응시하며 데이터를 정리했으며, 매력적인 지문과 질문 개발을 위해 미국에 있는 Henry J. Amen Ⅳ, 뉴질랜드 출신의 Anne Cave 교수님 외 국내외 여러 박사님들이 끝까지 많은 도움을 주셨습니다. 이 책의 청해 문제 녹음을 위해 가는 날 이 땅에 예상치 않은 함박눈이 쏟아져 연구원들이 무지 고생했던 추억이 있답니다. 하루라도 독자들에게 먼저 다가가기 위해 모든 외부 환경 요소들을 뛰어넘어 이제 〈How to TEPS 실전력 700〉을 이 세상에 내놓게 됐습니다. TEPS 700점 획득이 독자들에게 또 다른 새로운 도전과 꿈을 향한 전진이 될 것입니다. TEPS 이상의 비전 성취를 준비하는 수험생들에게 본책이 유익한 동반자가 될 수 있기를 바랍니다.

넥서스 TEPS연구소 연구원 일동

Contents

Actual **Test 3** 해설

별책부록

 빈출 문법 매뉴얼

 MP3 CD 1장

All about the Book

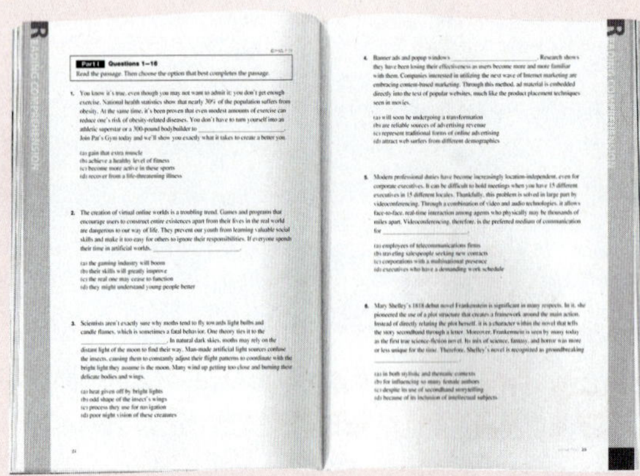

1 / TEPS 기출문제 재구성

국내외 유수한 TEPS 전문가가 출제한 양질의 문제를 수록하였습니다. 최신 출제 경향 및 출제 유형 완벽 분석 후 실제 TEPS와 동일하게 구성하였습니다.

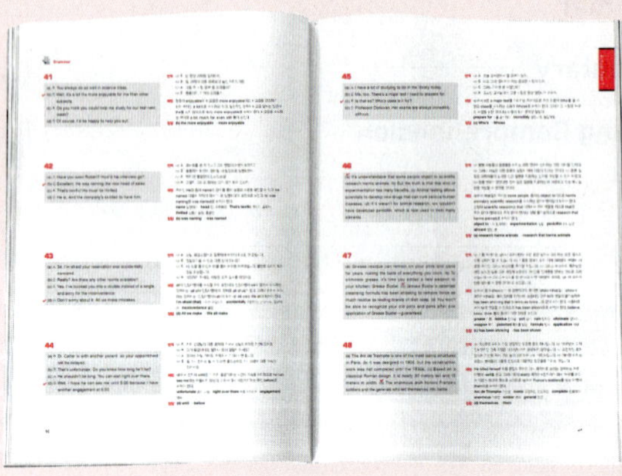

2 / 답이 보이는 명쾌한 해법

문제 출제 원리를 명쾌하게 풀어내어 혼자 학습하는 수험생에게 어려움이 없도록 했습니다. 또한 수험생의 편의를 고려하여 해설집에 문제집의 문제를 다시 한번 수록하였습니다.

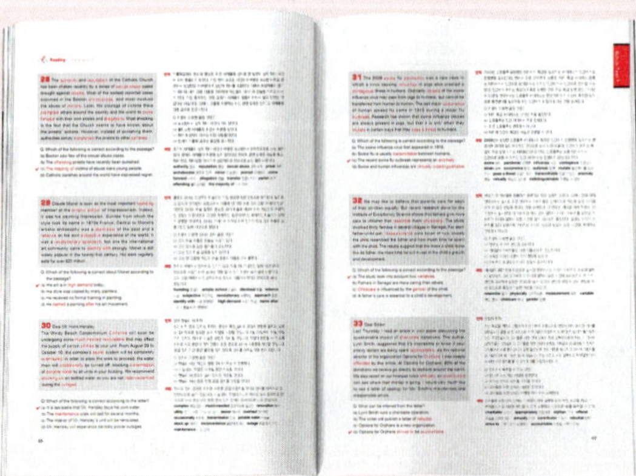

3 / 700점 맞춤 난이도

너무 어려운 고난도 문제나 답이 뻔한 초급 문제는 배제하고, TEPS 700점 획득을 위해 꼭 알고 있어야 하는 요소들로 문제를 구성했습니다.

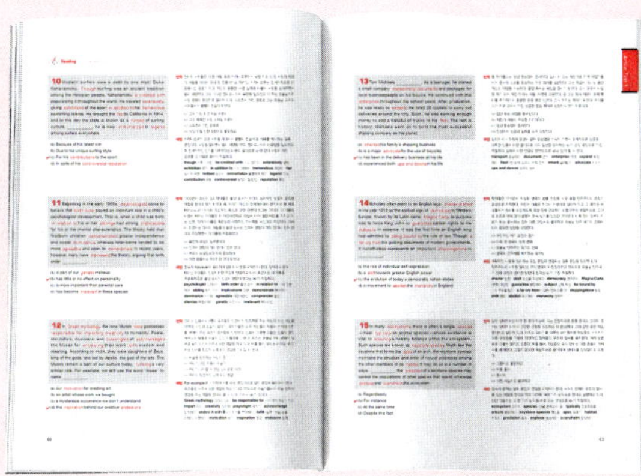

4 / 어휘 학습 강화

청해 Part 4와 독해 지문 속 어휘를 별도의 컬러로 처리하였습니다. 단어 찾는 시간을 줄이고, 단어가 문장 속에서 어떤 역할을 하는지 한눈에 알아볼 수 있도록 독자들의 편의를 도모하였습니다.

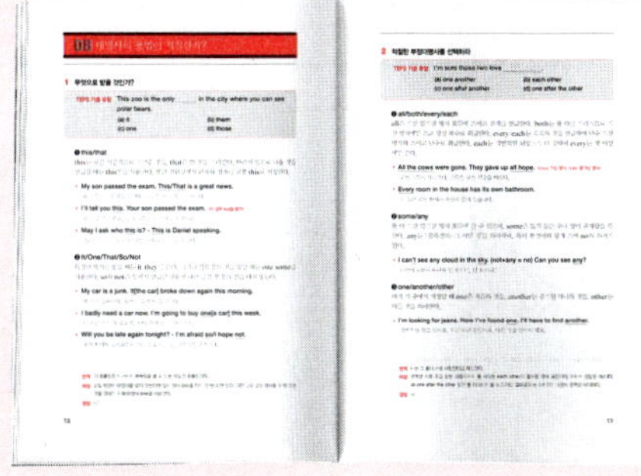

5 / 빈출 문법 매뉴얼

TEPS 700점 획득을 위해 반드시 숙지하고 있어야 할 문법 사항들을 별책부록으로 엮었습니다. 휴대하기 편한 사이즈라 TEPS 시험 당일 고사장에서도 요긴하게 활용할 수 있습니다.

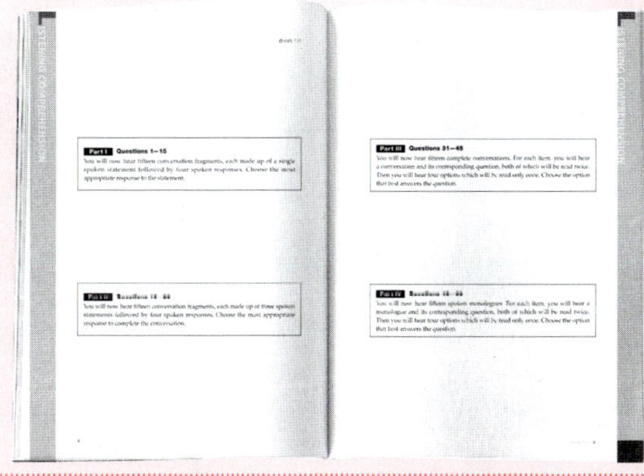

6 / 무료 MP3

실제 TEPS 시험 문제 녹음에 참여한 원어민 성우들이 읽는 속도, 억양, 발음 등을 TEPS 정기시험과 유사하게 구현해 냈습니다.

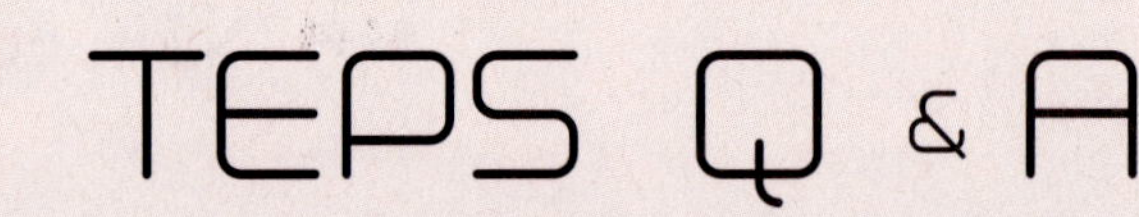

1 / TEPS란?

❶ Test of English Proficiency developed by Seoul National University의 약자로 서울대학교 언어교육원에서 개발하고, TEPS관리위원회에서 주관하는 국가공인 영어시험

❷ 1999년 1월 처음 시행 이후 2010년 1월 현재 114회 실시했으며, 연 16회 실시

❸ 정부기관 및 기업의 직원 채용, 인사고과, 해외 파견 근무자 선발과 더불어 대학과 특목고 입학 및 졸업 자격 요건, 국가고시 및 자격 시험의 영어 대체 시험으로 활용

❹ 100여 명의 국내외 유수 대학의 최고 수준 영어 전문가들이 출제하고, 언어 테스팅 분야의 세계적인 권위자인 Bachman 교수(미국 UCLA)와 Oller 교수(미국 뉴멕시코대)로부터 타당성을 검증받음

❺ 말하기-쓰기 시험인 TEPS Speaking & Writing도 별도로 실시 중이며, 2009년 10월부터 이를 통합한 *i*-TEPS 실시

2 / TEPS 시험 구성

영역	Part별 내용	문항수	시간/배점
청해 Listening Comprehension	Part I : 문장 하나를 듣고 이어질 대화 고르기 Part II : 3문장의 대화를 듣고 이어질 대화 고르기 Part III : 6~8 문장의 대화를 듣고 질문에 해당하는 답 고르기 Part IV : 담화문의 내용을 듣고 질문에 해당하는 답 고르기	15 15 15 15	55분 400점
문법 Grammar	Part I : 대화문의 빈칸에 적절한 표현 고르기 Part II : 문장의 빈칸에 적절한 표현 고르기 Part III : 대화에서 어법상 틀리거나 어색한 부분 고르기 Part IV : 단문에서 문법상 틀리거나 어색한 부분 고르기	20 20 5 5	25분 100점
어휘 Vocabulary	Part I : 대화문의 빈칸에 적절한 단어 고르기 Part II : 단문의 빈칸에 적절한 단어 고르기	25 25	15분 100점
독해 Reading Comprehension	Part I : 지문을 읽고 빈칸에 들어갈 내용 고르기 Part II : 지문을 읽고 질문에 가장 적절한 내용 고르기 Part III : 지문을 읽고 문맥상 어색한 내용 고르기	16 21 3	45분 400점
총계	13개 Parts	200	140분 990점

☆ **IRT** (Item Response Theory)에 의하여 최고점이 990점, 최저점이 10점으로 조정됨.

3 / TEPS 시험 응시 정보

현장 접수

❶ www.teps.or.kr에서 인근 접수처 확인
❷ 준비물: 응시료 33,000원(현금만 가능), 증명사진 1매(3×4 cm)
❸ 접수처 방문: 해당 접수기간 평일 오전 10시 ~ 오후 5시

인터넷 접수

❶ TEPS관리위원회 홈페이지 접속 www.teps.or.kr
❷ 준비물: 스캔한 사진 파일, 응시료 결제를 위한 신용카드 및 은행 계좌
❸ 응시료: 33,000원(일반) / 17,000원(군인) / 36,000원(추가 접수)

4 / TEPS 시험 당일 정보

❶ 고사장 입실 완료: 9시 30분(일요일) / 3시(토요일)
❷ 준비물: 신분증, 컴퓨터용 사인펜, 수정테이프, 수험표, 시계
❸ 유효한 신분증
성인: 주민등록증, 운전면허증, 여권, 공무원증, 현역간부 신분증, 군무원증, 주민등록증 발급 신청 확인서, 외국인 등록증
초·중고생: 학생증, 여권, 청소년증, 주민등록증, 주민등록증 발급 신청 확인서, TEPS 신분확인 증명서
❹ 시험 시간: 2시간 20분 (중간에 쉬는 시간 없음, 각 영역별 제한시간 엄수)
❺ 성적 확인: 약 2주 후 인터넷에서 조회 가능

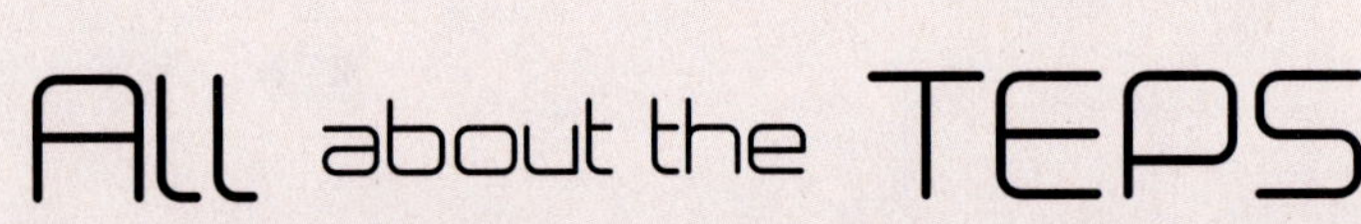

Listening Comprehension 60문항

Choose the most appropriate response to the statement. (15문항)

문제유형 질의 응답 문제를 다루며 한 번만 들려주고, 내용은 일상의 구어체 표현으로 구성되어 있다.

W I wish my French were as good as yours.
M ____________________

(a) Yes, I'm going to visit France.
✔ (b) Thanks, but I still have a lot to learn.
(c) I hope it works out that way.
(d) You can say that again.

번역 W 당신처럼 프랑스어를 잘하면 좋을 텐데요.
M ____________________

(a) 네, 프랑스를 방문할 예정이에요.
(b) 고마워요. 하지만 아직도 배울 게 많아요.
(c) 그렇게 잘 되기를 바라요.
(d) 당신 말이 맞아요.

Choose the most appropriate response to complete the conversation. (15문항)

문제유형 두 사람이 A–B–A–B 순으로 대화하는 형식이며, 한 번만 들려준다.

W I wish I earned more money.
M You could change jobs.
W But I love the field I work in.
M ____________________

(a) I think it would be better.
✔ (b) Ask for a raise then.
(c) You should have a choice in it.
(d) I'm not that interested in money.

번역 W 돈을 더 많이 벌면 좋을 텐데요.
M 직장을 바꾸지 그래요?
W 하지만 난 지금 일하고 있는 분야가 좋아요.
M ____________________

(a) 더 좋아질 거라고 생각해요.
(b) 그러면 급여를 올려 달라고 말해요.
(c) 그 안에서 선택권이 있어야 해요.
(d) 돈에 그렇게 관심이 있지는 않아요.

Choose the option that best answers the question. (15문항)

문제유형 비교적 긴 대화문. 대화문과 질문은 두 번, 선택지는 한 번 들려준다.

M Hello. You're new here, aren't you?
W Yes, it's my second week. I'm Karen.
M What department are you in?
W Customer service, on the first floor.
M I see. I'm in sales.
W So, you'll be working on commission, then.
M Yes. I like that, but it's very stressful sometimes.

Q: Which is correct according to the conversation?

(a) The man and woman work in the same department.
✔ (b) The woman works in the customer service department.
(c) The man thinks the woman's job is stressful.
(d) The woman likes working for commissions.

번역 M 안녕하세요. 새로 오신 분이시죠?
W 예, 여기 온 지 2주째예요. 전 캐런이에요.
M 어느 부서에서 근무하시나요?
W 1층 고객 지원부에서 일해요.
M 그렇군요. 전 영업부에서 일해요.
W 그러면 커미션제로 일하시는군요.
M 네. 좋기는 하지만 가끔은 스트레스를 많이 받아요.

Q: 대화에 따르면 옳은 것은?

(a) 남자와 여자는 같은 부서에서 일한다.
(b) 여자는 고객 지원부에서 일한다.
(c) 남자는 여자의 일이 스트레스가 많다고 생각한다.
(d) 여자는 커미션제로 일하는 것을 좋아한다.

Choose the option that best answers the question. (15문항)

문제유형 담화문의 주제, 세부 사항, 사실 여부 및 이를 근거로 한 추론 등을 다룬다.

Confucian tradition placed an emphasis on the values of the group over the individual. It also taught that workers should not question authority. This helped industrialization by creating a pliant populace willing to accept long hours and low wages and not question government policies. The lack of dissent helped to produce stable government and this was crucial for investment and industrialization in East Asian countries.

Q: What can be inferred from the lecture?

(a) Confucianism promoted higher education in East Asia.

(b) East Asian people accept poverty as a Confucian virtue.

✔ (c) Confucianism fostered industrialization in East Asia.

(d) East Asian countries are used to authoritarian rule.

번역 유교 전통은 개인보다 조직의 가치를 강조했습니다. 또한 노동자들에게 권위에 대해 의문을 제기하지 말라고 가르쳤습니다. 이것은 장시간 노동과 저임금을 기꺼이 감수하고 정부의 정책에 의문을 제기하지 않는 고분고분한 민중을 만들어 냄으로써 산업화에 도움이 되었습니다. 반대의 부재는 안정적인 정부를 만드는 데 도움이 되었고, 이는 동아시아 국가들에서 투자와 산업화에 결정적이었습니다.

Q: 강의로부터 추론할 수 있는 것은?

(a) 유교는 동아시아에서 고등교육을 장려했다.

(b) 동아시아 사람들은 유교의 미덕으로 가난을 받아들인다.

(c) 유교는 동아시아에서 산업화를 촉진했다.

(d) 동아시아 국가들은 독재주의 법칙에 익숙하다.

Grammar 50문항

Choose the best answer for the blank. (20문항)

문제유형 A, B 두 사람의 짧은 대화 중에 빈칸이 있다. 동사의 시제 및 수 일치, 문장의 어순 등이 주로 출제되며, 구어체 문법의 독특한 표현들을 숙지하고 있어야 한다.

A Should I just keep waiting ___________ me back?
B Well, just waiting doesn't get anything done, does it?

(a) for the editor write
✔ (b) until the editor writes
(c) till the editor writing
(d) that the editor writes

번역 A 편집자가 나한테 답장을 쓸 때까지 기다리고만 있어야 합니까?
B 글쎄요, 단지 기다리고 있다고 해서 무슨 일이 이루어지는 건 아니겠죠?

Choose the best answer for the blank. (20문항)

문제유형 문어체 문장을 읽고 어법상 빈칸에 적절한 표현을 고르는 유형으로 세부적인 문법 자체에 대한 이해는 물론 구문에 대한 이해력도 테스트한다.

All passengers should remain seated at _______ times.

(a) any
(b) some
✔ (c) all
(d) each

번역 모든 승객들은 항상 앉아 있어야 합니다.

Identify the option that contains an awkward expression or an error in grammar. (5문항)

문제유형 대화문에서 어법상 틀리거나 어색한 부분이 있는 문장을 고르는 문제로 구성되어 있다.

(a) A Where did you go on your honeymoon?
(b) B We flew to Bali, Indonesia.
✔ (c) A Did you have good time?
(d) B Sure. It was a lot of fun.

번역 (a) A 신혼여행은 어디로 가셨나요?
(b) B 인도네시아 발리로 갔어요.
(c) A 좋은 시간 보내셨어요?
(d) B 물론이죠. 정말 재미있었어요.

Identify the option that contains an awkward expression or an error in grammar. (5문항)

문제유형 한 문단 속에 문법적으로 틀리거나 어색한 문장을 고르는 유형이다.

(a) Morality is not the only reason for putting human rights on the West's foreign policy agenda. (b) Self-interest also plays a part in the process. (c) Political freedom tends to go hand in hand with economic freedom, which in turn tends to bring international trade and prosperity. ✔(d) A world in which more countries respect basic human rights would be more peaceful place.

번역 (a) 서양의 외교정책 의제에 인권을 상정하는 유일한 이유가 도덕성은 아니다. (b) 자국의 이익 또한 그 과정에 일정 부분 관여한다. (c) 정치적 자유는 경제적 자유와 나란히 나아가는 경향이 있는데, 경제적 자유는 국제 무역과 번영을 가져오는 경향이 있다. (d) 더 많은 국가들이 기본적인 인권을 존중하는 세상은 더 평화로운 곳이 될 것이다.

Vocabulary 50문항

Choose the best answer for the blank. (25문항)

문제유형 A, B 대화 빈칸에 가장 적절한 단어를 넣는 유형이다. 단어의 단편적인 의미보다는 문맥에서 어떻게 쓰였는지 아는 것이 중요하다.

A Let's take a coffee break.
B I wish I could, but I'm ____________ in work.

✔ (a) up to my eyeballs
(b) green around the gills
(c) against the grain
(d) keeping my chin up

번역 A 잠깐 휴식 시간을 가집시다.
B 그러면 좋겠는데 일 때문에 꼼짝도 할 수가 없네요.

(a) ~에 몰두하여
(b) 안색이 나빠 보이는
(c) 뜻이 맞지 않는
(d) 기운 내는

Choose the best answer for the blank. (25문항)

문제유형 문어체 문장의 빈칸에 가장 적절한 단어를 고르는 유형이다. 고난도 어휘의 독특한 용례를 따로 학습해 두어야 고득점이 가능하다.

It takes a year for the earth to make one ____________ around the sun.

(a) conversion
(b) circulation
(c) restoration
✔ (d) revolution

번역 지구가 태양 주위를 한 번 공전하는 데 일 년이 걸린다.
(a) 전환
(b) 순환
(c) 복구
(d) 공전

Reading Comprehension 40문항

Choose the option that best completes the passage. (16문항)

문제유형 지문의 논리적인 흐름을 파악하여 문맥상 빈칸에 가장 적절한 선택지를 고르는 문제이다.

This product is a VCR-sized box that sits on or near a television and automatically records and stores television shows, sporting events and other TV programs, making them available for viewing later. This product lets users watch their favorite program ____________ . It's TV-on-demand that actually works, and no monthly fees.

✔ (a) whenever they want to
(b) wherever they watch TV
(c) whenever they are on TV
(d) when the TV set is out of order

번역 이 제품은 텔레비전 옆에 놓인 VCR 크기의 상자로 TV 쇼, 스포츠 이벤트 및 다른 TV 프로그램을 자동으로 녹화 저장하여 나중에 볼 수 있게 해준다. 이 제품은 사용자가 자신이 가장 좋아하는 프로그램을 원하는 시간 언제나 볼 수 있게 해준다. 이것은 실제로 작동하는 주문형 TV로 매달 내는 시청료도 없다.

(a) 원하는 시간 언제나
(b) TV를 보는 곳 어디든지
(c) TV에 나오는 언제나
(d) TV가 작동되지 않을 때

Choose the option that best answers the question. (21문항)

문제유형 지문에 대한 이해를 측정하는 유형으로 주제 파악, 세부 내용 파악, 논리적 추론을 묻는 문제로 구성되어 있다.

The pace of bank mergers is likely to accelerate. Recently Westbank has gained far more profit than it has lost through mergers, earning a record of $2.11 billion in 2003. Its shareholders have enjoyed an average gain of 28% a year over the past decade, beating the 18% annual return for the benchmark S&P stock index. However, when big banks get bigger, they have little interest in competing for those basic services many households prize. Consumers have to pay an average of 15% more a year, or $27.95, to maintain a regular checking account at a large bank instead of a smaller one.

Q: What is the main topic of the passage?
(a) Reasons for bank mergers
✔ (b) Effects of bank mergers
(c) The merits of big banks
(d) Increased profits of merged banks

번역 은행 합병 속도가 가속화될 전망이다. 최근 웨스트 뱅크가 2003년 21억 1천만 달러의 수익을 기록함으로써 합병으로 잃은 것보다 훨씬 더 많은 수익을 얻었다. 웨스트 뱅크 주주들은 지난 10년간 S&P 지수의 연간 수익률 18%를 웃도는 연평균 수익률 28%를 누려왔다. 하지만 규모가 더욱 커진 대형 은행들은 많은 가구가 중요하게 생각하는 기본 서비스에 대한 경쟁에는 별 관심을 두고 있지 않다. 소비자들은 작은 은행 대신 대형 은행의 보통 당좌예금 계정을 유지하기 위해 연평균 15% 이상, 즉 27달러 95센트를 지불해야 한다.

Q: 지문의 소재는?
(a) 은행 합병의 이유
(b) 은행 합병의 영향
(c) 대형 은행의 장점
(d) 합병된 은행들의 수익 증가

Identify the option that does NOT belong. (3문항)

문제유형 한 문단에서 전체의 흐름상 어색한 내용을 고르는 유형이다.

Communication with language is carried out through two basic human activities: speaking and listening. (a) These are of particular importance to psychologists, for they are mental activities that hold clues to the very nature of the human mind. (b) In speaking, people put ideas into words, talking about perceptions, feelings, and intentions they want other people to grasp. (c) In listening, people decode the sounds of words they hear to gain the intended meaning. (d) Language has stood at the center of human affairs throughout human history.

번역 언어로 이루어지는 의사소통은 두 가지 기본적인 인간 활동인 말하기와 듣기에 의해 수행된다. (a) 이 두 가지는 심리학자들에게 각별한 중요성을 지니는데, 이는 두 가지가 인간의 심성 본질 자체에 대한 단서를 쥐고 있는 정신적 활동이기 때문이다. (b) 말할 때 사람들은 다른 사람들이 이해하기를 원하는 지각과 감정, 의도 등을 말하면서 아이디어들을 단어로 표현한다. (c) 들을 때 사람들은 의도된 뜻을 간파하기 위해 들리는 단어의 소리를 해독한다. (d) 언어는 인류의 역사를 통틀어 인간 활동의 중심에 있어 왔다.

1

M Do you know when the meeting's been rescheduled for?
W ______________________

(a) Sure, see you there.
(b) I don't have time now.
(c) We'll be discussing our sales.
✔ (d) It's been moved to after lunch.

번역 M 회의가 언제로 다시 잡혔는지 알아요?
W ______________________

(a) 물론이죠. 거기서 봐요.
(b) 지금은 시간이 없어요.
(c) 우리 매출에 대해서 의논할 거예요.
(d) 점심 이후로 옮겨졌어요.

해법 Do you know 다음에 오는 의문사인 when을 놓치지 말아야 한다. rescheduled라는 표현으로 일정이 옮겨진 때를 묻고 있으므로 moved to로 답하면서 때를 알려주는 (d)가 적절하다.
reschedule 일정을 조정하다

2

W I can't concentrate. My back is killing me!
M ______________________

(a) I know, isn't it great?
✔ (b) You should see a doctor.
(c) Thanks, I think I've recovered.
(d) Frankly, I can't figure it out either.

번역 W 집중을 할 수가 없어. 등이 너무 아파!
M ______________________

(a) 알아. 멋지지 않니?
(b) 의사의 진찰을 받아야겠다.
(c) 고마워. 회복된 것 같아.
(d) 솔직히, 나도 그거 모르겠다.

해법 A is killing me는 'A가 날 괴롭히다, A 때문에 죽겠다'의 뜻으로 쓰는 관용 표현이다. 충고할 때 쓰이는 조동사 should를 써서 진찰을 받아보라는 (b)가 정답이다. (c)의 recovered는 병이나 사고, 충격에서 '회복하다'의 뜻이다.
concentrate 집중하다 **figure out** ~을 이해하다

3

W How did you get to the post office?
M ______________________

✔ (a) By city bus.
(b) Ship it express.
(c) I used to work there.
(d) It should be open now.

번역 W 우체국에 어떻게 갔니?
M ______________________

(a) 시내버스로.
(b) 빠른우편으로 보내.
(c) 나 거기에서 일했어.
(d) 지금쯤 열었을 거야.

해법 How do you get to…?는 ~에 가는 방법을 묻는 질문이므로 〈by+교통수단〉으로 답하는 응답 (a)가 알맞다. Ship it express는 우체국에서 쓰는 표현으로 빠른우편으로 부치라는 말이다.
ship 수송하다; 멀리 보내다 **express** 빠른우편으로 **used to** (과거에) ~했었다

4

W I don't get why I haven't been promoted yet.
M ______________________

(a) Congratulations!
(b) Really? Let me try.
(c) He hasn't gotten here yet.
✔ (d) The company's hiring from outside.

번역 W 내가 왜 아직 승진하지 못했는지 이해가 안 돼.
M ______________________

(a) 축하해!
(b) 정말? 내가 한번 해볼게.
(c) 그는 아직 여기 안 왔어.
(d) 회사가 외부에서 사람을 고용할 거야.

해법 동사 get은 '이해하다'의 뜻이다. 승진이 되지 않은 이유로 회사가 외부로부터 직원을 뽑기 때문이라는 (d)의 응답이 적절하다. (c)는 현재완료와 yet을 사용하여 혼동을 주기 위한 오답이다.
get 이해하다 **promote** 승진시키다 **hire** 고용하다

5

M Do you have our client's contact number?
W ______________________

(a) You can use my cell.
✔ (b) She didn't provide one.
(c) Make sure to call all the clients.
(d) The phone's been ringing off the hook.

번역 M 우리 고객 연락처 가지고 있니?
W ______________________

(a) 내 휴대폰을 써도 돼.
(b) 그 여자가 주질 않았어.
(c) 반드시 모든 고객에게 전화해.
(d) 전화벨이 계속 울렸어.

해법 고객의 전화번호가 있냐는 질문에 그녀가 전화번호를 주지 않았다는 응답 (b)가 적절하다. one은 contact number를 가리키는 말이다. cell은 미국에서 cell phone 대신 쓰는 말이고 영국에서는 mobile로 쓰인다. ring off the hook은 전화벨이 계속 울린다는 표현이다.
client 고객 **contact number** 연락처 **cell** 휴대폰(cell phone)
make sure 반드시 ~하다 **ring off the hook** 전화벨이 계속 울리다

6

M Can I ask a favor?
W ______________________

(a) I'll ask again later.
✔ (b) Anything you need.
(c) No, I don't have one.
(d) Please answer the phone.

번역 M 부탁 좀 해도 될까?
W ______________________

(a) 내가 나중에 다시 물어볼게.
(b) 네가 필요한 것은 무엇이든지.
(c) 아니, 나도 없어.
(d) 제발 전화 좀 받아.

해법 부탁하는 말에 대해 긍정적인 답으로, 무엇이든지 부탁하라고 하는 대답이 (b)이다. (c)는 반대로 도움이 필요한지 묻는 말에 적당한 대답이 될 것이다.
favor 부탁, 도움 **later** 나중에 **answer the phone** 전화를 받다

7

M How have you been, Rebecca? It's been a while.
W ______________________

(a) I haven't seen her in ages.
(b) Hold on. Let me get her for you.
(c) Thank you. It's nice to meet you, too.
✔ (d) Just fine, thanks for asking. And you?

번역 M 잘 지냈니, 레베카? 오랜만이다.
W ______________________

(a) 그녀를 오랫동안 못 봤어.
(b) 기다려. 그녀를 바꿔 줄게.
(c) 고마워. 나도 만나서 반가워.
(d) 좋았어, 물어봐 줘서 고마워. 넌?

해법 안부 인사를 하는 대화이다. 오랜만에 만나서 안부를 묻는 말로 How have you been? What have you been up to?를 쓰고, 잘 지냈다는 응답으로 (d) Just fine을 썼다. 그리고 상대방의 안부를 물을 땐 And you?를 쓴다.
while 잠깐, 동안 **in ages** 오랫동안 **hold on** 기다리다 **get … for you** ~를 부르다, (전화에서) 바꿔 주다

8

W Mr. Kane isn't in. Can I take a message?
M ______________________

(a) He and I go way back.
(b) Do I have any messages?
✔ (c) Tell him I'll call back later.
(d) Yes, put him through, please.

번역 W 케인은 지금 없어요. 메모를 남기시겠어요?
M ______________________

(a) 그와 저는 오랫동안 알고 지냈어요.
(b) 저에게 온 메시지가 있나요?
(c) 제가 나중에 다시 건다고 전해 주세요.
(d) 네, 그와 연결해 주세요.

해법 전화 대화에서 찾는 사람이 부재 중(Kane isn't in)인 상황이다. 메모를 남기겠냐는 질문에 남기지 않고 그냥 다시 걸겠다고 전해 달라는 대답 (c)가 가능하다. (b)는 자신에게 남겨진 메시지가 있는지 묻는 질문이므로 부적절하다.
go way back 오래 알고 지낸 사이다 **call back** 다시 걸다
put … through ~를 연결하다

9

M I'm so embarrassed I missed my flight!
W ______________________

(a) From gate 42.
(b) I hate waiting in airports.
✔ (c) I'm sure you can rebook it.
(d) It arrives in Pittsburgh tomorrow.

번역 M 비행기를 놓쳐서 정말 당황스러워요!
W ______________________
(a) 42번 게이트에서요.
(b) 공항에서 기다리는 거 정말 싫어요.
(c) 분명히 다시 예약할 수 있을 거예요.
(d) 그것은 내일 피츠버그에 도착해요.

해법 비행기를 놓쳐서 당황해 하고 있는 사람에게 하는 말로 적당한 응답이어야 한다. 다시 예약하면 될 거라는 (c)가 위로의 말로 적당하다.
embarrassed 당황한 **miss** 놓치다 **rebook** 다시 예약하다

10

W This is our most popular printer model.
M ______________________

(a) How many would you like to order?
✔ (b) Thanks, but I'm set on a cheaper one.
(c) What seems to be the problem with it?
(d) I need four printouts in black and white.

번역 W 이것이 가장 인기 있는 프린터 모델입니다.
M ______________________
(a) 얼마나 주문하기를 원하세요?
(b) 고맙습니다만, 전 더 싼 것을 살 생각이에요.
(c) 그것의 문제가 뭐인 것 같아요?
(d) 흑백으로 4장 인쇄가 필요해요.

해법 be set on은 '~을 결심하고 있다'는 뜻으로 set one's mind on과 비슷한 표현이다. 특정 제품을 추천하는 말에 대해 다른 것을 살 생각이라는 대답 (b)가 적절하다.
be set on ~을 결심하고 있다 **printout** 인쇄 **in black and white** 흑백으로

11

W All employees need to stay until 5:30 today.
M ______________________

(a) I'm not wearing a watch.
✔ (b) Will we be paid overtime?
(c) Great. I'll see you at 8:30 tomorrow.
(d) I think they're in the conference room.

번역 W 모든 직원들은 오늘 5시 30분까지 남아 있어야 해요.
M ______________________
(a) 저는 시계를 차고 있지 않아요.
(b) 우리가 초과 근무 수당을 받을까요?
(c) 좋아요. 내일 8시 30분에 만나죠.
(d) 그들이 회의실에 있는 것 같아요.

해법 오늘 근무 시간에 대한 말이므로 그 시간까지 남아 있으니 초과 근무 수당이 있지 않겠느냐는 질문인 (b)가 적절한 응답이다. overtime은 초과 근무를 뜻한다.
wear a watch 시계를 차다 **pay overtime** 초과 수당을 주다 **conference room** 회의실

12

W What do you think of the new boss?
M ______________________

(a) I like this company.
(b) Please, call me Bill.
✔ (c) He has a lot of good ideas.
(d) He's arriving this afternoon.

번역 W 새로운 상사를 어떻게 생각해?
M ______________________
(a) 난 이 회사가 좋아.
(b) 빌이라고 불러 줘.
(c) 그는 좋은 아이디어가 많아.
(d) 그는 오늘 오후에 도착할 거야.

해법 무엇에 대한 상대방의 생각을 묻는 질문이 What do you think of...?이다. 우리말과 달리 의문사 How가 아님에 유의한다. 그의 성격이나 성향, 일하는 방식 등에 대한 평가를 답하는 말인 (c)가 나와야 적절하다.
What do you think of...? ~을 어떻게 생각해? **company** 회사

13

M Sorry! I can't believe I spilled my coffee on you!
W ______________________

(a) My suit is at the cleaners.
✔ (b) Don't worry. It was only a few drops.
(c) Sure, I'll have one with cream and sugar.
(d) Just let me know when you've made the copies.

번역 M 미안해! 세상에 너에게 커피를 쏟다니!
W ______________________

(a) 내 정장은 세탁소에 있어.
(b) 걱정하지 마. 겨우 몇 방울이었잖아.
(c) 물론이지, 크림과 설탕을 넣어서 마실 거야.
(d) 복사본을 만들면 나에게 알려줘.

해법 spill coffee on은 '~에게 커피를 쏟다'는 말이므로 사과하는 말에 대한 응답을 골라야 한다. 조금밖에 안 떨어졌으니 괜찮다는 (b)의 말이 적절하다.
spill 흘리다 **suit** 정장 **cleaner** 세탁소(cleaners, cleaner's) **copy** 복사본

14

W I love how you've redecorated your living room.
M ______________________

(a) There's plenty of room!
✔ (b) Thanks, I'm glad you like it.
(c) Sure, let's sit down and relax.
(d) Move the couch against the wall.

번역 W 새로 단장한 네 거실이 마음에 들어.
M ______________________

(a) 공간이 많구나!
(b) 고마워, 네 마음에 든다니 기뻐.
(c) 물론이지, 앉아서 쉬자.
(d) 소파를 벽쪽으로 옮겨.

해법 새로 단장한 거실을 칭찬하는 말에 대한 응답을 고르는 문제이다. (b)의 I'm glad you like it은 맘에 든다니 기쁘다는 말이므로 적절하다.
redecorate 재단장하다 **plenty of** 많은 **couch** 소파

15

M Are you bringing anyone to the party tonight?
W ______________________

(a) I'm happy to be invited.
✔ (b) Maybe a couple of my friends.
(c) I'll definitely be there.
(d) It was so much fun, wasn't it?

번역 M 오늘 밤 파티에 누군가를 데리고 가니?
W ______________________

(a) 초대를 받게 되어 기뻐.
(b) 아마도 내 몇몇 친구들.
(c) 난 거기 반드시 갈 거야.
(d) 아주 재미있지 않았니?

해법 Are you로 묻는 의문문이지만 Yes나 No가 아닌 말로 직접 답할 수 있다는 것에 유의해야 한다. 친구 몇 명을 데리고 가게 될 것 같다는 (b)의 답이 적절하다.
be happy to do ~해서 기쁘다 **definitely** 분명히 **so much fun** 아주 재미있는

16

W When are we getting together for dinner?
M I'm free this Thursday.
W Sorry, I have plans. What about Friday?
M ______________________

(a) I really enjoyed it.
(b) They can go together.
✔ (c) Yes, I think that'll work.
(d) You can relax over the weekend.

번역 W 우리 언제 저녁 먹으러 모이는 거야?
M 난 이번 목요일에 시간이 나.
W 미안해, 난 계획이 있어. 금요일은 어때?
M ______________________

(a) 정말 즐거웠어.
(b) 그들이 함께 가도 돼.
(c) 응, 그건 될 것 같아.
(d) 넌 주말 동안 쉬어도 돼.

해법 What about...?은 제안의 표현으로 상대의 의견을 묻는 말이다. 제안에 대해 '그거면 좋겠다, 그거면 괜찮겠다'라고 의견을 나타내는 말이 (c) That will work이다.
get together 만나다 **have plans** 선약이 있다, 이미 계획이 있다 **over the weekend** 주말 동안

17

M Ms. Williams, you have a call on line 2.
W Did they give you a name?
M Yes, it's Mr. John Lee.
W ______________________

(a) May I borrow your phone book?
✔ (b) Great. I've been expecting his call.
(c) It's very nice to meet you, Mr. Lee.
(d) Sorry, he's on the other line right now.

번역 M 윌리엄스 선생님, 2번에 전화 와 있습니다.
W 그쪽에서 이름을 말하던가요?
M 네, 존 리 선생님이랍니다.
W ______________________

(a) 전화번호부를 빌려도 될까요?
(b) 좋아요. 그의 전화를 기다리던 중이었어요.
(c) 만나서 정말 반갑습니다, 이 선생님.
(d) 미안해요. 그는 지금 다른 전화를 받고 계세요.

해법 전화를 연결해 주는 상황의 대화이다. Did they give you a name?은 전화를 건 사람이 자신의 이름을 말했는지 묻는 말이다. 이름을 듣고 하는 말로 적당한 것은 그의 전화를 기다리던 중이라는 (b)가 될 것이다. 약속이 되어 있어서 누구를 기다리거나 전화를 기다릴 때 동사 expect를 쓴다.
give a name 이름을 알려주다 **be on the other line** 다른 전화를 받다

18

W Where's the nearest pharmacy?
M There's one at the end of the block.
W On the right or the left?
M ______________________

(a) To pick up my prescription.
(b) You should ask at the pharmacy.
(c) There's a 30-story office building.
✔ (d) It's across from the doughnut shop.

번역 W 가장 가까운 약국이 어디 있니?
M 이 블록 끝에 하나 있어.
W 오른편에 아니면 왼편에?
M ______________________

(a) 내 처방전을 가지러 가기 위해서요.
(b) 약국에서 물어봐야 할 거야.
(c) 거기 30층짜리 사무실 건물이 있어.
(d) 도넛 가게 맞은편에 있어.

해법 길 찾기와 관련된 표현이다. 블록 끝쪽 오른편인지 왼편인지를 묻는 말에 대한 응답이다. (d)처럼 오른편, 왼편으로 답하지는 않지만 기준이 되는 건물을 알려주고 그것의 어느 쪽인지 답하는 말이 적절하다.
pharmacy 약국 **prescription** 처방전 **story** 층 **across from** ~의 맞은편, 반대편

19

W How do you like your coffee?
M With extra milk and no sugar, please.
W Is fat-free milk okay?
M ______________________

(a) Okay, I'll take a little sugar.
(b) Thanks, would you like a cup?
(c) This is the best coffee in town.
✔ (d) I prefer whole milk, if you have it.

번역 W 커피를 어떻게 해드릴까요?
M 우유를 추가하고 설탕 없이 주세요.
W 무지방 우유 괜찮으세요?
M ______________________

(a) 좋아요. 설탕을 조금 넣을게요.
(b) 고마워요. 한 잔 드실래요?
(c) 이것이 이 주변에서 제일 좋은 커피예요.
(d) 전 보통 우유가 더 좋아요. 있으면요.

해법 커피를 마시는 취향에 대해 묻는 말이 How do you like your coffee?이다. Is A okay?는 상대방이 A를 괜찮게 생각하는지 묻는 말이므로 (d)처럼 다른 것이 더 좋다는 의견을 말하는 대답이 적절하다.
extra 추가의 **fat-free** 무지방의 **whole milk** 전유(지방을 빼지 않은 우유)

20

M Does this car get good mileage?
W For a sports car, the mileage is excellent.
M Good. I like to save money on gas.
W ______________________

(a) Sure, I'd love to go for a ride.
✔ (b) Then this is the model for you.
(c) It's less than a mile down the road.
(d) We have a bunch of vehicles for sale.

번역 M 이 차는 연비가 좋은가요?
W 스포츠카로서는 연비가 훌륭하죠.
M 좋아요. 연료비를 절약하고 싶거든요.
W ______________________

(a) 물론이죠, 드라이브 가고 싶어요.
(b) 그렇다면 이게 당신을 위한 모델입니다.
(c) 길 아래로 1마일 좀 못 가요.
(d) 판매 중인 여러 차량이 있습니다.

해법 연비가 좋은 차라고 소개했으므로 연료비를 절약하고자 하는 소비자의 취향에 딱 맞는 차라는 (b)가 대답이다. go for a ride는 '드라이브를 가다'는 뜻이다.
mileage 연비 **go for a ride** 드라이브 가다 **a bunch of** 많은 **vehicle** 차량

21

W I hope you can come to my son's school play tonight.
M I'm planning on it!
W Wonderful. I can drive us both, if you'd like.
M ______________________________

(a) I love going to the theater.
(b) My son does well in school, too.
(c) Sorry, I won't be able to make it.
✔ (d) Carpooling sounds like a great idea.

번역 W 오늘 밤 우리 아들 학교 연극에 왔으면 좋겠어.
M 그럴 계획이야!
W 좋아. 원하면 내가 태우고 갈 수 있어.
M ______________________________

(a) 극장에 가는 거 좋아.
(b) 우리 아들도 학교에서 잘해.
(c) 미안해. 갈 수가 없을 것 같아.
(d) 합승하는 것은 좋은 생각인 것 같아.

해법 아들의 학교 연극에 함께 가기로 하고 운전을 해주겠다고 제안하고 있고 그 제안에 동의하는 대화이다. 제안에 대해 좋다는 말은 (d)처럼 sounds like a good idea로 쓸 수 있다.
be planning on ~을 할 계획이다 **do well** 잘하다, 잘 지내다 **make it** 해내다, (장소에) 나타나다 **carpool** 합승하다

22

M My last final is tomorrow. I've really got to study.
W I'm so happy I already finished all of mine.
M How do you think you did?
W ______________________________

(a) At 8 in the morning.
(b) It was to be a really hard test.
(c) The library's great for studying.
✔ (d) Not great, but not terrible either.

번역 M 마지막 기말 시험이 내일이야. 진짜로 공부해야 해.
W 난 이미 다 끝나서 정말 기뻐.
M 어떻게 본 것 같니?
W ______________________________

(a) 아침 8시에.
(b) 정말 어려운 시험일 예정이었어.
(c) 그 도서관은 공부하기에 좋았어.
(d) 잘은 아니지만, 형편없는 것도 아니야.

해법 네가 어떻게 한 것 같으냐고 묻고 있으므로 시험을 잘 봤는지를 묻는 말이다. 그러므로 답으로는 잘 봤다거나 못 봤다는 말이 적절할 것이다. (d)처럼 '잘은 아니지만 아주 못 본 것도 아니다'는 말이 알맞은 응답이다.
have got to ~해야만 하다 **terrible** 형편없는

23

W Do you have any plans for the weekend?
M My wife and I are going camping at a national park.
W What fun! Do you camp often?
M ______________________________

(a) It's too cold to be outside.
✔ (b) Almost every chance we get.
(c) Thanks, have a great weekend.
(d) Sure. I'll start setting up the tent.

번역 W 주말에 무슨 계획이 있니?
M 아내랑 국립공원으로 캠핑 갈 거야.
W 재미있겠다! 자주 캠핑 하니?
M ______________________________

(a) 밖에 있기에는 너무 추워.
(b) 거의 기회가 될 때마다 가.
(c) 고마워, 좋은 주말 보내.
(d) 물론이야. 텐트를 세우기 시작할게.

해법 자주 캠핑을 가는지 묻는 질문에 얼마나 자주 가는지 대답하는 말이 와야 한다. (b)와 같이 기회가 될 때면 거의 간다는 말이 알맞다. (a)와 (d) 모두 캠핑 관련 오답으로 혼동을 유발하고 있다.
go camping 캠핑 가다 **chance** 기회 **set up** 세우다

24

M How do you feel about your dorm room?
W It's a little small, but it gets plenty of sunlight.
M You're lucky. Mine doesn't even have a window!
W ______________________________

(a) No, I prefer the window open.
(b) Actually, I'm not feeling very well.
(c) I can't believe how sunny it is today.
✔ (d) Yeah, but you have a lot more space.

번역 M 네 기숙사 방이 어떠니?
W 좀 작지만 햇볕이 많이 들어.
M 넌 운이 좋은 거야. 내 방은 창문조차 없다니까!
W ______________________________

(a) 아니, 난 창문을 여는 게 더 좋아.
(b) 사실, 몸이 별로 좋지 않아.
(c) 오늘 햇볕이 얼마나 좋은지 몰라.
(d) 응, 하지만 넌 공간이 훨씬 더 넓잖아.

해법 기숙사 방에 대한 생각을 나누는 대화이다. 여자는 작지만 햇볕이 드는 방이라고 했고 남자는 이에 대해 자신의 방은 창문이 없다고 불평하고 있다. 불평에 대해 방은 넓지 않냐는 대답인 (d)가 잘 어울린다.
dorm 기숙사 **plenty of** 많은 **space** 공간

25

W I'm thinking about quitting.
M What if you can't find another job?
W It shouldn't be hard. I have lots of experience.
M ______________________

(a) What kind of benefits do you offer?
(b) I don't think you should ask for a raise.
✔ (c) Even so, the job market is slow these days.
(d) I'm interested in applying for the open position.

번역 W 그만둘까 생각 중이야.
M 다른 직장을 찾지 못하면 어떻게 해?
W 어렵지는 않을 거야. 난 경험이 많잖아.
M ______________________

(a) 어떤 혜택을 제공하니?
(b) 난 네가 임금 인상을 요청해야 한다고 생각하지 않아.
(c) 그렇다고 해도, 취업 시장이 요즘 둔화되어 있어.
(d) 채용 중인 자리에 지원하는 것에 관심 있어.

해법 여자의 재취업에 대해 취업 시장이 좋지 않다는 말로 우려를 표시하는 (c)가 대답으로 적절하다. Even so는 '그렇다고 하더라도'라는 말이다. (a)는 회사의 복지 혜택에 대해 물을 때 쓰는 말이다.
quit 그만두다 **benefit** 혜택 **raise** (임금) 인상 **job market** 취업 시장 **apply for** 지원하다 **open position** 공석

26

M What seems to be the problem?
W I sent my document to the printer, but it hasn't printed yet.
M Did you check the machine for jams?
W ______________________

(a) It's due this afternoon.
(b) It's a brand-new printer.
✔ (c) Yes, that's not the problem.
(d) I need to print a larger copy.

번역 M 문제가 뭔 것 같아?
W 프린터로 문서를 보냈는데, 아직 프린트가 되지 않았어.
M 종이가 걸렸는지 기계를 확인했니?
W ______________________

(a) 그게 오늘 오후까지가 기한이야.
(b) 그게 신상품 프린터야.
(c) 응, 그게 문제가 아니야.
(d) 확대 복사로 인쇄해야 해.

해법 프린터와 관련된 대화 내용이다. send a document to the printer(프린터로 문서를 보내다), print(인쇄하다), jam(용지 걸림), larger copy(확대 복사)와 같은 용어들이 쓰였음을 확인한다. 용지 걸림을 확인했는데 그게 문제가 아니라는 (c)가 적절하다.
document 문서 **due** 지불 기일이 된 **brand-new** 신상품인 **copy** 복사판

27

W I need my travel visa as soon as possible.
M It usually takes about two weeks.
W How can I speed up the process?
M ______________________

(a) I hope you enjoy your trip.
(b) I'll need to inspect your visa.
✔ (c) You can pay extra for express service.
(d) You should carry your passport at all times.

번역 W 가능한 빨리 여행 비자가 필요해요.
M 보통 약 2주가 걸립니다.
W 과정을 빨리 하려면 어떻게 해야 하나요?
M ______________________

(a) 즐거운 여행 보내시길 바랍니다.
(b) 당신의 비자를 조사할 필요가 있을 거예요.
(c) 급행 업무에는 추가 요금을 내시면 됩니다.
(d) 항상 여권을 소지해야 합니다.

해법 2주가 걸리는 업무를 빨리 할 수 있는 방법은 추가 요금을 내고 급행 서비스를 받으면 된다는 내용인 (c)가 적절하다. 일반 서비스인 regular service에 비해 빠른 업무, 급행 서비스는 express service이다.
travel visa 여행 비자 **as soon as possible** 가능한 빨리 **speed up** 가속화하다 **inspect** 조사하다

28

M Hi, Jan. What've you been doing lately?
W I'm really busy at work right now.
M Oh? Lots of overtime?
W ______________________

(a) I'll be there as soon as I can.
✔ (b) Yeah, almost two hours a day.
(c) I'm sorry, I'm going home early today.
(d) Yeah, everything at work is calmer.

번역 M 안녕, 잰. 요즘 무슨 일하면서 지냈니?
W 지금 직장에서 아주 바빠.
M 아? 추가 근무를 많이 하니?
W ______________________

(a) 가능한 빨리 거기로 갈게.
(b) 응, 하루에 거의 2시간씩.
(c) 미안해, 오늘은 집에 일찍 갈게.
(d) 응, 직장의 모든 일이 잠잠해.

해법 overtime은 '초과 근무'라는 말이므로 (b)처럼 매일 거의 두 시간씩 한다는 말이 적절한 응답이다. What have you been doing lately?는 최근 근황을 묻는 안부 인사이다.
overtime 초과 근무 **as soon as I can** 내가 할 수 있는 한 빨리

29

W Want to pop out for a sandwich?
M The deli's probably closed already.
W Really? What time is it?
M ________________________

(a) Turkey and cheese.
(b) Just around the corner.
(c) I know. I'm so hungry.
✔ (d) I'm not sure, but it's late.

번역 W 샌드위치 사러 나갈래?
M 델리 가게는 아마 벌써 닫았을 거야.
W 정말? 몇 시지?
M ________________________

(a) 칠면조와 치즈요.
(b) 모퉁이를 돌면 바로야.
(c) 알아. 아주 배고파.
(d) 확실하지 않지만, 시간이 늦었어.

해법 문을 닫았을 것이라는 말로 볼 때 늦은 시간임을 알 수 있다. 시간을 묻는 질문에 잘 모르겠지만 늦었다는 말인 (d)가 문맥상 가능하다. (a)는 델리 가게에서 구입할 품목이고, (b)는 가게 위치를 물을 때 가능한 응답이다.
pop out 잠시 외출하다 **deli** 델리, 조제 식품(delicatessen) **turkey** 칠면조 **(just) around the corner** 모퉁이를 돌아서; 임박하여, 가까이에

30

W Hello. I have an appointment to see Dr. White.
M You must be Ms. Sullivan. Here are some forms for you to fill out.
W Okay. Will the doctor be able to see me soon?
M ________________________

(a) Do you have an appointment?
(b) Your health insurance has expired.
(c) The pleasure's all mine, Ms. Sullivan.
✔ (d) He'll be ready for you in five minutes.

번역 W 안녕하세요. 화이트 선생님과 예약이 되어 있어요.
M 설리번 씨죠. 여기 작성할 서식들이 있습니다.
W 알겠습니다. 의사 선생님은 곧 진찰을 할 수 있나요?
M ________________________

(a) 예약이 되어 있나요?
(b) 당신의 건강 보험이 만료되었습니다.
(c) 제가 오히려 기쁜걸요, 설리번 씨.
(d) 5분 안에 준비가 될 거예요.

해법 병원 진료 약속에 막 도착한 상황의 대화이다. 진찰을 곧 받을 수 있겠느냐는 질문에 대한 답으로 적절한 것은 (d)의 5분 안에 된다는 응답이다. (c)는 고맙다는 말에 대한 응답이다.
appointment 예약 **fill out** 작성하다 **health insurance** 건강 보험 **expire** 만료되다 **The pleasure's all mine.** 제가 오히려 기쁜걸요.

31

W Hi, can I help you?
M Who do I speak to about opening a new account?
W I can do that for you. What kind of account are you interested in?
M Savings.
W Okay. Here's a brochure that describes our different savings accounts.
M Thanks. I'll look this over and get back to you.

Q. What is the man mainly doing?
(a) Reviewing a copy of a brochure.
✔ (b) Getting information on bank accounts.
(c) Checking his savings account balance.
(d) Helping the woman open a new account.

번역 W 안녕하세요. 도와 드릴까요?
M 새 계좌를 개설하려면 누구에게 말해야 하나요?
W 제가 해드릴 수 있어요. 어떤 종류의 계좌에 관심이 있으세요?
M 예금이요.
W 좋아요. 여기 여러 예금 계좌를 설명하는 안내 책자가 있습니다.
M 고맙습니다. 살펴보고 다시 올게요.

Q: 남자가 주로 하고 있는 것은?
(a) 안내 책자를 검토하는 중.
(b) 은행 계좌에 관한 정보를 얻는 중.
(c) 예금 계좌 잔고를 확인하는 중.
(d) 여자가 새 계좌를 개설하는 것을 돕는 중.

해법 남자는 예금 계좌를 개설하기 위해 계좌에 대해 문의하고 관련 안내 책자를 받게 되는 내용이다. 예금 계좌에 대해 정보를 얻는 중이므로 (b)가 정답이다. open an account는 '계좌를 개설하다', savings account는 '예금 계좌'이다.
account 계좌 **savings** 예금 **brochure** 안내 책자 **balance** 잔고, 나머지

32

W Do you accept reservations in advance?
M Yes, we do.
W Great. I'd like to make one for this Friday at 8 o'clock.
M How many people will be dining in your party?
W There will be ten of us in total.

Q: What are they mainly discussing?
(a) Daily menu options.
(b) Invitations to a dinner.
(c) The schedule of a party.
✔ (d) A restaurant reservation.

번역 W 미리 예약을 받으시나요?
M 네, 그렇습니다.
W 좋습니다. 이번 금요일 8시 예약하고 싶어요.
M 일행 몇 분이 식사를 하실 건가요?
W 전부 10명일 거예요.

Q: 두 사람의 대화 내용은?
(a) 오늘의 메뉴 선택 사항.
(b) 저녁 식사 초대.
(c) 파티 일정.
(d) 음식점 예약.

해법 음식점 담당자와 손님의 예약 대화의 내용이다. How many people will be in your party?는 일행의 수를 묻는 질문이다. 답에서도 There will be를 사용한 것에 유의한다. 음식점 예약 시간과 인원을 확인하는 대화 내용이므로 (d)가 정답이다.
reservation 예약 **in advance** 미리 **dine** 식사를 하다 **in total** 전부 해서, 통틀어 **daily menu** 오늘의 메뉴 **invitation** 초대

33

M Wow, what a game last night! Did you see it?
W No. I don't follow soccer very closely.
M Our team scored at the end to win the game.
W That's great. Does that mean they're playing in the finals this weekend?
M Right. The game's at 3:30 on Saturday.
W I'll try to catch this one.

Q: What is mainly being discussed?
(a) Ordering tickets to a sporting event.
(b) A schedule change for a soccer game.
✔ (c) The accomplishment of a sports team.
(d) The speakers' plans for the upcoming weekend.

번역 M 와, 어젯밤 경기는 굉장했어! 봤어?
W 아니, 난 별로 축구광이 아니야.
M 우리 팀은 마지막에 점수를 내서 경기를 이겼어.
W 그거 멋지구나. 그럼 이번 주말에 결승전에 나간다는 거잖아?
M 맞아. 토요일 3시 30분에 할 거야.
W 이번 건 나도 봐야겠다.

Q: 대화 내용은?
(a) 스포츠 경기의 입장권 주문하기.
(b) 축구 경기의 일정 변경.
(c) 스포츠 팀의 성적.
(d) 이번 주말 계획.

해법 축구 경기에서 이긴 축구팀에 대한 대화이다. I don't follow soccer very closely는 별로 축구광은 아니라는 말이다. 팀이 경기에서 이겨서 결승에 나가게 되었고 그 일정에 관한 내용이므로 (c)의 팀 성적에 관한 이야기이다.
score 득점하다 **final** 결승전 **catch** (연극 · TV 프로 등을) 보다 **accomplishment** 성과, 성적 **upcoming** 다가오는, 임박한

34

W Have you bought all your supplies yet?
M No. I still need a couple of books and another notebook.
W You'd better hurry. Classes start in two days!
M I know. I'm going shopping tomorrow.
W Oh, can I come with you? I need to buy some pens.
M Sure. We can go tomorrow morning.

Q: What are they mainly discussing?
(a) Going out to dinner.
(b) Shopping for groceries.
(c) Registering for classes.
✔ (d) Getting school materials.

번역 W 이제 모든 비품을 다 샀니?
M 아니, 아직 책 몇 권과 공책을 하나 더 사야 해.
W 서두르는 게 좋을 거야. 수업은 이틀 후면 시작해!
M 알아. 내일 쇼핑하러 갈 거야.
W 아, 내가 같이 갈까? 난 펜을 좀 사야 해.
M 물론이지. 내일 아침에 가자.

Q: 두 사람의 대화 내용은?
(a) 저녁 먹으러 가기.
(b) 식료품 쇼핑하기.
(c) 수업 등록하기.
(d) 학용품 사기.

해법 supplies가 대화 중에서 books, notebook, pen 등을 의미하고 개학에 대해 말하는 내용이다. 학용품을 준비하는 일에 대해 의견을 나누고 있으므로 (d)가 정답이다.
yet (의문문에서) 이미, 벌써, 이제 **supply** 비품 **groceries** 식료품 **register for** ~에 등록하다 **material** 물품, 도구

35

M Did you go to the new store yesterday?
W Yeah, but I wasn't impressed.
M Really? Why not?
W They didn't have a good selection of science fiction titles.
M You should put in a request with customer service.
W I did. They're ordering more.

Q: What is mainly being discussed?
(a) What the man likes to read.
(b) The woman's new job at a store.
(c) Different science fiction novels.
✔ (d) The woman's opinion of a bookstore.

번역 M 어제 그 새 상점에 갔니?
W 응, 하지만 인상적이지 않더라.
M 정말? 왜 아닌데?
W 공상 과학 소설이 다양하게 갖춰지지 않았더라.
M 고객 서비스에 문의를 해봐.
W 했어. 더 주문하는 중이래.

Q: 대화 내용은?
(a) 남자가 읽고 싶어 하는 것.
(b) 상점에서 여자의 새 일.
(c) 여러 공상 과학 소설.
(d) 서점에 대한 여자의 의견.

해법 새로 생긴 상점에 다녀온 여자가 상점에 대한 자신의 의견을 말하는 내용이므로 정답은 (d)이다. 상점에 공상 과학 소설이 미비되었다는 평을 하고 있고 문의를 한 결과 더 주문 중이라는 답을 들었다고 했다.
impressed 좋은 인상을 받은, 감동한 **science fiction title** 공상 과학 소설 **request** 문의 **customer service** 고객 서비스

36

W Kevin, do you have a minute?
M Sure. What's going on?
W I need someone to look over this article I wrote. It's due tomorrow.
M No problem. I'll be happy to.
W Thanks so much. Just email me your comments when you're finished.
M At your work address?
W Yeah, that'd be best.

Q: What is mainly taking place?
✔ (a) The woman is asking the man for a favor.
(b) The man is helping the woman find an address.
(c) The man is giving an assignment to the woman.
(d) The woman is sharing some information with the man.

번역 W 케빈, 시간 좀 있니?
M 물론이지. 무슨 일이야?
W 내가 쓴 기사를 살펴봐 줄 사람이 필요해. 내일이 마감이야.
M 문제없어. 내가 기꺼이 할게.
W 정말 고마워. 끝내면 네 논평을 이메일로 보내줘.
M 네 회사 주소로?
W 응, 그게 제일 좋겠어.

Q: 일어나고 있는 일은?
(a) 여자는 남자에게 부탁을 하고 있다.
(b) 남자는 여자가 주소를 찾도록 도와주고 있다.
(c) 남자는 여자에게 할 일을 주고 있다.
(d) 여자는 남자와 정보를 나누고 있다.

해법 여자는 남자에게 자신이 쓴 기사를 읽고 평해 주기를 부탁하고 있는 내용이므로 답은 (a)이다.
have a minute 시간이 좀 나다 **article** 기사 **work address** 회사 (이메일) 주소 **assignment** 할당, 과제 **share** 공유하다

37

W Are you okay, Simon?
M I'm worried about Megan.
W Your friend from work? Is she alright?
M She's scheduled to have surgery today.
W Oh, I didn't know. Don't worry, I'm sure she'll be fine.
M I know. But I can't stop thinking about it.

Q: What is the main topic of the conversation?
(a) The woman's upcoming surgery.
✔ (b) The man's concern for his coworker.
(c) A problem with their work schedule.
(d) A health problem the man is having.

번역 W 괜찮니, 사이먼?
M 메건 때문에 걱정이야.
W 네 직장 친구? 그녀는 좀 어때?
M 오늘 수술을 받을 예정이야.
W 아, 몰랐어. 걱정하지 마, 꼭 좋아질 거야.
M 알아. 하지만 계속 생각이 나네.

Q: 대화의 소재는?
(a) 앞으로 있을 여자의 수술.
(b) 동료에 대한 남자의 걱정.
(c) 업무 일정 문제.
(d) 남자가 겪고 있는 건강 문제.

해법 남자의 직장 동료인 메건에 대한 걱정을 하는 대화이다. 그녀가 수술을 받기로 해서 남자는 걱정을 하고 있는 상황이므로 (b)가 답이다.
surgery 수술 **upcoming** 임박한 **concern** 걱정 **coworker** 직장 동료

38

M How's the apartment hunt going?
W Well, I've pretty much stopped looking.
M Why? I thought you hated your current place.
W It's not the best, but every other option is too expensive.
M So you've decided not to move?
W I'm afraid I don't have much choice.

Q: Which is correct about the woman?
(a) She wants the man to help her move.
(b) She is starting to look for a new home.
✔ (c) She is not going to change her apartment.
(d) Her current apartment is too expensive.

번역 M 아파트 구하는 일은 어떻게 되고 있니?
W 음, 찾는 걸 거의 그만두었어.
M 왜? 네가 지금 집을 싫어한다고 생각했는데.
W 최상은 아니지만 다른 집들이 다 너무 비싸.
M 그래서 이사하지 않기로 결정한 거야?
W 유감스럽지만 다른 방법이 별로 없는 것 같아.

Q: 여자에 관해 옳은 것은?
(a) 남자가 이사하는 걸 도와주길 바란다.
(b) 새로운 집을 알아보기 시작했다.
(c) 아파트를 옮기지 않을 것이다.
(d) 현재 아파트는 너무 비싸다.

해법 집을 바꾸고 싶어 했으나 every other option is too expensive라는 부분에서 새집을 구하기가 너무 비싸서 그만둔 것임을 알 수 있다. I don't have much choice는 다른 방법이 별로 없다는 말이므로 그대로 살 생각임을 나타내는 (c)가 옳다.
apartment hunt 아파트 구하는 일 **current** 현재의 **option** 선택 사항
I'm afraid (that) 유감스럽게도 (that 이하이다)

39

W Sean, a word about your term paper?
M Sure, Professor. Was there a problem with it?
W Not at all. I loved it!
M Oh, that's a relief.
W In fact, you should submit it to the National Essay Contest.
M How do I go about doing that?
W I'll pass you all the info by email.

Q: Which is correct about the man?
(a) He won a contest.
✔ (b) He wrote a school paper.
(c) He got a new email address.
(d) He signed up for the woman's class.

번역 W 션, 기말 보고서에 대해서 잠시 얘기할까?
M 물론이죠, 교수님. 무슨 문제가 있나요?
W 아니, 아주 좋더구나!
M 아, 다행이네요.
W 사실, 그걸 전국 에세이 대회에 제출해 봐.
M 제가 어떻게 시작해야 하나요?
W 모든 정보를 이메일로 보낼게.

Q: 남자에 관해 옳은 것은?
(a) 그는 대회에서 우승했다.
(b) 그는 학교 보고서를 썼다.
(c) 그는 새로운 이메일 주소를 받았다.
(d) 그는 여자의 수업을 신청했다.

해법 남자는 기말 보고서를 냈고 교수가 그것이 우수하니 전국 에세이 대회에 제출해 보자고 제안하는 내용의 대화이다. 따라서 (b)가 옳다. How do I go about doing that?은 그것을 어떻게 시작하느냐는 질문이다.
term paper 기말 보고서 **That's a relief.** 그거 다행이다. **info** 정보(information)
sign up for ~에 등록하다, 신청하다

40

M Have you made any summer vacation plans yet?
W I want to travel to Europe, but I haven't bought tickets yet.
M Why not?
W I need to find someone to go with me. I don't want to go alone.
M I have a friend who might be interested.
W Really? That'd be great!
M I'll give her your number.

Q: Which is correct according to the conversation?
(a) The woman already knows the man's friend.
✔ (b) The woman doesn't like traveling by herself.
(c) The woman's friends canceled their travel plans.
(d) Both the man and the woman are going to Europe.

번역 M 여름휴가 계획 벌써 세웠니?
W 유럽으로 여행가고 싶은데 아직 표를 사지 못했어.
M 왜 못했어?
W 같이 갈 사람을 찾아야 하거든. 혼자 가고 싶진 않아.
M 관심이 있을지도 모르는 친구가 있긴 해.
W 정말? 그거 잘됐다!
M 그녀에게 네 전화번호를 줄게.

Q: 대화에 따르면 옳은 것은?
(a) 여자는 이미 남자의 친구를 알고 있다.
(b) 여자는 혼자 여행하기를 좋아하지 않는다.
(c) 여자의 친구들이 여행 계획을 취소했다.
(d) 남자와 여자 둘 다 유럽에 갈 것이다.

해법 여자가 여행에 혼자 가기 싫어서 사람을 구하는 중이라고 하자 남자가 친구를 소개해 주는 상황이다. 그러므로 맞는 내용은 (b) 여자가 혼자 여행하기 싫어한다는 것이다.
by oneself 혼자서 **cancel** 취소하다

41

W I just signed up to run the charity marathon next month.
M I've been meaning to do that.
W You should. The money they raise goes toward a good cause.
M Yeah. But I've never run in such a long race.
W Neither have I. Just remember, it's not a competition.
M You're right. The important thing is raising money for the charity. I'll do it.

Q: Which is correct according to the conversation?
(a) Both speakers frequently run in races.
(b) The woman organized the charity run.
✔ (c) The man will participate in the marathon.
(d) The man works for a charity organization.

번역 W 다음 달 자선 마라톤에 뛰려고 신청했어.
M 나도 하려고 마음 먹고 있었는데.
W 해라. 모금하는 돈이 좋은 취지로 가게 되거든.
M 응. 하지만 그런 장거리 경주는 달려 본 적이 없어.
W 나도 없어. 시합이 아니라는 걸 명심하면 돼.
M 맞아. 가장 중요한 건 자선을 위해 돈을 모금한다는 거지. 할게.

Q: 대화에 따르면 옳은 것은?
(a) 두 화자 모두 자주 경주에 참가하여 달린다.
(b) 여자는 자선 마라톤을 조직했다.
(c) 남자는 마라톤에 참가할 것이다.
(d) 남자는 자선 단체를 위해 일한다.

해법 여자는 참가 신청을 했고 남자 역시 하겠다고 결심했다. 따라서 남자도 참가할 것이므로 (c)가 맞는 정보이다. 둘 다 경주에 참가한 적이 없다고 했으므로 (a)는 오답이다. Neither have I는 앞의 부정문에 대한 동의를 표현하는 말로 '나 역시 해본 적이 없다'는 뜻이다.
sign up 신청하다 **charity** 자선 **mean to** ~할 셈이다 **raise** (돈을) 모으다 **good cause** 좋은 취지

42

W Has Dave rented a car for the trip yet?
M Yes, and he got a great deal. Only 25 dollars a day.
W How did he do that?
M I think he knows someone at the rental agency.
W That's incredible. With the money we're saving, we can take a longer trip.
M Uh-huh. Remember to thank Dave next time you see him.

Q: Which is correct about Dave?
(a) He is a good driver.
(b) He is currently on vacation.
(c) He owns a car rental business.
✔ (d) He received a discount on a car.

번역 W 데이브는 여행갈 차를 이미 렌트했니?
M 응, 많이 할인 받았어. 하루에 겨우 25달러야.
W 어떻게 그렇게 했대?
M 렌털 대리점 누군가를 아는 것 같아.
W 그거 굉장한걸. 절약한 돈을 가지고 더 오래 여행할 수 있겠다.
M 그래. 다음에 만날 때 데이브에게 꼭 고맙다고 해줘.

Q: 데이브에 관해 옳은 것은?
(a) 그는 운전을 잘한다.
(b) 그는 현재 휴가 중이다.
(c) 그는 렌터카 사업을 하고 있다.
(d) 그는 차 값을 할인 받았다.

해법 He got a great deal은 할인을 많이 받아서 싸게 거래했다는 말이다. 그리고 하루에 25달러밖에 안 된다는 말을 통해 그가 자동차 렌탈 비용을 할인 받았다는 것을 알 수 있으므로 (d)가 옳다.
rent (차를) 렌트하다 **get a great deal** 할인을 많이 받다 **agency** 대리점 **currently** 지금(은), 일반적으로

43

M I suddenly feel like I have to sneeze.
W Do you have a cold?
M No, it seems more like an allergy.
W Oh, I hope it's not my cat.
M A cat? I'm afraid that's probably what's causing the reaction.
W In that case, let's go sit on the patio instead.
M Okay, I appreciate it.

Q: What can be inferred about the man?
✔ (a) He is allergic to cats.
(b) He needs to see a doctor.
(c) He is suffering from a cold.
(d) He thinks it's too cold on the patio.

번역 M 갑자기 재채기를 할 것 같아.
W 감기 걸렸어?
M 아니, 그보단 알레르기 같아.
W 아, 내 고양이 때문이 아니길 바란다.
M 고양이? 유감스럽게도 아마 그게 알레르기 반응을 유발하는 것 같아.
W 그렇다면 테라스에 가서 앉자.
M 좋아. 고마워.

Q: 남자에 대해 유추할 수 있는 것은?
(a) 고양이에 대해 알레르기가 있다.
(b) 그는 의사에게 진찰을 받아야 한다.
(c) 그는 감기를 앓고 있다.
(d) 그는 테라스가 너무 춥다고 생각한다.

해법 재채기를 하는 이유가 감기보다는 알레르기 때문인 것 같고 여자의 고양이가 그 원인인 것 같다는 대화 내용이므로 남자가 고양이에 알레르기가 있다는 (a)를 유추할 수 있다.
feel like ~하고 싶다 **sneeze** 재채기하다 **allergy** 알레르기 **reaction** 반응 **patio** 테라스

44

M You shouldn't eat so many fried foods, Beth.
W I've tried to cut back, but it's hard to find healthy meals at restaurants.
M Why don't you cook at home more?
W Well, I'm not a very good cook.
M Let me lend you a cookbook. It focuses on healthy recipes that are simple and delicious.
W That sounds nice. I guess I could try cooking.

Q: What can be inferred from the conversation?
(a) The woman wants to open a restaurant.
(b) The woman will invite the man to dinner.
(c) The man thinks he eats too many fried foods.
✔ (d) The man thinks cooking at home is better for health.

번역 M 튀긴 음식을 그렇게 많이 먹으면 안 돼, 베스.
W 줄이려고 노력했는데 음식점에서 건강에 좋은 음식을 찾기가 힘들어.
M 집에서 요리를 더 많이 하지 그래?
W 음, 난 요리를 잘하지 못해.
M 내가 요리책을 빌려줄게. 간단하고 맛있으면서 건강에 좋은 요리법이 중심인 책이야.
W 좋겠는걸. 요리를 시도해 볼 수 있을 것 같아.

Q: 대화에서 유추할 수 있는 것은?
(a) 여자는 음식점을 열고 싶어 한다.
(b) 여자는 남자를 저녁 식사에 초대할 것이다.
(c) 남자는 자신이 튀긴 음식을 너무 많이 먹는다고 생각한다.
(d) 남자는 가정 요리가 건강에 더 좋다고 생각한다.

해법 남자는 요리책에 나오는 건강에 좋은 음식에 대해 간단하고 맛있는 요리법이라고 말하고 있으므로 집에서 그런 음식을 만드는 것이 쉽다고 생각한다고 유추할 수 있다. 따라서 정답은 (d)이다.

fried food 튀긴 음식 **cut back** 줄이다 **recipe** 요리법

45

W Good evening, sir. How may I help you?
M I'm in town for a business conference, and I need a room for three nights.
W Very good. We're having a special promotion right now—stay three nights and get the fourth night free.
M Hmm... that sounds nice, but I'm afraid I'm needed back at the office the day after the conference ends.
W I see, of course. I'll have someone show you to your room immediately.
M Thank you.

Q: What can be inferred about the man?
(a) He will choose to extend his stay.
✔ (b) He will be at the hotel for three nights.
(c) He will receive a discounted room rate.
(d) He will give a presentation at the conference.

번역 W 좋은 저녁입니다, 손님. 어떻게 도와 드릴까요?
M 사업 회의 때문에 여기 왔는데 3박을 위한 방 하나가 필요해요.
W 좋습니다. 지금 특별 홍보 행사 중인데요, 3박을 하시면 4박째는 무료입니다.
M 음… 좋을 것 같긴 한데 회의가 끝나고 다음날 회사에 가봐야 할 것 같아서요.
W 알겠습니다. 곧 사람을 불러 방으로 안내해 드리겠습니다.
M 감사합니다.

Q: 남자에 관해 유추할 수 있는 것은?
(a) 그는 숙박 기간을 연장할 것이다.
(b) 그는 그 호텔에서 3박을 할 것이다.
(c) 그는 방 값을 할인 받을 것이다.
(d) 그는 회의에서 발표를 할 것이다.

해법 남자는 회의 다음날 회사에 돌아가 봐야 한다고 했기 때문에 할인 행사를 이용하지 않고 3박만 이용할 것임을 알 수 있으므로 (b)가 답이다.

conference 회의 **promotion** 홍보 **immediately** 곧, 즉시 **extend** 연장하다

46

Automobiles were available in the U.S. in the early 1900s, but they were rather expensive. Henry Ford helped to improve the situation. In 1913, he introduced the first production assembly lines in the factories of his Ford Motor Company. The assembly line method made it possible to produce more cars at a lower cost and with less labor. Prices for automobiles dropped more than half, and before long the car had become an important part of American culture and enterprise.

Q: What is mainly being discussed?
(a) The life story of businessman Henry Ford.
(b) The invention of the automobile in America.
(c) American car culture in the nineteenth century.
✔ (d) The effect of assembly lines on reducing the price of American cars.

번역 1900년대 초반, 자동차는 미국에서 이용 가능했으나, 비싼 편이었습니다. 헨리 포드는 상황을 개선하는 데 도움을 주었습니다. 1913년, 자신의 포드 자동차 회사의 공장에 최초의 생산 조립 라인을 도입했습니다. 이 조립 라인 방식은 더 낮은 비용과 적은 노동력으로 더 많은 차를 생산하는 것을 가능하게 했습니다. 자동차 가격은 반 이상 하락했고 오래지 않아 차는 미국 문화와 산업의 중요한 부분이 되었습니다.

Q: 담화 내용은?
(a) 사업가 헨리 포드의 일생.
(b) 미국의 자동차 발명.
(c) 19세기 미국의 자동차 문화.
(d) 조립 라인이 미국 자동차 가격 하락에 미치는 영향.

해법 1900년대 초반의 미국 자동차 시장 상황과 헨리 포드가 처음 만들어 낸 생산 조립 라인 때문에 미국 자동차는 가격이 하락했다는 내용이다. 따라서 (d)가 정답이다.

automobile 자동차 **available** 이용 가능한, 구할 수 있는 **assembly line** 조립 라인 **enterprise** 사업

47

Mr. Howard, this is Diana Smith calling from Dr. Sims' office. According to our calendar, you have an appointment for a general checkup this Thursday afternoon at 2:30. Dr. Sims was wondering whether it would be okay with you to push this back to Friday. Any time during the morning or afternoon would be fine. Please give me a call to let me know if this will work for you. Thanks.

Q: What is Ms. Smith's purpose for calling Mr. Howard?
(a) To recommend a doctor.
✔ (b) To reschedule an appointment.
(c) To inform him of some test results.
(d) To ask why he missed his appointment.

번역 하워드 씨, 전 심스 박사님 사무실의 다이애나 스미스입니다. 저희 일정표에 따르면 이번 목요일 오후 2시 30분에 종합 건강 검진 예약이 되어 있으신데요. 심스 박사님께서 이걸 금요일로 미루는 게 괜찮으실지 궁금해 하십니다. 오전이나 오후 언제든 괜찮을 것입니다. 가능한지 저에게 전화로 알려주시기 바랍니다. 고맙습니다.

Q: 스미스 씨가 하워드 씨에게 전화를 건 목적은?
(a) 의사를 추천하기 위해.
(b) 예약을 재조정하기 위해.
(c) 검사 결과를 알려주기 위해.
(d) 그가 예약에 오지 않은 이유를 묻기 위해.

해법 wondering whether it would be okay 이하에 전화를 건 용건이 드러나 있는데 예약을 다음날로 미룰 수 있는지 알아 보기 위한 전화이다. 이전 약속과 새로운 약속 시간의 언급을 볼 때 예약을 재조정하기 위한 목적임을 알 수 있으므로 (b)가 옳다.
appointment 예약 **checkup** 건강 검진 **whether** ~인지 아닌지 **push back** 뒤로 미루다 **recommend** 추천하다 **reschedule** 재조정하다

48

If you toss and turn in bed all night, then RestBetter is for you. This unique new product has been called by doctors the most effective way to treat insomnia. Its special blend of vitamins and sedatives ensures that you'll get a good night's sleep. But best of all, you don't have to worry about side effects.

Q: What is being introduced?
✔ (a) An insomnia treatment.
(b) An addiction clinic.
(c) A medical procedure.
(d) A custom-made mattress.

번역 만약 밤새 잠자리에서 뒤척인다면 레스트베터가 당신을 위한 것입니다. 이 독특한 신상품은 의사들이 불면증을 치료하기 위한 가장 효과적인 방법이라고 평가해 왔습니다. 비타민과 진정제의 특별 혼합물은 숙면을 보장합니다. 하지만 무엇보다도 레스트베터는 부작용에 대해 걱정할 필요가 없습니다.

Q: 소개되고 있는 것은?
(a) 불면증 치료제.
(b) 중독증 진료소.
(c) 의학 절차.
(d) 맞춤 매트리스.

해법 불면증 치료를 위한 신제품이라는 소개에 이어 나오는 special blend of vitamins and sedatives 부분에서 약제임을 알 수 있다. 부작용이 없다는 부분에서도 (a) 불면증 치료제임을 확인할 수 있다.
toss and turn 뒤척이다 **insomnia** 불면(증) **blend** 혼합(물) **sedative** 진정제 **ensure** 안전하게 하다, 보증하다 **side effect** 부작용

49

Skin cancer is often considered less serious than cancer of the internal organs, but it can be just as deadly. One common cause of skin cancer is frequent exposure to the sun. The sun gives off radiation that can damage the skin and ultimately lead to a cancerous growth. The best way to prevent this damage is by covering skin with clothing when outside. Sunscreen should be applied to any skin not covered by clothing.

Q: What is the main topic of the talk?
(a) How sunscreen works.
(b) How to treat a bad sunburn.
✔ (c) How to prevent skin cancer.
(d) How skin cancer was discovered.

번역 피부암은 내장 기관의 암보다 덜 심각한 것으로 생각되는 편이지만 똑같이 치명적일 수 있습니다. 피부암의 공통적인 원인은 태양에 빈번한 노출입니다. 태양은 피부를 상하게 하고 끝내 암으로 자라나게 할 수 있는 복사 에너지를 발산합니다. 이 피해를 예방하는 최선의 방법은 외부에서는 옷으로 피부를 가리는 것입니다. 옷으로 가려지지 않은 피부는 자외선 차단제를 발라야 합니다.

Q: 담화의 주제는?
(a) 자외선 차단제가 어떻게 작용하는지.
(b) 피부 화상 치료법.
(c) 피부암 예방법.
(d) 피부암 발견 경위

해법 피부암의 심각성과 원인에 대해 소개하고 예방법을 알려주는 내용이다. 따라서 (c)가 주제이다.
skin cancer 피부암 **internal organ** 내장 기관 **deadly** 치명적인, 치사의 **frequent** 빈번한 **exposure** 노출 **give off** 방출하다 **radiation** 복사 에너지 **ultimately** 궁극적으로 **cancerous** 암의 **sunscreen** 자외선 차단제

50

Good afternoon, sales employees. I have a special announcement for you. This afternoon, you will all have the opportunity to give blood to the local blood bank. A blood donation van will be in the parking lot from 1:30 to 5 o'clock. Anyone who wishes to give blood may do so during these hours. Thank you.

Q: What will some employees do this afternoon?
(a) Go to the hospital.
✔ (b) Donate their blood.
(c) Attend a sales meeting.
(d) Deliver a gift to charity.

번역 좋은 오후입니다, 영업사원 여러분. 여러분께 특별한 공고가 있습니다. 오늘 오후 지역 혈액은행에 혈액을 기증할 기회를 모두 갖게 될 것입니다. 혈액 기증 차량은 1시 30분부터 5시까지 주차장에 있을 것입니다. 혈액을 기증하기 원하는 분은 이 시간 동안 하면 됩니다. 감사합니다.

Q: 오늘 오후에 몇몇 직원들이 하는 일은?
(a) 병원에 간다.
(b) 혈액을 기증한다.
(c) 영업 회의에 참가한다.
(d) 선물을 자선 단체에 전달한다.

해법 give blood to the local blood bank라는 부분에서 직원들에게 공고하고 있는 내용을 알 수 있다. 지정된 시간에 주차장에 있는 차량에서 혈액을 기증할 수 있다는 안내이므로 오후에 몇몇 직원들은 혈액을 기증할 것이라는 (b)가 정답이다.

announcement 공고 **opportunity** 기회 **blood bank** 혈액은행 **blood donation** 혈액 기증 **charity** 자선 단체

51

New York City has always had problems with crime. There is good news, however. Over the last decade and a half, violent crime rates have consistently decreased. 2007 was the first year since 1963 that the number of murders was below 500. Moreover, New York now has the lowest crime rate of any of the ten largest cities in the United States. While there's still room for improvement, most residents are pleased with the progress.

Q: What is the main idea of the talk?
✔ (a) New York City is safer than it once was.
(b) Police are failing to stop crime in New York.
(c) Residents approve of New York's government.
(d) There are too many murders in large American cities.

번역 뉴욕 시에는 항상 범죄 문제가 있었습니다. 그러나 좋은 소식이 있네요. 지난 15년 동안 폭력 범죄율이 지속적으로 감소하고 있습니다. 1963년 이래로 살인 사건이 500건 이하가 된 첫 해는 2007년입니다. 게다가 뉴욕은 미국의 10대 최대 도시 중에서 가장 낮은 범죄율을 보이고 있습니다. 아직까지 개선의 여지는 있지만, 거주자들 대부분은 진전에 대해 기뻐하고 있습니다.

Q: 담화의 주제는?
(a) 뉴욕 시는 이전보다 더욱 안전하다.
(b) 경찰은 뉴욕에서 범죄를 막는 데 실패하고 있다.
(c) 주민들은 뉴욕 시 정부를 지지한다.
(d) 미국의 대도시들에는 살인 사건이 너무 많다.

해법 뉴욕이 범죄로 유명한 곳이지만 2007년에는 살인 사건이 1963년 이래로 가장 줄었고 계속적으로 폭력 범죄율이 감소 추세임을 다루는 내용이다. 뉴욕이 과거보다는 더 안전한 도시라는 (a)가 주제이다.

decade 십년 **violent crime** 폭력 범죄 **consistently** 지속적으로 **decrease** 감소하다 **murder** 살인 사건 **room for improvement** 발전의 여지 **resident** 주민 **progress** 진전, 진보 **approve of** ~을 지지하다

52

The XPhone 2.0 is much more than a cellular phone. With 50 gigabytes of memory space, it's practically a home computer. Many different kinds of software are available for the XPhone. You can install your favorite music players, watch movies, play video games, and surf the net. It also has a camera function, which is much more advanced than those of other camera phones.

Q: What is mainly being advertised?
(a) How to add memory to your phone.
✔ (b) The features of a multi-purpose mobile.
(c) The products sold at an electronics store.
(d) Different software packages for cell phones.

번역 Xphone 2.0은 휴대폰 이상입니다. 메모리 용량이 50기가바이트 이어서 사실상 가정용 컴퓨터입니다. 여러 다른 종류의 소프트웨어가 Xphone에서는 이용 가능합니다. 좋아하는 음악 플레이어를 설치하고, 영화를 보고, 비디오 게임을 하고, 인터넷을 검색할 수 있습니다. 또한 카메라 기능이 있는데 이것은 다른 카메라 폰보다 훨씬 진보된 것입니다.

Q: 광고 내용은?
(a) 전화에 메모리를 추가하는 방법.
(b) 다용도 휴대폰의 특징.
(c) 전자 대리점에서 판매되는 상품.
(d) 휴대폰을 위한 다양한 소프트웨어 패키지.

해법 Xphone이라는 휴대폰을 가지고 할 수 있는 여러 가지 기능에 대한 설명이므로 (b) multi-purpose mobile(다용도 휴대폰)의 특징이 주된 내용이라고 할 수 있다.

memory space 메모리 용량 **practically** 사실상 **install** 설치하다 **surf the net** 인터넷을 검색하다 **multi-purpose** 다용도의

53

There's a new trend in the pet industry: snakes. All over the country, pet stores are reporting record sales of snakes and snake-related products. Unfortunately, people don't know how to care for a pet snake. Many of the animals die after only a short time, and others escape from their owners and enter the wild. In response to this, states are considering controlling who is able to buy pet snakes and how many they are able to own.

Q: Which is correct about owners of pet snakes?
(a) Their numbers have decreased in recent years.
(b) They usually capture their snakes from the wild.
✔ (c) Some of them are unprepared to care for the animals.
(d) Laws prohibit them from owning more than one snake.

번역 애완동물 산업에 새로운 유행이 있는데 그것은 뱀입니다. 전국적으로 애완동물 상점의 뱀과 뱀 관련 상품들의 판매 기록이 보도되고 있습니다. 불행히도 사람들이 애완 뱀을 돌보는 방법을 모릅니다. 많은 수가 짧은 시간 이후면 죽고 다른 것들은 주인에게서 도망쳐서 야생으로 갑니다. 이것에 대응하여, 주에서는 애완 뱀을 살 수 있는 사람과 소유할 수 있는 마리 수를 제한할 것을 고려하고 있습니다.

Q: 애완 뱀 주인들에 관해 옳은 것은?
(a) 최근 몇년 동안 감소했다.
(b) 보통 야생에서 뱀을 잡는다.
(c) 일부는 동물을 돌보는 데 준비가 되어 있지 않다.
(d) 뱀을 한 마리 이상 소유하지 못하게 법으로 막고 있다.

해법 애완 뱀을 사는 사람들이 돌보는 방법을 몰라서 금방 죽게 되거나, 도망쳐 나가 야생으로 돌아가게 만든다고 했고 이것이 문제를 일으키고 있다는 내용이므로 그들이 뱀을 기를 준비가 되어 있지 않다는 말인 (c)가 옳다.
trend 유행, 경향 **snake** 뱀 **care for** ~을 돌보다 **in response to** ~에 대응하여

54

Generally, we view television as a hindrance to a child's education. But that may just depend on what they're watching. A long-term study looked at children who were shown televised nature documentaries on a regular basis and analyzed their later educational development. On average, children who developed a habit of viewing nature shows later scored higher on college placement exams than a random sampling from the general population.

Q: Which is correct about nature documentaries?
(a) They are not frequently televised.
(b) They are shown in college classrooms.
✔ (c) They can improve educational performance.
(d) They encourage people to protect the environment.

번역 일반적으로 우리는 텔레비전을 아이들 교육의 방해물로 생각합니다. 그러나 무엇을 보느냐에 달려 있을지도 모릅니다. 한 장기간 연구에서 아이들에게 (TV에) 방영되는 자연 다큐멘터리를 규칙적으로 보여주고 이후의 학업 발달을 분석했습니다. 평균적으로 자연 프로그램을 보는 습관을 발달시킨 아이들은 모집단에서 무작위로 뽑은 표본보다 나중에 대학 배치 고사에서 더 높은 점수를 얻었습니다.

Q: 자연 다큐멘터리에 관해 옳은 것은?
(a) 자주 방영되지는 않는다.
(b) 대학 수업에서 보여진다.
(c) 학업 성취를 증진시킨다.
(d) 환경을 보호하도록 권장한다.

해법 TV로 자연 다큐멘터리를 규칙적으로 본 아이들이 그렇지 않은 아이들보다 대학 배치 고사에서 높은 점수를 얻었다는 것으로 볼 때 학업 수행 능력을 증진시킨다는 (c)가 옳다.
hindrance 방해(물) **long-term** 장기간의 **televise** 방영하다 **analyze** 분석하다 **on average** 평균적으로 **placement exam** 배치 고사 **random sampling** 무작위 표본

55

There are many types of pollution. The one that receives the least amount of attention is pollution caused by light. In urban areas, the collective glare from thousands of city lights can be very strong. The effect is harmful to animals that rely on darkness to hunt or need the light of the stars and moon for navigation. Light pollution can even harm people. Studies show extreme light pollution causes headaches, fatigue, and stress.

Q: Which is correct about light pollution?
(a) It is a problem in the countryside.
(b) It can cause depression in people.
(c) It is the most harmful kind of pollution.
✔ (d) It disrupts animals' sense of direction.

번역 많은 종류의 공해가 있습니다. 가장 주목을 받지 못하는 것은 빛 공해입니다. 도시 지역에서 수천 개의 도시 불빛에서 나오는 수많은 번쩍이는 빛은 아주 강할 수 있습니다. 그 영향은 사냥을 할 때 어둠에 의존하거나 길을 찾는 데 별이나 달빛이 필요한 동물들에게 해롭습니다. 빛 공해는 사람들에게도 피해가 될 수 있습니다. 여러 연구에서 극심한 빛 공해는 두통과 피로, 스트레스를 유발한다는 것이 드러났습니다.

Q: 빛 공해에 관해 옳은 것은?
(a) 전원 지역의 문제이다.
(b) 사람들에게 우울증을 유발할 수 있다.
(c) 가장 해로운 종류의 공해이다.
(d) 동물들의 방향 감각을 교란시킨다.

해법 빛 공해는 도심의 문제이고, 사람에게는 두통, 피로, 스트레스를 일으킬 수 있으며 가장 해로운 종류라는 언급은 없었다. 별빛이나 달빛을 기준으로 길을 찾던 동물들이 환한 도심의 불빛 때문에 방향 감각이 교란될 수 있다고 했으므로 (d)가 정답이다.
pollution 공해 **urban** 도시의 **collective** 집단적인 **glare** 불빛, 번쩍거림 **rely on** ~에 의존하다 **navigation** 항법 **extreme** 극심한 **fatigue** 피로

56

When bones weaken, there is an increased risk that they can fracture or break, leading to serious health problems. A disease called osteoporosis affects bones in this way. For some reason, osteoporosis is most common in older women, but it can also attack men and younger people. Medical experts recommend that people of all ages drink milk, which contains calcium. Calcium helps bones develop and grow, so a diet high in calcium may prevent osteoporosis.

Q: Which is correct about calcium?
(a) Most older women lack it.
✔ (b) It can help keep bones strong.
(c) It is used to cure osteoporosis.
(d) Bones cannot grow without it.

번역 뼈가 약해지면, 골절되거나 부러져서 심각한 건강 문제가 될 수 있는 위험이 증가됩니다. 골다공증이라고 불리는 질병은 이런 방식으로 뼈에 영향을 줍니다. 몇 가지 이유로 골다공증은 나이든 여성에게 가장 흔하지만, 남성이나 젊은층 역시 걸릴 수 있습니다. 의학 전문가들은 모든 연령의 사람들이 칼슘이 함유된 우유를 마실 것을 권고합니다. 칼슘은 뼈가 발달하고 자라는 것을 돕기 때문에 칼슘이 풍부한 식단은 골다공증을 예방할 수 있습니다.

Q: 칼슘에 대해 옳은 것은?
(a) 나이 든 여성 대부분이 필요로 한다.
(b) 뼈를 강하게 유지하도록 해준다.
(c) 골다공증을 치료하는 데 쓰인다.
(d) 뼈는 칼슘이 없으면 자랄 수 없다.

해법 칼슘은 뼈를 발달시키고 자라게 하므로 골다공증을 예방한다고 했다. 그러나 골다공증 치료제는 아니며 뼈가 자라는 것을 돕는 것이지 필수적인 것이 아님에 유의한다. 그러므로 (b)가 정답이다.

bone 뼈 **fracture** 골절되다 **osteoporosis** 골다공증 **contain** 함유하다 **calcium** 칼슘 **prevent** 예방하다 **lack** 부족하다 **cure** 치유하다, 치료하다

57

Sound effects are an important part of any film. The person responsible for creating these effects is known as the foley artist. The sounds are recorded separately, in a sound studio, and added to the film later. Foley artists often use common, everyday objects to create their sound effects. For example, to imitate the sounds of a fist fight, a foley artist might crack a piece of bamboo or strike a watermelon. These artificial sounds make the movie scene more dramatic.

Q: Which is correct about foley artists?
✔ (a) They do their work in a recording studio.
(b) They help actors produce dramatic sounds.
(c) Their job is to create sounds for car chase scenes.
(d) They sometimes work with visual special effects artists.

번역 음향 효과는 모든 영화의 중요한 부분입니다. 이런 효과를 만들어 내는 책임을 맡고 있는 사람이 음향 녹음 기술자라고 알려져 있습니다. 음향은 별도로 음향 스튜디오에서 녹음이 되고 나중에 영화에 더해집니다. 음향 녹음 기술자는 음향 효과를 만들어 내기 위해 종종 평범하고 일상적인 물체를 사용합니다. 예를 들어, 기술자는 주먹 싸움 소리를 비슷하게 내기 위해 대나무 조각을 쪼개거나 수박을 부수기도 합니다. 이런 인공적인 음향은 영화 장면을 더욱 극적으로 만듭니다.

Q: 음향 녹음 기술자에 관해 옳은 것은?
(a) 그들은 녹음 스튜디오에서 작업을 한다.
(b) 그들은 배우들이 극적인 음향을 만들어 내도록 돕는다.
(c) 그들의 일은 차량 추격 장면의 음향을 만들어 내는 것이다.
(d) 그들은 때때로 시각 특수 효과 기술자와 함께 일한다.

해법 음향 녹음 기술자는 녹음 스튜디오에서 따로 작업하여 영화에 그것을 붙이는 방식으로 일하므로 (a)가 옳다. 배우가 아니라 영화 자체를 극적으로 만들어 주는 역할을 한다고 했으므로 (b)는 오답이다.

sound effects 음향 효과 **responsible for** ~을 책임지는 **foley artist** 음향 녹음 기술자 **separately** 별도로, 따로 **fist fight** 주먹 싸움 **crack** 쪼개다 **bamboo** 대나무 **watermelon** 수박 **artificial** 인공의, 사람이 만든 **chase** 추격

58

The genre of the Western, in both literature and film, is where we frequently meet "the drifter" archetype. The drifter mysteriously appears in town one day. No one knows who he is or where he came from. Against his will, he gets pulled into a local dispute, most often at the behest of a new female friend. Due to his superior skills with a pistol, he manages to defeat the villain and save the townsfolk. Typically, the story closes with the drifter riding off, still mysteriously, into the sunset.

Q: What can be inferred about "the drifter?"
✔ (a) He solves problems through violence.
(b) Western films sometimes end with his death.
(c) He retains the same name in different stories.
(d) The archetype has no basis in historical fact.

번역 서부 영화 장르는 문학과 영화 모두 '방랑자' 전형을 자주 만날 수 있는 곳입니다. 방랑자는 어느 날 마을에 신비롭게 나타납니다. 아무도 그가 누구인지, 어디에서 왔는지 알지 못합니다. 그의 의지에 반하여 지역 논쟁에 끼게 되는데 대부분은 새로운 여자 친구의 요청 때문입니다. 권총을 다루는 뛰어난 기술 때문에 악인을 무찌르고 마을 사람들을 구할 수 있게 됩니다. 대체로 이야기는 방랑자가 신비스럽게 석양 속으로 말을 타고 떠나는 것으로 끝납니다.

Q: '방랑자'에 관해 유추할 수 있는 것은?
(a) 그는 폭력을 통해 문제를 해결한다.
(b) 서부 영화는 때때로 그의 죽음으로 끝난다.
(c) 그는 다른 이야기에서 같은 이름을 유지한다.
(d) 그 전형은 역사적 사실에 근거하지 않는다.

해법 서부 영화의 주인공인 방랑자는 권총을 다루는 뛰어난 기술로 악인을 이기고 마을 사람들을 구한다고 했으므로 폭력을 통해 문제를 해결한다는 (a)가 정답이다.

genre 장르 **drifter** 방랑자 **archetype** 전형, 원형 **mysteriously** 신비롭게 **at the behest of** ~의 요청으로 **due to** ~때문에 **pistol** 권총 **villain** 악인 **ride off** 말을 타고 떠나다

59

Many scientists have tried to prove the existence of extrasensory perception, or ESP. ESP is the ability to obtain information about something without using the five senses. Because of this, it is often referred to as a "sixth sense." In some studies, subjects have been able to successfully identify objects without looking at or feeling them. This suggests that they may indeed possess a type of extrasensory perception. However, no experiment has been found that can consistently demonstrate the existence of ESP.

Q: What can be inferred about ESP?
(a) It has been disproved.
(b) Some people have it, but others do not.
✔ (c) There is no scientific consensus about it.
(d) Researchers are no longer interested in it.

번역 많은 과학자들이 초감각적 감지(ESP)의 존재를 증명하기 위해 노력했습니다. ESP는 오감을 쓰지 않고 어떤 것에 관한 정보를 얻는 능력입니다. 이것 때문에 흔히 '육감'이라고 불립니다. 몇몇 연구에서, 피실험자는 보거나 느끼지 않고도 성공적으로 물체를 식별할 수 있었습니다. 이것은 그들이 초감각적인 감지의 한 종류를 실제로 가지고 있을지도 모른다는 것을 시사합니다. 그러나, ESP의 존재를 일관적으로 증명할 수 있는 어떤 실험도 발견되지 않았습니다.

Q: ESP에 관해 유추할 수 있는 것은?
(a) 그것이 거짓임이 증명되었다.
(b) 몇몇 사람들은 가지고 있지만 다른 사람들은 없다.
(c) 그것에 관해 과학적인 합의는 없다.
(d) 연구자들은 더 이상 그것에 관심이 없다.

해법 여러 실험에서 ESP와 비슷한 종류가 있다고 했으나 증명할 만한 실험은 아직 없었다고 했으므로 과학자들 사이에 합의가 없다는 (c)를 유추할 수 있다. ESP를 가지고 있는 사람도 있고 없는 사람도 있다는 내용은 없으므로 (b)는 오답이다.

existence 존재 **extrasensory perception** 초감각적인 감지 **sixth sense** 육감 **subject** 피실험자 **object** 대상, 물체 **possess** 소유하다 **consistently** 일관적으로, 지속적으로 **demonstrate** 증명하다, 보여주다 **consensus** 일치, 합의

60

James Joyce is considered by many scholars to be one of the greatest authors. His 1922 novel *Ulysses* is certainly a masterpiece. But despite his talent, Joyce didn't receive much popular recognition during his lifetime. He and his wife and children were constantly in financial trouble. He also had a number of health issues, including failing eyesight. Though originally from Dublin, Ireland, Joyce spent most of his adult life in other cities in Europe. He died at the age of 58 in Zurich, Switzerland.

Q: What can be inferred from the lecture?
(a) Joyce published many novels.
(b) Joyce's wife was from Switzerland.
✔ (c) Joyce became more famous after his death.
(d) The book *Ulysses* was a financial success.

번역 많은 학자들이 제임스 조이스를 가장 위대한 작가 중 하나로 생각합니다. 그의 1922년 소설 〈율리시스〉는 명백히 걸작입니다. 그러나 재능에도 불구하고 조이스는 생전에 많은 대중적인 인정은 받지 못했습니다. 그와 아내, 아이들은 계속적으로 재정적인 어려움을 겪었습니다. 그는 또한 시력이 나빠지는 것을 포함해서 여러 건강 문제가 있었습니다. 조이스는 아일랜드 더블린 출신이지만 거의 대부분의 성년을 유럽의 여러 도시에서 지냈습니다. 그는 스위스 취리히에서 58세로 죽었습니다.

Q: 강의로부터 유추할 수 있는 것은?
(a) 조이스는 많은 소설을 출간했다.
(b) 조이스의 부인은 스위스 출신이다.
(c) 조이스는 죽은 이후에 더욱 유명해졌다.
(d) 〈율리시스〉는 금전적으로 성공작이었다.

해법 조이스는 현재 위대한 작가로 평가받지만 생전에는 대중적인 주목을 받지 못했고 계속 가난했다는 것을 통해 사후에 더욱 인정을 받게 되었다는 (c)를 유추할 수 있다. 이 강의를 통해 그가 많은 소설을 썼는지는 알 수 없고 〈율리시스〉는 걸작이지만 생전에 인정을 받지 못했다. 따라서 금전적인 성공을 얻지 못했으므로 (d)는 오답이다.

masterpiece 걸작 **despite** ~에도 불구하고 **recognition** 인정정 **constantly** 계속적으로 **financial** 재정적인 **a number of** 다수의 ~

Grammar

25 minutes

1

A Do you exercise much?
B Yes, I go __________ in the park every afternoon.

✔ (a) jogging
(b) to jogging
(c) having jogged
(d) to have jogged

번역 A 운동을 많이 하세요?
B 네, 매일 오후 공원에 조깅을 하러 갑니다.

해법 일상적으로 반복되는 습관에는 usually, often, every day, always 등의 부사가 동반되어 현재시제를 쓴다. 그래서 동사는 go이고 '~하러 가다'에 해당하는 표현인 go -ing를 써서 (a) jogging이 정답이다.
exercise 운동하다 **jog** 조깅하다

2

A I need to see Sylvia as soon as possible.
B Okay, I'll give her the message __________.

(a) she arrives when
✔ (b) when she arrives
(c) she will arrive when
(d) when she will arrive

번역 A 실비아를 가능한 빨리 만나야겠어.
B 알았어, 그녀가 돌아오면 소식을 전할게.

해법 빈칸 앞에 완전한 문장이 왔으므로 빈칸은 when이 이끄는 부사절이 와야 한다. 부사절에서는 미래시제 대신 현재시제를 써서 나타내므로 (b) when she arrives가 정답이다.
as soon as possible 가능한 한 빨리 **message** 소식, 메시지

3

A Hey there, Sam. How __________?
B Not great. I just got over a bad cold.

(a) having been
(b) do you have
✔ (c) have you been
(d) are you having

번역 A 안녕, 샘. 어떻게 지냈어?
B 별로야. 지독한 감기에서 겨우 회복되었어.

해법 만나서 그간의 안부를 묻는 말로 How have you been? What have you been doing? 등이 쓰이므로 (c)가 정답이다. 별로 좋지 않았다는 대답으로 쓴 말이 Not great이다. 다른 표현으로 Pretty good / Not bad / Great / Just fine / Just perfect 등이 있다.
Not great. 별로야. **get over** ~로부터 회복되다

4

A I've got tickets to the symphony this Saturday.
B Really? What a coincidence! __________!

✔ (a) So do I
(b) I do so
(c) Do so I
(d) So I do

번역 A 이번 토요일에 연주회에 갈 표를 구했어.
B 정말? 우연의 일치인걸! 나도 그래!

해법 상대방의 말에 대해 긍정하면서 '~도 그러하다, ~도 마찬가지다'라고 할 때 〈so + (조)동사 + 주어〉를 쓴다. 일반 동사이므로 동사는 do를 쓰고 시제는 앞의 말과 일치해야 한다. have got은 have와 같은 말로 현재시제이므로 (a) So do I가 정답이다.
symphony (교향악) 연주회 **coincidence** 우연의 일치

5

A Have you picked out a new computer for your office yet?
B No. I'm still __________ between the two top models.

(a) decided
(b) decisive
(c) decision
✔ (d) deciding

번역 A 사무실에 쓸 새 컴퓨터를 골랐니?
B 아니, 최고의 모델 두 개 중에서 아직도 결정하는 중이야.

해법 decide하는 주체는 I이므로 수동태는 불가능하며 의미상 '아직도 결정하는 중이다'라는 뜻이 되어야 하므로 현재진행형인 (d) deciding이 정답이다. 전치사 between을 동반하여 두 가지 중에서 결정하려고 한다는 말이 된다.
pick out 고르다 **between** ~사이에서 **top** 최고 인기있는

6

A Will you be able to finish the project by the deadline?
B Right now it looks that way, but I can't __________.

✔ (a) be sure
(b) surely be
(c) be sure of
(d) have been sure

번역 A 마감 시한까지 그 프로젝트를 끝낼 수 있겠니?
B 현재로는 그럴 것 같은데, 확신은 못해.

해법 (a) be sure는 '~을 확신하다'의 뜻으로 다음에 that절이나 명사를 쓰려면 전치사 of가 온다. Are you sure? No, I'm not sure 같은 표현의 쓰임을 기억하면 된다. of를 쓰려면 동명사나 명사가 함께 나와야 한다.
deadline 마감 시한 **It looks that way.** 그럴 것 같다. **can't be sure** ~을 확신할 수 없다

7

A I can't wait for this weekend. Kim and Mike's wedding is going to be so much fun.
B I know. They __________ it for months!

(a) plan
(b) are planning
(c) will be planning
✔ (d) have been planning

번역 A 이번 주말이 너무나 기대돼. 킴과 마이크의 결혼식은 아주 재미있을 거야.
B 알아. 그들이 몇 달 동안 준비했잖아!

해법 가까운 미래에 있을 일이고 몇 달 전부터 현재의 시점까지 계속 준비가 이어지고 있으므로 현재완료를 쓰고, 동작을 강조하기 위해 진행형까지 써서 (d) have been planning이 정답이다.
can't wait for ~에 대한 기대가 크다 **for months** 몇 달 동안

8

A Okay, Ms. Johnson. Tell me about __________ biggest strengths.
B I have many strengths, but the most important one is that I'm a great team player.

✔ (a) your
(b) yours
(c) you're
(d) you'll

번역 A 자, 존슨 씨. 자신의 가장 큰 장점에 대해 말해 보세요.
B 저는 장점이 많습니다만, 무엇보다도 훌륭한 팀원이라는 것입니다.

해법 Tell에 동반된 전치사 about 다음에 명사가 와야 하므로 biggest strengths를 수식하는 말로 you의 소유격인 (a) your가 정답이다.
strength 장점 **team player** 팀원

9

A Are you taking a vacation this summer?
B I enjoy __________, but I don't have the money for it right now.

(a) to travel
✔ (b) traveling
(c) the traveling
(d) being traveled

번역 A 이번 여름에 휴가 가세요?
B 전 여행하는 걸 즐기지만 지금 당장은 그럴 돈이 없어요.

해법 동사 enjoy는 목적어로 동명사 형태를 취한다. enjoy하는 주체는 I이므로 (d)처럼 수동태로 말할 수 없다. 따라서 (b) traveling이 정답이다.
take a vacation 휴가를 가다 **right now** 지금 당장

10

A __________ down the music just a little? I'm trying to get some sleep.
B Of course not. I didn't realize it was so loud.

(a) Mind your turning
✔ (b) Would you mind turning
(c) You mind having turned
(d) Wouldn't you have turned

번역 A 음악을 아주 조금만 줄여 주시면 안 될까요? 잠을 좀 자려고 하거든요.
B 물론이에요. 그렇게 큰 줄 몰랐네요.

해법 '~해도 괜찮겠어요, ~하면 안 될까요?'라는 표현은 Would you mind -ing?를 쓰므로 (b)가 정답이다. 괜찮다는 말로는 Not at all / Of course not / No, I don't mind / Certainly not 등을 쓴다.
turn down ~을 줄이다, 낮추다 **loud** 소리가 큰

11

A My name is Henry Dawson and I'd like to check in now.
B Okay, Mr. Dawson. Your room will __________ in five minutes.

✔ (a) be ready
(b) be already
(c) have been readily
(d) have been already

번역 A 제 이름은 헨리 도슨이고 지금 체크인하고 싶습니다.
B 알겠습니다, 도슨 씨. 손님의 방은 5분 안에 준비될 것입니다.

해법 단순히 미래에 일어날 일에 대한 내용이므로 will 다음에 동사원형을 써야 한다. '~이 준비가 되다'라는 표현은 (a) be ready이다.
check in (호텔에서) 체크인하다 **readily** 흔쾌히

12

A Do you know what you're going to write about for your essay?
B I've thought long and hard, but I still __________.

(a) no idea have
✔ (b) have no idea
(c) an idea haven't
(d) haven't had idea

번역 A 에세이로 무엇에 대해 쓸 예정이야?
B 오랫동안 열심히 생각해 봤지만 아직 모르겠어.

해법 '전혀 모르겠다'는 말로 쓰는 표현은 I have no idea이므로 (b)가 정답이다. I don't know와 같은 말이고 I have no idea 뒤에 문장을 보충하여 쓰기도 한다. I have no idea how he does / I have no idea what I should do 등이다.
think long and hard 오랫동안 열심히 생각하다 **have no idea** 전혀 모르다

13

A I wasn't going to vote in the election, but my wife convinced me to.
B I knew she __________.

✔ (a) would
(b) would do
(c) would have to do
(d) would have that

번역 A 투표를 하지 않으려고 했는데 아내가 하라고 설득했어.
B 그럴 줄 알았어.

해법 내용상 그럴 줄 알았다는 말이므로, 주절의 동사 knew의 시제에 맞게 조동사 (a) would가 정답이다. 반복되는 부분을 생략할 때 조동사까지 쓰고 그 이하를 생략한다. 〈convince A to+동사원형〉(A가 ~하도록 설득하다)에서 to 다음에 동사원형(vote)이 생략된 형태이다.
vote 투표하다 **election** 선거 **convince** 설득하다

14

A How can you be sure that your lawyer __________ the plaintiff's?
B Well, he graduated at the top of his class from Harvard Law.

(a) knows more
(b) has more knowledge
(c) has been knowing more than
✔ (d) is more knowledgeable than

번역 A 네 변호사가 원고의 변호사보다 더 식견이 있다는 것을 어떻게 확신할 수 있지?
B 음, 그는 하버드 법대를 수석으로 졸업했어.

해법 비교급 표현법에 대한 문제이다. '~보다 식견이 있다'는 내용이 되어야 하는데 비교급이 나오면 비교하는 대상 앞에 than이 나와야 한다. 다른 표현도 가능하지만 than이 빠져 있음에 유의해야 정답 (d)를 고를 수 있다.
lawyer 변호사 **plaintiff** 원고 **graduate** 졸업하다 **knowledgeable** 식견이 있는

15

A Professor, I'm not sure __________ I understand the science project.
B Let's go over it again, shall we?

✔ (a) if
(b) as
(c) like
(d) what

번역 A 교수님, 제가 과학 프로젝트를 잘 이해한 건지 확신이 없어요.
B 다시 살펴보기로 할까?

해법 be sure 다음에는 that절, 의문사절, 전치사구 등이 올 수 있고 '~인지 아닌지'의 뜻일 때 (a) if절이 정답이다.
go over ~을 세밀히 살펴보다 **Let's..., shall we?** ~할까?

16

A I'm afraid the new supervisor won't be able to improve work performance.
B All he has to do is raise our output ___________.

(a) less
(b) least
(c) little
✔ (d) a little

번역 A 아무래도 신임 감독관이 업무 실적을 향상시킬 수 없을 것 같아.
B 그가 해야 할 일은 바로 생산량을 조금 올리는 거뿐이야.

해법 문맥상 '조금'이라는 의미이므로 비교급이나 최상급 (a) less, (b) least는 제외한다. a를 붙이지 않고 부정적 용법으로 little은 '거의 없는'이라는 뜻이므로 맞지 않고 (d) a little이 정답이다.
I'm afraid... (바람직하지 않은 일에 대해) ~같다, (유감이지만) ~라 생각한다; 유감입니다만 **supervisor** 감독관 **work performance** 업무 실적 **output** 생산량

17

A Kathy and Anna seem very close. They spend practically all their time together.
B Yes, they've known ___________ since grade school.

(a) others
(b) another
(c) one other
✔ (d) each other

번역 A 캐시와 안나는 아주 친해 보여. 거의 모든 시간을 함께 보내잖아.
B 그래, 그 애들은 초등학교 때부터 알고 지내왔지.

해법 내용상 서로를 알고 지내왔다는 말이 되어야 하므로 known 다음에는 (d) each other이 정답이다. each other는 동사나 전치사의 목적어, 소유격의 형태로 쓰인다. know each other / with each other / in each other's pocket 등처럼 쓴다. 비슷한 표현으로 one another가 있다.
practically 거의 **grade school** 초등학교

18

A I can't believe someone lost the client list.
B ___________ did is in a lot of trouble.

✔ (a) Whoever
(b) Whatever
(c) Whichever
(d) Whenever

번역 A 누군가 고객 명단을 잃어버렸다니 믿기지 않아.
B 누가 그랬건 그 사람은 큰일 났군.

해법 복합 관계대명사라 불리는 -ever는 선행사와 관계대명사 역할을 함께 한다. 앞의 someone을 받는 것이므로 사람을 지칭하는 (a) Whoever가 정답이다. whoever는 anyone who와 같은 말이다.
client list 고객 명단 **be in a lot of trouble** 큰 어려움에 처하다

19

A This store is terrible. I've been here for hours and I haven't found ___________ jacket in my size.
B I told you, you should have tried the one in the mall.

(a) the
✔ (b) any
(c) this
(d) each

번역 A 이 가게는 형편없군. 몇 시간 동안 여기 있었는데 사이즈가 맞는 재킷을 찾지 못했어.
B 쇼핑몰에 있는 가게에 갔어야 한다고 말했잖아.

해법 다른 쪽 가게에 갔어야 했다는 응답을 볼 때 앞의 부정어인 not과 연결되어 '하나도, 어떤 것도 없다'라는 내용이 되어야 하므로 (b) any가 정답이다. should have p.p.는 '~했어야 했는데'라는 말이다.
terrible 형편이 없는, 지독한 **should have p.p.** ~했어야 했는데

20

A Have you heard? Mr. Martinez is being released from the hospital today.
B ___________ he passes his final blood test, that is.

(a) Assume
(b) Assumed
✔ (c) Assuming
(d) To assume

번역 A 들었어? 마르티네스 씨가 오늘 퇴원한대.
B 만약 그가 최종 혈액 검사를 통과하면 그렇겠지.

해법 (c) Assuming (that)은 일어날 만한 상황을 가정하고 그럴 경우 생길 일에 대해 말할 때 쓴다. (c) Assuming 이하는 '~라고 가정하여, ~라면'이라는 뜻이고, 주절은 그 결과가 어떨 것이라는 뜻이다.
ex) Assuming that you pass the exam, how are you going to finance your studies? (시험에 통과하면, 학자금을 어떻게 댈 거니?)
be released from the hospital 퇴원하다 **blood test** 혈액 검사
assuming ~라면, ~라고 가정하여

21

Jimmy had trouble __________ all the dishes while the dishwasher was broken.

(a) wash
(b) to wash
(c) washed
✔ (d) washing

번역 지미는 식기세척기가 고장 난 동안 모든 설거지를 하느라 고생했다.

해법 have trouble -ing는 '~하느라 고생이다, 힘들다'의 뜻으로 쓰이는 관용어구이다. had trouble washing all the dishes가 되어야 하므로 (d)가 정답이다. 이것은 found it difficult to wash all the dishes와 같은 뜻으로 쓰인다.
wash the dishes 설거지하다 **dishwasher** 식기세척기

22

The style of art __________ Impressionism was created in the 1860s by a group of French painters.

✔ (a) known as
(b) to know as
(c) like knowing
(d) to be known

번역 인상주의라고 알려진 미술 양식은 1860년대 한 프랑스 화가 집단에 의해 창설되었다.

해법 주어가 Impressionism까지이고 was created가 동사이므로 빈칸에는 앞의 명사를 수식하는 형태가 들어가야 한다. to부정사는 '~하기 위한'의 뜻이므로 부적절하고, 분사가 되어야 하는데 art와 know의 관계가 수동이므로 과거분사 known이 되고 as가 나와서 '~로 알려진'의 뜻인 (a)가 정답이다.
style of art 미술 양식 **Impressionism** 인상주의

23

__________ all night for a test can actually lead to less retention of knowledge in the long run.

(a) Studied
✔ (b) Studying
(c) He studied
(d) As he studied

번역 시험을 위해 밤새 공부하는 것은 사실 결국 더 적은 지식을 기억하는 결과로 이끈다.

해법 문장 전체의 동사가 lead to이므로 빈칸에는 all night for a test를 수식어구로 하는 명사, 명사구[절]이나 부정사나 동명사 형태의 주어가 들어가야 한다. 정답은 (b) Studying이다.
all night 밤새도록 **retention** 보유, 기억(력) **in the long run** 결국에는

24

Geoffrey Chaucer was the first major author __________ literary works in the English language, as opposed to Latin or French.

(a) wrote
✔ (b) to write
(c) in writing
(d) had written

번역 제프리 초서는 라틴어나 불어에 대립하여 영어로 문학 작품을 집필한 최초의 주요 작가였다.

해법 to부정사가 명사 뒤에서 수식하는 형용사 역할을 하는 경우이다. (b) to write가 author를 수식하여 '~한 작가'라는 뜻이 된다. ex) the first man to climb the mountain
author 작가 **as opposed to** ~에 대립하여, 대조적으로 **Latin** 라틴어

25

Despite what the commercial said, Katie doubted that __________ could really help improve her time in the 400 meters.

(a) pairs of shoe
(b) a pair of shoe
(c) pairs of shoes
✔ (d) a pair of shoes

번역 광고 문구에도 불구하고, 케이티는 신발 한 켤레가 400미터 기록을 실제로 향상시켜 줄 거라고 믿지 않았다.

해법 '신발 한 켤레'는 짝을 이루는 물건으로 보통 복수형으로 쓰인다. 이런 종류의 단어로 shoes, glasses, pants, trousers, socks 등이 있다. 보통 복수형 앞에 a pair of를 쓰므로 (d)가 정답이다. 참고로, 복수형만 쓰이면 복수 동사가 오게 되지만 a pair of와 같은 어구가 오면 단수 동사가 온다.
despite ~에도 불구하고 **commercial** 광고 방송 **doubt** 의심하다, 믿지 않다

26

Some people __________ in order to lose a little weight.

(a) an extremely measured
✔ (b) go to extreme measures
(c) measure extremely to go
(d) went to measure an extreme

번역 몇몇 사람들은 소량의 몸무게를 빼기 위해 극단적인 수단을 쓰기도 한다.

해법 빈칸에는 Some people이라는 주어에 이어지는 동사가 들어가야 한다. (b) go to extreme measures는 '극단적인 수단을 쓰다'라는 뜻의 관용어구이다. 명사 measure는 '측정, 계측'의 뜻이지만 복수형 measures는 '수단, 대책'의 뜻임에 유의한다.

in order to ~하기 위해 **extreme** 극단적인 **measures** 수단, 대책

27

Pluto is now classified as a Kuiper Belt Object, whereas it __________ considered one of the solar system's planets.

(a) uses to
(b) is to use
(c) was of use
✔ (d) used to be

번역 명왕성은 현재 카이퍼 대 천체로 분류되는데 반해 한때 태양계 행성의 하나로 간주되었다.

해법 현재에는 그렇지 않으나 과거 한때 그랬다는 내용을 나타낼 때 쓰는 조동사는 used to이다. used to 다음에는 동사원형이 와야 하므로 (d)가 정답이다.

Pluto 명왕성 **classify** 분류하다 **whereas** ~에 반하여 **solar system** 태양계

28

The newspaper's music critic published __________ review of my band's performance that I didn't play guitar for a week.

(a) such bad
(b) a bad such
(c) a such bad
✔ (d) such a bad

번역 그 신문의 음악 평론가가 내 밴드 연주에 대해 아주 나쁜 평을 써서 일주일 동안 기타를 치지 않았다.

해법 어순에 주의할 표현으로 〈such+a(n)+형용사+명사〉에 관한 문제이므로 정답은 (d)이다. 비슷한 뜻으로 쓰이는 〈so+형용사+a(n)+명사〉의 어순도 기억해 두어야 한다. such는 뒤의 that절과 연결되어 '너무 ~해서 …하다'는 표현이다.

critic 비평가, 평론가 **review** 비평, 후기 **performance** 연주

29

The sea otter is __________ animals that uses tools to prepare its food.

(a) of only a few
(b) a few of the one
(c) only a few of one
✔ (d) one of only a few

번역 바다 수달은 식량을 준비하는 데 도구를 사용하는 극히 소수의 동물 중 하나이다.

해법 '소수의'는 only a few이고 복수 명사인 animals 앞에 a few가 이어져야 하므로 (d) one of only a few가 정답이다. that 이하는 선행사인 one을 꾸며주는 관계대명사절이므로 동사의 형태로 uses가 쓰였다.

sea otter 바다 수달 **tool** 도구 **only a few** 극히 소수의

30

For seven years, Jason has worked __________ a chef at one of New York's most popular restaurants.

✔ (a) as
(b) on
(c) at
(d) in

번역 7년 동안, 제이슨은 뉴욕의 가장 유명한 음식점 중 한 곳에서 주방장으로 근무했다.

해법 chef는 '주방장, 요리사'라는 뜻이므로 '~로서'라는 전치사인 (a) as가 정답이다.

Grammar

31

The professor informed everyone that behavior in the classroom that disrupts the learning of other students will __________.

(a) not tolerate
(b) be not tolerate
✔ (c) not be tolerated
(d) be not tolerated

번역 교수는 모두에게 교실 내에서 다른 학생들의 공부를 방해하는 행동은 용인되지 않을 것임을 알렸다.

해법 빈칸 앞의 동사 will은 behavior in the classroom에 이어지는 동사이다. tolerate과 behavior의 관계는 수동이므로 수동태인 be p.p.가 쓰이고 부정어인 not은 조동사 다음에 와야 하므로 (c)가 정답이다.
inform+목적어+that ~에게 …를 알리다 **disrupt** 방해하다 **tolerate** 참다

32

Business travelers are advised to take a course on __________ of their destination prior to embarking.

(a) custom
(b) few customs
(c) some custom
✔ (d) the customs

번역 출장 여행객들은 탑승하기 전에 도착지의 세관에 관한 교육을 받는 것이 바람직하다.

해법 명사 custom은 집합적인 뜻으로 '풍습, 관습'이며, 복수형인 customs는 '세관, 통관 수속'의 뜻임에 유의한다. customs의 앞에는 the를 써서 정답은 (d)이다. go through the customs, pass the customs 등의 표현으로 쓴다.
be advised to ~하도록 권고를 받다, ~하는 것이 바람직하다 **destination** 도착지 **prior to** ~전에 **embark** 탑승하다

33

The members of the school board __________ William as a gifted and promising student.

(a) thought of always
(b) always was thinking
(c) had thoughts of always
✔ (d) have always thought of

번역 학교 이사회의 임원진들은 항상 윌리엄을 머리가 좋고 장래가 촉망되는 학생으로 생각해왔다.

해법 'A를 B로 생각하다, 간주하다'의 표현은 think of A as B이다. 특정한 과거를 나타내지 않기 때문에 과거 진행형이나 과거시제는 쓸 수 없고 현재완료로 써야 한다. 빈도부사 always는 조동사 뒤, 본동사 앞인 have와 thought 사이에 들어가야 하므로 (d)가 정답이다.
board 이사회 **gifted** 머리가 좋은 **promising** 장래가 유망한 **think of A as B** A를 B로 간주하다

34

The thief was caught while __________ into another jewelry store last night.

(a) break
(b) broken
(c) breaks
✔ (d) breaking

번역 도둑은 지난밤 또 다른 보석상으로 침입하는 중에 붙잡혔다.

해법 while은 접속사로 '~하는 동안'의 뜻이다. while he broke처럼 주어 동사의 절이 오는 형태도 가능하고, while he was breaking에서 he was를 생략하고 (d)처럼 while breaking만 쓰는 형태도 자주 쓰인다.
while ~하는 동안 **jewelry store** 보석상 **break into** ~에 침입하다

35

Samuel bought a new digital camera and asked Conrad to show him __________.

✔ (a) how to use it
(b) to how it use
(c) using it how
(d) how it used to

번역 사무엘은 새 디지털 카메라를 사서 콘래드에게 사용법을 가르쳐 달라고 했다.

해법 〈의문사+to부정사〉는 명사적으로 쓰여 주어, 목적어, 보어로 쓰인다. 여기서는 동사 show의 목적어로 쓰인 how to use가 '사용하는 방법'의 뜻으로 (a)가 정답이다. 동사 show는 him과 how to 이하의 두 개의 목적어를 가진다.
ask A to+동사원형 A에게 ~해 달라고 부탁하다 **show A B** A에게 B를 보여주다, 알려주다

36

Health experts maintain that __________ more than two cups of coffee a day.

(a) you drink ought to
(b) drinking you ought
✔ (c) you ought not to drink
(d) ought not your drinking

번역 건강 전문가들은 하루에 두 잔 이상의 커피를 마시면 안 된다고 주장한다.

해법 동사 maintain 다음에 절이 와서 '~을 주장하다'의 뜻으로 쓰인다. ought to는 should보다 조금 강하게 '~해야 한다'라는 뜻을 나타내는 조동사이므로 그 다음에 동사원형인 drink가 와야 한다. ought to의 부정은 to 앞에 not을 써서 (c) you ought not to drink가 정답이다.
expert 전문가 **maintain** 주장하다 **ought to** ~해야만 한다

37

Local tourism agencies recommend __________ the rare animals in the city zoo.

(a) to visitors see of
✔ (b) that visitors see
(c) visitors see that
(d) seeing the visitors

번역 지역 관광국은 방문객들의 시립 동물원 희귀 동물 관람을 추천한다.

해법 동사 recommend는 that절을 목적어로 하며, that절의 동사가 should+동사원형에서 should가 생략된 동사원형으로 쓰이므로 (b)가 정답이다. 이와 같은 형태로 쓰는 동사에는 insist, propose, require, suggest, request, demand 등이 있다.
tourism agency 관광국 **recommend** 추천하다 **rare animal** 희귀 동물

38

__________ interested in learning more about the history of the California Gold Rush can find information on the library's website.

(a) They
(b) Every
(c) Them
✔ (d) Anyone

번역 캘리포니아 골드 러쉬의 역사에 관해 더 배우는 데 관심 있는 사람은 도서관 홈페이지에서 정보를 찾아볼 수 있다.

해법 문장의 동사는 can find이므로 빈칸에는 interested 이하를 수식어구로 하는 주어가 와야 한다. 의미상 '누구든지'라는 뜻이 적절하므로 (a) They가 불가능하고 (d) Anyone이 정답이다.
interested in ~에 관심이 있는

39

Most parents agree that raising children is __________ thing they've ever done.

(a) most rewarded
(b) a most rewarded
(c) mostly rewarding
✔ (d) the most rewarding

번역 대부분의 부모들은 아이를 키우는 것이 그들이 한 일 중에 가장 보람이 있는 것이라는 데 동의한다.

해법 빈칸에는 thing을 수식하는 어구가 들어가야 한다. 형용사 rewarding은 '~할 보람이 있는'의 뜻이다. they've ever done의 어구를 볼 때 형용사의 최상급이 되어야 하므로 the most가 앞에 나온 (d)가 정답이다.
raise 양육하다 **rewarding** ~할 보람이 있는

40

No one knows what __________ have happened if the United States had fought on the side of the Germans in World War I.

(a) will
(b) must
(c) should
✔ (d) would

번역 만약 미국이 제1차 세계 대전에서 독일의 편에서 싸웠다면 어떤 일이 일어났을지 모른다.

해법 if절 다음에 나오는 had fought를 볼 때 가정법 대과거임을 알 수 있다. 주절에는 조동사의 과거형+have p.p.가 와야 하므로 조동사 (d) would가 답이다. should have p.p.는 '~했어야 했는데 하지 못했다'는 뜻이 되므로 부적절하다.

41

(a) A You always do so well in science class.
✔ (b) B Well, it's a lot the more enjoyable for me than other subjects.
(c) A Do you think you could help me study for our test next week?
(d) B Of course. I'd be happy to help you out.

번역 (a) A 넌 항상 과학을 잘하더라.
(b) B 음, 과학이 다른 과목보다 훨씬 재미있거든.
(c) A 다음 주 시험 공부 좀 도와줄래?
(d) B 물론이지. 기꺼이 도와줄게.

해법 형용사 enjoyable의 비교급은 more enjoyable이고, 비교급을 강조하기 위해 부사인 a lot으로 수식하고 있다. 일반적인 경우에 비교급 앞에는 정관사 the를 쓰지 않으므로 (b)는 more enjoyable로 바꿔야 한다. 비교급을 수식하는 부사로 a lot, much, far, even, still 등이 쓰인다.

정답 **(b) the more enjoyable → more enjoyable**

42

(a) A Have you seen Robert? How'd his interview go?
✔ (b) B Excellent. He was naming the new head of sales.
(c) A That's terrific! He must be thrilled.
(d) B He is. And the company's excited to have him.

번역 (a) A 로버트를 본 적 있니? 그의 면접이 어떻게 되었지?
(b) B 훌륭하게 되었어. 판매팀 새 팀장으로 임명되었어.
(c) A 멋지다! 틀림없이 신났겠는걸.
(d) B 그렇지. 그리고 회사는 그가 오게 되어 신났지.

해법 주어인 He와 동사 name의 관계를 통해 능동과 수동을 확인할 수 있다. be named 다음에 직책이 와서 '~로 임명되다'의 표현으로 쓰인다. (b) was naming을 was named로 바꿔야 한다.
name 임명하다 **head** 장, 우두머리 **That's terrific!** 멋지다! 훌륭해! **thrilled** 소름이 돋는, 흥분한

정답 **(b) was naming → was named**

43

(a) A Sir, I'm afraid your reservation was accidentally canceled.
(b) B Really? Are there any other rooms available?
(c) A Yes. I've booked you into a double instead of a single, and sorry for the inconvenience.
✔ (d) B Don't worry about it. All we make mistakes.

번역 (a) A 손님, 유감스럽게도 잘못하여 예약이 취소된 것 같습니다.
(b) B 정말요? 쓸 수 있는 다른 방이 있나요?
(c) A 네. 싱글 룸 대신에 더블 룸에 예약을 해두었습니다. 불편을 드리게 되어 정말 죄송합니다.
(d) B 걱정하지 마세요. 사람은 모두 실수를 하잖아요.

해법 all이 인칭대명사를 수식할 때의 표현이다. 인칭대명사 we의 앞에서 수식하는 경우에는 〈all of+인칭대명사〉의 형태로 all of us가 된다. 그러나 뒤에서 수식하는 경우에는 〈인칭대명사+all〉이 되어 (d) All we는 We all이 되어야 한다.
I'm afraid (that) ~라서 유감이다 **accidentally** 우연히(by chance), 잘못하여 **inconvenience** 불편

정답 **(d) All we make → We all make**

44

(a) A Dr. Carter is with another patient, so your appointment will be delayed.
(b) B That's unfortunate. Do you know how long he'll be?
(c) A He shouldn't be long. You can wait right over there.
✔ (d) B Well, I hope he can see me until 5:00 because I have another engagement at 5:30.

번역 (a) A 카터 선생님이 다른 환자와 계셔서 손님의 예약은 지연되겠어요.
(b) B 그거 유감이네요. 얼마나 오래 걸릴지 아세요?
(c) A 오래는 아닐 거예요. 저쪽에서 기다리시면 됩니다.
(d) B 음, 5시 전에는 뵐 수 있으면 좋겠는데요. 5시 30분에 다른 약속이 있어서요.

해법 (d)에서 전치사 until은 '~까지 줄곧'이라는 시간의 계속을 의미하므로 he can see me와는 어울리지 않는다. 따라서 '5시 이전까지'라는 뜻인 before로 바꿔야 한다.
unfortunate 운이 나쁜 **right over there** 바로 저기에서 **engagement** 약속

정답 **(d) until → before**

45

(a) A I have a lot of studying to do in the library today.
(b) B Me, too. There's a major test I need to prepare for.
✓ (c) A Is that so? Who's class is it for?
(d) B Professor Donovan. Her exams are always incredibly difficult.

번역 (a) A 오늘 도서관에서 할 공부가 많아.
(b) B 나도 그래. 준비해야 하는 중요한 시험이 있어.
(c) A 그러니? 어떤 분 수업인데?
(d) B 도노반 교수님이야. 그분 시험은 항상 엄청나게 어려워.

해법 (c)에서 it은 a major test를 가리키는 주어이므로 주격 의문사 Who를 쓸 수 없고 class를 수식하는 소유격 Whose로 바꿔야 한다. 그래야 그 시험은 누구의 수업을 위한 것이냐는 내용이 되어 문맥상 알맞다.
prepare for ~을 준비하다 **incredibly** 엄청나게, 놀랍게도

정답 (c) Who's → Whose

46

✓(a) It's understandable that some people object to scientific research harms animals. (b) But the truth is that this kind of experimentation has many benefits. (c) Animal testing allows scientists to develop new drugs that can cure serious human diseases. (d) If it weren't for animal research, we wouldn't have developed penicillin, which is now used to treat many ailments.

번역 (a) 몇몇 사람들이 동물들을 해치는 과학 연구에 반대하는 것은 이해할 만하다. (b) 그러나 사실은 이런 종류의 실험에 여러 이점이 있다는 것이다. (c) 동물 실험은 과학자들이 심각한 인간 질병을 치료하는 신약을 개발할 수 있게 해준다. (d) 동물 연구가 없었다면, 현재 많은 질환을 치료하는 데 사용되고 있는 페니실린을 개발할 수 없었을 것이다.

해법 (a)에서 that절의 주어는 some people, 동사는 object to이므로 harms animals는 scientific research를 수식하는 관계대명사절이 되어야 한다. 선행사 scientific research는 that 이하에서 주어 역할을 하므로 that은 주격 관계대명사이다. 주격 관계대명사는 생략 불가능하므로 research that harms animals로 바꿔야 한다.
object to ~에 반대하다 **experimentation** 실험 **penicillin** 페니실린 **ailment** 질환, 병

정답 (a) research harms animals → research that harms animals

47

(a) Grease residue can remain on your pots and pans for years, ruining the taste of everything you cook. (b) To eliminate grease, it's time you added a new weapon to your kitchen: Grease Buster. ✓(c) Grease Buster's patented cleansing formula has been showing to remove twice as much residue as leading brands of dish soap. (d) You won't be able to recognize your old pots and pans after one application of Grease Buster—guaranteed.

번역 (a) 기름 찌꺼기는 냄비나 프라이팬에 수년 동안 남아서 요리하는 모든 음식의 맛을 상하게 할 수 있습니다. (b) 기름을 없애기 위해 이제 여러분의 부엌에 새로운 무기인 그리스 버스터를 추가할 때입니다. (c) 그리스 버스터의 특허받은 세정 방식은 일류 그릇 세정제 브랜드의 2배만큼 잔여물을 없애는 것으로 드러났습니다. (d) 그리스 버스터를 한 번 쓰고 나면 여러분의 오래된 냄비와 프라이팬을 알아볼 수 없을 것이라고 보장합니다.

해법 (c)에서 동사 show는 '~을 증명하다'의 뜻이면 〈show+that절〉, 〈show+목적어+that절〉 등의 형태를 취하는데, 능동태인 경우 to와 연결이 불가능하며 has been showing that it removes twice...와 같이 써야 한다. 수동태로 써야 to와 연결할 수 있으므로 has been shown으로 바꿔야 한다. believe, know, think 등의 동사가 이런 형태로 쓰인다.
grease 기름 **residue** 잔여물 **pot** 냄비 **ruin** 망치다 **eliminate** 없애다 **weapon** 무기 **patented** 특허를 받은 **formula** 방식 **application** 사용

정답 (c) has been showing → has been shown

48

(a) The Arc de Triomphe is one of the most iconic structures in Paris. (b) It was designed in 1806, but the construction work was not completed until the 1830s. (c) Based on a classical Roman design, it is nearly 30 meters tall and 15 meters in width. ✓(d) The enormous arch honors France's soldiers and the generals who led themselves into battle.

번역 (a) 개선문은 파리의 가장 상징적인 구조물 중의 하나입니다. (b) 1806년에 디자인되었지만 건축 작업은 1830년대까지 완공되지 않았습니다. (c) 고전적인 로마 양식에 기반을 두어, 거의 높이 30미터에 너비 15미터입니다. (d) 거대한 아치는 프랑스 병사들과 그들을 전장으로 이끌었던 장군들을 기리는 것입니다.

해법 He killed himself 처럼 문장의 주어가 다시 목적어로 쓰이는 경우에는 재귀대명사 -self를 쓴다. 그러나 동사 lead는 목적어+전치사가 와서 '누구를 어디에 이르게 하다'의 뜻으로 쓰이므로 (d)에서 France's soldiers를 받는 대명사 them으로 바꿔야 한다.
Arc de Triomphe 개선문 **iconic** 상징적인, 인상적인 **complete** 완료하다 **enormous** 거대한 **soldier** 병사 **general** 장군

정답 (d) themselves → them

49

(a) Before the nineteenth century, every city or region kept its own time, based on the occurrence of local noon. (b) However, with the advent of railroads, the lack of a standardized time system became a problem. (c) People were now able to travel long distances very quickly, so to avoid confusion it was necessary for different locales to keep the same time. (d) By the end of the century, most countries have adopted the worldwide time standard we use today.

번역 (a) 19세기 이전에 모든 도시나 지역은 정오를 기준으로 각각의 시간이 있었다. (b) 그러나 철로의 출현으로 표준 시간 제도가 없는 것이 문제가 되었다. (c) 이제 먼 거리를 아주 빠르게 여행할 수 있었고, 혼란을 피하기 위해서는 서로 다른 지역이 시간을 맞춰야 할 필요가 있었다. (d) 세기 말쯤에 대부분의 나라는 오늘날 사용하고 있는 세계 표준 시간을 채택했다.

해법 (d) end of the century는 과거의 시점이므로 현재완료는 쓸 수 없다. 과거완료는 과거의 한 시점까지 동작이나 상태의 완료를 말하는 것이다. 세기 말에는 대부분의 나라들이 채택했다는 내용이므로 과거완료 시제가 쓰여야 한다.
occurrence 발생 **advent** 출현, 도래 **standardized** 표준화된 **confusion** 혼란, 혼선 **locale** 장소, 현장 **adopt** 채택하다

정답 **(d) countries have adopted → countries had adopted**

50

(a) Most students who attend university has experienced an "all-nighter," where they stay up all night studying for a big exam. (b) Yet studies show that this method of studying is not very effective. (c) When we're tired, our minds are unable to retain information in any sort of meaningful way. (d) In other words, you may be able to pass your test after pulling an all-nighter, but you're unlikely to remember the information in the long term.

번역 (a) 대학에 들어간 대부분의 학생들은 중요한 시험 공부를 하기 위해 밤새 자지 않고 '밤샘 공부'를 한 적이 있을 것이다. (b) 그러나 연구들은 이러한 공부 방법은 그다지 효과적이지 않다는 것을 보여준다. (c) 피곤하면 정신은 의미 있는 방식으로 정보를 기억할 수 없다. (d) 바꿔 말하면, 밤샘 공부를 해서 시험을 통과할 수는 있지만 장기간 그 정보를 쉽게 기억하지는 못할 것이다.

해법 주어 동사의 수일치 문제이다. (a)에서 주어는 Most students인데 동사는 has experienced이므로 이를 have experienced로 바꿔야 한다. where는 in which와 같은 말로 all-nighter를 선행사로 하는 관계부사이므로 적절하게 쓰였다.
effective 효과적인 **retain** 보유하다, 간직하다 **pull an all-nighter** 밤샘 공부를 하다 **be unlikely to** ~하기 쉽지 않다, ~할 것 같지 않다 **term** 기간

정답 **(a) has experienced → have experienced**

Vocabulary

15 minutes

1

A Thanks for buying dinner. I'll leave the __________.
B No, it was included in the bill.

✔ (a) tip
(b) gift
(c) check
(d) change

번역 A 저녁 사주어서 고마워. 내가 팁을 남길게.
B 아니야, 계산서에 포함되어 있었어.

(a) 팁
(b) 선물
(c) 수표
(d) 거스름돈

해법 계산서에 포함되어 있다는 말을 통해 (a) tip임을 알 수 있다. 계산서에 포함되어 있지 않는 경우, 따로 계산하여 테이블에 남겨두어야 하므로 leave the tip이라는 표현을 쓴다.
bill 계산서 **check** 수표 **change** 거스름돈

2

A We missed you at the movie yesterday.
B Sorry I couldn't make it. My car got a __________ on the way there.

(a) tire
✔ (b) flat
(c) spare
(d) wheel

번역 A 어제 영화 볼 때 네가 없어서 아쉬웠어.
B 못 가서 미안해. 차가 가는 길에 펑크가 났어.

(a) 타이어
(b) 바람 빠진 타이어
(c) 여분의 타이어
(d) 바퀴

해법 갈 수가 없었다고 했으므로 차의 타이어가 펑크 난 것이다. get a flat, get a flat tire를 써야 하므로 (b)가 정답이다.
make it (장소에) 나타나다 **on the way** 가는 도중에 **flat** 바람 빠진 타이어 **spare** 여분의 타이어 **wheel** 바퀴

3

A Can I give you a(n) __________ to finish any of these reports?
B Thanks, but I should be able to manage.

(a) run
(b) offer
✔ (c) hand
(d) chance

번역 A 보고서 끝내는 걸 내가 좀 도와줄까?
B 고마워, 하지만 내가 할 수 있을 거야.

(a) 달리기
(b) 제공
(c) (도움의) 손길
(d) 기회

해법 '도와주다'의 표현으로 give a hand를 써서 (c)가 정답이다. 〈give+목적어+a hand〉는 '박수를 보내다, ~를 돕다'의 뜻으로 쓰인다.
be able to ~할 수 있다 **manage** 해내다

4

A I didn't really understand the plot of the book.
B Don't worry. I can __________ for you.

✔ (a) sum it up
(b) tell it off
(c) turn it on
(d) leave it out

번역 A 책 줄거리를 정말 이해 못했어.
B 걱정 마. 내가 요약해 줄게.

(a) 요약하다
(b) 세어서 나누다
(c) 켜다
(d) 빼다

해법 책의 줄거리를 이해 못하는 사람에게 요약해 준다는 뜻이 가장 적절하므로 (a) sum it up이 정답이다.
plot 줄거리 **sum up** 요약하다 **tell off** 세어서 나누다 **leave out** 빼다

5

A Can you believe I only paid $10 for this cell phone?
B What a __________!

✔ (a) steal
(b) thief
(c) crime
(d) robbery

번역 A 이 핸드폰을 10달러 주고 샀다는 게 믿어져?
B 그거 정말 싸구나!

(a) 횡재
(b) 도둑
(c) 범죄
(d) 도둑질

해법 싼 가격에 좋은 물건을 산 경우에 하는 말로 너무 싸서 그냥 훔쳐온 것과 같다는 의미를 담아 What a steal!이라는 표현을 쓴다. 따라서 (a)가 정답이다.
steal 횡재 **crime** 범죄 **robbery** 도둑질

Vocabulary

6

A I'm worried I'm going to fail my calculus class.
B If you need extra help, I know a great __________.

✔ (a) tutor
(b) mentor
(c) advertiser
(d) professor

번역 A 미적분 수업에서 낙제하게 될까 걱정이야.
B 별도의 도움이 필요하면 내가 훌륭한 개인 과외를 알아.

(a) 개인 과외
(b) 조언자
(c) 광고자
(d) 교수

해법 미적분 수업을 따라가지 못해 낙제할 것을 걱정하고 있으므로 별도의 공부를 할 수 있는 (a) tutor(개인 과외)를 제안해 주는 것이 가장 적절하다. 지문에 extra help가 필요하다고 했으므로 (d) professor는 의미상 비약이 있다.
calculus 미적분학 **tutor** 개인 과외 **mentor** 조언자

7

A Could you __________ me a few sheets of paper? I left my notebook at home.
B I only have one piece, and I need it for myself.

(a) pay
✔ (b) lend
(c) provide
(d) borrow

번역 A 종이 몇 장만 빌려주시겠어요? 집에 노트를 두고 와서요.
B 저도 한 장밖에 없는데 제가 써야 해요.

(a) 지불하다
(b) 빌려주다
(c) 제공하다
(d) 빌리다

해법 '빌려주다'는 (b) lend를 써야 한다. (d) borrow는 '빌리다'의 뜻이므로 Could I borrow a few sheets of paper from you?라고 써야 한다. (c) provide는 provide me with a few sheets of paper의 형태로 써야 한다.
sheet (종이) 한 장 **piece** 한 개, 일부분

8

A Where are we going to __________ the football game tomorrow?
B How about my house?

(a) eye
(b) look
(c) sight
✔ (d) watch

번역 A 우리 내일 어디서 축구 경기 볼까?
B 우리 집 어때?

(a) 관찰하다
(b) 주목하다
(c) 관측하다
(d) 지켜보다

해법 우리말로 '보다'에 해당하는 여러 동사 중에서 적절한 용례를 묻는 문제이다. (b) look과 (d) watch는 둘 다 '보다'는 의미지만 변하거나 움직이는 것을 지켜보는 경우에는 watch를 쓴다. 따라서 축구 경기를 보는 것은 (d) watch를 쓰는 것이 옳다.

9

A Don't forget your jacket when you leave today. It's freezing out there.
B You're right. I wouldn't want to __________ a cold.

(a) find
(b) grab
✔ (c) catch
(d) keep

번역 A 오늘 나갈 때 재킷 꼭 챙겨. 밖이 아주 추워.
B 맞아. 난 감기 걸리고 싶지 않아.

(a) 찾다
(b) 움켜쥐다
(c) 감염되다
(d) 유지하다

해법 '감기에 걸리다'라는 표현으로 catch a cold를 써서 (c)가 정답이다. take cold도 같은 뜻이다. '감기에 걸렸다'는 표현은 have a (bad) cold, have got a (bad) cold를 쓴다.
freezing 몹시 추운 **grab** 움켜쥐다

10

A I didn't enjoy the taste of that new chicken recipe.
B Neither did I. I could __________ eat mine.

✔ (a) hardly
(b) surely
(c) poorly
(d) finally

번역 A 그 새로운 치킨 요리법은 별로 맛있지 않더라.
B 나도 그랬어. 내 몫도 거의 못 먹었어.

(a) 거의 아니다
(b) 확실히
(c) 부족하게
(d) 최종적으로

해법 음식의 맛이 좋지 않았다는 내용에 동조하고 있는 답이므로 '거의 ~아니다'는 부정의 뜻을 나타내는 (a) hardly가 적절하다. 또한 〈neither+(조)동사+주어〉는 '주어도 그렇지 않다'로 동조의 표현을 쓴다.
taste 맛 **recipe** 요리법 **Neither did I.** 나도 그렇지 않았어. **hardly** 거의 ~아니다

11

A Is there someone who can help me __________ my groceries?
B I can do that. Would you like paper or plastic?

✔ (a) bag
(b) fill
(c) sack
(d) case

번역 A 가방에 식료품 넣는 것을 도와주실 분 있어요?
B 제가 해드릴게요. 종이를 원하세요, 아니면 비닐을 원하세요?

(a) 담다
(b) 채워넣다
(c) (자루에) 넣다
(d) (케이스에) 넣다

해법 Would you like paper or plastic?은 상점에서 물건을 담을 때 종이봉투로 할 것인지 비닐봉투로 할 것인지 묻는 말이다. paper or plastic 다음에 bag이 생략되어 있다. 동사로 '봉투에 담다'라는 뜻으로 (a) bag이 정답이다.
grocery 식료품 **sack** 자루에 넣다 **case** 케이스에 넣다

12

A I'm afraid Professor Robinson isn't in his office right now.
B That's okay. I'll __________ later.

(a) take back
(b) hang out
(c) carry out
✔ (d) check back

번역 A 유감이지만 로빈슨 교수님이 연구실에 지금 안 계세요.
B 괜찮습니다. 제가 나중에 다시 올게요.

(a) 되찾다
(b) 어울리다
(c) 수행하다
(d) 다시 만나다

해법 안타까운 내용을 말할 때 앞서 붙이는 말이 I'm afraid이다. 지금 계시지 않으니까 나중에 다시 오겠다는 말이 가장 적절하므로 (d) check back가 답이다.
take back 되찾다, 철회하다 **hang out** ~와 어울리다, ~에 머물다
carry out ~을 수행하다

13

A The words in this poem really paint a picture, don't they?
B Yes, the __________ is beautiful.

✔ (a) imagery
(b) erosion
(c) stroke
(d) fracture

번역 A 이 시어들은 표현이 정말 생생해, 그렇지 않니?
B 응, 심상이 아름다워.

(a) 심상
(b) 부식
(c) (문학 작품의) 필치
(d) 균열

해법 paint a picture는 '(어떤 모습이 상상되도록) 표현하다'는 관용표현이다. 이와 어울리는 단어는 문학에서 비유적 묘사[설명]을 뜻하는 (a) imagery이다.
paint a picture 표현하다 **imagery** 심상, 수사적 표현

14

A Are you thinking about buying a new air conditioner?
B Yes, but I'll probably __________ until winter, when prices are lower.

(a) lift up
✔ (b) hold off
(c) move on
(d) figure out

번역 A 새 에어컨 살 생각 중이니?
B 응, 하지만 아마 값이 더 내려가는 겨울까지 미룰 것 같아.

(a) 들어 올리다
(b) 연기하다
(c) 나아가다
(d) 이해하다

해법 값이 내려가는 겨울까지 '연기하다'라는 말이 가장 적절하므로 (b) hold off가 들어가야 한다.
lift up 들어 올리다 **hold off** 연기하다 **move on** 나아가다 **figure out** 이해하다

15

A It looks like Park Drive is closed up ahead due to construction.
B We'll have to make a __________ around the park, I guess.

(a) path
(b) route
✔ (c) detour
(d) highway

번역 A 앞쪽에 파크 드라이브는 공사 때문에 폐쇄된 것처럼 보이네.
B 공원 주위를 우회해야 할 것 같아.

(a) 통로
(b) 경로
(c) 우회
(d) 고속도로

해법 도로가 폐쇄되어서 다른 쪽으로 우회해야겠다는 대답이 적절하므로 '우회하다'라는 표현인 make a detour를 쓴다. 따라서 정답은 (c)이다.
be closed up 폐쇄되다 **due to** ~때문에 **make a detour** 우회하다
path 통로 **route** 경로 **highway** 고속도로

Vocabulary

16

A I just heard the defendant cut a deal, so we won't have to __________ the case.

B That's good news. Our evidence was pretty thin, anyway.

(a) dilute
(b) attribute
✔ (c) prosecute
(d) substitute

번역 A 피고가 합의했다던데 그럼 우리는 사건을 기소할 필요가 없지.
B 그거 좋은 소식이다. 어차피 우리 증거가 상당히 빈약했거든.

(a) 희박하게 하다
(b) 탓으로 돌리다
(c) 기소하다
(d) 대신하다

해법 피고가 합의를 했으므로 사건을 기소할 필요가 없다는 내용이 되어야 한다. '기소하다'는 뜻의 단어인 (c) prosecute가 정답이다. 반대말은 defend로 변호사가 '변론하다'이다.
defendant 피고인 **cut a deal** 합의하다 **dilute** 희박하게 하다 **attribute** ~의 탓으로 돌리다 **prosecute** 기소하다 **substitute** 대신하다

17

A How much __________ do hotels charge in this country?

B It's around fifteen percent, I believe.

✔ (a) tax
(b) fee
(c) pay
(d) cost

번역 A 이 나라에서는 호텔에서 세금을 얼마나 청구하지?
B 내가 알기로는 15퍼센트 정도일 거야.

(a) 세금
(b) 사례금
(c) 임금
(d) 비용

해법 동사 charge는 '(세금을) 청구하다'의 뜻으로 The hotel charges $100 a night와 같이 쓴다. 세금을 얼마나 청구하는지를 묻고 있으므로 Hotels charge fifteen percent tax가 대답의 내용이다. 따라서 (a)가 정답이다.
charge (세금을) 청구하다 **tax** 세금 **fee** 사례금

18

A This used coat would look great on me.

B Check it closely before you buy it. This store doesn't accept __________.

(a) refunds
✔ (b) returns
(c) rebates
(d) receipts

번역 A 이 구제 외투 나에게 잘 어울릴 것 같아.
B 사기 전에 꼼꼼히 확인해봐. 이 가게는 반품을 허용하지 않아.

(a) 환불
(b) 반품
(c) 환급액
(d) 영수증

해법 사기 전에 꼼꼼히 물건을 확인하라는 말을 볼 때 이 가게에서는 반품이 되지 않는다는 내용이어야 하므로 (b) returns가 정답이다. (a) refunds는 가게에서 해주는 것으로 This store doesn't give refunds로 쓰임에 유의하자.
refund 환불 **return** 반품 **rebate** 환급액 **receipt** 영수증

19

A Make sure not to __________ any sensitive information during the convention.

B Right. I wouldn't want to help out any of our competitors.

(a) coerce
(b) exempt
(c) sanction
✔ (d) disclose

번역 A 회의에서 기밀을 요하는 정보를 절대 누설하지 않도록 해요.
B 맞아요. 경쟁업체를 도와주고 싶지는 않습니다.

(a) 강요하다
(b) 면제하다
(c) 인가하다
(d) 누설하다

해법 sensitive information으로 경쟁업체에게 도움을 줄 수 있다는 내용이므로 기밀을 요하는 정보를 '누설하다'의 뜻이 옳다. (d) disclose는 reveal과 비슷한 단어로 information, identity, details 등을 '드러내다'는 표현으로 쓴다.
sensitive 기밀을 요하는 **convention** 회의 **coerce** 강요하다 **exempt** (의무 등을) 면제하다 **sanction** 인가하다

20

A I pleaded with Jon not to sell his house in such a buyer's market, but he didn't listen.

B I know. His decision doesn't __________ well with me, either.

✔ (a) sit
(b) feel
(c) stay
(d) seem

번역 A 존에게 그런 구매자에게 유리한 시장 상황에서는 집을 팔지 말라고 요청했는데 듣지 않았어.
B 알아. 그의 결정은 나도 마음에 안 들어.

(a) 맞다
(b) 느끼다
(c) 머무르다
(d) ~처럼 보이다

해법 요청했지만 듣지 않았다는 내용을 볼 때 응답에서도 의견이 다르다는 표현이 나와야 한다. sit well with가 '받아들여지다'는 표현이므로 (a)가 답이다. buyer's market은 판매자가 많아서 구매자에게 유리한 시장 상황이다.
plead 요청하다 **buyer's market** 구매자에게 유리한 시장 상황 **sit well with** 받아들여지다

21

A What do you think of the new intern?
B She's brilliant. Her contribution to the budget plan was __________.

✔ (a) invaluable
(b) ostentatious
(c) substandard
(d) theoretical

번역 A 새로 온 인턴을 어떻게 생각해?
B 똑똑해. 예산 계획에 기여한 공로는 매우 귀중한 것이었어.

(a) 매우 귀중한
(b) 화려한
(c) 수준 이하의
(d) 사색적인

해법 그녀는 능력이 있다고 했으므로 예산 계획 작업에 기여한 공로가 매우 중대했다는 내용이 되어야 적절하다. 정답은 (a) invaluable(매우 귀중한)이다.
ostentatious 화려한 **substandard** 수준 이하의 **theoretical** (사람이) 사색적인

22

A Why should I talk with a trainer at the gym?
B He can help you develop a fitness __________ that works for you.

(a) sojourn
✔ (b) regimen
(c) appraisal
(d) rendition

번역 A 헬스장에서 트레이너와 상의를 해야 하는 이유가 뭐죠?
B 당신에게 알맞은 피트니스 요법을 개발하는 데 도움이 될 수 있어요.

(a) 체류
(b) 처방 계획
(c) 견적
(d) 번역

해법 헬스장의 트레이너가 당신에게 알맞은 피트니스 요법을 고안해 주는 것이므로 '처방 계획'이라는 단어인 (b) regimen이 정답이다. (c) appraisal은 '견적'의 뜻이다.
sojourn 체류 **regimen** 처방 계획 **appraisal** 견적 **rendition** 번역

23

A Gas is so expensive these days.
B I know it. I'm paying close to $100 every time I __________!

✔ (a) fill up
(b) buy out
(c) pump out
(d) pull down

번역 A 연료가 요즘 너무 비싸.
B 알아. 가득 주유할 때마다 100달러 가까이 지불하고 있어.

(a) 채우다
(b) 매점하다
(c) 퍼 올리다
(d) 끌어내리다

해법 '자동차에 연료를 가득 채우다'는 뜻의 표현은 (a) fill up을 쓴다. (c) pump out은 '(물이나 공기 등을) 퍼 올리다'의 뜻이다.
buy out 매점하다, 다 사들이다 **pump out** 퍼 올리다 **pull down** 끌어내리다

24

A I'm sorry we couldn't agree on which sofa to buy.
B Don't apologize. It's I who should be taking the __________.

(a) fault
(b) turn
(c) guilt
✔ (d) blame

번역 A 어떤 소파를 살지 우리 의견이 일치되지 않아 유감이야.
B 사과하지 마. 책임질 사람은 바로 나야.

(a) 잘못
(b) 차례
(c) 죄
(d) 비난

해법 의견이 일치하지 못한 원인이 바로 나라는 내용이다. '책임을 지다'의 뜻인 take the blame을 써서 정답은 (d)이다.
agree on 합의에 도달하다 **fault** 잘못 **turn** 차례 **guilt** 죄

25

A What do you consider when you __________ your monthly budget?
B Everything from bills to spending for entertainment.

(a) add
(b) count
✔ (c) figure
(d) number

번역 A 월 예산을 세울 때 고려하는 점이 뭐니?
B 청구서에서부터 유흥비까지 모두 다지.

(a) 더하다
(b) 세다
(c) 계획하다
(d) 번호 매기다

해법 청구서부터 유흥비까지 다 고려한다는 응답으로 볼 때 예산을 계획한다는 내용이 잘 어울린다. 동사 (c) figure를 써야 하고, (b) count는 '수를 세다'의 뜻이므로 부적절하다.
monthly budget 월 예산 **bill** 청구서 **count** 세다 **number** ~에 번호를 매기다

26

Yuri Gagarin, the Soviet cosmonaut, became the first man to __________ into space on April 12, 1961.

(a) exhale
(b) repulse
✔ (c) venture
(d) convene

번역 소련 우주 비행사, 유리 가가린은 1961년 4월 12일에 처음으로 우주에 도전한 사람이 되었다.

(a) 내뿜다
(b) 물리치다
(c) 모험하다
(d) 회합하다

해법 우주에 처음으로 도전한 사람이었다는 내용이므로 '모험하다, 과감히 ~하다'의 단어로 (c) venture가 정답이다. (d) convene은 '회합하다, 한 곳에 모이다'의 뜻이라 부적절하다.

cosmonaut (러시아의) 우주 비행사 **exhale** 내뿜다 **repulse** 물리치다 **convene** 회합하다

27

During the Middle Ages in Europe, noblemen who owned land were given the __________ of baron.

✔ (a) title
(b) calling
(c) address
(d) caricature

번역 중세 시대 동안 유럽에서 토지를 소유한 귀족들은 남작이라는 직위를 얻었다.

(a) 직위
(b) 소명
(c) 호칭
(d) 풍자만화

해법 남작이라는 단어인 baron과 동격이 되는 단어를 고르는 문제이다. 남작이라는 직위를 말하는 것이므로 (a) title이 가장 알맞다. '호칭'이라는 뜻의 (c) address는 동사 were given과는 연결이 어색하므로 오답이다.

Middle Ages 중세 시대 **nobleman** 귀족 **title** 직위 **baron** 남작 **calling** 소명 **address** 호칭 **caricature** 캐리커처(풍자만화)

28

The singer's fans were upset that she canceled the concert without any __________ warning.

✔ (a) prior
(b) adjacent
(c) former
(d) rabid

번역 가수의 팬들은 그녀가 사전 통고 없이 콘서트를 취소해서 화가 났다.

(a) 사전의
(b) 직전의
(c) 과거의
(d) 미친 듯한

해법 미리 알리지 않고 공연을 취소했다는 내용이므로 '사전의, 이전의'에 해당하는 단어인 (a) prior를 찾아야 한다. 사전 통고는 prior warning이라는 어휘를 사용한다.

prior 사전의 **adjacent** 직전의 **former** 과거의 **rabid** 미친 듯한

29

Each customer who __________ us feedback about the new promotion will be entered into a drawing to win a new stereo.

✔ (a) gives
(b) grants
(c) allows
(d) retrieves

번역 새로운 판촉 상품에 대해 의견을 주시는 모든 고객들은 새 스테레오를 탈 수 있는 추첨에 참여하게 됩니다.

(a) 주다
(b) 수여하다
(c) 허락하다
(d) 회복하다

해법 어떤 것이 좋은지, 유용한지에 관해 조언이나 비평을 feedback이라고 하며 '피드백을 주다'는 give[provide] a feedback이라는 표현을 쓴다. 따라서 정답은 (a)이다.

customer 고객 **feedback** 의견 **promotion** 판촉 상품 **drawing** 추첨 **grant** 주다, 수여하다 **retrieve** 회복하다

30

Politicians have no __________ for their errors to become public knowledge.

(a) will
(b) care
(c) idea
✔ (d) desire

번역 정치가들은 자신들의 실수가 공개적으로 알려지는 것을 원하지 않는다.

(a) 의지
(b) 걱정
(c) 생각
(d) 욕망

해법 have no desire to는 '~하고 싶지 않다, ~할 생각이 없다'는 관용어구로 (d)가 답이다. their errors는 to become public의 의미상의 주어로 for와 함께 쓰인다. 자신들의 실수가 공개되는 것을 원하지 않는다는 내용이 된다.

politician 정치가 **become public (knowledge)** 공개되다

31

Due to the tremendous rate of ___________, the price of bread rose by nearly 50% overnight.

(a) tariff
✔ (b) inflation
(c) downturn
(d) commission

번역 인플레이션의 엄청난 속도 때문에 빵 가격은 밤새 거의 50%가 올랐다.

(a) 관세
(b) (물가) 폭등
(c) 경기 침체
(d) 수수료

해법 due to는 원인, 이유를 나타내는 표현이므로 상품의 가격이 많이 오른 원인이 빈칸에 들어가야 한다. (b) inflation의 상황에서 물가가 오르고 상품의 가격이 상승하므로 정답이다. (c) downturn은 반대로 '경기 침체'이다.
tremendous 엄청난 **tariff** 관세 **downturn** 경기 침체 **commission** 수수료

32

The famous novelist gets most of the ___________ material for his books from his real-life travels through the Middle East.

✔ (a) raw
(b) gruff
(c) barren
(d) meager

번역 그 유명한 소설가는 책을 위한 소재 대부분을 실제로 중동을 두루 여행한 것에서 얻는다.

(a) 가공하지 않은
(b) 거친
(c) 불모의
(d) 연약한

해법 책의 이야기 '소재'에 해당하는 단어인 raw material이 가장 적절하므로 (a)가 정답이다.
raw material (원료 · 소설 따위의) 소재 **gruff** 거친 **barren** 불모의 **meager** 연약한

33

People of the Rifard region have a bad reputation for rudeness among tourists but some are quite ___________.

(a) habitual
(b) indisposed
(c) impetuous
✔ (d) hospitable

번역 리파라트 지역의 사람들은 여행객들 사이에 무례함으로 나쁜 평판을 가지고 있지만, 몇몇 사람들은 꽤 친절하다.

(a) 습관적인
(b) 기분이 언짢은
(c) 충동적인
(d) 친절한

해법 접속사 but은 반대의 내용을 연결하므로 나쁜 평판을 가지고 있는 것과 반대로 사람들이 친절하다는 내용이 되어야 한다. (d) hospitable은 '손님 접대를 잘 하는, 친절한'의 뜻이므로 정답이다.
habitual 습관적인 **indisposed** 기분이 언짢은 **impetuous** 충동적인

34

Scientists are nearly finished designing an advanced telescope to send into ___________ around the Earth.

✔ (a) orbit
(b) circuit
(c) distance
(d) revolution

번역 과학자들은 지구 주위의 궤도로 올려질 고도의 망원경을 설계하는 것을 거의 완료했다.

(a) 궤도
(b) 순회
(c) 거리
(d) 혁명

해법 (b) circuit은 '순회'의 뜻이고 지구 주위의 '궤도'라는 말에 적당한 단어는 (a) orbit이다. send into orbit은 '궤도로 보내다, 올려 보내다'라는 표현이다.
telescope 망원경 **orbit** 궤도 **circuit** 순회 **revolution** 혁명

35

Most children these days are allowed too much freedom for their own ___________.

✔ (a) good
(b) brevity
(c) wealth
(d) reason

번역 요즘 대부분 아이들에게 아이들 자신을 위해 너무 많은 자유가 주어진다.

(a) 이익
(b) 간결
(c) 재산
(d) 이유

해법 for one's own good은 for the benefit of, for the good of와 같은 관용어구로 '~을 위하여'라는 뜻이므로 (a)가 정답이다.
brevity 간결; (시간의) 짧음 **wealth** 재산

36

It is easy to ___________ the entire dish by adding too much salt or pepper.

✔ (a) ruin
(b) crash
(c) delude
(d) damage

번역 과도한 소금이나 후추를 넣으면 음식 전체를 망치기가 쉽다.

(a) 망치다
(b) 충돌하다
(c) 속이다
(d) 손해를 입히다

해법 자체는 그대로 있으나 좋은 품질이나 특성을 잃게 만든다는 뜻으로 음식의 맛을 망친다고 할 때는 (a) ruin을 쓴다. (d) damage는 '손해를 입히다'의 뜻이므로 적절하지 않다.

entire 전체의 **ruin** 망치다 **crash** 충돌하다 **delude** 속이다

37

The environmental organization charges that the tire manufacturer acted ___________ when it decided to dump its chemical waste in the river.

(a) blatantly
(b) concisely
(c) pertinently
✔ (d) negligently

번역 환경 단체는 타이어 제조회사가 강에 화학 폐기물을 투기하기로 한 결정은 과실을 범한 것이라고 비난한다.

(a) 뻔뻔스럽게
(b) 간결하게
(c) 적절하게
(d) 부주의하게

해법 공개적으로 비난할 때 쓰는 동사가 charge이며 that절을 목적어로 한다. '과실을 범하다'로 act negligently가 들어가야 한다. 따라서 (d)가 정답이다.

manufacturer 제조회사 **dump** 투기하다 **blatantly** 뻔뻔스럽게
concisely 간결하게 **pertinently** 적절하게 **negligently** 부주의하게

38

Michael's Seafood is best known for its lobster plate, which ___________ with a salad, a side of vegetables, and fries.

(a) stays
(b) joins
(c) tables
✔ (d) comes

번역 마이클 씨푸드는 바닷가재 요리로 가장 잘 알려져 있는데 샐러드와 곁들인 채소, 그리고 감자 튀김이 같이 나온다.

(a) 머물다
(b) 결합하다
(c) 탁상에 놓다
(d) 나오다

해법 '~이 딸려 오다, 함께 나오다'라는 표현으로 come with를 써서 (d)가 정답이다. The fax machine comes with instructions처럼 제품에도 쓰이고, 식사에서도 쓰여서 함께 나오는 음식을 나열할 때 come with를 쓴다.

lobster 바닷가재 **plate** 요리 **come with** ~와 함께 나오다

39

These days, in order to ___________ a good job you really need to have a graduate degree.

✔ (a) land
(b) swipe
(c) discover
(d) inflate

번역 요즈음, 좋은 직장을 얻기 위해서는 대학원 학위가 반드시 필요하다.

(a) 획득하다
(b) 강타하다
(c) 발견하다
(d) 팽창하다

해법 '(노력의 결과로) 얻다'는 뜻의 동사 (a) land를 쓰는 경우로 land a job, land a prize, land a contract 등이 그 예이다. (b) swipe는 '강타하다' 또는 구어로 '훔치다'라는 뜻이다.

graduate degree 대학원 학위 **swipe** 강타하다, 훔치다 **inflate** 팽창하다

40

The doctor ___________ his patient a mild sedative to treat her insomnia.

(a) donated
(b) extended
✔ (c) prescribed
(d) transmitted

번역 의사는 환자의 불면증을 치료하기 위해 순한 진정제를 처방했다.

(a) 기증하다
(b) 연장하다
(c) 처방하다
(d) 옮기다

해법 sedative는 '진정제'이므로 치료제를 처방했다는 내용이 되어야 적절하다. 동사 prescribe가 '(의사가 치료 방법이나 약으로) 처방하다'이므로 (c)가 옳다. transmit은 '(병 등을) 옮기다'는 뜻이다.

sedative 진정제 **insomnia** 불면증 **donate** 기증하다 **extend** 연장하다
transmit 옮기다, 전염시키다

41

The company gave the workers one week to review the labor __________ and either sign it or submit their proposed revisions.

(a) script
(b) record
✔ (c) contract
(d) evidence

번역 회사는 근로자들에게 노동 계약을 검토하고 서명하거나 개정안을 제출하는 데 일주일을 주었다.

(a) 원고
(b) 기록
(c) 계약
(d) 증거

해법 회사가 근로자에게 노동 계약서를 승인하거나 개정안을 제출하라고 하는 내용이다. labor contract가 적절하므로 (c)가 정답이다.
submit 제출하다 **proposed revision** 개정안 **script** 원고 **evidence** 증거

42

World War I textbooks often label the powers of the Triple Alliance as the __________, but the truth is that neither side was completely blameless.

(a) treaties
(b) armistices
(c) detonators
✔ (d) aggressors

번역 제1차 세계대전 교과서는 대개 3국 동맹 강국들을 침략자로 부르지만, 양쪽 다 전적으로 책임이 없었던 것은 아니다.

(a) 조약
(b) 휴전 협정
(c) 뇌관
(d) 침략자

해법 completely blameless의 부분에서 잘못의 책임자라는 단어가 됨을 알 수 있고 '침략자'를 뜻하는 (d) aggressors가 가장 적절하다. (c) detonator는 폭탄을 터지게 만드는 장치인 '뇌관, 기폭제'를 뜻하는 단어이다.
label A as B A를 B라고 부르다 **Triple Alliance** 3국 동맹 **treaty** 조약 **armistice** 휴전 협정 **detonator** 뇌관 **aggressor** 침략자

43

Due to a need for more productivity, company employees will no longer be allowed to take __________ in the afternoons.

(a) lapses
✔ (b) breaks
(c) intervals
(d) stoppages

번역 최근의 더 많은 생산력의 필요성 때문에, 회사 직원들이 오후에 휴식 시간을 갖는 것이 더 이상 허용되지 않을 것이다.

(a) 짧은 기간
(b) 휴식
(c) 휴식 시간
(d) 휴업

해법 interval은 연극이나 공연 중간의 '휴식 시간'을 주로 말하며, 도서관이나 회사에서 잠시 시간을 내어 '휴식 시간을 갖다'라는 뜻으로는 (b) breaks를 사용해 take breaks를 쓴다.
lapse 짧은 기간 **interval** 휴식 시간, 막간 **stoppage** 휴업

44

Sign language was developed in the 18th century to __________ communication with deaf people and is now widely used.

(a) nullify
(b) convolute
(c) endorse
✔ (d) facilitate

번역 수화는 18세기에 청각 장애인들의 의사소통을 용이하게 하기 위해 개발되었고 현재 널리 사용된다.

(a) 취소하다
(b) 둘둘 말다
(c) 지지하다
(d) 용이하게 하다

해법 의사소통 과정을 쉽게 하기 위해 개발되었다는 내용이 적절하다. '(과정이나 일을) 쉽게 하다, 용이하게 하다'의 뜻으로 (d) facilitate를 쓴다.
sign language 수화 **nullify** 취소하다 **convolute** 둘둘 말다 **endorse** 지지하다; 이서하다 **facilitate** (사물이 일을) 용이하게 하다

45

The company recently accused of financial fraud has learned that a government task force is planning to __________ its yearly records.

✔ (a) audit
(b) contort
(c) gauge
(d) balance

번역 최근에 금융 사기로 기소된 회사는 자신들의 연간 기록을 정부 특별 조사단이 감사할 계획이라는 것을 알게 되었다.

(a) 회계 감사를 하다
(b) 찡그리다
(c) 측정하다
(d) 대차를 대조하다

해법 금융 사기와 관련된 조사를 하는 것이므로 (a) audit '회계 감사를 하다'가 가장 적절하다.
accuse A of B A를 B로 기소하다 **fraud** 사기 **task force** 특별 조사단 **contort** 찡그리다 **gauge** 측정하다 **balance** 대차를 대조하다

46

The Pope is the most important figure in Catholicism and is __________ with directing Catholic doctrine worldwide.

(a) sworn
(b) upheld
✔ (c) charged
(d) positioned

번역 교황은 가톨릭교의 가장 중요한 인물이며 세계적으로 가톨릭 교리를 감독할 책임을 지고 있다.

(a) 맹세하다
(b) 지지하다
(c) 책임지다
(d) 위치를 정하다

해법 동사 charge는 수동형인 be charged with의 형태로 '(의무 · 책임 등을) 지다'의 뜻으로 쓰이므로 (c)가 정답이다.
Pope 교황 **figure** 인물 **doctrine** 교리 **swear** 맹세하다 **uphold** 지지하다, 받들다 **position** 위치를 정하다

47

Artificial pesticides are one of the primary substances that are __________ our rivers.

(a) littering
✔ (b) polluting
(c) irrigating
(d) weakening

번역 인공 살충제는 우리의 강을 오염시키는 주된 물질 중 하나이다.

(a) 흩뜨리다
(b) 오염시키다
(c) 물을 대다
(d) 약화시키다

해법 artificial pesticide는 화학 물질로 강을 오염시킨다는 내용이 되어야 적절하므로 (b) polluting이 정답이다.
artificial 인공적인 **pesticide** 살충제 **litter** 흩뜨리다 **irrigate** 물을 대다, 관개하다 **weaken** 약화시키다

48

The accounting software that was released yesterday already has over 10,000 registered __________.

✔ (a) users
(b) shoppers
(c) employees
(d) technicians

번역 어제 출시된 회계 소프트웨어는 이미 10,000명 이상의 등록된 사용자들을 가지고 있다.

(a) 사용자들
(b) 쇼핑객들
(c) 직원들
(d) 기술자들

해법 소프트웨어의 사용자들이 정품 등록을 하면 업데이트나 패치를 얻는 서비스를 무료로 받을 수 있다. 이런 과정을 참고하면 registered users라는 어휘가 적당하므로 정답은 (a)이다.
accounting 회계 **release** 출시하다 **registered** 등록한 **shopper** 쇼핑객, 구매자 **technician** 기술자

49

The employee's promotion is being postponed until __________ of misconduct can be investigated.

(a) situations
(b) royalties
✔ (c) allegations
(d) formalities

번역 그 직원의 승진은 위법 행위 주장이 조사될 때까지 연기 중이다.

(a) 상황
(b) 저작권
(c) 주장
(d) 정규 절차

해법 위법 행위가 조사될 때까지 연기되고 있다는 내용이 되어야 가장 적절하다. 아직 증명되지 않은 혐의에 대한 주장을 나타내는 단어가 (c) allegation이다.
promotion 승진 **postpone** 연기하다 **misconduct** 위법 행위 **investigate** 조사하다 **royalty** 저작권 **formalities** 정규 절차

50

All medical research must involve both a control group and an experimental group if its findings are to be __________.

(a) contrived
(b) appeased
(c) expunged
✔ (d) legitimized

번역 모든 의학 연구들은 결과가 정당화되기 위해서 통제 집단과 실험 집단을 모두 가지고 있어야 한다.

(a) 연구하다
(b) 진정하다
(c) 지우다
(d) 정당화하다

해법 통제 집단과 실험 집단을 실험 대상으로 두고 비교해야 실험 결과의 타당성이 있다는 내용이 적절하므로 '타당하게 하다, 정당화하다'는 단어인 legitimize가 알맞다. 따라서 정답은 (d)이다. findings는 복수로 '실험 결과'를 말한다.
control group 통제 집단 **experimental group** 실험 집단 **findings** 연구 결과

1 You know it's true, even though you may not want to admit it: you don't get enough exercise. National health statistics show that nearly 30% of the population suffers from obesity. At the same time, it's been proven that even modest amounts of exercise can reduce one's risk of obesity-related diseases. You don't have to turn yourself into an athletic superstar or a 300-pound bodybuilder to ___________. Join Pat's Gym today and we'll show you exactly what it takes to create a better you.

(a) gain that extra muscle
✔ (b) achieve a healthy level of fitness
(c) become more active in these sports
(d) recover from a life-threatening illness

번역 당신은 비록 인정하고 싶지 않을지 모르지만, 운동을 충분히 하지 않는 것이 사실이란 건 알고 계시죠. 국립 보건 통계는 인구의 거의 30%가 비만으로 고생하고 있다고 합니다. 동시에, 약간의 운동만으로도 비만 관련 질병의 위험을 줄일 수 있다는 사실이 증명되었습니다. 건강한 수준의 체력을 이루기 위해서 당신을 스포츠 스타나 300파운드 보디빌더로 변신시킬 필요는 없습니다. 오늘 패트 헬스 클럽에 가입하시면 더 나은 당신을 만드는 데 필요한 것이 정확히 무엇인지 보여드리겠습니다.

(a) 근육을 키우는 데
(b) 건강한 수준의 체력을 이루는 데
(c) 이런 운동들에 더욱 활동적으로 되는 데
(d) 목숨을 위협하는 질병으로부터 회복하는 데

해법 비만의 문제점에 대해 제시하고 약간의 운동만으로도 질병의 위험을 줄일 수 있다고 했으므로 과도한 몸매 만들기가 아니라 건강한 수준의 체력을 이루는 것이 목표라고 할 수 있다. 또한 스포츠 스타나 보디빌더가 될 것이 아니라고 했으므로 적정한 수준의 체력 단련을 의도함을 알 수 있다. 따라서 (b)가 정답이다.

even though 비록 ~지만 **statistics** 통계 **suffer from** ~으로 고생하다 **at the same time** 동시에 **modest** 약간의 **obesity-related** 비만과 관련된 **athletic** 운동 경기의 **threatening** 위협하는

2 The creation of virtual online worlds is a troubling trend. Games and programs that encourage users to construct entire existences apart from their lives in the real world are dangerous to our way of life. They prevent our youth from learning valuable social skills and make it too easy for others to ignore their responsibilities. If everyone spends their time in artificial worlds, ___________.

(a) the gaming industry will boom
(b) their skills will greatly improve
✔ (c) the real one may cease to function
(d) they might understand young people better

번역 가상 온라인 세상의 탄생은 걱정스러운 경향이다. 사용자들에게 실생활과 동떨어진 완전한 존재를 건설하도록 권고하는 게임과 프로그램은 우리의 생활 방식에 위험하다. 우리 젊은이들이 유익한 사회적 기술들을 배우는 것을 막고 다른 이들이 자신의 의무를 무시하는 것을 너무 쉽게 만든다. 모두가 가공의 세계에서 시간을 보낸다면 실제 세계는 기능을 멈출지도 모른다.

(a) 게임 산업이 활성화될 것이다
(b) 그들의 능력은 매우 향상될 것이다
(c) 실제 세계는 기능을 멈출지도 모른다
(d) 그들은 젊은 사람들을 더 잘 이해할 것이다

해법 실제 세계와 동떨어진 존재를 구축하는 것은 우리 생활 방식에 위험한 것이라고 했으므로 빈칸 이하에는 위험한 결과에 관련된 내용이 나와야 한다. 일상에서 필요한 사회적인 기술을 배우지 않거나 의무를 무시하는 것의 결과로 실제 세계가 기능을 멈추게 된다는 (c)가 적절하다.

virtual 가상의 **troubling** 걱정스러운 **existence** 존재 **prevent A from B** A가 B하는 것을 막다 **artificial** 가공의 **function** 기능하다

3 Scientists aren't exactly sure why moths tend to fly towards light bulbs and candle flames, which is sometimes a fatal behavior. One theory ties it to the ___________. In natural dark skies, moths may rely on the distant light of the moon to find their way. Man-made artificial light sources confuse the insects, causing them to constantly adjust their flight patterns to coordinate with the bright light they assume is the moon. Many wind up getting too close and burning their delicate bodies and wings.

(a) heat given off by bright lights
(b) odd shape of the insect's wings
✔ (c) process they use for navigation
(d) poor night vision of these creatures

번역 과학자들은 왜 나방이 때때로 치명적인 행동인데도 전구나 촛불로 날아드는 경향이 있는지 정확히 확신하지 못한다. 하나의 이론은 그들이 비행을 위해 사용하는 과정과 연결 짓는다. 자연의 어두운 하늘에서 나방은 방향을 찾기 위해 먼 달빛에 의존할지도 모른다. 인간이 만든 인공적인 빛은 곤충들을 교란시켜 달이라고 생각하는 밝은 빛과 조화하기 위해 비행 패턴을 끊임없이 조정하게 한다. 많은 수의 나방이 마지막에는 너무 가까이 가서 가냘픈 몸과 날개가 타버린다.

(a) 밝은 빛이 내는 열
(b) 곤충 날개의 이상한 모양
(c) 비행을 위해 그들이 사용하는 과정
(d) 이러한 동물이 약한 야간 시력

해법 ties it to는 그것을 ~와 연결하여 설명한다는 것이다. 자연 상태에서는 방향을 찾기 위해 달빛에 의존했을 곤충들이 인공적인 불빛에 맞추어 자신의 flight pattern을 바꾼다고 했으므로 navigation과 관련된 것임을 유추할 수 있다. 따라서 (c)가 적절하다.

tend to ~하는 경향이 있다 **light bulb** 전구 **fatal** 치명적인 **rely on** ~에 의존하다 **adjust** 조정하다 **coordinate with** ~와 조화를 이루다 **assume** ~라고 가정하다 **wind up** 마지막에는 ~이 되다 **give off** 발하다 **navigation** 비행 **vision** 시력

4 Banner ads and popup windows ___________. Research shows they have been losing their effectiveness as users become more and more familiar with them. Companies interested in utilizing the next wave of Internet marketing are embracing content-based marketing. Through this method, ad material is embedded directly into the text of popular websites, much like the product placement techniques seen in movies.

(a) will soon be undergoing a transformation
(b) are reliable sources of advertising revenue
(c) attract web surfers from different demographics
✔ (d) represent traditional forms of online advertising

번역 배너와 팝업 광고는 온라인 광고의 전형적인 형태를 나타낸다. 연구에서는 사용자들이 점점 더 그것들에 익숙해짐에 따라 효과를 잃고 있다는 것을 보여준다. 인터넷 마케팅의 다음 물결을 활용하는 것에 관심 있는 회사들은 콘텐츠 기반의 마케팅을 받아들이고 있다. 이 방법을 통해 광고물은 인기 있는 홈페이지의 텍스트 안에 직접 삽입되는데 이는 영화에서 볼 수 있는 상품을 등장시켜 광고하는 기법과 아주 흡사한 것이다.

(a) 곧 변형될 것이다
(b) 광고 수입원의 믿을 만한 출처이다
(c) 출신이 다양한 웹 서퍼들을 유인한다
(d) 온라인 광고의 전통적인 방식을 대표한다

해법 그 다음에 이어지는 문장을 통해 추측이 가능한 문제이다. 사용자들이 점점 더 익숙해짐에 따라 효과를 잃었다고 했으므로 (d)의 전통적인 방식이라는 내용이 가장 적절하다. 이후로는 새로운 광고 방법에 대한 소개로 이어지고 있다.
banner ad 배너 광고 **popup window** 팝업 창 **effectiveness** 효과 **utilize** 활용하다 **embrace** 받아들이다 **content-based** 콘텐츠 기반의 **ad material** 광고물 **be embedded into** ~에 삽입되다 **product placement** 영상 매체에 상품을 등장시켜 간접 광고하는 방식 **transformation** 변형 **revenue** 수입원 **demographics** 인구 통계 (단수 취급)

5 Modern professional duties have become increasingly location-independent, even for corporate executives. It can be difficult to hold meetings when you have 15 different executives in 15 different locales. Thankfully, this problem is solved in large part by videoconferencing. Through a combination of video and audio technologies, it allows face-to-face, real-time interaction among agents who physically may be thousands of miles apart. Videoconferencing, therefore, is the preferred medium of communication for ___________.

(a) employees of telecommunications firms
(b) traveling salespeople seeking new contacts
✔ (c) corporations with a multinational presence
(d) executives who have a demanding work schedule

번역 현대의 직업 임무는 심지어 회사 경영진도 점점 더 장소와 독립적으로 되어간다. 15개의 다른 장소에 있는 15명의 경영진이 회의를 여는 것은 어려울 수 있다. 다행히도 이러한 문제는 대부분 화상 회의로 해결된다. 비디오와 오디오 기술의 합작으로 물리적으로 수천 마일 떨어져 있을지도 모르는 직원들이 대면하여, 실시간 대화가 가능해졌다. 그러므로 화상 회의는 다국적 주재를 두고 있는 기업이 선호하는 매체이다.

(a) 원격 통신 회사의 직원들
(b) 새로운 교섭처를 찾아 여행하고 있는 판매직원들
(c) 다국적인 주재를 두고 있는 기업들
(d) 힘든 업무 스케줄을 가지고 있는 경영진들

해법 접속사 therefore를 볼 때 앞에는 배경이 되는 내용이 나오고 빈칸에는 결과적인 내용이 나올 것임을 알 수 있다. 화상, 실시간 소통이 가능하다고 했기 때문에 다국적 기업에서 선호하는 매체가 될 것이라는 (c)가 답이다. (a) 원격 통신 회사 직원들에게 필요한 매체는 아님에 유의한다.
location-independent 장소와 독립적으로 **corporate executive** 기업 경영진 **videoconferencing** 화상 회의 **combination** 조합, 합작 **face-to-face** 대면하여, 면전의 **interaction** 대화 **preferred** 선호되는 **medium** 매체 **presence** 주재, 주둔 **demanding** (일이) 큰 노력을 요하는

6 Mary Shelley's 1818 debut novel *Frankenstein* is significant in many respects. In it, she pioneered the use of a plot structure that creates a framework around the main action. Instead of directly relating the plot herself, it is a character within the novel that tells the story secondhand through a letter. Moreover, *Frankenstein* is seen by many today as the first true science-fiction novel. Its mix of science, fantasy, and horror was more or less unique for the time. Therefore, Shelley's novel is recognized as groundbreaking ___________.

✔ (a) in both stylistic and thematic contexts
(b) for influencing so many female authors
(c) despite its use of secondhand storytelling
(d) because of its inclusion of intellectual subjects

번역 메리 셸리의 1818년 데뷔 소설인 〈프랑켄슈타인〉은 여러 측면에서 중요하다. 그녀는 주된 사건을 둘러싼 틀을 만드는 줄거리 구조를 선구적으로 사용했다. 작가 자신이 직접 이야기하는 대신, 소설 속 인물이 편지를 통해 이야기를 간접적으로 들려준다. 더구나, 〈프랑켄슈타인〉은 현재 많은 이들이 최초의 실제적인 공상 과학 소설로 간주한다. 과학과 판타지, 공포물의 혼합은 당시로서는 다소 독특한 것이었다. 그래서 셸리의 소설은 문체와 주제 면에서 모두 혁신적이라고 여겨진다.

(a) 문체와 주제 면에서 모두
(b) 여러 여성 작가들에게 영향을 끼치기 위해
(c) 간접적인 이야기 기법의 사용에도 불구하고
(d) 지적인 주제를 포함하고 있기 때문에

해법 therefore로 시작하는 결론 문장을 고르는 문제이다. 줄거리 구조적인 면에서 새로운 방식을 개척했고, 최초의 공상 과학 소설로 인정을 받는다는 점을 소개하는 내용이므로 셸리의 소설이 문체와 주제 면에서 모두 혁신적이라는 (a)를 결론으로 삼을 수 있다.
respect 측면 **pioneer** 개척하다 **plot structure** 줄거리 구조 **framework** 틀 구조 **instead of** ~하는 대신에 **secondhand** 간접적으로 **moreover** 게다가 **more or less** 얼마간, 다소 **unique** 독특한 **groundbreaking** 혁신적인 **despite** ~에도 불구하고

7 Is your idea of a good time standing knee-deep in an ice-cold stream, reeling in a 20-inch rainbow trout? If your answer is "Yes," then a subscription to *Fly Fishing Monthly* is just what you need. Sign up today and we'll send you 18 issues of this award-winning magazine for the incredible low price of $25.99. That's a savings of over $30 off the list price! Moreover, you'll be getting the best coverage available on ___________.

(a) all water-related outdoor activities
✔ (b) everything related to the world of fly fishing
(c) deals being offered in the publishing industry
(d) health updates regarding the consumption of fish

번역 20인치 무지개송어를 감아 올리면서 무릎 깊이의 얼음장같이 찬 시냇물에 서 있는 것을 좋은 시간이라고 생각하세요? 대답이 '네'라면, 〈월간 제물낚시〉 구독이 바로 당신에게 필요한 것입니다. 오늘 신청하세요. 그러면 수상 경력이 있는 이 잡지의 18부를 25.99달러의 놀라운 싼 가격으로 보내드리겠습니다. 정가에서 30달러 이상을 절약하는 것입니다. 게다가, 제물낚시 세계와 관련된 모든 최고의 정보를 얻게 될 것입니다.

(a) 모든 수상 관련 야외 활동
(b) 제물낚시의 세계와 관련된 모든 것
(c) 출판 산업에 제시되고 있는 거래
(d) 생선 소비와 관련된 최신 건강 소식

해법 제물낚시와 관련된 잡지이므로 그것과 관련된 최고의 정보를 제공해 줄 것이라는 문구가 알맞으므로 (b)가 적절하다. coverage는 책이나 강의 과정에서 다루게 되는 정보의 질이나 범위에 관해 말할 때 쓰는 단어이다.
knee-deep 무릎 깊이의 **reel** 릴로 감아 올리다 **trout** 송어 **subscription** 구독 **sign up** 신청하다 **issue** 출간물 **award-winning** 수상 **incredible** 놀라운 **saving** 절약 **coverage** 보도, 취재 (범위), 서비스 적용 범위 **available** 가능한, 쓸 수 있는 **consumption** 소비

8 Throughout the seventeenth to nineteenth centuries, the exchange of goods in the West was dominated by the Transatlantic Triangular Trade. As in any form of triangular trade, ___________. In Africa, people were captured and shipped to the Americas as slaves. There, their labor was utilized to produce raw goods such as cotton, sugar, and tobacco. These were in turn shipped to England, where manufacturers processed them into products that were sold in Africa and elsewhere in the world.

✔ (a) there were three principal regions involved
(b) one partner was more powerful than the others
(c) the products being shipped were agricultural in nature
(d) the human rights of those involved were not recognized

번역 17세기에서 19세기까지, 서구에서의 물품 교환은 대서양 횡단 삼각무역이 주도하고 있었다. 모든 삼각무역의 형태에는 세 개의 주된 지역이 연관되어 있었다. 아프리카에서는 주민들이 생포되어 노예로 미대륙으로 수송되었다. 거기에서 그들의 노동력은 목화와 설탕, 담배와 같은 원료품을 생산하는 데 이용되었다. 이런 것들은 차례로 영국으로 수송되었고 거기에서 제조업자들이 아프리카와 세계의 다른 곳에서 팔리는 상품으로 가공했다.

(a) 세 가지 주된 지역이 연관되어 있었다
(b) 한쪽 편이 다른 쪽들보다 더 세력이 강했다
(c) 배로 수송되는 상품은 사실상 농산물이었다
(d) 관련된 사람들의 인권은 인정되지 않았다

해법 삼각무역에 대한 개괄적인 설명을 하는 문장이다. 그 다음으로 아프리카와 미대륙, 영국이라는 관련된 세 나라의 관계를 제시하고 있으므로 주된 세 나라가 있다는 내용인 (a)가 들어가야 적절하다.
exchange 교환 **be dominated by** ~이 주도하다, 지배하다 **triangular trade** 삼각무역 **capture** 포획하다 **utilize** 이용하다 **raw goods** 원료품 **manufacturer** 제조회사 **process** 가공하다 **agricultural** 농업의

9 Dear customer service representative,

I am writing in regards to a refurbished EasyScan 600 portable scanner that I purchased from your company on August 6. According to the certificate of refurbishment I received with the product, its condition had been completely restored and it was guaranteed to function as well as a brand-new EasyScan 600. However, after only one week of use, the rollers that feed paper through the scanning device stopped working. ___________, I am unable to operate the scanner and am requesting a full refund.

Sincerely,
Eileen Chambers

(a) Without a replacement part
(b) Until the problem is resolved
(c) Despite the rollers' malfunction
✔ (d) As a result of this product defect

번역 고객 서비스 담당자께,

8월 6일에 귀사에서 구입한 이지스캔 600 휴대용 스캐너 개조품에 관해서 편지를 드립니다. 상품과 함께 받은 개조 증명서에 따르면 상태가 완전히 복구되었고 신제품 이지스캔 600과 마찬가지로 잘 작동된다고 보장하고 있습니다. 그런데 겨우 1주일을 사용하고 나니, 스캔 장치를 통해 종이를 공급하는 롤러가 작동하지 않더군요. 이 상품의 결함으로 인해 저는 스캐너를 작동시킬 수가 없으며 전액 환불을 요청합니다.

아일린 체임버스 드림

(a) 대체 부속 없이
(b) 문제가 해결될 때까지
(c) 롤러 고장에도 불구하고
(d) 이 상품의 결함으로 인해

해법 완전히 개조되어 신상품과 같다는 증명서의 문구와는 달리 롤러가 작동하지 않는 오류가 있으므로 제품의 결함, 하자로 인해 환불을 요청한다는 말이 어울린다. 따라서 정답은 (d)이다.
in regards to ~에 관하여 **refurbished** 개조된 **portable** 휴대용의 **purchase** 구입하다 **certificate** 증명서 **restore** 복구하다 **guarantee** 보장하다 **brand-new** 신상품의 **feed** 공급하다 **full refund** 전액 환불 **replacement** 대체 **malfunction** 고장 **defect** 결함

10 Modern surfers owe a debt to one man: Duke Kahanamoku. Though surfing was an ancient tradition among the Hawaiian people, Kahanamoku is credited with popularizing it throughout the world. He traveled extensively, giving exhibitions of the sport in addition to his tremendous swimming talents. He brought the fad to California in 1914, and to this day the state is known as a hotbed of surfing culture. __________, he is now immortalized in legend among surfers everywhere.

(a) Because of his latest win
(b) Due to his unique surfing style
✔ (c) For his contributions to the sport
(d) In spite of his controversial reputation

번역 현대의 서퍼들은 이 한 사람, 듀크 카하나모쿠에게 빚을 지고 있다. 서핑이 하와이 사람들 사이에 오래 된 전통이기는 하지만, 카하나모쿠는 전세계적으로 대중화시킨 공로가 있다. 자신의 훌륭한 수영 실력과 더불어 서핑을 보여주면서 널리 여행했다. 그는 1914년 캘리포니아에 유행을 일으켰고 이 주는 오늘날까지 서핑 문화의 온상지로 알려져 있다. 스포츠에 끼친 공로로 그는 오늘날 도처의 서퍼들에게 불멸의 전설이 되었다.

(a) 그의 가장 최근 우승 때문에
(b) 그의 독특한 서핑 스타일 때문에
(c) 스포츠에 끼친 공로로
(d) 논쟁이 될 만한 평판에도 불구하고

해법 카하나모쿠가 모든 서퍼들 사이에서 불멸의 전설이 된 이유를 제시하는 결론 문장이다. 서핑을 알리면서 널리 여행을 했고, 캘리포니아에 대유행을 일으켰으며 전세계적인 인기를 이루었다는 내용의 글이므로 (c)와 같이 서핑에 끼친 공로를 그 이유로 들어야 적절하다.

though 비록 ~지만 **be credited with** ~의 공이다 **extensively** 널리 **exhibition** 공개 **in addition to** ~에 더하여 **tremendous** 대단한 **fad** 일시적 유행 **hotbed** 온상지 **immortalize** 불멸하게 하다 **legend** 전설 **contribution** 공로 **controversial** 논쟁이 될 만한 **reputation** 평판

11 Beginning in the early 1900s, psychologists came to believe that birth order played an important role in a child's psychological development. That is, when a child was born in relation to his or her siblings had strong implications for his or her mental characteristics. The theory held that firstborn children demonstrated greater independence and social dominance, whereas later-borns tended to be more agreeable and open to compromise. In recent years, however, many have dismissed this theory, arguing that birth order __________.

(a) is part of our genetic makeup
✔ (b) has little or no effect on personality
(c) is more important than parental care
(d) has become irrelevant in these species

번역 1900년대 초반에 심리학자들은 출생 순서가 아이의 심리적인 발달에 중요한 역할을 한다고 믿게 되었다. 즉, 아이가 자신의 형제자매와의 관계에서 몇 째로 태어났느냐가 아이의 정신적인 특성과 강한 관련이 있다는 것이다. 이 이론은 나중에 태어난 아이들은 더 사근사근하고 타협에 대해 열린 태도를 가지고 있는 반면, 첫째 아이들은 독립성과 사회적인 지배력을 보인다고 주장했다. 그러나 최근에는 다수의 사람들이 출생 순서는 인격에 영향이 거의 없거나 전혀 없다고 주장하면서 이 이론을 무효화했다.

(a) 유전자 구성의 일부분이다
(b) 인격에 영향이 거의 없거나 전혀 없다
(c) 부모의 보살핌보다 더욱 중요하다
(d) 이런 종들에는 무의미한 것이 되었다

해법 접속사 however에 유의하여 앞뒤의 내용을 파악해야 한다. 첫째와 나중에 태어난 아이들의 인성에 대한 주장을 언급하고 나서, 최근에는 이 이론을 무효화하므로 출생 순서가 인성에 영향이 없다는 (b)가 적절하다.

psychologist 심리학자 **birth order** 출생 순서 **in relation to** ~와 관련하여 **sibling** 형제, 자매 **implications** 관련 **demonstrate** 보여주다 **dominance** 지배력 **agreeable** 사근사근한 **compromise** 협상 **dismiss** 무효화하다 **genetic** 유전자의 **irrelevant** 무의미한

12 In Greek mythology, the nine Muses were goddesses responsible for imparting creativity to humanity. Poets, storytellers, musicians, and playwrights all acknowledged the Muses for endowing their work with wisdom and meaning. According to myth, they were daughters of Zeus, king of the gods, and led by Apollo, the god of the arts. The Muses remain a part of our culture today, fulfilling a very similar role. For example, we still use the word "muse" to name __________.

(a) our motivation for creating art
(b) an artist whose work we bought
(c) a mysterious occurrence we don't understand
✔ (d) the inspiration behind our creative endeavors

번역 그리스 신화에서 9명의 뮤즈들은 인간에게 창조력을 주는 책임이 있는 여신들이었다. 시인과 소설가, 음악가, 극작가들은 모두 자신들의 작품에 지혜와 의미를 부여해 주는 뮤즈가 존재함을 인정했다. 신화에 따르면 그들은 신들의 왕인 제우스의 딸들로 예술의 신인 아폴로를 따른다. 뮤즈는 오늘날 우리 문화의 일부로 남아 있어서 아주 비슷한 역할을 하고 있다. 예를 들어, 우리는 아직도 '뮤즈'라는 단어를 창조적 노력 뒤의 영감을 가리킬 때 쓴다.

(a) 예술을 창작하는 우리의 동기
(b) 우리가 샀던 작품의 예술가
(c) 우리가 이해할 수 없는 신비로운 사건
(d) 우리의 창조적인 노력 뒤의 영감

해법 For example로 시작하여 예를 드는 문장이므로 앞의 문장에 유의해야 한다. 뮤즈들은 아주 비슷한 역할을 하고 있다고 했으므로 예술가들에게 예술 창작의 영감을 주는 역할을 한다고 볼 수 있다. 따라서 (d)가 답이다.

Greek mythology 그리스 신화 **be responsible for** ~에 대해 책임이 있다 **impart** 주다 **creativity** 창작력 **playwright** 극작가 **acknowledge** 인정하다 **endow A with B** A에게 B를 부여하다 **fulfill** (임무 · 책임 등을) 다하다, 수행하다 **motivation** 동기 **inspiration** 영감 **endeavor** 노력

13 Tom Michaels __________. As a teenager, he started a small company transporting documents and packages for local businesspeople on his bicycle. He continued with this enterprise throughout his school years. After graduation, he was ready to expand. He hired 20 cyclists to carry out deliveries around the city. Soon, he was earning enough money to add a handful of trucks to his fleet. The rest is history: Michaels went on to build the most successful shipping company on the planet.

(a) inherited his family's shipping business
(b) is a major advocate for the use of bicycles
✔ (c) has been in the delivery business all his life
(d) experienced both ups and downs in his life

번역 톰 마이클스는 평생 운송업에 종사했다. 십대 때 그는 자전거로 지역 사업가들에게 문서와 소포를 운송하는 작은 회사를 설립했다. 그는 학교에 다니는 동안 자신의 사업을 계속했다. 졸업 후에는 확장할 준비가 되었다. 도시 곳곳에 배달을 하기 위해 자전거 타는 사람 20명을 고용했다. 곧 그는 회사 차량에 트럭 몇 대를 추가하기에 충분한 돈을 벌고 있었다. 그 나머지는 역사가 되었다. 마이클스가 지구 상에서 가장 성공한 운송 회사로 성장해 나갔기 때문이다.

(a) 집안 운송 사업을 물려받았다
(b) 자전거 사용의 주요한 지지자이다
(c) 평생 운송업에 종사했다
(d) 인생에서 성공과 실패를 모두 경험했다

해법 십대에서 시작하여 평생에 걸쳐 운송업을 계속해 가면서 점차적으로 성공을 이뤄간 인물에 대한 글이므로 그의 일생을 요약하는 (c)가 도입 문장으로 가장 적절하다. 실패에 대한 언급은 없었으므로 (d)는 답이 될 수 없다.

transport 운송하다 **document** 문서 **enterprise** 사업 **expand** 확장하다 **fleet** (한 회사 소유의) 차량 전체 **inherit** 물려받다 **advocate** 지지자 **ups and downs** 성공과 실패

14 Scholars often point to an English legal charter drafted in the year 1215 as the earliest sign of democracy in Western Europe. Known by its Latin name, Magna Carta, its purpose was to force King John to guarantee certain rights to his subjects. In essence, it was the first time an English king had admitted to being bound by the rule of law. Though a far cry from the guiding documents of modern governments, it nonetheless represents an important steppingstone in __________.

(a) the rise of individual self-expression
(b) a shift towards greater English power
✔ (c) the evolution of today's democratic nation-states
(d) a movement to abolish the monarchy in England

번역 학자들은 1215년에 작성된 영국의 법률 헌장을 서구 유럽 민주주의의 초창기 표상으로 지적한다. 라틴어 이름은 마그나 카르타로 알려져 있고 그 목적은 백성들에게 권리를 보장하도록 국왕 존을 강요하기 위함이었다. 본질적으로, 그것은 최초로 영국 왕이 법령에 구속 받기를 인정한 것이었다. 비록 현대 정부의 지표가 되는 문서와는 전혀 다른 것임에도 불구하고 오늘날 민주 국가의 진화에 있어 중요한 발판을 상징한다.

(a) 개인적인 자기 표현의 증가
(b) 더욱 큰 영국의 권력 변화
(c) 오늘날 민주주의 국가의 진화
(d) 영국의 군주제를 폐지하는 움직임

해법 개략적인 내용을 정리하는 도입 문장과 연결되는 결론 문장을 찾으면 된다. 민주주의의 시작을 알리는 것이 영국의 대헌장이라고 했으므로 오늘날 민주국가 진화 과정의 중대한 발판이 된다는 (c)가 가장 적절하다.

charter 헌장 **draft** 초안을 작성하다 **democracy** 민주주의 **Magna Carta** (영국) 대헌장 **guarantee** 보장하다 **subject** 신하, 백성 **be bound by** ~의 구속을 받다 **a far cry from** ~와는 전혀 다른 것 **steppingstone** 발판 **shift** 변화 **abolish** 폐지하다 **monarchy** 군주제

15 In many ecosystems, there is often a single species—most typically an animal species—whose existence is vital to ensuring a healthy balance within the ecosystem. Such species are known as keystone species. Much like the keystone that forms the apex of an arch, the keystone species maintains the structure and order of natural processes among the other members of its habitat. It may do so in a number of ways. __________, the predation of a keystone species may control the populations of other species that would otherwise explode and overwhelm the ecosystem.

(a) Regardlessly
✔ (b) For instance
(c) At the same time
(d) Despite this fact

번역 많은 생태계에는 대개 한 종이 있는데, 이는 전형적으로 동물 종이고, 그것의 존재는 생태계 내에서 건강한 균형을 보장하는 데 중요하다. 그와 같은 종은 핵심종이라고 알려져 있다. 아치의 꼭대기를 이루는 쐐기돌처럼 핵심종은 서식지의 다른 구성원들 가운데 자연적인 절차들의 구조와 질서를 유지한다. 여러 방법으로 그렇게 할지도 모른다. 예를 들어, 핵심종의 포식 행위는 다른 종들의 개체 수를 통제한다. 그렇지 않으면 폭발적으로 증가하여 생태계를 장악할지도 모른다.

(a) 그럼에도 불구하고
(b) 예를 들어
(c) 동시에
(d) 이런 사실에도 불구하고

해법 접속사 문제는 앞뒤 문장의 연결을 파악해야 한다. 서식지 전체의 구조와 질서를 잡는 역할을 한다고 했고 이것을 여러 가지 방식으로 한다고 설명하고 있다. 빈칸 다음에는 그 한 가지 방식을 예로 드는 것이므로 (b)가 적절하다.

ecosystem 생태계 **species** (생물 분류상의) 종 **typically** 전형적으로 **ensure** 보증하다 **keystone species** 핵심종 **apex** 꼭대기 **habitat** 서식지 **predation** 포식 **explode** 폭증하다 **overwhelm** 장악하다

16 Along with the rise of the automobile in America came that of drive-in theaters, outdoor facilities where movies were projected to be viewed by people in their cars. The popularity of drive-ins peaked in the 1950s and '60s. They appealed to teenagers, who saw it as a great opportunity to escape their parents and go on dates. ___________, families with young children enjoyed being able to bring their kids to the movies without having to worry about them disturbing other members of the audience. The '70s saw a decline in drive-ins, but in recent years there have been nostalgic revivals across the country.

(a) Hereby
✔ (b) Likewise
(c) Consequently
(d) On the contrary

번역 미국에서 자동차의 증가와 함께 드라이브인 극장이 증가했는데 그것은 투사되는 영화를 차 안에서 볼 수 있게 만든 야외 시설이다. 드라이브인 극장의 인기는 1950년대와 1960년대에 정점에 도달했다. 드라이브인 극장은 부모를 피해 데이트할 좋은 기회로 생각하는 십대들의 마음에 들었다. 마찬가지로, 어린아이들이 있는 가족들은 다른 관객들을 방해할까 봐 걱정하지 않고 아이들을 데리고 영화를 즐길 수 있었다. 1970년대는 드라이브인이 쇠퇴했지만 최근에 전국적으로 향수에 젖은 재유행이 일어나고 있다.

(a) 이로써 (b) 마찬가지로
(c) 결과적으로 (d) 반대로

해법 앞뒤 내용의 관계를 파악해서 연결어를 찾아야 한다. 드라이브인이 십대 청소년들에게 인기가 있었던 이유가 앞에 있고 다음에는 어린 자녀들이 있는 가족들이 드라이브인을 좋아했다는 설명이 나온다. 비슷한 예를 추가하고 있으므로 '게다가, 마찬가지로'에 해당하는 (b) Likewise가 적절하다.
drive-in 드라이브인(차에 탄 채 이용할 수 있는 시설) **facility** 시설 **project** 투사하다 **popularity** 인기 **peak** 정점에 도달하다 **appeal to** ~의 마음에 호소하다 **opportunity** 기회 **disturb** 방해하다 **decline** 하락 **nostalgic** 향수에 젖은 **revival** 부활, 재유행 **hereby** 이로써 **consequently** 결과적으로

17 Researchers have handed smokers yet another reason to kick the habit: third-hand smoke. For years, we've heard reports of how secondhand smoke, that which is inhaled by people standing close to smokers, can negatively affect our health. As it turns out, though, cigarettes produce toxins that linger long after the smoke has dissipated. A study carried out by Mass General Hospital for Children found that toxic particulates present in cigarette smoke cling to clothing, hair, and other objects and can later be ingested and cause harm, especially to children.

Q: What is the main idea of the passage?
✔ (a) Cigarettes harm with more than smoke.
(b) Smoking should be prohibited in homes.
(c) Children are particularly vulnerable to tobacco smoke.
(d) Third-hand smoke is more dangerous than secondhand smoke.

번역 연구자들은 흡연자들에게 그 습관을 버려야 하는 또 하나의 이유를 가지고 있는데 그것은 바로 3차 간접흡연이다. 수년 동안 우리는 흡연자들 가까이 있는 사람들이 흡입하게 되는 2차 간접흡연이 우리 건강에 부정적으로 영향을 줄 수 있다는 것에 대한 보고를 들어 왔다. 밝혀진 바와 같이 담배는 연기가 흩어진 후에도 오랫동안 남아 있는 독소를 생성한다. 매스 아동 종합 병원이 실시한 연구에서는 담배 연기에 있는 유독한 분자들이 옷과 머리, 다른 물건들에 붙어서 이후에 섭취되어, 특히 아이들에게 해를 일으킬 수 있다고 밝혀졌다.

Q: 이 단락의 주제는?
(a) 담배는 연기 이상의 것으로 피해를 준다.
(b) 흡연은 가정에서 금지되어야 한다.
(c) 아이들은 담배 연기에 특히 취약하다.
(d) 3차 간접흡연은 2차 간접흡연보다 더욱 위험하다.

해법 연기가 다 사라진 이후에 독소가 옷이나 머리 등에 남아서 오랫동안 피해를 줄 수 있는 3차 간접흡연의 위험에 대한 글이다. 연기 이상의 것까지도 문제가 된다는 (a)가 주제이다. (c)는 단편적 정보일 뿐 글의 주제는 아니므로 오답이다.
kick the habit 습관을 버리다 **third-hand smoke** 3차 간접흡연 **inhale** 흡입하다 **turn out** ~로 밝혀지다 **toxin** 독소 **linger** 남아 있다 **dissipate** 흩어지다 **cling to** ~에 붙다 **ingest** 섭취하다 **vulnerable to** ~에 취약한

18 At National Airways, we know you're fed up with all the extra fees being charged by airlines these days. That's why we're happy to introduce "1 Bag Free." On every National Airways flight, you'll be able to check one luggage item free of charge, no matter how short the journey. This is a big improvement over other carriers who continue to charge high fees for your first checked bag.

Q: What is mainly being advertised?
(a) A limited-time deal on airfare
✔ (b) An airline's new baggage policy
(c) A new method for checking bags
(d) A recently created budget air carrier

번역 내셔날 항공에서는 여러분이 요즘 항공사들이 청구하는 추가 요금에 질리셨을 줄 압니다. 그래서 저희는 '가방 하나 무료'를 소개하게 되어 기쁩니다. 모든 내셔날 항공 비행기 여행에서는 짧은 여행일지라도 짐 하나를 무료로 부칠 수 있습니다. 이것은 첫 번째 부치는 가방에 비싼 요금을 지속적으로 부과하고 있는 다른 항공사들에 비해 크게 개선된 점입니다.

Q: 광고 내용은?
(a) 항공 요금의 제한 시간 판매
(b) 항공사의 새로운 수하물 정책
(c) 가방을 부치는 새로운 방법
(d) 최근 창립된 저렴한 항공사

해법 한 항공사에서 수하물 하나를 무료로 부칠 수 있게 해주는 새로운 정책을 시행한다고 광고하는 내용이다. 수하물을 부치는 비용이 매우 비싼 다른 항공사에 비해 크게 개선된 점이라고 설명하고 있으므로 (b)가 답이다. (c)는 가방을 부치는 방법이므로 비용과 관련된 항공사의 정책과는 무관하다.
be fed up with ~로 질리다 **extra fee** 추가 요금 **charge** 청구하다 **free of charge** 무료로 **carrier** 항공사 **check** 짐을 부치다 **budget** 품질에 비해 값이 싼

19 One of the earliest and most important works of English literature is the epic poem *Beowulf*. Although written in Old English, which differs significantly from the modern language, *Beowulf's* influence can be seen in the works of countless English-language authors. It tells the story of an Anglo-Saxon warrior who battles different monsters in order to keep his people safe. As such, the character of *Beowulf* can also be seen as the culture's first hero.

Q: What is the best title for the passage?
(a) Reinterpreting the Meaning of *Beowulf*
(b) Appearances of Heroes in English Literature
(c) Examining the Old English Used in *Beowulf*
✔ (d) Background to the Significance of *Beowulf*

번역 가장 초기의 주요 영문학 작품 중 하나는 서사시 〈베오울프〉이다. 현대 언어와 상당히 다른 고대 영어로 쓰였지만 〈베오울프〉의 영향력은 셀 수 없이 많은 영어 작가의 작품에서 볼 수 있다. 이 작품은 백성들을 안전하게 지키기 위해 여러 다른 괴물들과 전투를 벌이는 앵글로색슨 전사의 이야기이다. 이러한 것으로, 〈베오울프〉의 인물은 문화의 첫 영웅으로도 간주될 수 있다.

Q: 지문에 가장 적절한 제목은?
(a) 〈베오울프〉 의미 재해석하기
(b) 영문학에서 영웅의 등장
(c) 〈베오울프〉에 쓰인 고대 영어 조사하기
(d) 〈베오울프〉 중요성의 배경

해법 영문학 최초의 중요한 작품인 〈베오울프〉에 대한 내용으로 이후의 작품에 많은 영향을 끼쳤고 주인공의 특징으로 보아 최초의 영웅이라는 점을 언급하고 있다. 따라서 영문학 분야에서 〈베오울프〉가 중요한 근거에 대한 것이므로 (d)가 제목으로 적절하다.

epic poem 서사시 **Old English** 고대 영어 **significantly** 상당히 **countless** 무수한 **warriror** 전사 **as such** 그러한 것으로; 그 자체 **reinterpret** 재해석하다

20 Spring City's 180th anniversary celebration promises to be a lot of fun. As always, there's something for the whole family. Kids will love the custom-built inflatable castle and swimming pool, while adults can kick back and listen to the melodious tunes of Spring City's own Rockin' Jukebox Band. Please note that the event will not be held on August 5 this year, but instead will take place on Saturday, August 3. This should ensure a great turnout, so don't miss it!

Q: What is the announcement mainly about?
✔ (a) Scheduling and activity details for a local festival
(b) Safety information concerning children's fair activities
(c) The postponement of an annual community celebration
(d) An upcoming rock-and-roll concert taking place in town

번역 스프링 시티의 180주년 기념 축제는 풍성한 재미를 약속 드립니다. 여느 때처럼, 가족 전체를 위한 것이 마련되어 있습니다. 어른들은 쉬면서 스프링 시티의 로킹 쥬크박스 밴드의 아름다운 곡조를 들을 수 있는 한편, 아이들은 주문 제작된 공기를 넣어 만든 궁전과 수영장을 좋아할 것입니다. 올해에는 8월 5일에 이 행사가 열리지 않고, 대신 토요일인 8월 3일에 열린다는 걸 유의하세요. 많은 사람들의 참석이 예상되니 놓치지 마세요!

Q: 공고는 주로 무엇에 관한 것인가?
(a) 지방 축제 일정과 세부 활동 정보
(b) 아이들의 축제 활동과 관련된 안전 정보
(c) 연례 지방 축제 연기
(d) 시내에서 열릴 로큰롤 공연

해법 매년 열리는 지방 축제에 대해 알리는 글이다. 이 지방 축제에서 있을 가족들을 위한 행사에 대해 세부 정보를 주고 변경된 축제 날짜에 대해 상기시켜 주고 있는 내용이 이어지므로 (a)가 가장 적절하다.

anniversary 기념일의 **celebration** 축하 **custom-built** 주문 제작한 **inflatable** (공기 등으로) 부풀게 할 수 있는 **kick back** 쉬다 **note** ~에 유의하다 **take place** 열리다 **ensure** 확실히 하다 **turnout** (집회 등의) 참석자

21 When Ricardo Diaz opened the not-for-profit Bread and Butter Bureau years ago, all he knew was that he wanted to help deliver food to homeless people in the Los Angeles area. Little did he know that six short years later he'd be leading an operation that had become a leader in California's homeless rights movement. The BBB was quick to score several large private donations from LA philanthropists, which is what enabled its rapid expansion. But if you talk to Diaz today, you'll encounter the same intensity and passion for his cause that he possessed six years ago.

Q: What is the passage mainly about?
(a) An ex-homeless business entrepreneur
✔ (b) A nonprofit success story in California
(c) The business model of a charitable group
(d) The plight of the homeless in Los Angeles

번역 리카르도 디아즈가 수년 전 비영리 목적의 생계관리국을 열었을 때, 단지 로스앤젤레스 지역의 노숙자들에게 음식을 나누어 주는 것을 돕겠다는 생각이었다. 짧은 6년 후에 자신이 캘리포니아 노숙자들의 인권 운동 지도자가 될 사업을 이끌게 되리라고는 전혀 생각하지 못했다. 생계관리국은 LA 자선가들로부터 몇몇 거액의 개인 기부를 얻을 정도로 민첩했고 그것은 급속한 확장을 가능하게 했다. 하지만 당신이 현재 디아즈에게 말을 건다고 해도 6년 전 가지고 있던 자신의 주장에 대한 변함없는 전념과 열정을 접할 수 있을 것이다.

Q: 지문의 주된 내용은?
(a) 노숙자 출신 기업가
(b) 캘리포니아 비영리 단체의 성공담
(c) 자선 단체의 사업 모델
(d) 로스앤젤레스 노숙자의 고충

해법 캘리포니아의 노숙자들을 위한 비영리 단체가 6년 만에 노숙자 인권 운동의 지도적인 위치에 이르게 되었다는 내용의 글이므로 (b)가 적절하다. (c)는 자선 단체가 사업을 통해 자금을 모으는 내용이어야 답이 될 수 있다.

not-for-profit 비영리의 **homeless** 노숙자 **operation** 사업 **score** 얻다 **donation** 기부 **philanthropist** 자선가 **expansion** 확장 **intensity** 전념 **ex-** 전(의) ~ **entrepreneur** 기업가 **charitable** 자선의 **plight** 곤경

22 Today, film posters are collectors' hot items, but it wasn't always so. In the golden age of film, the 1940s and '50s, posters were produced in small quantities by film distribution companies and leaned to theaters on a temporary basis. Under this system, posters seldom found their way to the general public. Things didn't change until the 1980s, when recording studios took over the responsibility of creating posters and started mass-producing them. Consequently, posters advertising films from the '70s and earlier can be rare and incredibly valuable.

Q: What is the best title for the passage?
(a) Movie Posters during Film's Golden Age
(b) The Evolution of the Art of Film Posters
✔ (c) The History behind Movie Poster Distribution
(d) Why People Enjoy Collecting Hollywood Posters

번역 오늘날, 영화 포스터는 수집가들에게 인기 있는 품목이지만 항상 그랬던 것은 아니다. 영화의 황금기인 1940년대와 50년대에 포스터는 영화 배급사에 의해 소량 생산되었고 한시적으로 극장에 세워졌다. 이러한 시스템 하에서 포스터는 일반 대중에게 갈 방법은 거의 없었다. 상황은 바뀌지 않다가 1980년대에 녹음 스튜디오가 포스터를 만드는 책임을 맡고 대량 생산하기 시작했다. 결과적으로 1970년대와 그 이전의 영화를 광고하는 포스터는 귀해서 매우 비싼 것이 될 수 있다.

Q: 지문에 가장 적절한 제목은?
(a) 영화 황금기의 영화 포스터
(b) 영화 포스터 작품의 진화
(c) 영화 포스터 배포의 숨겨진 역사
(d) 사람들이 할리우드 포스터 수집을 즐기는 이유

해법 수집가들 사이에 영화 포스터를 구하는 것이 유행인데 영화의 시대별 배경을 들어 유행하게 된 과정을 설명하고 있는 글이다. 영화 황금기의 영화 포스터 생산 시스템 때문에 소량 생산되어 귀하므로 현재 값비싼 수집품이 되었다는 배경이 제시되고 있다. 따라서 정답은 (c)이다.

golden age 황금기 **quantity** 양 **distribution** 배급 **lean** 기대어 세우다 **temporary** 일시적인 **seldom** 거의 ~하지 않다 **take over** ~을 떠맡다 **rare** 귀한 **incredibly** 매우 **valuable** 값비싼

23 Robert LeRoy Parker, better known as Butch Cassidy, is one of the Wild West's most infamous figures. What many people don't realize, though, is that Parker spent the last eight years of his life not in Colorado or New Mexico, but rather in South America. To escape criminal charges in the U.S., he fled to Argentina in 1901. His initial intention was to lead a new, law-abiding life. However, he soon returned to robbery to earn a living and was killed by Bolivian army troops in 1908.

Q: Which of the following is correct about Parker according to the passage?
(a) He became a lawman in Argentina.
(b) He was born and raised in Colorado.
✔ (c) He was an outlaw in America's Wild West.
(d) He was wrongly accused of robbery in Bolivia.

번역 부치 캐시디라고 더 잘 알려진 로버트 르로이 파커는 서부 개척 시대의 가장 악명 높은 인물 중 하나이다. 그런데 많은 사람들이 알지 못하는 것은 파커가 생애 마지막 8년간을 콜로라도나 뉴멕시코가 아닌 남미에서 보냈다는 사실이다. 그는 미국에서 범죄 혐의를 피해 1901년 아르헨티나로 도주했다. 초기 의도는 새롭고, 법을 지키는 삶을 사는 것이었다. 그러나 곧 생계를 위해 다시 강도질을 했고 1908년 볼리비아 군대에 의해 살해당했다.

Q: 지문에 따르면 파커에 관해 옳은 것은?
(a) 그는 아르헨티나에서 법조인이 되었다.
(b) 그는 콜로라도에서 태어났고 자랐다.
(c) 그는 미국 서부 개척 시대의 무법자였다.
(d) 그는 볼리비아에서 도둑질로 잘못 기소되었다.

해법 그는 서부 개척 시대 미국에서의 범죄 혐의를 피해 아르헨티나로 도주했고 거기서 다시 강도죄를 저지르고 볼리비아 군대에 의해 살해당했다. 그는 죽기 전 마지막 8년을 남미의 아르헨티나에서 지냈다고 했고, an infamous figure를 다른 말로 표현한 것이 (c)의 an outlaw이다.

infamous 악명 높은 **figure** 인물 **criminal charge** 범죄 혐의 **flee** 도주하다 **initial** 초기의 **law-abiding** 법을 지키는 **robbery** 강도질 **troop** 군대 **outlaw** 무법자 **wrongly accused of** ~으로 잘못 기소된

24 The sport of soccer is popularly termed "the world's game," and rightly so. Many countries attempt to claim credit for the invention of soccer. While the majority of rules governing the modern version of the game come from England, similar sports were played throughout history by different cultures. FIFA, the official international body in charge of determining soccer policy, points to the ancient Chinese game of cuju as the first known incarnation.

Q: Which of the following is correct according to the passage?
✔ (a) There is no single origin of soccer.
(b) The sport of soccer has multiple governing organizations.
(c) The Chinese invented many of the rules for the modern soccer.
(d) Today's soccer is played differently in England than it is elsewhere.

번역 축구 경기는 '세계의 경기'라고 널리 불리는데 마땅히 그러하다. 많은 나라들이 축구 발명 공로를 주장하려고 한다. 현대 경기에 적용되는 규칙 대부분은 영국에서 온 반면, 비슷한 경기들이 과거에 여러 문화에서 시행되었다. 축구 정책 결정 담당 공식 국제단체인 FIFA는 고대 중국의 추주를 최초로 알려진 실체로 지적하고 있다.

Q: 지문에 따르면 옳은 것은?
(a) 축구의 유일한 기원은 없다.
(b) 축구 경기는 운영 조직이 다수 있다.
(c) 중국인들이 현대 축구의 규칙 대다수를 만들었다.
(d) 오늘날의 축구는 다른 곳과는 다른 방식으로 영국에서 경기를 한다.

해법 많은 나라들이 축구의 종주국임을 주장하지만 한 나라가 아니라 여러 나라에서 그 기원을 찾을 수 있다는 내용의 글이다. 그러므로 (a)에서 유일한 기원은 없다는 말이 옳다. 현대 경기 규칙의 대부분은 영국에서 만들었고 중국이 최초로 구체화된 형태의 축구를 했다.

be termed ~라고 불리다 **attempt to** ~을 시도하다 **claim** 주장하다 **credit** 공로 **invention** 발명 **majority** 대부분 **in charge of** ~을 책임지는 **incarnation** 실현 **multiple** 다수의

25 The popularity of Nashville country music in the early 1960s produced many revered stars, and Patsy Cline was one of the most memorable. Her melodic voice ensured that songs like "I Fall to Pieces" and "Crazy" became unstoppable hits. Unfortunately, the singer seemed to be destined for disaster. She suffered two serious automobile accidents, the second of which nearly took her life. Then, in 1963, Cline's plane crashed while en route to Nashville, killing everyone on board. She was only 30 years old.

Q: Which of the following is correct according to the passage?
(a) Cline often traveled by plane.
(b) Nashville was Cline's birthplace.
(c) Cline wrote only two popular songs.
✔ (d) Cline came close to dying in a car crash.

번역 1960년대 초반 내슈빌 컨트리 뮤직의 인기는 많은 존경받는 스타들을 만들어냈고, 팻시 클라인은 가장 기억할 만한 사람들 중 하나였다. 선율이 고운 목소리는 'I Fall to Pieces'나 'Crazy'같은 노래들이 계속적인 히트곡이 될 것을 보증했다. 유감스럽게도 이 가수는 불행할 운명이었던 것 같다. 그녀는 두 번의 심한 자동차 사고를 당했고, 두 번째 사고로 거의 목숨을 잃을 뻔했다. 그리고 1963년에 클라인의 비행기는 내슈빌로 가는 도중에 추락했고 승객 모두가 죽었다. 그녀는 겨우 30세였다.

Q: 지문에 따르면 옳은 것은?
(a) 클라인은 자주 비행기로 여행했다.
(b) 내슈빌은 클라인의 출생지였다.
(c) 클라인은 단 두 개의 유명곡을 썼다.
(d) 클라인은 자동차 사고로 거의 죽을 뻔했다.

해법 클라인은 두 번째 사고에서 거의 죽을 뻔했다고 했으므로 (d)만 옳은 내용이다. 두 개의 히트곡을 언급하였지만 두 곡만 썼다는 것은 아니므로 (c)는 오답이다.
revered 존경받는 **memorable** 기억할 만한 **ensure** 보증하다 **unstoppable** 막을 수 없는 **be destined for** ~할 운명이다 **disaster** 불행 **en route to** ~로 가는 도중에 **on board** 탑승한 **birthplace** 출생지 **come close to** 거의 ~할 뻔하다

26 Sudden infant death syndrome (SIDS) remains one of the biggest mysteries in early-life healthcare. Infants perishing from SIDS are found dead in their cribs after being put to bed. They show no symptoms of illness before the onset of SIDS, and autopsies reveal no definitive cause of death. Though the mechanism that triggers SIDS is still unknown, many health professionals feel that a child's risk can be minimized by putting him or her to sleep in a supine, or face-up, position. This comes on the heels of numerous studies suggesting that babies set in their cribs in the prone (face-down) position are more likely to die from SIDS.

Q: Which of the following is correct according to the passage?
(a) The cause of SIDS is related to the infant's sleep position.
✔ (b) It's possible to manage the risk but not prevent SIDS altogether.
(c) Traditional child autopsies do not investigate the cause of SIDS.
(d) Children who sleep supinely are healthier than those sleeping in the prone position.

번역 유아 돌연사 증후군(SIDS)은 어린 시절 건강 관리의 가장 큰 미스터리 중 하나로 남아 있다. SIDS로 죽는 유아들은 재운 후 요람에서 죽은 채 발견된다. 그들은 SIDS 발병 이전에 어떤 질병 증상도 보이지 않고, 부검은 죽음의 명확한 원인을 밝혀내지 못한다. 비록 SIDS를 일으키는 과정은 아직 알려져 있지 않지만 많은 건강 전문가들은 아기를 반듯이 누운, 즉 얼굴을 위로 한 자세로 재우는 것이 위험을 최소화할 수 있다고 생각한다. 이것은 요람에서 엎드린(얼굴을 아래로 한) 자세로 놓여진 아기들이 SIDS로 죽기 쉽다는 것을 시사하는 수많은 연구에 따른 것이다.

Q: 지문에 따르면 옳은 것은?
(a) SIDS의 원인은 유아의 잠자는 자세와 관련 있다.
(b) 위험을 관리하는 것은 가능하지만 완전히 SIDS를 예방할 수는 없다.
(c) 전통적인 유아 부검은 SIDS의 원인을 연구하지 않는다.
(d) 똑바로 자는 유아들은 엎드린 자세로 자는 유아들보다 더 건강하다.

해법 위험을 줄일 수는 있지만 완전히 SIDS를 예방할 수는 없다는 (b)의 내용이 옳다. 유아의 잠자는 자세는 SIDS의 원인이 아니라 예방법이므로 (a)는 오답이다. 부검으로도 정확한 사인을 밝힐 수 없는 것이므로 (c)는 오답이다.
infant 유아 **syndrome** 증후군 **perish** 죽다 **onset** 발병 **autopsy** 부검 **definitive** 명확한 **mechanism** 과정 **trigger** 일으키다 **supine** 반듯이 누운 **come on the heels of** ~의 끝에 오다 **prone** 엎드린

27 From the ninth to the nineteenth centuries A.D., southern and central Vietnam was controlled by the Champa kingdom. The Cham people were seafarers who spoke a language related to Malay and practiced the religion of Hinduism. Though its existence lasted for many centuries, Champa was constantly threatened by its neighbors. To the north lay Dai Viet, home of the predecessors of today's Vietnamese, and to the west was the vast Khmer empire. These three powers warred and traded territory back and forth for hundreds of years, but in the end Champa proved incapable of resisting two simultaneous pressures.

Q: Which of the following is correct according to the passage?
(a) Champa's dependence on the ocean proved to be a weakness.
(b) The religion of Champa was different from that of the Khmer.
(c) Champa was more powerful than Dai Viet before the ninth century.
✔ (d) The Cham are not considered forerunners of the modern Vietnamese.

번역 A.D. 9세기부터 19세기까지 남부와 중부 베트남은 참파 왕국이 통치했다. 참 국민들은 말레이어와 연관된 언어를 쓰고 힌두교를 믿는 뱃사람들이었다. 비록 그 존재를 수세기 동안 지속했지만 참파는 계속해서 이웃에 의해 위협을 받았다. 북쪽으로 오늘날 베트남 조상들의 고향인 다이 베트가 자리하고, 서쪽으로는 광대한 크메르 제국이 있었다. 이 세 세력들은 수백년 동안 국경을 넘나들며 전쟁하고 무역을 했지만, 결국에 참파는 동시에 두 나라의 압력에 저항할 수 없게 되었다.

Q: 지문에 따르면 옳은 것은?
(a) 참파의 바다에 대한 의존성은 약점인 것으로 드러났다.
(b) 참파의 종교는 크메르와는 달랐다.
(c) 참파는 9세기 이전에는 다이 베트보다 더 강했다.
(d) 참 국민들은 현대 베트남 국민의 선조로 간주되지 않는다.

해법 참 국민은 뱃사람이지만 그것이 약점이라는 언급은 없었고, 크메르의 종교는 언급되지 않았으며 9세기 이전의 권력 상황 역시 언급되지 않았다. 현대 베트남 국민의 선조는 다이 베트라고 했으므로 옳은 것은 (d)뿐이다.
seafarer 뱃사람 **Malay** 말레이어 **Hinduism** 힌두교 **last** 지속하다 **threaten** 위협하다 **predecessor** 조상 **territory** 국경 **back and forth** 넘나들며 **in the end** 결국에 **incapable of** ~을 할 수 없는 **simultaneous** 동시적인 **dependence** 의존성 **forerunner** 선조

28 The authority and reputation of the Catholic Church has been shaken recently by a series of sexual abuse cases brought against priests. Most of the earliest reported cases occurred in the Boston archdiocese, and most involved the abuse of minors. Later, the courage of victims there prompted others around the country and the world to come forward with their own stories and allegations. Most shocking is the fact that the Church seems to have known about the priests' actions. However, instead of punishing them, authorities simply transferred the priests to other parishes.

Q: Which of the following is correct according to the passage?
(a) Boston saw few of the sexual abuse cases.
(b) The offending priests have recently been punished.
✔ (c) The majority of victims of abuse were young people.
(d) Catholic parishes around the world have expressed regret.

번역 가톨릭교회의 권위와 명성은 최근 사제들을 상대로 한 일련의 성적 학대 사건에 의해 흔들리게 되었다. 가장 먼저 보도된 사건의 대부분은 보스턴 대주교 관구에서 발생했고 대부분이 미성년자 학대를 포함했다. 이후에 희생자들의 용기가 국내와 세계 다른 이들을 격려하여 자신들의 이야기와 진술을 가지고 나서게 했다. 가장 충격적인 것은 교회가 사제들의 행동에 대해서 알고 있었던 것 같다는 사실이다. 그러나, 그들을 처벌하는 대신 관련 당국은 단지 그 사제들을 다른 교구로 전근시켰다.

Q: 지문에 따르면 옳은 것은?
(a) 보스턴에서 성적 학대 사건이 거의 없었다.
(b) 불미스런 사제들은 최근에 처벌을 받았다.
(c) 학대 희생자의 다수는 어린 사람들이었다.
(d) 전세계 가톨릭 교구는 유감을 표시했다.

해법 초기에 사제들의 성적 학대 사건 대부분은 보스턴에서 밝혀졌으므로 (a)는 옳지 않다. 문제의 사제들이 처벌을 받지 않았다고 했으며, 관련 당국은 사실을 축소하려 했고, 학대당한 다수가 미성년자라고 했으므로 (c)만 옳은 내용이다.
authority 권위 **reputation** 명성 **sexual abuse** 성적 학대 **priest** 사제 **archdiocese** 대주교 관구 **minor** 미성년자 **prompt** 격려하다 **come forward** 나서다 **allegation** 진술 **transfer** 전근시키다 **parish** 교구 **offending** 불미스러운 **the majority of** ~의 다수

29 Claude Monet is seen as the most important founding member of the artistic school of Impressionism. Indeed, it was his painting *Impression, Sunrise* from which the style took its name in 1870s France. Central to Monet's artistic philosophy was a dismissal of the past and a reliance on his own subjective experience of the world. It was a revolutionary approach, but one the international art community came to identify with strongly. Monet is still widely popular in the twenty-first century. His work regularly sells for over $20 million.

Q: Which of the following is correct about Monet according to the passage?
✔ (a) His art is in high demand today.
(b) His style was copied by many painters.
(c) He received no formal training in painting.
(d) He named a painting after his art movement.

번역 클로드 모네는 인상주의 미술파의 가장 중요한 창립 단원으로 평가된다. 실지로, 그 양식이 1870년대 프랑스에서 이름을 딴 것은 바로 그의 그림 〈해돋이 인상〉이었다. 모네의 예술 철학의 중심은 과거 퇴출과 세상에 대해 자신만의 주관적인 경험의 의존이었다. 그것은 혁명적인 접근이었지만 국제적인 미술계가 강하게 공명한 것이었다. 모네는 21세기에 아직도 매우 인기가 있다. 그의 작품은 보통 2천만 달러 이상으로 팔린다.

Q: 지문에 따르면 모네에 관해 옳은 것은?
(a) 그의 예술 작품은 오늘날 수요가 많다.
(b) 그의 양식을 많은 화가들이 모방했다.
(c) 그는 정식 미술 교육을 받지 않았다.
(d) 그는 한 그림을 자신의 예술 운동의 이름을 따서 붙였다.

해법 마지막 부분에서 현재에도 인기가 많고 작품 하나가 2천만 달러 이상이라고 했으므로 수요가 매우 높다는 것을 알 수 있기 때문에 (a)가 옳은 내용이다. 그의 그림 제목에서 인상주의라는 양식의 이름이 나왔다고 했으므로 (d)는 오답이다.
founding 창립의 **artistic school** 미술파 **dismissal** 퇴출 **reliance** 의존 **subjective** 주관적인 **revolutionary** 혁명적인 **approach** 접근 **identify with** ~와 공명하다 **high demand** 수요가 많은 **name after** ~의 이름을 따서 명명하다

30 Dear Mr. Hank Hensley
The Windy Beach Condominium Complex will soon be undergoing some much-needed renovations that may affect the supply of certain utilities to your unit. From August 29 to October 10, the complex's sewer system will be completely overhauled. In order to allow the work to proceed, the water main will occasionally be turned off, blocking transmission of potable water to all units in your building. We recommend stocking up on bottled water so you are not inconvenienced during the outages.

Q: Which of the following is correct according to the letter?
✔ (a) It is advisable that Mr. Hensley buys his own water.
(b) The maintenance work will last for several months.
(c) The interior of Mr. Hensley's unit will be renovated.
(d) Mr. Hensley will experience periodic power outages.

번역 행크 헨슬리 씨 귀하
윈디 비치 콘도 단지는 귀하의 콘도에 특정 설비의 공급에 영향을 줄지도 모르는 절대적으로 필요한 보수 작업을 시행할 것입니다. 8월 29일부터 10월 10일까지 단지의 하수구 시설은 완전히 정비될 것입니다. 작업이 진전될 수 있도록 때때로 수도 본관이 꺼져 건물의 모든 콘도로 보내는 수돗물을 차단할 것입니다. 공급 정지 기간 동안 불편을 겪지 않도록 생수를 사두실 것을 권해 드립니다.

Q: 편지에 따르면 옳은 것은?
(a) 헨슬리 씨는 자신의 물을 구비해 두는 게 현명하다.
(b) 시설 관리 작업은 수개월 동안 지속될 것이다.
(c) 헨슬리 씨 콘도의 실내 장식은 개조될 것이다.
(d) 헨슬리 씨는 종종 전력 공급 중지를 경험할 것이다.

해법 하수도 정비 공사로 때때로 수돗물 공급이 중지될 것이고 생수를 사두라고 조언했으므로 (a)가 정답이다. 시설 관리 작업이 아니라 하수도 보수 공사라고 했으므로 (b)는 오답이다. 또한 콘도 단지 전체의 공사이므로 (c)도 오답이다.
complex 복합 단지 **much-needed** 절대적으로 필요한 **renovation** 보수 **utility** (전기·수도·가스 등) 설비 **sewer** 하수구 **overhaul** 정비하다 **occasionally** 때때로 **transmission** 전송 **potable water** 수돗물 **stock up** 사두다 **inconvenience** 불편하게 하다 **outage** 공급 정지 기간 **maintenance** 시설 관리

31 The 2009 swine flu pandemic was a rare case in which a virus causing influenza in pigs also created a contagious illness in humans. Ordinarily, strains of the swine influenza virus may pass from pigs to humans, but cannot be transferred from human to human. The last major occurrence of human spread flu came in 1918 during a major flu outbreak. Research has shown that swine influenza viruses are always present in pigs, but that it is only when they mutate in certain ways that they pose a threat to humans.

Q: Which of the following is correct according to the passage?
(a) The swine influenza virus first appeared in 1918.
(b) Swine flu is usually transmittable between humans.
✔ (c) The recent swine flu outbreak represents an anomaly.
(d) Swine and human influenzas are virtually indistinguishable.

번역 2009년 신종플루 유행병은 돼지에게 독감을 일으키는 바이러스가 인간에게도 전염병을 일으킨다는 면에서 드문 경우였다. 보통은, 돼지 독감 바이러스 종류는 돼지에게서 인간으로 옮겨질 수는 있지만 인간에게서 인간으로 전해질 수는 없다. 인간에게 퍼지는 독감이 최후로 발병한 것은 주요 독감 발병 중인 1918년에 있었다. 연구에서는 신종플루 바이러스는 항상 돼지에게 있는데 특정한 방식으로 돌연변이를 일으켰을 때만 인간에게 위협이 된다는 것을 보여준다.

Q: 지문에 따르면 옳은 것은?
(a) 돼지 독감 바이러스는 1918년 처음 출현했다.
(b) 신종플루는 인간 사이에서 주로 전염된다.
(c) 최근 신종플루는 변종을 나타낸다.
(d) 돼지와 인간의 독감은 사실상 구별할 수 없다.

해법 2009년에 발생한 신종플루 바이러스의 특징은 인간에게 전염병을 일으키는 변종이며 과거와 달리 예외적인 것이므로 (c)의 내용이 옳다. 인간에게 퍼지는 독감의 주요 발생 시기는 1918년이라고 했고, 신종플루는 보통 돼지에게서 인간으로 옮을 수 있지만 인간 사이에서는 전염되지 않는다고 했다.
swine 돼지 **pandemic** 유행병 **influenza** 독감 **contagious** 전염성의 **strain** 종류 **occurrence** 발생 **outbreak** 발병 **mutate** 돌연변이를 일으키다 **pose a threat** 위협이 되다 **transmittable** 전달 가능한 **anomaly** 변종 **virtually** 사실상, 실지로 **indistinguishable** 구별할 수 없는

32 We may like to believe that parents care for each of their children equally. But recent research done by the Institute of Evolutionary Science shows that fathers give more care to children that resemble them physically. The study involved thirty families in several villages in Senegal. For each father-child pair, measurements were taken of how closely the child resembled the father and how much time he spent with the child. The results suggest that the more a child looks like its father, the more time he will invest in the child's growth and development.

Q: Which of the following is correct according to the passage?
✔ (a) The study took into account two variables.
(b) Fathers in Senegal are more caring than others.
(c) Childcare is influenced by the gender of the child.
(d) A father's care is essential to a child's development.

번역 부모가 각 자녀들을 동등하게 돌본다고 믿고 싶을지 모른다. 그러나 진화 과학 연구소에서 실시된 최근 연구에서 아버지들은 신체적으로 자신을 닮은 아이들에게 더 많은 관심을 준다는 것을 보여준다. 이 연구는 세네갈 여러 마을의 30 가정에서 실시했다. 각 아버지와 자식 간에 얼마나 아이가 아버지를 닮았고 아버지가 아이와 얼마나 오랜 시간을 함께 보내는지 측정했다. 결과는 아이가 아버지를 많이 닮을수록 아버지는 아이의 성장과 발달에 많은 시간을 투자하는 것으로 나타났다.

Q: 지문에 따르면 옳은 것은?
(a) 연구는 두 개의 변인을 고려했다.
(b) 세네갈의 아버지들은 다른 이들보다 더 헌신적이다.
(c) 보육은 아이의 성별에 의해 영향을 받는다.
(d) 아버지의 보살핌은 아이의 발달에 필수적이다.

해법 세네갈의 30가정을 대상으로 실시한 연구에서는 아이가 아버지의 외모와 얼마나 닮았는지, 그리고 아버지가 아이와 얼마나 많은 시간을 보내는지의 두 가지 변인을 고려하여 실험한 것이므로 (a)가 답이다. 변인은 관찰 대상에 영향을 주는 요인으로 측정이 가능한 개념을 가리킨다.
resemble 닮다 **physically** 신체적으로 **measurement** 측정 **variable** 변인, 변수 **childcare** 보육 **gender** 성별

33 Dear Editor:
Last Thursday, I read an article in your paper discussing the questionable impact of charitable donations. The author, Lynn Smith, suggested that it's impossible to know if your charity dollars are being spent appropriately. As the national director of the organization Options for Orphans, I was deeply offended by this article. At Options for Orphans, 80% of the donations we receive go directly to orphans around the world. We also report on our finances twice annually, so contributors can see where their money is going. I would very much like to see a letter of apology for Ms. Smith's misinformed and irresponsible article.

Q: What can be inferred from the letter?
(a) Lynn Smith runs a charitable operation.
(b) The writer will publish a letter of rebuttal.
(c) Options for Orphans is a new organization.
✔ (d) Options for Orphans strives to be accountable.

번역 편집자 귀하:
지난 목요일, 귀하의 신문에서 자선 기부의 의문스러운 영향에 대해 논의한 기사를 읽었습니다. 글을 쓴 린 스미스는 자선 기금이 적절하게 쓰여지는지 알기가 불가능하다고 주장했습니다. 고아들을 위한 선택 단체의 전국 감독관으로서 저는 이 기사에 심히 마음이 상했습니다. 고아들을 위한 선택에서 받은 기부금의 80퍼센트가 전세계 고아들에게 바로 돌아갑니다. 또한 일년에 두 번씩 재정을 보고하고 있어서 기증자들은 기금이 어디로 가는지 알 수 있습니다. 저는 스미스 씨의 잘못되고 무책임한 기사에 대한 사과 편지를 볼 수 있게 되기를 간절히 바랍니다.

Q: 편지에서 유추할 수 있는 것은?
(a) 린 스미스는 자선 사업을 운영한다.
(b) 작가는 반박의 편지를 게재할 것이다.
(c) 고아들을 위한 선택은 새로운 조직이다.
(d) 고아들을 위한 선택은 해명을 하기 위해 노력한다.

해법 고아들을 위한 선택 단체는 기부금의 사용 설명을 위해 재정 보고를 하고, 기부자들이 기금 사용을 확인할 수 있게 노력하고 있으므로 (d)를 유추할 수 있다.
charitable 자선의 **appropriately** 적절하게 **orphan** 고아 **offend** 마음을 상하게 하다 **annually** 매년 **contributor** 기증자 **rebuttal** 반박 **strive to** ~하기 위해 노력하다 **accountable** 해명할 의무가 있는

34 Vertical integration refers to a business model in which a single entity controls all steps in the production, promotion, and distribution of a product. The phrase famously came into being to describe the Carnegie Steel company. Carnegie owned the iron mines, the ships that transported the iron ore, the steel processing facilities, and even the railroads that delivered the final product. While vertical integration can generate impressive profits for companies, it also has its problems. For example, vertically integrated operations often wind up dominating the market as monopolies, and it is consumers who suffer.

Q: What can be inferred from the passage?

✔ (a) Vertical integration is a threat to consumers rights.
(b) Consumers rarely voice concerns about vertical integration.
(c) Vertical integration delivers guaranteed product quality.
(d) Many of today's companies choose to adopt vertical integration.

번역 수직적 통합은 하나의 개체가 상품의 생산과 홍보, 배급의 모든 단계를 통제하는 사업 모델을 가리킨다. 이 어구는 카네기 강철 회사를 묘사하기 위해 만들어진 것으로 유명하다. 카네기는 철광산과 철광석을 수송하는 배, 강철 가공 시설, 최종 산물을 배달하는 철로까지 소유했다. 수직적 통합은 회사에 엄청난 수익을 만들어 낼 수 있는 반면 문제점도 있다. 예를 들어, 수직적으로 통합된 사업은 종종 시장을 독점적으로 장악하게 되고, 이에 어려움을 겪게 되는 것은 바로 구매자들이다.

Q: 지문에서 유추할 수 있는 것은?
(a) 수직적 통합은 소비자 권리에 위협이 된다.
(b) 소비자는 좀처럼 수직적 통합에 대해 우려의 목소리를 내지 않는다.
(c) 수직적 통합은 보장된 품질을 전해준다.
(d) 오늘날 많은 회사들이 수직적 통합을 채택했다.

해법 뒤 부분에서 수직적 통합의 문제점에 대해 언급하고 있는데 독점적으로 시장을 장악하게 되면 마음대로 가격을 정할 수 있다. 그리고 소비자는 선택의 여지가 없어져서 결국 소비자 권리를 위협할 수 있다고 유추할 수 있으므로 (a)가 답이다. 상당한 수익을 거두게 하는 것이지 품질이 보장된 것은 아니므로 (c)는 답이 될 수 없다.

vertical integration 수직적 통합 **entity** 개체 **promotion** 홍보 **distribution** 배급 **come into being** 탄생하다 **iron mine** 철광산 **iron ore** 철광석 **facility** 시설 **final product** 최종 산물 **generate** 발생시키다 **impressive** 상당한 **operation** 사업, 운영 **wind up** (결국) ~에 이르다, ~로 끝나다 **dominate** 장악하다 **monopoly** 독점 **guaranteed** 보장된 **adopt** 채택하다

35 The theory of emotional memory in psychology holds that events accompanied by strong emotions lead to the creation of clearer, longer-lasting memories. But exactly how long the details of a memory last also depends on the hue of the emotion. For example, among the general population, events that generate positive emotions are remembered more powerfully than those that cause negative emotions. The average person is also more likely to recall a positive memory at any given moment. This dynamic reverses, however, in people suffering from depression. Such individuals are more likely to process, store, and retrieve event memories that resulted in negative feelings.

Q: What can be inferred from the passage?

✔ (a) Our mood dictates which memories we recall.
(b) Most people have control over which events they remember.
(c) The theory of emotional memory predicts psychological disorders.
(d) Negatively charged memories are subdued by the subconscious mind.

번역 심리학의 감정 기억 이론은 강한 감정이 동반된 사건은 더 선명하고 더 오래 지속되는 기억을 만든다고 주장한다. 그러나 기억의 세부 정보가 정확히 얼마나 길게 지속되는지 또한 감정의 경향에 달려 있다. 예를 들어, 일반 사람은 긍정적인 감정을 발생시키는 사건을 부정적인 감정을 일으키는 것보다 더욱 강하게 기억한다. 또한 평균적인 사람은 주어진 순간에 긍정적인 기억을 회상할 가능성이 더 크다. 그러나 이 역학은 우울증을 겪는 사람들에게서는 반대가 된다. 그런 사람들은 부정적인 감정을 가져오는 사건의 기억들을 처리하고, 저장하고, 복구할 가능성이 더욱 크다.

Q: 지문에서 유추할 수 있는 것은?
(a) 우리의 기분은 어떤 기억을 회상할지 지시한다.
(b) 대부분의 사람들은 자신들이 기억하는 사건에 대해 통제력을 가진다.
(c) 감정적인 기억 이론은 심리학적인 장애를 예견한다.
(d) 부정적으로 채워진 기억은 무의식적인 사고에 의해 압도된다.

해법 일반적인 사람의 경우 긍정적인 감정을 갖게 하는 기억을 더 잘 기억하지만 우울한 사람의 경우에는 부정적인 감정을 가져오는 기억을 회상하기 쉽다는 것으로 볼 때 기분에 따라 긍정적인 감정의 기억인지 부정적인 감정의 기억인지 결정된다고 유추할 수 있다. 따라서 (a)가 정답이다. 어떤 사건을 기억할 것인지 통제하는 것이 아니므로 (b)는 오답이며, (c)와 (d)는 지문을 통해 알 수 없는 내용이다.

psychology 심리학 **accompany** 동반하다 **hue** 경향, 특성 **generate** 발생시키다 **average** 평균의 **recall** 회상하다, 떠올리다 **depression** 우울증 **retrieve** 복구하다 **result in** ~로 끝나다 **dictate** 지시하다 **predict** 예견하다 **disorder** 장애 **charged** 채워진 **subdue** 압도하다 **subconscious** 무의식적인

36 In the last few decades, science papers advocating an evolutionary link between birds and dinosaurs have proliferated. More recently, however, the tide appears to be turning. Oregon State University, for instance, just published a study comparing the skeletal structure of birds and dinosaurs. It pinpoints an important difference between the two. The skeletal structure of birds requires a specific position of the thigh bone to allow the animals sufficient capacity for their lungs to expand. This characteristic is absent in the skeletons of most dinosaurs.

Q: What can be inferred from the passage?

(a) The Oregon State University study was flawed.
(b) Dinosaurs on average had larger lungs than birds do.
✔ (c) The study suggests that birds did not evolve directly from dinosaurs.
(d) The position of the thigh bone is related to the size of the animal.

번역 지난 수십년간 새와 공룡의 진화 연관을 옹호하는 과학 보고서는 급증했다. 그러나 더 최근에는 흐름이 바뀌는 것 같다. 그 예로, 오리건 주립 대학은 새와 공룡의 골격 구조를 비교하는 연구를 발표했다. 그것은 둘 사이의 중요한 차이점을 정확히 지적하고 있다. 새의 골격 구조는 폐를 팽창시킬 수 있는 충분한 수용력을 주기 위해 넓적다리뼈의 특정한 위치를 필요로 한다. 이 특징은 대부분 공룡의 골격에는 없다.

Q: 지문에서 유추할 수 있는 것은?
(a) 오리건 주립 대학 연구는 결함이 있었다.
(b) 공룡은 평균적으로 새보다 더 큰 폐를 가지고 있었다.
(c) 연구는 새가 공룡으로부터 직접 진화하지 않았음을 시사한다.
(d) 넓적다리뼈의 위치는 동물의 크기와 연관이 있다.

해법 새와 공룡의 연관성에 대한 최근 연구는 새와 공룡의 골격 차이에 대해 증명하고 있으므로 새와 공룡의 연관성에 반박하는 것이다. 새가 공룡에서 직접 진화하지 않았다는 주장을 유추할 수 있다. 따라서 정답은 (c)이다. 넓적다리뼈의 위치는 폐를 팽창시키는 능력과 관련이 있으므로 (d)는 오답이다.

decade 십년 **advocate** 옹호하다 **evolutionary** 진화의 **proliferate** 급증하다 **tide** 흐름 **skeletal** 골격의 **pinpoint** 정확히 지적하다 **thigh bone** 넓적다리뼈 **sufficient** 충분한 **capacity** 수용력 **lung** 폐 **flaw** 결함이 있게 하다

37 We citizens must start demanding more from our elected leaders. It's looking like the senator who recently admitted to having an extramarital affair is not going to resign. The senate chose to censure his actions but did not ask him to step down. I feel it is now up to us to see that this dishonest man is removed from office. Allowing him to remain in power sends a message to the rest of the world that we tolerate corruption in our government.

Q: What can be inferred from the passage?

(a) The writer first exposed the senator's affair.
✔ (b) The senator will not choose to resign on his own.
(c) The writer once supported the senator in question.
(d) The senator has been convicted of misconduct before.

번역 우리 시민들은 우리가 선출한 지도자들에게서 더 많이 요구하기 시작해야 한다. 최근 불륜을 인정한 상원의원이 사임하지 않을 것처럼 보인다. 상원은 그의 행위를 비난했지만 자리에서 내려올 것을 요청하지는 않았다. 이제 이 부정직한 사람이 사임하는 것은 우리에게 달려 있다고 생각한다. 권력에 남아 있도록 허용하는 것은 나머지 세계에 우리는 정부의 부패를 용인한다는 메시지를 전하는 것이다.

Q: 지문에서 유추할 수 있는 것은?
(a) 글쓴이가 처음으로 상원의원의 불륜을 폭로했다.
(b) 상원의원은 자기 스스로 사임하지 않을 것이다.
(c) 글쓴이는 문제가 된 상원의원을 과거에 지지했다.
(d) 상원의원은 전에 비리로 유죄 판결을 받았다.

해법 상원은 비난만 했을 뿐이지 사임하기를 요청하지 않았고 시민들이 요청하기를 시작해야 한다는 주장을 볼 때 상원의원은 스스로 사임할 의도가 없음을 유추할 수 있다. 따라서 (b)가 정답이다.

elected 선출된 **senator** 상원의원 **extramarital affair** 불륜 **senate** 상원 **censure** 비난하다 **step down** 내려오다 **up to** ~에 달려 있는 **remove from** ~에서 없애다 **tolerate** 참다 **corruption** 부패 **resign** 사임하다 **be convicted of** ~로 유죄 판결을 받다 **misconduct** 비리

38 Everyone wants to live a longer life, but the truth is our social services are already buckling under the pressures of a growing elderly population. (a) Today, the average person lives around 75 years, but experts say this number is set to rise. (b) Health-care costs in the form of taxes climb as more government money is spent to care for the old. (c) But perhaps the most serious problem is the shortage of trained health-care personnel in comparison to the numbers of elderly. (d) These problems must be addressed quickly, or our entire health-care system faces the prospect of collapse.

번역 누구나 더 오래 살기를 원하지만, 우리 사회 서비스는 증가하는 노년 인구의 압박에 이미 눌리고 있는 것이 사실이다. (a) 오늘날, 평균적인 사람은 75년 정도 살지만 전문가들은 이 숫자가 증가하기 시작했다고 한다. (b) 더 많은 정부 자금이 노년층을 돌보는 데 사용되기 때문에 세금의 형태인 보건 비용이 올라간다. (c) 그러나, 아마 가장 심각한 것은 노년층의 수에 비해 훈련된 보건 인력이 부족하다는 점이다. (d) 이런 문제점들은 빨리 처리되어야 하며 그렇지 않으면 전체 보건 제도는 앞으로 붕괴될 것이다.

해법 사회적인 서비스 기반이 늘어나는 노년 인구를 따르지 못하고 부족한 상태임을 우려하는 내용의 글이다. 정부의 자금이 노년층의 관리를 위해 쓰이므로 보건비가 증가하며 훈련된 보건 인력이 부족한 상태라는 문제점을 제기하고 있는데 인간의 수명이 연장된다는 내용은 흐름과 무관하다. 따라서 (a)가 어색하다.

buckle 누르다, 구부러지다 **elderly population** 노년 인구 **be set to** ~하기 시작하다 **health-care** 보건 **shortage** 부족 **personnel** 인력 **in comparison to** ~에 비해 **address** 처리하다 **prospect** 전망 **collapse** 붕괴

39 MeetingWeb is a valuable tool for businesses in need of a platform to conduct virtual meetings. (a) With nothing more than computers and headsets, dispersed employees can interact as if they were in the same room together. (b) Audio and video synchronization enables real-time chatting, while MeetingWeb's robust server allows the sharing and transfer of large files. (c) Companies that act now may qualify for special discounts on this and other MeetingWeb products. (d) Best of all, with the Group Desktop function, all invited participants can access a communal desktop from their computers.

번역 미팅웹은 가상 회의 시행을 위한 기반이 필요한 사업체에 유용한 도구이다. (a) 컴퓨터와 헤드셋만 있으면 흩어져 있는 직원들이 같은 방에서 함께 있는 것처럼 상호 작용할 수 있다. (b) 미팅웹의 막강한 서버가 큰 파일의 공유와 전송을 가능하게 해주는 한편, 오디오와 비디오 동기화는 실시간 채팅을 가능하게 해준다. (c) 현재 운영되는 회사들은 이것과 미팅웹의 다른 상품들을 특별 할인 받을 수 있을 것이다. (d) 가장 좋은 것은 그룹 데스크톱 기능을 통해 초대된 참가자들 모두가 자신의 컴퓨터로부터 공용의 데스크톱에 접근할 수 있다는 것이다.

해법 미팅웹이라는 가상 회의를 가능하게 해주는 상품에 대한 소개의 글이다. 상품의 특징과 그 기능에 대한 설명을 제시하는 흐름인데 현재 운영되는 회사에게 할인가를 제공한다는 것은 무관한 내용이므로 (c)가 답이다.

platform 환경 기반 **conduct** 실시하다 **virtual** 가상의 **nothing more than** 단지, ~에 지나지 않은 **dispersed** 멀리 떨어진, 흩어진 **synchronization** 동기화 **real-time** 실시간의 **robust** 강건한, 튼튼한 **qualify** 자격이 있다 **access** 접근하다 **communal** 공용의

40 When the 6,880 concertgoers entered Hampton Memorial Auditorium last Friday evening, they had no idea they'd be witnessing the birth of a star. (a) The show was the first public performance by teenage hip-hop artist Alex Sharp. (b) From the opening number, Sharp had the entire building on its feet, grooving along to his infectious beats. (c) The highlight for many came during the encore, when he sang a medley of three popular R&B covers. (d) Sharp had performed previously at private functions, but had not encountered anything so untoward.

번역 지난 금요일 저녁 6,880명의 콘서트 관람자들이, 햄턴 기념 강당으로 들어섰을 때, 스타의 탄생을 목격하게 되리라고는 생각하지 못했다. (a) 공연은 십대 힙합 아티스트 알렉스 샤프의 첫 번째 공공 공연이었다. (b) 시작 곡에서부터 샤프는 전염성이 있는 박자에 맞추어 건물 전체가 흥분하도록 만들었다. (c) 압권은 앙코르에서 그가 세 개의 유명한 R&B 리바이벌을 메들리로 불렀던 때였다. (d) 샤프는 이전에 개인적인 목적으로만 공연했었지만 어려운 상황에 직면한 적은 없었다.

해법 지난 금요일 저녁에 열린 공연에 대해 묘사하는 글이다. 관객들이 모여들고 가수가 등장하여 공연을 시작하고 압권이었던 부분을 자세히 설명해 가는 흐름이다. 시간 순서로 공연에 대한 묘사와 설명이 이어져야 적절하다. 그 가수가 과거에 개인적인 목적으로 노래했지만 어려운 상황에 처한 적은 없었다는 (d)의 내용은 알맞지 않다.

concertgoer 콘서트에 자주 가는 사람 **witness** 목격하다 **performance** 공연 **number** 곡목 **on one's feet** 일어서서 **groove** ~와 맞다, 조화를 이루다 **infectious** 전염성이 있는 **beat** 박자 **highlight** 압권, 최고점 **cover** 원가수가 아닌 가수가 다시 부르는 노래 **previously** 이전에 **function** 행사 **untoward** 형편이 나쁜

Actual Test 1

Answer Keys

Listening Comprehension

1	(d)	7	(d)	13	(b)	19	(d)	25	(c)	31	(b)	37	(b)	43	(a)	49	(c)	55	(d)
2	(b)	8	(c)	14	(b)	20	(b)	26	(c)	32	(d)	38	(c)	44	(d)	50	(b)	56	(b)
3	(a)	9	(c)	15	(b)	21	(d)	27	(c)	33	(c)	39	(b)	45	(b)	51	(a)	57	(a)
4	(d)	10	(b)	16	(c)	22	(d)	28	(b)	34	(d)	40	(b)	46	(d)	52	(b)	58	(a)
5	(b)	11	(b)	17	(b)	23	(b)	29	(d)	35	(d)	41	(c)	47	(b)	53	(c)	59	(c)
6	(b)	12	(c)	18	(d)	24	(d)	30	(d)	36	(a)	42	(d)	48	(a)	54	(c)	60	(c)

Grammar

1	(a)	6	(a)	11	(a)	16	(d)	21	(d)	26	(b)	31	(c)	36	(c)	41	(b)	46	(a)
2	(b)	7	(d)	12	(b)	17	(d)	22	(a)	27	(d)	32	(d)	37	(b)	42	(b)	47	(c)
3	(c)	8	(a)	13	(a)	18	(a)	23	(b)	28	(d)	33	(d)	38	(d)	43	(d)	48	(d)
4	(a)	9	(b)	14	(d)	19	(b)	24	(b)	29	(d)	34	(d)	39	(d)	44	(d)	49	(d)
5	(d)	10	(b)	15	(a)	20	(c)	25	(d)	30	(a)	35	(a)	40	(d)	45	(c)	50	(a)

Vocabulary

1	(a)	6	(a)	11	(a)	16	(c)	21	(a)	26	(c)	31	(b)	36	(a)	41	(c)	46	(c)
2	(b)	7	(b)	12	(d)	17	(a)	22	(b)	27	(a)	32	(a)	37	(d)	42	(d)	47	(b)
3	(c)	8	(d)	13	(a)	18	(b)	23	(a)	28	(a)	33	(d)	38	(d)	43	(b)	48	(a)
4	(a)	9	(c)	14	(b)	19	(d)	24	(d)	29	(a)	34	(a)	39	(a)	44	(d)	49	(c)
5	(a)	10	(a)	15	(c)	20	(a)	25	(c)	30	(d)	35	(a)	40	(c)	45	(a)	50	(d)

Reading Comprehension

1	(b)	5	(c)	9	(d)	13	(c)	17	(a)	21	(b)	25	(d)	29	(a)	33	(d)	37	(b)
2	(c)	6	(a)	10	(c)	14	(c)	18	(b)	22	(c)	26	(b)	30	(a)	34	(a)	38	(a)
3	(c)	7	(b)	11	(b)	15	(b)	19	(d)	23	(c)	27	(d)	31	(c)	35	(a)	39	(c)
4	(d)	8	(a)	12	(d)	16	(b)	20	(a)	24	(a)	28	(c)	32	(a)	36	(c)	40	(d)

1

M That concert was a lot of fun, wasn't it?
W ______________________

(a) Yeah, the guitar lessons are going well.
✔ (b) Actually, I'm not the biggest jazz fan.
(c) Tickets go on sale next Friday.
(d) Okay, see you there!

번역 M 콘서트 아주 재미있지 않았니?
W ______________________

(a) 그래, 기타 강습은 잘 되고 있어.
(b) 사실, 난 재즈 열성 팬은 아니야.
(c) 입장권은 다음 주 금요일에 판매될 거야.
(d) 좋아, 거기서 보자!

해법 동의를 구하는 말에 대한 응답으로 동의가 아니라 견해가 다를 경우 말 머리에 자주 쓰는 말이 Actually이다. be not the biggest fan은 열성 팬은 아니다, 즉 아주 좋아하는 편은 아니라는 말이다. 따라서 정답은 (b)이다.
go well 잘 되다 **actually** 사실, 실은 **biggest fan** 열성 팬 **go on sale** 판매하다

2

W Who designed your interior? I love it!
M ______________________

(a) Thanks. The couch goes over there.
✔ (b) It was a local firm—JDS Associates.
(c) Sure. Let me introduce you to my friend.
(d) I prefer spending my free time outdoors.

번역 W 누가 네 실내 장식을 디자인한 거니? 정말 좋은데!
M ______________________

(a) 고마워. 소파는 저쪽으로 둘 거야.
(b) 그게 지역 회사인데, JDS 사야.
(c) 물론이지. 널 내 친구에게 소개할게.
(d) 난 야외에서 여가 시간 보내는 걸 더 좋아해.

해법 의문문이므로 의문사에 집중해야 하는 문제인데, 의문사 Who로 묻지만 (b)처럼 디자인 회사로 답할 수 있다는 점에 유의해야 한다. (c)는 '너를 내 친구에게 소개해 주겠다'는 말이다.
interior 실내 장식 **local** 지역의 **firm** 회사 **prefer** 선호하다 **outdoors** 야외에서

3

M I feel awful about infecting your computer with a virus.
W ______________________

(a) If you aren't feeling well, go to the hospital.
(b) I hope you can prevent it from happening.
(c) Right, the new anti-virus software.
✔ (d) No harm done. It's been removed.

번역 M 컴퓨터에 바이러스를 감염시켜 미안해서 어쩌지.
W ______________________

(a) 몸이 좋지 않으면 병원에 가라.
(b) 네가 그게 생기지 않도록 예방할 수 있길 바란다.
(c) 맞아, 새로운 바이러스 퇴치 프로그램이야.
(d) 이상 없어. 제거되었어.

해법 I feel awful about은 '~에 대해서 매우 미안하다, 속상하다'는 표현이다. 이상이 없다는 말로 No harm done이라는 표현을 쓰고, '감염시키다'로 infect, '바이러스 퇴치 프로그램'을 anti-virus로 쓴다는 것에 유의한다. 따라서 (d)가 적절하다.
awful 끔찍한 **infect** 감염시키다 **be not feeling well** 몸이 좋지 않다 **anti-virus** 바이러스 퇴치의 **No harm done.** 이상 없음.

4

W What's your take on the Rogers deal?
M ______________________

(a) I believe it's still on sale.
(b) Okay. I'll call a meeting about it.
✔ (c) I'd rather not judge it prematurely.
(d) Rogers? I don't think I've met him.

번역 W 로저스 거래에 대해 어떤 견해를 갖고 있죠?
M ______________________

(a) 아직 세일 중이라고 생각해요.
(b) 좋아요. 그것에 대해 회의를 소집하죠.
(c) 조급하게 판단하지 않을래요.
(d) 로저스요? 그를 만나본 적이 없는 것 같아요.

해법 take가 명사로 '견해'라는 뜻으로 쓰인다. What's your take on A?는 A에 대한 견해, 의견을 묻는 표현이다. I'd rather not+동사원형은 '~하지 않는 편이 낫다'는 말이다. 때 이르게 판단하지 않는 게 낫다는 (c)가 적절한 응답이다.
take 견해, 의견 **deal** 거래, 협정 **I'd rather not** ~하지 않는 게 낫다 **prematurely** 때 이르게, 조급하게

5

M Did you hear? They're giving us tomorrow off.
W ______________________

✔ (a) I'm afraid I'll have to come in anyway.
(b) Between seven and ten vacation days.
(c) I'll see you at the office, in that case.
(d) Let me check my schedule.

번역 M 들었어? 내일 회사에서 하루 쉬게 한대.
W ______________________
(a) 유감스럽게도 난 어쨌든 나와야 해.
(b) 7일에서 10일 사이의 휴가래.
(c) 그렇다면, 사무실에서 만나자.
(d) 내 스케줄 좀 확인할게.

해법 give someone ... off는 '누구에게 ~를 휴가로 주다'의 어구이다. give us tomorrow off는 우리에게 내일 휴가를 준다는 말이므로 난 그래도 나와야 한다는 (a)가 가장 어울린다. I'm afraid는 좋지 않은 소식을 전할 때 쓰는 말이다.
give someone ... off 누구에게 ~를 휴가로 주다 **I'm afraid** 유감스럽게도 ~이다 **in that case** 그런 경우라면

6

W This restaurant is completely understaffed.
M ______________________

✔ (a) I know. We've been waiting for ages!
(b) Would you mind leaving the tip?
(c) I'll have the special of the day.
(d) No, I'd rather go for Chinese.

번역 W 이 음식점은 완전히 인력이 부족하군.
M ______________________
(a) 그러게. 우리 엄청나게 오래 기다리고 있잖아!
(b) 팁을 남기는 거 괜찮겠어요?
(c) 오늘의 특별 요리를 먹겠어요.
(d) 아니요. 난 차라리 중식이 좋아요.

해법 staff은 '직원'이라는 뜻으로 understaffed는 '직원이 부족한, 인력이 딸리는'의 뜻이다. for ages는 '아주 오랫동안'이라는 표현으로 많이 기다리고 있다는 (a)가 응답으로 적절하다. go for는 '~을 좋아하다, ~에 끌리다'라는 표현이다.
completely 완전히 **understaffed** 인력이 부족한 **for ages** 오랫동안 **special of the day** 오늘의 특별 요리

7

M I just burned myself on the stove!
W ______________________

✔ (a) Here, put this ice pack on it.
(b) Use the front burner instead.
(c) Yes, the oven and stove are electric.
(d) Don't worry. Dinner will be ready soon.

번역 M 방금 막 가스레인지에 데었어!
W ______________________
(a) 자, 이 얼음 팩을 거기 얹어.
(b) 대신 앞쪽의 버너를 사용해.
(c) 그래, 그 오븐과 가스레인지는 전기로 하는 거야.
(d) 걱정 마. 저녁 곧 준비될 거야.

해법 burn은 '타다'와 '태우다'로 모두 쓰이는데 재귀대명사를 쓴 burn oneself는 '데다, 화상을 입다'라는 말이다. 화상을 입었다고 할 때, 얼음 팩을 건네주면서 얹으라는 응답 (a)가 가장 적절하다.
burn oneself 불에 데다 **stove** 가스레인지 **burner** 버너 **oven** 오븐 **electric** 전기로 작용하는 것

8

W Is this the number for the tourist information office?
M ______________________

(a) Just give them a call.
✔ (b) No. That one's outdated.
(c) It's my first time visiting, too.
(d) Yes, here's a brochure on the area.

번역 W 이게 관광 안내소 전화번호니?
M ______________________
(a) 거기다 전화해.
(b) 아니, 그건 오래된 거야.
(c) 나 역시 처음 온 거야.
(d) 응, 지역에 대한 안내 책자가 여기 있어.

해법 Is this the number ...?로 질문을 하고 응답으로는 that number의 대명사 that one으로 받아야 대화가 자연스럽다. 오래된 것, 구식이라는 말로outdated를 쓴 것도 유의한다. 따라서 (b)가 정답이다.
tourist information office 관광 안내소 **give A a call** A에게 전화를 하다 **outdated** 오래된, 구식의 **brochure** 안내 책자

9

M I'm sorry, what did you say your name was?
W ______________________

(a) No, I didn't catch her name, either.
✔ (b) It's Maria, but you can call me Mary.
(c) Don't apologize. It's a common mistake.
(d) Please allow me to introduce Ms. Kathy Arnold.

번역 M 죄송하지만, 이름이 뭐라고 했죠?
W ______________________

(a) 아니, 저 역시 그녀의 이름을 못 들었어요.
(b) 마리아인데 메리라고 불러도 돼요.
(c) 사과하지 마세요. 흔한 실수인걸요.
(d) 캐시 아놀드 선생님을 소개해 드립니다.

해법 상대방의 이름을 다시 묻는 질문으로 What did you say your name was? / What was your name again? 등을 쓸 수 있다. 상대방의 말을 잘 듣지 못했을 때 I'm sorry?라고 묻는 말도 쓰인다. 알맞은 응답은 (b)이다.
catch 알아듣다, 잡다 **apologize** 사과하다 **common** 흔한

10

M I forgot my wallet. Could you lend me a couple of bucks?
W ______________________

(a) The price has been heavily discounted.
✔ (b) I'm afraid I can't spare a dime.
(c) Better check with the police.
(d) It's a high-interest loan.

번역 M 지갑을 잃어버렸어요. 몇 달러만 좀 빌려 주실래요?
W ______________________

(a) 그 가격은 많이 할인된 거예요.
(b) 유감스럽게도 10센트의 여유도 없네요.
(c) 경찰에 확인해 보는 게 낫겠는데요.
(d) 그건 고금리 대출이에요.

해법 Could you lend me…?는 돈을 빌려 달라는 부탁의 말이다. 이에 부정적인 응답에 앞서 I'm afraid를 써서 유감을 표현하고, '내줄 여유가 없다'는 말로 can't spare를 썼다. spare는 '(시간이나 돈을) 내주다, 할애하다'는 뜻의 동사이다. 따라서 정답은 (b)이다.
lend 빌려 주다 **discount** 할인하다 **spare** 내주다, 할애하다 **dime** 10센트 **high-interest** 고금리의 **loan** 대부, 융자

11

W Who was it that called just now?
M ______________________

(a) Shall I take a message?
(b) I never saw one before.
✔ (c) A guy trying to sell something.
(d) You can put my name down.

번역 W 지금 막 전화 건 게 누구였어요?
M ______________________

(a) 메시지를 남기실래요?
(b) 난 한번도 본 적이 없어요.
(c) 잡상인이요.
(d) 제 이름을 받아 적으셔도 돼요.

해법 전화 건 사람을 묻는 질문인데 it is … that 강조 구문이 들어가 있다. Who에 대한 신분을 밝힌 (c)가 가장 적절한 응답이다. 직접적으로 사람 이름 등을 언급하기도 하지만 여기서처럼 간접적으로 설명하기도 한다.
take a message 메시지를 적다 **put down** ~을 받아 적다

12

W Hey, David just told me the news. Congratulations!
M ______________________

(a) I'm really glad it was.
(b) I know. Let's plan a surprise party for him.
✔ (c) Thanks. I've been after this promotion for months.
(d) That's very kind. I'd appreciate any help you can give.

번역 W 이봐, 데이비드가 막 소식을 알려주더라. 축하해!
M ______________________

(a) 난 그래서 너무 기뻐.
(b) 그러게. 그를 위해 깜짝 파티를 준비하자.
(c) 고마워. 이 승진을 몇 달 동안 기다려왔지.
(d) 친절하기도 해라. 어떤 도움이든 고맙지.

해법 축하의 말에 감사하면서 승진을 몇 달 동안 기다렸다는 감회를 말하는 대답 (c)가 적절하다. (b)는 남자의 승진이 아닌 다른 사람의 승진을 축하해 주자고 할 때 가능한 응답이다. (d)는 도와주겠다는 제안을 받았을 때 감사하는 응답으로 가능하다.
Congratulations! 축하해! **surprise party** 깜짝 파티 **promotion** 승진 **appreciate** 감사하다

13

M How is it you got here so fast during rush hour?
W ______________________

(a) Not for another hour or so.
(b) Traffic was a nightmare.
(c) I'd avoid the freeway.
✔ (d) I took the subway.

번역 M 혼잡한 시간에 어떻게 여기에 빨리 올 수 있었니?
W ______________________

(a) 한 시간이나 그쯤까지는 아니야.
(b) 교통이 악몽이었어.
(c) 나라면 고속도로는 피할 거야.
(d) 난 지하철을 탔어.

해법 it 뒤에 that이 생략된 문장으로서 혼잡한 시간에 빨리 올 수 있었던 방법을 묻고 있다. 지하철을 탔다는 (d)가 알맞다. (c) I'd avoid는 '나라면 피하겠다'라는 말이다.
rush hour 혼잡한 시간 **nightmare** 악몽 **freeway** 고속도로

14

W It must be difficult moving around on crutches like that.
M ______________________

(a) The insurance covers everything.
(b) The doctor diagnosed the disease.
(c) If you want, I can push your wheelchair.
✔ (d) Yeah, but you get used to it after a while.

번역 W 그렇게 목발로 다니기가 힘들겠구나.
M ______________________

(a) 보험에서 다 보상해 줘.
(b) 의사가 질병을 진단했어.
(c) 원한다면, 네 휠체어를 밀어 줄게.
(d) 그래, 하지만 좀 지나면 익숙해져.

해법 must be는 '~임에 틀림없다'는 말로 확실한 추측에 쓰인다. crutches는 '목발'을, get used to는 '~에 익숙해지다'를 의미한다. 목발로 다니는 게 힘들지만 좀 지나면 익숙해진다는 (d)가 가능한 응답이다.
must be ~임에 틀림없다 **crutch** 목발 **insurance** 보험 **cover** 보상하다 **diagnose** 진단하다 **get used to** ~에 익숙해지다 **after a while** 얼마 지나면

15

M Did Janet mention that the appointment's been pushed back?
W ______________________

(a) Let me consult the agenda and get back to you.
(b) Uh-huh. She's really looking forward to it.
✔ (c) She did. To 5:30 instead of 5, right?
(d) Yes, I'll straighten it right away.

번역 M 재닛이 약속이 늦춰졌다는 얘기했나요?
W ______________________

(a) 협의 사항을 참조하고 얘기해 줄게요.
(b) 네. 그녀는 아주 고대하고 있어요.
(c) 했어요. 5시 대신 5시 30분, 맞죠?
(d) 네, 당장 해결할게요.

해법 push back은 '뒤로 늦추다'는 표현으로 약속이 늦춰졌다는 말이며, 응답으로 원래 시간과 변경된 시간을 확인하는 (c)가 알맞다. (a)의 agenda는 '협의 사항, 의제' 등을 나타내는 단어이므로 부적절한 내용이다.
mention 언급하다 **appointment** 약속 **push back** 늦추다 **consult** 참고하다 **look forward to** ~을 고대하다 **instead of** ~대신에

16

M Tell me again where the convenience store is?
W At 5th and Longview, by the gas station.
M What's the exact address?
W ______________________

✔ (a) I'm not sure, but you can't miss it.
(b) Go ahead and fill it up.
(c) Somewhere on the other side of town.
(d) A gallon of milk and a dozen eggs, please.

번역 M 편의점이 어딘지 다시 말해줄래?
W 5번 가와 롱뷰가 교차하는 데에 있는 주유소 옆에 있어.
M 정확한 주소가 뭐야?
W ______________________

(a) 그건 잘 모르는데, 찾기는 쉬울 거야.
(b) 계속해서 가득 주유해.
(c) 시내의 다른 구역 어딘 가야.
(d) 우유 1갤런과 계란 12개, 부탁해.

해법 주소를 물었는데 정확한 번지수까지 답해야 하지만, 앞서 거리명과 옆의 건물까지 말했으므로 (a)처럼 정확한 주소는 모르지만 찾기가 쉬울 거라는 말이 가능한 응답이다.
convenience store 편의점 **exact** 정확한 **can't miss** 놓칠 수가 없다, 찾기가 쉽다 **fill up** 가득 채우다

17

W What would you like from the cafeteria, tea or coffee?
M I'm going to stick with water for now, thanks.
W Are you sure I can't get you anything?
M ______________________

(a) Sure, I'd love to join you.
(b) Two sugars and some cream.
(c) The cafeteria's on the ground floor.
✔ (d) Maybe a couple of napkins if you can.

번역 W 카페테리아에서 뭐 마시고 싶니, 차나 커피?
M 지금은 물만 마시려고 해, 고마워.
W 정말 아무것도 안 가져다 줘도 돼?
M ______________________

(a) 물론, 함께 가고 싶지.
(b) 설탕 2개와 크림 조금.
(c) 카페테리아는 1층에 있어.
(d) 할 수 있으면 냅킨 몇 장 정도.

해법 Are you sure…?는 재차 확인하는 질문이다. '냅킨이나 조금 가져다 주든가'에 해당하는 말이 (d)이다. 분명하지 않은 의도를 Maybe로 표현할 수 있다. stick with water는 '물을 고집하다'는 의미로 물만 마시겠다는 말이 된다.
stick with ~을 고수하다, 지키다 **ground floor** 1층

18

M Hi, Linda. Did you see the basketball game last night?
W Sorry, Jim. I can't talk right now.
M I guess you're pretty busy today.
W ______________________

(a) Let me know if I can give you a hand.
(b) No, I wasn't able to play.
✔ (c) Yeah, the project's due this afternoon.
(d) Thanks for asking. It was really entertaining.

번역 M 안녕, 린다 지난밤 농구 경기 봤니?
W 미안한데, 짐. 지금 얘기할 수가 없어.
M 오늘 아주 바쁜 모양이구나.
W ______________________

(a) 내가 도울 일이 있으면 알려 줘.
(b) 아니, 경기를 할 수가 없었어.
(c) 그래, 프로젝트가 오늘 오후까지 마감이야.
(d) 물어봐 줘서 고마워. 아주 재미있었어.

해법 대화를 할 수 없게 바쁘다고 했으므로 그 이유에 해당하는 내용이 와야 한다. due는 일이 예정되거나 예상될 때 쓰는 표현인데, 특히 과제의 출제 마감일을 나타낼 때 〈be due+때〉로 나타낸다. 따라서 정답은 (c)이다.
give a hand 도움을 주다 **due** ~하기로 되어 있는 **Thanks for asking.** 물어봐 줘서 고마워. **entertaining** 재미있는

19

W Give Meagan a call at her house.
M I just did. No one answered.
W That's odd. Where do you think she is?
M ______________________

(a) We'll meet her there.
✔ (b) I haven't the faintest idea.
(c) She just called from work.
(d) I'm going to the laundromat.

번역 W 메건 집으로 전화해 봐.
M 금방 했어. 아무도 안 받아.
W 그거 이상한데. 그녀가 어디 있는 것 같아?
M ______________________

(a) 우리 거기서 그녀를 만날 거야.
(b) 전혀 모르겠는데.
(c) 그녀가 금방 회사에서 전화했어.
(d) 난 빨래방에 갈 거야.

해법 의문사 Where로 시작하고 do you think가 들어가는 질문이다. 질문에 대해 '전혀 모르겠다'라고 답하는 말로 I haven't the faintest idea라는 관용적인 표현을 쓴 (b)가 답이다. 같은 표현은 I haven't the slightest idea가 있다.
odd 이상한 **faint** 희미한 **laundromat** 빨래방

20

M I got a letter from the Pearson Graduate School today.
W Well... what did it say?
M They're giving me a full scholarship.
W ______________________

(a) Costs for grad school can be high.
(b) So, are you going to apply for it?
(c) Pearson isn't the best school.
✔ (d) Wow, I'm so proud of you.

번역 M 오늘 피어슨 대학원으로부터 편지를 받았어.
W 음… 뭐라고 써 있었어?
M 나에게 전액 장학금을 주겠대.
W ______________________

(a) 대학원 비용이 비쌀 수 있지.
(b) 그래서, 거기 지원할 거니?
(c) 피어슨이 최고의 학교는 아니지.
(d) 와, 네가 자랑스럽다.

해법 What did it say?에서 it은 피어슨 대학원에서 온 편지를 의미한다. full scholarship은 '전액 장학금'이라는 말이므로 상대방의 좋은 소식에 대한 답이 와야 한다. 따라서 (d)가 적절하다.
graduate school 대학원(grad school) **full scholarship** 전액 장학금
apply for ~에 지원하다

21

W Can you direct me to the nearest ATM?
M The hotel lobby has one. It's by the vending machines.
W Does it accept all major cards?
M ______________________________

(a) Enter your PIN.
(b) There's a bank around the corner.
✔ (c) Not sure. I've never used it.
(d) You can check in whenever you'd like.

번역 W 가장 가까운 ATM이 어디 있는지요?
M 호텔 로비에 하나 있어요. 자동판매기 옆에요.
W 주요 신용카드는 다 쓸 수 있는 거죠?
M ______________________________

(a) 당신의 비밀 번호를 넣으세요.
(b) 모퉁이를 돌면 은행이 있어요.
(c) 확실치 않아요. 써본 적이 없어요.
(d) 원하실 때 언제든 체크인하실 수 있어요.

해법 accept all major cards는 ATM 기계에서 '모든 주요 신용카드를 사용할 수 있다'는 표현이다. 상점에서 We accept all major credit cards / All credit cards accepted / Do you accept credit cards? 등의 표현으로 쓰인다. 써본 적이 없어 모르겠다는 (c)가 적절한 응답이다.
vending machine 자동판매기 **PIN** 비밀 번호(Personal Identification Number)

22

W Where are you traveling today, sir?
M My final destination is Mumbai, but I'm stopping in Dubai for a night.
W Which would you prefer, a window or aisle seat?
M ______________________________

✔ (a) Something close to the front of the plane, please.
(b) I don't know. I haven't been before.
(c) Here, you can have my seat.
(d) Yes, that's where I'm from originally.

번역 W 오늘은 어디로 여행 가시나요, 손님?
M 최종 목적지는 뭄바이인데 두바이에 하룻밤 머무를 거예요.
W 창가쪽 좌석, 통로쪽 좌석 중에 어떤 것을 선호하세요?
M ______________________________

(a) 비행기의 앞쪽에 가까운 것으로 부탁해요.
(b) 모르겠어요. 전에 가본 적이 없어요.
(c) 자, 제 자리에 앉으세요.
(d) 네, 원래 거기 출신이에요.

해법 항공편을 예약하는 대화에서 원하는 좌석을 묻는 질문이다. 질문은 창가와 통로쪽을 묻지만, 그것은 상관없이 (a)처럼 비행기의 앞쪽에 가까운 좌석을 원한다는 대답이 가능하다.
final destination 최종 목적지 **stop in** 머무르다 **prefer** 선호하다 **aisle seat** 통로쪽 좌석 **originally** 원래

23

M Your mother's been in the hospital for a while. How's she doing?
W Oh, she's hanging in there for now.
M If there's anything I can do for you, just let me know.
W ______________________________

(a) That's okay. I have to visit her every day.
✔ (b) Thanks so much. I'll keep the offer in mind.
(c) You could make an appointment, if you'd like.
(d) The doctor says the medicine will take effect soon.

번역 M 너의 어머니가 얼마 동안 입원 중이시지. 괜찮으시니?
W 아, 현재로선 잘 견디고 계셔.
M 내가 해줄 일이 있으면 바로 알려 줘.
W ______________________________

(a) 괜찮아. 난 매일 그녀를 보러 가야 해.
(b) 정말 고마워. 네 제안을 잊지 않을게.
(c) 원한다면 약속 시간을 잡을 수 있을 거야.
(d) 의사가 그러는데 약이 곧 효과가 있을 거래.

해법 병원에 계신 어머니의 안부를 물으면서 언제든 도와주겠다는 말에 대해 감사를 표현하는 응답인 (b)가 와야 한다. hang in there는 '버티다, 견디다'로 there는 생략하기도 하며 hang on in there, hang tough 등으로도 쓴다.
hang in there 견디다 **for now** 현재로는 **offer** 제안 **keep ... in mind** ~을 명심하다 **take effect** 효과가 있다

24

M I've been trying to access this site all day, but it refuses to load.
W The tech guys are on it. They say the server's down.
M When do they think they'll have it up and running again?
W ______________________________

(a) Try turning your computer on.
(b) The site's been shut down.
✔ (c) Should be any time now.
(d) I'll call for tech support.

번역 M 하루 종일 이 사이트에 들어가려고 하는데 데이터 읽기가 거부되네.
W 기사들이 작업 중이야. 그 사람들이 그러는데 서버가 다운되었대.
M 언제 다시 완전히 작동될 것 같대?
W ______________________________

(a) 컴퓨터를 켜 봐.
(b) 그 사이트는 폐쇄되었어.
(c) 이제 곧 될 거야.
(d) 기술 지원팀에 전화할게.

해법 When do they think (that)...?은 그들이 생각하기에 언제인지를 묻는 질문이다. have it up and running은 '완전히 작동하게 만들다'는 어구이다. any time now라고 답하는 (c)가 적절하다.
access 접근하다 **refuse to+동사원형** ~하기를 거부하다 **load** (컴퓨터가) 데이터를 읽다 **tech** 기술자, 전문가 **up and running** 완전히 작동되는 **shut down** 폐쇄하다 **should be** ~일 것이다 **any time now** 곧

25

W Do you know when your calculus class meets?
M According to my schedule, it's Mondays and Wednesdays from 11 to 1:30.
W Hey, I think that's the same class I'm in.
M ____________________

(a) Let me check out my schedule.
(b) Not really. Professor Kim is quite strict.
(c) I've never been too good at math myself.
✔ (d) Great. It'll be nice having someone to sit with.

번역 W 네 미적분학 수업이 언제인지 아니?
M 내 일정표에 따르면, 월요일과 수요일 11시부터 1시 반까지야.
W 어머, 내가 있는 그 반인 것 같은데.
M ____________________

(a) 내 일정표를 확인해 볼게.
(b) 꼭 그런 것은 아니야. 김 교수님이 상당히 엄격해.
(c) 난 수학을 아주 잘해 본 적이 없어.
(d) 잘됐다. 같이 앉을 수 있는 사람이 있는 건 좋을 거야.

해법 같은 미적분학 수업을 듣게 됨을 알고서 대답하는 말이 들어가야 한다. 같이 앉을 사람이 생겨서 좋다는 (d)가 알맞은 답이다. 일정표를 보고 나서 한 말이므로 (a)는 답이 될 수 없다.
calculus 미적분학 **according to** ~에 따르면 **strict** 엄격한

26

M I'm thinking of having a barbecue up at my lake house next weekend.
W Oh, that sounds like a really good time. Who are you inviting?
M Just a handful of good friends. Would you like to come?
W ____________________

(a) I'll help you put together an invite list.
(b) Sorry, I can't throw parties at my house.
(c) Where's the barbecue going to take place?
✔ (d) Definitely. Do you want me to bring anything?

번역 M 다음 주말에 우리 호수 별장에서 바비큐 파티를 할까 생각 중이야.
W 아, 정말 좋은 시간이 될 것 같다. 누굴 초대하려고 해?
M 친한 친구들 약간만 하려고. 너 올 수 있겠니?
W ____________________

(a) 초대 리스트를 만드는 것을 도와줄게.
(b) 미안해, 우리 집에서 파티를 열 수가 없어.
(c) 바비큐 파티는 어디서 열 거니?
(d) 물론이야. 내가 뭘 좀 가져갈까?

해법 초대의 말과 응답의 대화이다. Would you like to come?에 대한 답으로 (d)에 나오는 수락의 표현 Definitely(물론이지)가 적절하다. Certainly/ Sure/ Yes와 같은 표현이다.
have a barbecue 바비큐 파티를 열다 **a handful of** 약간의 **put together** 구성하다 **definitely** 물론, 그럼

27

W Someone told me there's a drive-in theater in this neighborhood.
M There is. It's on Coleridge Avenue, about three or four miles past the park.
W I'm not too familiar with that area. I thought it had a problem with crime.
M ____________________

(a) The shows start around 8 pm every evening.
(b) Sure, let's go tomorrow night and check it out.
✔ (c) It's unsafe late at night, but the movies end early.
(d) I know what you mean. Drive-ins aren't popular anymore.

번역 W 여기 동네 주변에 자동차 극장이 있다고 하던데.
M 있어. 코울리지 가이고, 공원에서 삼사 마일 지나서 있어.
W 그 지역은 난 잘 몰라. 그곳에 범죄 문제가 있다고 생각했어.
M ____________________

(a) 공연은 매일 저녁 8시쯤에 시작해.
(b) 물론이지, 내일 밤에 가서 확인해 보자.
(c) 밤 늦게는 안전하지 않지만 영화는 일찍 끝나.
(d) 무슨 말인지 알아. 자동차 극장은 더 이상 인기가 없지.

해법 자동차 극장이 있는 지역이 범죄 문제가 있는 곳이라는 말에 대해 밤에는 안전하지 않지만 영화가 일찍 끝난다는 말인 (c)가 적절한 응답이다. 범죄 문제가 있는지 확인하러 가자는 내용은 부적절한 내용이므로 (b)는 오답이다.
drive-in theater 자동차 극장 **neighborhood** 이웃, 동네 **be familiar with** ~을 잘 알다 **unsafe** 안전하지 않은

28

M I'm supposed to give a World War II history presentation in class next month.
W You should talk to Harry Mills. I'm sure he could tell you some interesting stories.
M Hmm... who's that?
W ____________________

(a) I can't think of his name just now.
✔ (b) A local author who served in the war.
(c) Yes, I'd be happy to help you prepare.
(d) Your professor sounds like a smart man.

번역 M 다음 달에 2차 세계대전의 역사에 대해 발표를 해야 해.
W 해리 밀즈에게 얘기해 봐. 흥미로운 이야기를 해줄 수 있을 거야.
M 음… 그게 누구지?
W ____________________

(a) 그의 이름이 지금 생각이 안 나.
(b) 그 전쟁에 참가했던 지역 작가야.
(c) 그래, 네가 준비하는 걸 도울 수 있다면 기뻐.
(d) 네 교수님은 머리가 좋으신 분 같구나.

해법 2차 세계대전에 대한 발표에 도움이 될 사람을 알려주었고 그가 누구인지 Who's that?이라고 묻는 말에 대한 응답으로 적절한 것은 그가 참전한 작가라는 (b)이다.
be supposed to ~하기로 되어 있다 **presentation** 발표 **think of** ~을 생각해 내다 **author** 작가 **serve** 참전하다

29

W Are there any houses for rent in your neighborhood?
M Yes, but they're all very expensive.
W That's okay. I'm willing to pay up to a thousand a month.
M ______________________________

(a) The area is quiet and very safe.
(b) Sorry, that's much too expensive.
(c) I'll send you a rental contract to sign.
✔ (d) In that case, I might have one for you.

번역 W 당신의 동네에 세를 놓는 집이 있나요?
M 네, 그런데 다 아주 비싸요.
W 그건 괜찮아요. 한 달에 천 달러까지 낼 수 있어요.
M ______________________________

(a) 그 지역은 조용하고 아주 안전해요.
(b) 미안해요, 그건 너무 비싸네요.
(c) 당신이 사인할 임대 계약서를 보낼게요.
(d) 그런 경우라면 당신을 위한 것이 있을지도 모르겠어요.

해법 be willing to는 '기꺼이 ~하다'는 표현으로 천 달러까지 내도 괜찮다는 말이 된다. 그렇다면 찾는 집이 있을지도 모른다는 (d)가 적절한 응답이다. (c)는 절차상 맞지 않는 말이므로 오답이다.
for rent 세를 놓는 **neighborhood** 이웃, 동네 **expensive** 값비싼
be willing to 기꺼이 ~하다, ~을 마다하지 않다 **up to** ~까지
rental contract 임대 계약서

30

M What seems to be the problem with your vehicle?
W The ignition is acting up. Sometimes I go to start it and nothing happens.
M I see. I'll check things out and let you know the verdict later today.
W ______________________________

(a) I need to return my rental.
(b) Great, thanks for the ride.
✔ (c) The sooner, the better.
(d) Okay, I'll take it!

번역 M 손님의 자동차에 무슨 문제가 있는 것 같아요?
W 점화 장치가 나빠지고 있어요. 가끔 시동을 걸 때 안 걸려요.
M 알겠어요. 확인해 보고 오늘 이따가 알려 드릴게요.
W ______________________________

(a) 임대한 차를 돌려 드려야 해요.
(b) 좋아라, 태워 줘서 고마워요.
(c) 빠르면 빠를수록 더 좋습니다.
(d) 좋아요, 그걸로 살게요!

해법 자동차 정비소에 차를 맡기는 상황의 대화이다. 이따가 판정 결과를 알려 주겠다는 말에 대한 응답으로 알맞은 것은 빠를수록 좋다는 (c)이며 가능한 한 빨리 알려 달라는 의미이다.
vehicle 자동차 **ignition** 점화 장치 **act up** (기계가) 나빠지다 **verdict** 의견, 판정 **rental** 임대료, 임대물 **The sooner, the better.** 빠르면 빠를수록 더 좋다.

31

M My name is Sam Park. I have a reservation.
W Okay, Mr. Park. It looks like you've reserved three nights in a single room.
M That's correct.
W May I see your credit card and photo ID, please?
M Here you are. And I'll need assistance taking my bags to my room.

Q: What is the man mainly doing?
✔ (a) Checking into a hotel.
(b) Applying for a photo ID.
(c) Booking his accommodations.
(d) Asking for help with his luggage.

번역 M 제 이름은 샘 박이에요. 예약을 했습니다.
W 알겠어요, 박 선생님. 싱글 룸으로 3박 예약하신 것 같네요.
M 맞습니다.
W 신용 카드와 신분증을 보여 주시겠어요?
M 여기 있어요. 그리고 제 방으로 가방을 가져가는 데 도움이 필요해요.

Q: 남자가 주로 하고 있는 것은?
(a) 호텔에 체크인하고 있다.
(b) 신분증을 신청하고 있다.
(c) 숙소를 예약하고 있다.
(d) 짐을 옮기는 데 도움을 요청하고 있다.

해법 남자는 예약을 확인하고 신용 카드와 신분증을 보여주고, 짐을 옮겨 달라고 청하는 것으로 보아 예약을 한 호텔에서 체크인을 하고 있는 상황이다. 따라서 (a)가 정답이다.
reservation 예약 **photo ID** 사진이 있는 신분증 **assistance** 도움
check into 체크인하다 **apply for** ~을 신청하다 **accommodations** 숙박 설비 **luggage** 짐

32

W Michael, you look stressed.
M I'm not surprised. Things have been crazy at work lately.
W You should take better care of yourself.
M What do you suggest?
W They say taking a short nap every day reduces stress.
M That's interesting. Maybe I'll try it.

Q: What is the main topic of the conversation?
✔ (a) The man's well-being.
(b) How to recognize stress.
(c) The man's work schedule.
(d) How to increase productivity.

번역 W 마이클, 너 스트레스가 많은 것 같아 보여.
M 놀라운 일도 아니야. 요즘 직장에서 일이 미친 듯이 바빴어.
W 자신을 더 잘 돌봐야 해.
M 무엇을 제안하는데?
W 매일 잠시 낮잠을 자는 게 스트레스를 줄인다더라.
M 그거 흥미로운데. 시도해 보도록 할게.

Q: 대화의 주제는?
(a) 남자의 웰빙.
(b) 스트레스를 식별하는 방법.
(c) 남자의 업무 일정.
(d) 생산성을 늘리는 방법.

해법 일이 너무 바빠 스트레스가 심한 상태인 것에 대해 조언을 해주는 내용의 대화이다. take better care of yourself, take a short nap 등이 조언의 내용이므로 남자의 웰빙이 주제로 적절하다. 따라서 정답은 (a)이다.
stressed 스트레스를 받은 **take care of** ~을 돌보다 **take a nap** 낮잠을 자다 **reduce** 줄이다 **productivity** 생산성

33

M Do you have any pets, Susan?
W Yes, a dog and two cats.
M My wife wants to get a dog, but I'm not sure it's a good idea.
W Why's that?
M I don't know if we'll have time to take care of it.
W I'm sure you can make time if that's really what she wants.

Q: What is mainly being discussed?
(a) The woman's three pets.
(b) How to take care of a dog.
(c) How to increase one's free time.
✔ (d) The man's wife's desire for a dog.

번역 M 애완동물 있니, 수전?
W 응, 개 한 마리랑 고양이 두 마리.
M 아내가 개를 갖고 싶어 하는데, 좋은 생각인지 모르겠어.
W 왜 그런데?
M 우리가 개를 돌볼 시간이 있을지 모르겠거든.
W 그녀가 정말 원하는 것이라면 시간을 낼 수 있을 거라 믿어.

Q: 주로 논의되고 있는 것은?
(a) 여자의 세 애완동물.
(b) 개를 돌보는 방법.
(c) 자유 시간을 늘리는 방법.
(d) 남자의 아내가 개를 기르고 싶은 마음.

해법 남자의 아내가 개를 기르고 싶어 하기 때문에 그것에 대해 물어보는 대화이므로 정답은 (d)이다. 시간이 없을까 봐 걱정하는 남자에게 아내가 정말 기르고 싶으면 시간을 낼 것이라고 조언하고 있다.
pet 애완동물 **make time** 시간을 내다

34

W I see I'll be responsible for gas and electricity.
M Yes, all our tenants pay for those.
W Do you know how much?
M Not more than fifty dollars a month.
W That seems quite low. Are you sure?
M Pretty sure. You can check with our current tenants if you'd like.
W Okay, please send me their contact information.

Q: What is being discussed?
(a) The rent charged for an apartment.
(b) A building's renovation costs.
✔ (c) The utility costs on a rental property.
(d) Tenant satisfaction levels.

번역 W 제가 가스와 전기 비용은 제가 부담해야 하는군요.
M 네, 모든 세입자들이 그것들을 내거든요.
W 얼마인지 아세요?
M 한 달에 50달러를 넘지 않아요.
W 꽤 적네요. 확실한 것인가요?
M 확실해요. 원하시면 현재 세입자에게 확인해 보세요.
W 알겠어요. 저에게 연락처 정보를 보내주세요.

Q: 논의되고 있는 것은?
(a) 아파트에 부가되는 집세.
(b) 건물의 개조 비용.
(c) 임대 부동산에 대한 공공요금.
(d) 세입자 만족 수준.

해법 gas and electricity의 공공요금을 부담하는 문제에 대한 내용이다. 한 달에 50달러 미만이라는 액수에 대해 집주인이 설명하고 있어 공공 요금에 대한 논의임을 알 수 있다. 따라서 (c)가 정답이다.
be responsible for ~을 책임지다 **tenant** 세입자 **current** 현재의**charge** 부가하다 **renovation** 개조 **utilities** (전기 · 가스 등) 공공요금

35

M Hello. I'd like to sign up for the volleyball league.
W Do you have any experience with the sport?
M No, not really.
W We'll put you in the beginner's division, then. Here's the sign-up form.
M Great. How much is it?
W The fee is thirty dollars, and that's good for a whole year.

Q: What is the man doing?
(a) Renewing his gym membership.
(b) Practicing his volleyball skills.
(c) Meeting his volleyball team.
✔ (d) Registering for a volleyball club.

번역 M 안녕하세요. 배구 리그에 가입하고 싶어요.
W 배구를 해본 적이 있어요?
M 아니요, 별로요.
W 그럼, 초보자 반에 넣을게요. 여기 신청 양식이요.
M 좋아요. 얼마죠?
W 비용은 30달러이고 1년 동안 유효해요.

Q: 남자가 하고 있는 것은?
(a) 헬스장 멤버십 갱신.
(b) 배구 기술 연습.
(c) 배구 팀 만나기.
(d) 배구 클럽 등록.

해법 남자의 첫 번째 말에서 하고자 하는 일이 제시되어 있다. sign up for는 '~에 가입하다'의 어구이다. 배구 클럽에 가입하고자 왔고 등록 절차를 따르는 내용이다. 따라서 정답은 (d)이다.
sign up for ~에 가입하다 **volleyball** 배구 **league** 연합, 리그 **division** 파트, 구분 **sign-up form** 가입 양식 **whole** 전체의 **register for** ~에 등록하다

36

W Carl, a friend and I are going up to visit the historical park this weekend.
M I've always wanted to do that.
W You're welcome to come along.
M Really? How are you getting there?
W By train. The commuter line stops right across the street.
M Okay. I think I might join you.

Q: What is the woman doing?
(a) Giving information about a train schedule.
(b) Describing a tourist attraction to the man.
(c) Reporting on last weekend's trip.
✔ (d) Inviting the man on an outing.

번역 W 칼, 이번 주말에 친구랑 나랑 역사 공원에 가려고 해.
M 나도 항상 가보고 싶었는데.
W 네가 같이 간다면 환영이지.
M 정말? 거기 어떻게 갈 거니?
W 기차로. 정기 열차가 바로 길 건너에 정차하거든.
M 좋아. 같이 갈 수 있을 거 같아.

Q: 여자가 하고 있는 것은?
(a) 기차 운행표에 대한 정보 주기.
(b) 남자에게 관광 명소를 설명하기.
(c) 지난 주말 여행에 대한 보고.
(d) 남자를 여행에 초대하기.

해법 여자는 남자에게 주말에 역사 공원에 갈 계획을 알려주고 있다. You're welcome to come along은 같이 가자고 초대하는 뜻으로 (d)가 답이다. 남자는 마지막에 I think I might join you라고 거의 수락하고 있는 대화이다.
historical park 역사 공원 **come along** 함께 가다 **commuter line** 정기 열차, 통근선 **tourist attraction** 관광 명소 **outing** 소풍, 여행

37

M Wheeler's new model is billed as the best mountain bike on the market.
W Yeah... I'm not convinced.
M Why not?
W It's basically the same as their model from last year, which underperformed.
M Are you saying it's all hype?
W I think they just repackaged a mediocre product.
M You could be right.

Q: What is the main topic of the conversation?
✔ (a) A company's marketing ploy.
(b) The man's new mountain bike.
(c) The woman's views on a sport.
(d) An unsuccessful product launch.

번역 M 휠러의 새 모델이 시장에서 최고의 산악자전거로 광고되고 있어.
W 그래… 난 수긍하지 않아.
M 왜 아니지?
W 작년 모델과 기본적으로 같은 건데 그게 기대 이하였거든.
M 그게 과대광고라는 말이야?
W 평범한 상품을 재포장한 거라고 생각해.
M 네가 옳을지도 몰라.

Q: 대화의 주제는?
(a) 회사의 마케팅 전략
(b) 남자의 새 산악자전거
(c) 여자의 스포츠에 대한 견해
(d) 성공적이지 못한 상품 출시

해법 be billed as는 '~로 광고되다'의 뜻이며, hype는 '과대광고'라는 말이다. 작년 상품을 재포장해서 과대광고하고 있는 회사의 마케팅 전략에 대한 대화이므로 답은 (a)이다. 상품 출시가 실패한 것은 아니므로 (d)는 오답이다.
be billed as ~로 광고되다, 설명되다 **mountain bike** 산악자전거 **be convinced** 수긍하다 **underperform** 다른 것만큼 잘하지 못하다 **hype** 과대광고 **mediocre** 평범한, 보통의 **ploy** 전략 **launch** 출시

38

W Hello. I need to make a doctor's appointment.
M What seems to be the problem?
W I think I twisted my ankle playing basketball yesterday.
M Does it hurt when you stand on it?
W Yes. I'm having a lot of trouble walking.
M Okay. Let me see if the doctor is available today.

Q: Which is correct about the woman?
✔ (a) She needs her ankle seen to.
(b) She was playing basketball today.
(c) She missed her doctor's appointment.
(d) She is worried about her health insurance.

번역 W 안녕하세요. 진료 예약을 하려고 해요.
M 어디가 불편하세요?
W 어제 농구를 하다가 발목을 삔 것 같아요.
M 그쪽으로 서면 아픈가요?
W 네. 걷기가 아주 힘들어요.
M 알겠어요. 의사 선생님이 오늘 시간이 나시는지 확인할게요.

Q: 여자에 관해 옳은 것은?
(a) 그녀는 발목 진료가 필요하다.
(b) 그녀는 오늘 농구를 하고 있었다.
(c) 그녀는 진료 예약을 놓쳤다.
(d) 그녀는 건강 보험에 대해 걱정한다.

해법 여자는 어제 농구를 하다가 발목을 삔 것 때문에 병원을 찾았다. 걷기가 힘들고 아프다고 했으므로 진료를 필요로 하는 상황이라는 (a)만 옳은 정보이다.
appointment 예약 **twist** 삐다, 비틀다 **ankle** 발목 **stand on** ~을 딛고 서다 **have a trouble -ing** ~하기가 힘들다 **available** 시간이 있는 **health insurance** 건강 보험

39

M The news from the office isn't good.
W Do you mean the layoffs?
M They'll be announced tomorrow.
W Don't worry. I'm sure your job is safe.
M There's no guarantee. It's not like I'm irreplaceable.
W Come on. I think you're selling yourself short.

Q: Which is correct about the man?
(a) He must select workers to lay off.
(b) He thinks the woman will be fired.
(c) He is upset about the woman's news.
✔ (d) He doubts his job is safe.

번역 M 회사에서 온 소식이 좋지 않아요.
W 정리해고 말인가요?
M 내일 발표할 거라는군요.
W 걱정하지 말아요. 당신 자리는 안전할 거라 믿어요.
M 보장이 없죠. 나를 대신할 사람이 없는 그런 건 아니니까요.
W 기운 내요. 당신은 자신을 과소평가하는 거 같아요.

Q: 남자에 관해 옳은 것은?
(a) 그는 해고할 직원들을 선택해야 한다.
(b) 그는 여자가 해고될 것이라고 생각한다.
(c) 그는 여자의 소식에 기분이 상했다.
(d) 그는 자신의 직장이 불안하다고 생각한다.

해법 layoff는 '정리해고'이므로 내일 해고 직원을 발표하는데 남자는 해고될까 봐 걱정하고 있다. 남자의 There's no guarantee. It's not like I'm irreplaceable이라는 말에서 대신할 사람이 없는 인재도 아니기 때문에 보장이 없다고 걱정하고 있음을 알 수 있다. 따라서 (d)가 옳다.
layoff 정리해고 **announce** 발표하다 **guarantee** 보장 **irreplaceable** 대신할 수 없는 **sell oneself short** 자신을 과소평가하다 **lay off** 해고하다 **fire** 해고하다 **upset** 화가 난, 당황한

40

W Tell me how the painting looks, Jack. Is it hanging straight?
M Tilt it a little to the right.
W Great. What do you think?
M To be honest, I feel it would look better on the opposite wall.
W Oh? What makes you say that?
M The color of this wall is too light. The painting looks out of place on it.

Q: Which is correct about the man?
✔ (a) He thinks the painting should be moved.
(b) He thinks the wall needs to be repainted.
(c) He thinks the painting is unattractive.
(d) He thinks the painting is still crooked.

번역 W 그림이 어떻게 보이는지 알려줘, 잭. 똑바로 걸려 있니?
M 오른쪽으로 조금만 기울여.
W 그래. 어떤 것 같아?
M 솔직히 반대쪽 벽이 더 나아 보여.
W 그래? 왜 그렇게 생각해?
M 이 벽의 색은 너무 밝아. 그림이 거기에는 어색해.

Q: 남자에 관해 옳은 것은?
(a) 그는 그림을 옮겨야 한다고 생각한다.
(b) 그는 벽을 다시 칠해야 한다고 생각한다.
(c) 그는 그림이 매력적이지 않다고 생각한다.
(d) 그는 그림이 아직도 굽었다고 생각한다.

해법 I feel it would look better on the opposite wall에서 그의 생각이 드러나 있다. 현재의 벽이 아니라 반대쪽 벽이 낫겠다고 했으므로 다른 벽으로 옮겨야 한다고 생각하고 있다는 (a)만 옳다.
straight 똑바로 **tilt** 기울이다 **opposite** 반대쪽의 **out of place** 어울리지 않는 **unattractive** 매력적이지 않은 **crooked** 굽은

41

M Have you been over to the new Vietnamese restaurant, Sally?
W Yes, I was there just yesterday for lunch. It was delicious.
M You think so? I wasn't too impressed. My beef was overcooked and too salty.
W I had the tofu soup, and the flavors were wonderful.
M Maybe I should give that a try.
W I'm going again tomorrow if you'd like to come.

Q: Which is correct according to the conversation?
(a) The woman is anxious to order the beef.
(b) The woman thought her dish was too salty.
(c) The man enjoyed his meal at the restaurant.
✔ (d) The man is willing to try the restaurant again.

번역 M 새로운 베트남 음식점에 가본 적 있니, 샐리?
W 응, 어제 점심 먹으러 갔었어. 맛있었어.
M 그렇게 생각해? 난 별로 인상적이지 않던데. 내가 시킨 소고기는 너무 익혔고 너무 짰어.
W 난 두부 수프를 먹었는데 맛이 훌륭했어.
M 그거 한번 먹어 봐야겠다.
W 네가 같이 가고 싶으면 내일 다시 갈 거야.

Q: 대화에 따르면 옳은 것은?
(a) 여자는 소고기를 주문하고 싶어 한다.
(b) 여자는 음식이 너무 짜다고 생각했다.
(c) 남자는 음식점에서 음식을 맛있게 먹었다.
(d) 남자는 그 음식점에 다시 가볼 생각이다.

해법 여자는 두부 수프를 먹고 맛있다고 생각했고 남자는 소고기를 먹고 짜다고 생각했다. 남자는 그 음식점에 가서 먹어 보겠다고 했으므로 (d)만 옳은 내용이다.
overcooked 너무 익힌 **tofu** 두부 **flavor** 맛, 풍미 **give that[it] a try** 시도하다 **be anxious to** ~하고 싶어 하다 **be willing to+동사원형** 기꺼이 ~하다

42

W What's the name of our business class text?
M *Small Business in the Modern World.*
W I take it you've already purchased it, then?
M That's right. It was pretty expensive—around a hundred dollars.
W That's awful. I've already spent hundreds on my other books.
M If you want, you can share mine until you get your own.
W Thank you, but I might as well buy it now.

Q: Which is correct according to the conversation?
✔ (a) The woman will buy her own book.
(b) The man has already taken the class.
(c) The woman cannot afford a textbook.
(d) The business class does not require a text.

번역 W 우리 경영학 수업 교재 제목이 뭐지?
M 〈현대 세계의 소기업〉
W 그럼 넌 그걸 벌써 산 거구나?
M 맞아. 꽤 비쌌어. 100달러 정도.
W 그거 심하다. 다른 책들 사는 데 벌써 몇 백 달러를 썼단 말이야.
M 원한다면 네가 사기 전까지 내 걸 같이 봐도 돼.
W 고맙지만, 지금 사는 게 나을 것 같아.

Q: 대화에 따르면 옳은 것은?
(a) 여자는 자신의 책을 살 것이다.
(b) 남자는 이미 수업을 들었다.
(c) 여자는 교재를 살 여유가 없다.
(d) 경영학 수업은 교재가 필요하지 않다.

해법 take it은 '~라고 생각하다'의 표현이고, has already taken the class는 '그 수업을 이수했다'는 말이다. 남자는 이미 경영학 수업 교재를 샀고 여자는 비싸다고 불평하지만 지금 사겠다고 했으므로 (a)가 옳은 내용이다.
text 교재 **take it** ~라고 생각하다 **purchase** 구입하다 **awful** 심한 **share** 공유하다 **afford** ~할 여유가 되다 **require** ~을 필요로 하다

43

M Joanna, I've got two tickets to the horserace tomorrow. Care to join me?
W Oh, I love the races! But I have to go into the office tomorrow.
M Well, it doesn't start till 4:30.
W Hmm... I'm supposed to stay until 5.
M Can't you ask your boss to let you go a little early?
W I will, but don't get your hopes up.

Q: What can be inferred about the woman?
(a) She's upset with her boss.
(b) She doesn't care for sports.
✔ (c) She doesn't think she can attend.
(d) She wants to work late tomorrow.

번역 M 조앤, 내일 경마 입장권이 두 장 있어. 같이 갈 생각 있니?
W 아, 나 경마 좋아해! 하지만 내일 회사에 나가야 해.
M 음, 4시 30분이나 돼야 시작해.
W 흠… 5시까지 남아 있어야 하는데.
M 상사에게 조금만 일찍 가게 해달라고 부탁해 보면 안 되니?
W 그럴게, 하지만 너무 큰 기대는 하지 마.

Q: 여자에 관해 유추할 수 있는 것은?
(a) 상사에 대해 화가 나 있다.
(b) 스포츠를 좋아하지 않는다.
(c) 참석할 수 있을 거라고 생각하지 않는다.
(d) 내일 늦게까지 일하고 싶어 한다.

해법 여자의 마지막 말에서 don't get your hopes up이라고 하는데 '너무 큰 기대는 하지 말라'는 말이다. 갈 수 있을 거라고 생각하지 않는다는 것을 유추할 수 있으므로 (c)가 정답이다. 늦게까지 일하고 싶은 것은 아니므로 (d)는 오답이다.
horserace 경마 **be supposed to** ~하기로 되어 있다 **Don't get your hopes up.** 너무 큰 기대는 하지 마. **upset** 기분이 나쁜 **care for** ~을 좋아하다

44

W Good morning. I need to move some money around between my accounts.
M Okay, and what types of accounts do you have with us?
W Checking and savings. I'd like to transfer everything from the savings and close it out.
M Just so you know, we do charge a 25-dollar closing fee for that.
W Even if I'm putting the money into my checking account?
M Yes, it's bank policy.
W Well, I need to do this, so I guess I'll pay it.

Q: What can be inferred about the woman?
(a) She will keep both accounts open.
(b) She is hoping to open a new account.
✔ (c) She was unaware of the bank's policy.
(d) She is uncertain about how to proceed.

번역 W 안녕하세요. 제 다른 계좌로 돈을 옮기려고 해요.
M 알겠습니다. 저희 은행에 어떤 계좌를 가지고 계시죠?
W 당좌 예금 계좌와 보통 예금 계좌요. 보통 예금 계좌에서 다 이체하고 해지하고 싶어요.
M 25달러의 해지 수수료가 부가되는 거 아시죠?
W 제 당좌계좌로 이체하는 것인데도요?
M 네, 은행의 규정입니다.
W 음, 해야 하니까 지불해야겠네요.

Q: 여자에 관해 유추할 수 있는 것은?
(a) 두 개의 계좌를 모두 열어 둘 것이다.
(b) 새로운 계좌를 만들기 원한다.
(c) 은행의 규정을 모르고 있었다.
(d) 일이 진행되는 방법에 대해 잘 모른다.

해법 여자는 자신의 한 계좌에서 다른 계좌로 돈을 이체하려 하는 상황이다. 25달러의 이체 수수료에 대해서 질문하는 말로 보아서 은행의 방침에 대해 모르고 있었다는 (c)가 답이다.
account 계좌 **checking** 당좌 예금 **savings** 보통 예금 **transfer** 이체하다, 옮기다 **close out** (통장을) 해지하다 **charge** 부가하다 **closing fee** 해지 수수료 **be unaware of** ~을 모르다 **proceed** (일이) 행해지다

45

M What can you tell me about this computer monitor?
W Its picture quality is very high.
M Is that why it's so expensive? This other one is bigger but much cheaper.
W That's right. Size doesn't always mean better quality.
M Well, for me, I need the image to be as sharp as possible.
W I'd recommend the first one, in that case.

Q: What can be inferred from the conversation?
(a) Both monitors are being offered at discounted prices.
(b) The woman thinks the smaller model is a bad deal.
✔ (c) The man feels the smaller monitor is costly.
(d) The man will purchase the larger model.

번역 M 이 컴퓨터 모니터에 대해 해줄 말이 있는지요?
W 화질이 아주 좋습니다.
M 그래서 그렇게 비싼 건가요? 이쪽 것은 더 큰데 훨씬 싸잖아요.
W 맞습니다. 크다고 더 좋은 건 아니죠.
M 음, 전 이미지가 최대한 선명한 걸 원해요.
W 그렇다면, 처음 것을 권해 드려요.

Q: 대화를 통해 유추할 수 있는 것은?
(a) 두 개의 모니터는 할인된 가격에 제공되고 있다.
(b) 여자는 더 작은 모델이 좋지 않은 가격이라고 생각한다.
(c) 남자는 더 작은 모니터가 비싸다고 생각한다.
(d) 남자는 더 큰 모델을 살 것이다.

해법 Is that why it's so expensive? This other one is bigger but much cheaper라는 말에서 더 작은 모니터가 비싸다고 생각하고 있음을 알 수 있다. 따라서 (c)를 유추할 수 있다. 남자는 선명한 화질을 원한다고 했으니 더 큰 모델을 사지 않을 것이므로 (d)는 오답이다.
picture quality 화면 질 **size** 상당한 크기 **recommend** 추천하다 **costly** 값비싼

46

The island of Socotra, though technically a part of Yemeni territory, is vastly different from the mainland in terms of flora. Its peculiarities are a result of its relative isolation in the Indian Ocean; it lies 350 kilometers south of the Arabian Peninsula. Over the millennia plants native to the island evolved undisturbed by outside influences. The result is a wide array of species that are found nowhere else on Earth, such as Socotra's emblematic dragon's blood tree.

Q: What is mainly being discussed?
✔ (a) An island's unique plant life.
(b) The evolution of a tree species.
(c) The location of a Yemeni island.
(d) Exploration of Indian Ocean islands.

번역 소코트라 섬은 엄밀하게 보면 예멘 영토의 일부이지만, 식물군 면에서 본토와는 크게 다릅니다. 그 특이성은 상대적으로 인도양으로부터 고립된 결과입니다. 그것은 아라비아 반도의 남쪽 350킬로미터에 위치합니다. 천년이 넘는 동안 이 섬의 고유 식물들은 외부의 영향에 방해를 받지 않고 진화했습니다. 그 결과 소코트라의 상징적인 용피 나무처럼 지구상 어디에서도 발견되지 않는 가지각색의 종들이 생겨났습니다.

Q: 주로 논의되고 있는 것은?
(a) 섬의 독특한 식물.
(b) 나무 종의 진화.
(c) 예멘 섬의 위치.
(d) 인도양 섬의 탐험.

해법 소코트라 섬의 고립된 위치 때문에 식물군이 다양하고 독특하다는 것을 다루는 담화이다. 용피 나무처럼 지구상 어디에서도 볼 수 없는 독특한 식물들이 진화했다는 설명이므로 독특한 식물에 대한 내용임을 알 수 있다. 따라서 (a)가 정답이다.
technically 기술적으로 **territory** 영토 **vastly** 크게 **in terms of** ~의 면에서 **flora** 식물상 **peculiarity** 독특함 **relative** 상대적인 **isolation** 고립 **peninsula** 반도 **millennia** 천년 **undisturbed** 방해받지 않고 **wide array of** 가지각색의 **emblematic** 상징적인

47

Proponents of a technique known as art therapy believe that human creativity can accomplish more than producing beautiful works of art. Specifically, they feel the process of creating art can be used to treat certain emotional, cognitive, and even physical disorders. Art therapists guide their patients through carefully designed creative tasks, with the aim of helping them come to terms with trauma, fear, and repressed emotions. Though widely practiced, art therapy has yet to receive endorsements from official mental health governing bodies.

Q: What is mainly being introduced?
(a) Characteristics of art produced by mental patients.
✔ (b) An artistic form of mental health treatment.
(c) The similarities between artists and therapists.
(d) The ability of art to express difficult subjects.

번역 예술 치료로 알려진 기술의 지지자들은 인간의 창의력이 아름다운 예술 작품을 만들어 내는 것 이상을 성취할 수 있다고 믿습니다. 특히, 그들은 예술을 창조하는 과정이 특정한 감정적, 인지적, 심지어 신체적인 장애까지도 치료하는 데 동원될 수 있다고 생각합니다. 예술 치료자들은 환자가 정신적 외상과 두려움, 억압된 감정을 받아들일 수 있게 도울 목적으로 엄밀히 설계된 독창적인 작업을 통해 지도합니다. 비록 널리 실시되고는 있지만, 예술 치료는 아직 공식적인 정신 건강 주관 단체에서 승인을 받지는 못 했습니다.

Q: 주로 소개되고 있는 것은?
(a) 정신병 환자에 의해 창작된 예술의 특징.
(b) 정신 건강 치료의 한 예술적인 형태.
(c) 예술가와 치료자의 유사점.
(d) 어려운 주제를 표현하는 예술의 능력.

해법 정신 치료의 한 형태인 예술 치료의 목적과 이념, 치료 방법에 대해 설명하고 있다. 예술 치료자들은 독창적인 작업을 통해 정신적 외상과 두려움을 받아들이도록 지도한다 했으므로 정답은 (b)이다.
proponent 지지자 **art therapy** 예술 치료 **accomplish** 성취하다 **cognitive** 인지적인 **disorder** 장애 **come to terms with** 체념하고 받아들이다 **trauma** 정신적 외상 **repressed** 억압된 **endorsement** 승인 **governing body** 주관 단체

48

Your attention. This is Kaitlin Wong, and she's coming onboard as head of Human Resources. Kaitlin has many years of experience in the industry, and she's offered some exciting ideas for revamping the department. If you have any questions for her, I encourage you to stop by her office this afternoon. Let's all give her a warm welcome.

Q: What is the speaker mainly doing?
(a) Asking for feedback from employees.
✔ (b) Introducing a new department manager.
(c) Announcing some changes to the department.
(d) Congratulating a supervisor on her promotion.

번역 안내 말씀드리겠습니다. 이 분은 케이틀린 웡이고 인력개발부의 부장으로 부임하게 됩니다. 케이틀린은 업계에서 오랜 세월의 경험이 있으며 부서를 쇄신하는 데 신나는 아이디어를 제안했습니다. 질문이 있으면 오늘 오후 그녀의 사무실에 들르기 바랍니다. 모두 따뜻한 환영의 인사를 보냅시다.

Q: 화자가 주로 하고 있는 것은?
(a) 직원들로부터 의견을 요청하기.
(b) 새로운 부서장을 소개하기.
(c) 부서의 변화를 알리기.
(d) 상사의 승진을 축하하기.

해법 come onboard as는 '~로 부임하다'의 뜻이다. 인력개발부에 새로 부임한 직원에 대한 공고이다. 그녀가 맡은 부서와 이력, 공로 등에 대해 소개하며 환영 인사 하기를 권하는 안내 내용이므로 (b)가 답이다.
Your attention. 안내 말씀드리겠습니다. **come onboard as** ~로 부임하다, 승선하다 **Human Resources** 인력개발부, 인사팀 **revamp** 쇄신하다, 혁신하다 **department** 부서 **encourage** 권장하다 **stop by** 들르다 **feedback** 의견 **announce** 알리다 **supervisor** 감독자 **promotion** 승진

49

One of the richest men in American history started out as an immigrant child of modest means. Andrew Carnegie, born in Scotland, arrived in Pennsylvania with his parents in 1848. He took on various low-paying jobs at an early age, but his natural business acumen enabled him to rapidly rise through the ranks at a state railroad company. Before long, he had accumulated enough wealth to make widespread investments, and in the 1870s he founded the Carnegie Steel Company.

Q: What is the main topic of the talk?
✔ (a) Background on Carnegie's success in business.
(b) Immigrants' contributions to America.
(c) Carnegie's railroad innovations.
(d) Carnegie's family history.

번역 미국 역사상 가장 부자 중 한 사람은 별로 많지 않은 재산을 가진 이민자의 아이로 시작했습니다. 스코틀랜드에서 태어난 앤드류 카네기는 1848년에 부모님과 함께 펜실베이니아에 도착했습니다. 어린 나이에 여러 저임금 일을 맡아 했지만, 타고난 사업적 통찰력으로 주립 철도 회사에서 급속도로 지위 상승을 할 수 있었습니다. 오래 되지 않아 그는 광범위한 투자를 할 충분한 부를 축적했고, 1870년대에는 카네기 강철 회사를 설립했습니다.

Q: 담화의 소재는?
(a) 카네기의 사업 성공 배경.
(b) 이민자들의 미국에 대한 공헌.
(c) 카네기의 철도 개혁.
(d) 카네기의 가족사.

해법 카네기의 출생과 이민, 어린 시절, 회사에서의 성공과 강철 회사 설립까지의 과정을 소개하는 내용이다. 강철 산업의 유명 인사인 카네기의 사업 성공 배경이 주제로 가장 적절하므로 정답은 (a)이다.
immigrant 이민자 **modest** 별로 많지 않은 **means** 재산 **acumen** 통찰력 **rapidly** 급속하게 **rank** 지위 **accumulate** 축적하다 **wealth** 부 **widespread** 광범위한 **investment** 투자 **found** 설립하다 **steel** 철강 **background** 배경 **innovation** 개혁

50

Today's consumer keeps an average of 25 electronic gadgets in the home. That number was just three back in 1980. One outcome of this surge in electronic products is increased demand for household electricity. But high power consumption is bad for the environment, so many are advocating stricter efficiency standards for all electronic goods.

Q: What is the main topic of the talk?
(a) Possible methods for lowering electricity use.
(b) The effect of power consumption on the planet.
✔ (c) A negative consequence of electronics' popularity.
(d) Efforts to discourage the use of electronics products.

번역 오늘날 소비자들은 가정에 평균 25개의 전자 기기를 가지고 있습니다. 그 수는 과거 1980년에는 단지 3개였습니다. 전자 제품이 급격히 늘어난 결과 가정의 전기 수요가 증가했습니다. 그러나 높은 전력 소비는 환경에 나쁩니다. 따라서, 많은 사람들이 모든 전자 제품에 더 엄격한 효율 기준을 주장하고 있습니다.

Q: 담화의 소재는?
(a) 전기 사용을 줄이는 적절한 방법.
(b) 지구상에서 전력 소비의 효과.
(c) 전자 제품 대중성의 부정적인 결과.
(d) 전자 제품 사용 자제를 위한 노력.

해법 전자 제품이 과거에 비해 급속도로 많아졌는데 그 결과로 전력 소비가 증가했고, 환경 보호를 위해 소비를 줄이도록 효율 기준을 엄격하게 해야 한다는 주장을 소개하고 있다. 전자 제품이 인기가 많아진 것의 부정적인 결과가 주제이므로 (c)가 정답이다.

consumer 소비자 **average** 평균 **gadget** 기기, 기계 장치 **outcome** 결과 **surge** 급상승 **electronic product** 전자 제품 **household** 세대 **consumption** 소비 **advocate** 옹호하다, 주장하다 **strict** 엄격한 **efficiency** 효율

51

Don't let tax season get you down. This year, put your own personal tax advisor to work with SymaTech's Tax Works Pro. Have complicated investments? Work and live abroad? Own rental property? None of these issues are problems for Tax Works Pro, which contains automatically updated databases on every facet of tax law.

Q: What is mainly being discussed?
✔ (a) Financial software.
(b) Investment advice.
(c) A tax advisory firm.
(d) Changes to tax policy.

번역 세금 철에 낙심하지 마세요. 올해는 시마테크 택스 프로의 개인 세금 자문을 두세요. 복잡한 투자를 하시나요? 외국에서 살면서 일하시나요? 임대 부동산을 소유하고 있나요? 이런 문제들은, 세법의 모든 방면에 관해서 자동으로 업데이트되는 데이터베이스를 가진 택스 프로에게는 전혀 문제가 되지 않습니다.

Q: 주로 논의되고 있는 것은?
(a) 재무 소프트웨어.
(b) 투자 조언.
(c) 세금 자문 회사.
(d) 세금 정책 변화.

해법 your own personal tax advisor, automatically updated database를 통해 SymaTech's Tax Works Pro는 사람이나 회사가 아니라 재무 소프트웨어임을 알 수 있으므로 정답은 (a)이다. 세금 관련 여러 문제를 해결해 주는 것으로 소개하고 있다.

tax 세금 **get down** 낙담 시키다 **advisor** 자문, 조언자 **complicated** 복잡한 **investment** 투자 **rental property** 임대 부동산 **contain** 포함하다 **automatically** 자동적으로 **facet** 측면 **financial** 재정(상)의

52

Traditional language education, as practiced in government-run schools around the world, involves textbook lessons and intra-class conversation practice. Is it any wonder that so many students fail to achieve fluency in a foreign language? To truly tackle another tongue, it is necessary to live in it, 24-7. Study abroad programs offer students this opportunity. Immersed in a foreign culture, they have no choice but to learn to speak as those around them do. You'd be amazed at the results this can produce.

Q: What is the main idea of the talk?
(a) Language education must balance linguistic and cultural learning.
(b) Schools should discontinue their traditional language classes.
✔ (c) Studying abroad is the best way to learn a language.
(d) Textbooks have no place in language study.

번역 전 세계 국영 학교에서 시행되는 전통적인 언어 교육은 교과서 수업과 교실 내 회화 연습을 포함합니다. 그렇게 많은 학생들이 유창한 외국어 실력을 성취하지 못한다는 것이 놀랍지 않으세요? 진실로 다른 언어를 다루려면 하루 24시간, 일주일에 7일 동안 거기에서 살아야 합니다. 해외 연수 프로그램은 학생들에게 이런 기회를 제공합니다. 외국 문화에 빠져들어서, 주변에 있는 사람들처럼 말하기를 배우는 것 외에 다른 선택이 없습니다. 여러분은 이것이 낳는 결과에 놀랄 것입니다.

Q: 담화의 주제는?
(a) 언어 교육은 언어학과 문화적 지식의 균형을 맞춰야 한다.
(b) 학교는 전통적인 언어 수업을 중단해야 한다.
(c) 해외 연수는 언어를 배우는 최선의 방법이다.
(d) 교과서는 언어 공부에 불필요한 것이다.

해법 전통적인 언어 학습법은 유창한 외국어 실력을 키워주지 못했고 그 언어를 쓰는 곳으로 연수를 가야 한다고 주장하는 담화이다. 언어를 쓰는 곳에서 살아야 하고 해외 연수 프로그램이 이런 것을 가능하게 해준다고 알리고 있으므로 (c)가 주제이다.

government-run 국영의 **intra-class** 교실 내의 **fail to** ~하는 데 실패하다 **fluency** 유창함 **tackle** (문제를) 다루다 **24-7** 항시(twenty four hours a day and seven days a week) **immerse in** ~에 빠져들게 하다 **have no choice but to** ~하는 것 외에는 선택의 여지가 없다

53

Excuse me, please. This is an announcement for passengers on Blue Sky Airlines flight 5-5-1 to London. At this time, we would like to ask anyone flying with small children, or anyone requiring extra assistance, to please board the plane. You may do so at the gate marked B-6. Once everyone in this first group of passengers is aboard, we'll continue boarding starting with our first-class passengers. Thank you.

Q: Who should board the plane now?
(a) Passengers sitting in the rear of the plane.
(b) Customers with first-class tickets.
(c) All passengers flying to London.
✔ (d) Parents with young children.

번역 실례합니다. 런던으로 가는 블루 스카이 항공 551편 승객 여러분께 알려드립니다. 이제, 어린 아이나 별도의 도움이 필요한 분과 함께 여행하시는 분은 비행기에 탑승하여 주시길 바랍니다. B-6라고 표시된 게이트에서 탑승하셔도 됩니다. 첫 번째 그룹 승객 분들이 모두 탑승하고 나면 일등석 승객들부터 탑승을 계속할 것입니다. 감사합니다.

Q: 지금 비행기에 탑승해야 하는 사람은?
(a) 비행기의 뒤쪽에 앉는 승객들.
(b) 일등석 좌석 표를 소지한 고객들.
(c) 런던으로 여행하는 모든 승객들.
(d) 어린 아이를 동반한 부모들.

해법 탑승을 알리는 안내 방송이다. flying with small children, or anyone requiring extra assistance라는 부분을 보고 (d)를 유추할 수 있다. 추가적인 도움이 필요한 경우는 몸이 불편하거나 질병이 있는 경우 등 특수한 상황의 승객을 의미한다.

announcement 안내 방송 **passenger** 승객 **flight** 항공편 **extra** 별도의, 특별한 **assistance** 보조, 도움 **board** 탑승하다 **aboard** 탑승한 **first-class** 일등석 **rear** 뒤, 뒤쪽

54

One percent of people around the world suffer from rheumatoid arthritis or RA, a debilitating disorder of the body's joints. The main element of RA is an inflammation of the components that make up our joints, which can lead to bone and cartilage damage. Moreover, the pain this causes can significantly reduce a person's mobility. Traditional treatment involves painkillers and physical therapy, though a number of pharmacological remedies are currently under development.

Q: Which is correct about rheumatoid arthritis?
✔ (a) There is a certain amount of pain associated with it.
(b) It is affecting a growing segment of the population.
(c) Conventional remedies have not been effective.
(d) It attacks cells found in the interior of the bones.

번역 전세계 1퍼센트의 사람들이 신체 관절 쇠약 장애인 류머티스성 관절염(RA)에 시달립니다. RA의 주된 요소는 관절을 구성하는 성분의 염증인데 이것은 뼈와 연골 손상으로 이어질 수 있습니다. 게다가, 이것이 일으키는 통증은 사람의 운동성을 현저하게 감소시킬 수 있습니다. 전통적인 치료법에는 진통제와 물리 치료 요법이 있으며, 수많은 약물 치료법들이 현재 개발 중에 있습니다.

Q: 류머티스성 관절염에 관해 옳은 것은?
(a) 어느 정도의 고통이 수반된다.
(b) 인구의 성장하는 부분에 영향을 주고 있다.
(c) 전통적인 치료법은 효과가 없다.
(d) 뼈의 내부에서 발견되는 세포를 공격한다.

해법 the pain this causes··· 이하의 부분에서 통증 때문에 움직이기가 쉽지 않다는 것으로 보아 (a)를 유추할 수 있다. 뼈 속의 세포가 아니라 관절을 이루는 부분의 염증 때문에 발생하는 질병이므로 (d)는 오답이다.

rheumatoid arthritis 류머티스성 관절염(RA) **debilitate** 쇠약하게 하다 **disorder** 장애 **joint** 관절 **inflammation** 염증 **bone** 뼈 **cartilage** 연골 **significantly** 현저하게 **mobility** 운동성 **painkiller** 진통제 **physical therapy** 물리 치료 **pharmacological** 약리학적인 **remedy** 치료법 **associated with** ~와 연관된

55

After over 80 years of service to the community, the Springdale Public Library is in danger of shutting its doors. In recent years, borrower numbers have plummeted, and state-mandated funding has all but dried up. If the library is to be saved, we must demonstrate its continued relevance. Please, stop by, browse its catalogues, sign up for a membership card, and leave with an armful of quality reading. You won't regret it.

Q: Which is correct about the library?
(a) It plans to downsize its staff.
(b) It is being shut down by the state.
✔ (c) It requires a membership card to borrow books.
(d) It is announcing a special offer for new members.

번역 지역 사회에 80년이 넘게 봉사해 온 이후, 스프링데일 공립 도서관은 폐쇄 위험에 처해 있습니다. 최근 몇 년 동안, 대출자 수가 폭락했고 주 위임 자금은 거의 말라 버렸습니다. 도서관을 살리기 위해서는 우리가 지속적인 타당성을 보여줘야만 합니다. 들러서 목록을 살펴보시고, 회원 카드를 등록하시고, 좋은 책을 한 아름 안고 나오시기 바랍니다. 후회하지 않을 거예요.

Q: 도서관에 관해 옳은 것은?
(a) 인력을 축소할 계획이다.
(b) 주에 의해 폐쇄되고 있다.
(c) 책을 빌리기 위해서는 회원 카드가 필요하다.
(d) 신규 회원을 위해 특가 제공을 발표하고 있다.

해법 도서관은 대출자가 줄고 지원 자금이 바닥나고 폐쇄될 상황에 놓여 있다고 했다. 도서관을 살리기 위해 주민들이 할 일에 대해 촉구하는 내용으로 도서관에서 대출 절차를 언급하고 있다. 목록을 찾고, 회원 카드를 발급하고, 책을 대출해서 나온다는 것이므로 책을 대출하기 위해서는 회원 카드가 절차상 필요하다는 (c)가 옳다.

plummet 폭락하다 **state-mandated** 주 위임의 **funding** 자금 **dry up** 마르다 **demonstrate** 보여주다 **relevance** 타당성, 적절성 **stop by** 들르다 **browse** 살펴 보다 **armful** 한 아름 **regret** 후회하다 **downsize** 축소하다 **announce** 발표하다 **offer** 제공 가격

56

In the early 1800s, scientists from several nations were working on a way to transmit messages quickly over long distances. The result was the electrical telegraph, a technology capable of sending a signal from one telegraph station to another via previously laid electrical cables. The first practical telegraph system was established in the United States between Baltimore and Washington, D.C. in 1844. 1861 saw the creation of the first transcontinental line, and in 1866 a cable was successfully laid between the U.S. and Europe.

Q: Which is correct according to the talk?
✔ (a) Telegraph lines were capable of crossing oceans.
(b) The electrical telegraph was invented in Baltimore.
(c) Electrical telegraph technology existed before 1800.
(d) An American inventor created the concept of telegraphy.

번역 1800년대 초반, 몇 나라의 과학자들이 먼 거리에서 빨리 메시지를 전송하는 방법을 연구하고 있었습니다. 결과는 전보였는데, 미리 설치된 전기선을 통해 한 전보국에서 다른 곳까지 신호를 보낼 수 있는 기술이었습니다. 첫 실제적인 전보 체계는 1844년에 미국의 볼티모어와 워싱턴 D.C. 사이에 설립되었습니다. 1861년에는 최초의 대륙 간 연결선이 만들어졌고, 1866년에는 해저 케이블이 미국과 유럽 사이에 성공적으로 설치되었습니다.

Q: 담화에 따르면 옳은 것은?
(a) 전보 선은 대양을 가로지를 수 있었다.
(b) 전보는 볼티모어에서 발명되었다.
(c) 전보 기술은 1800년 이전에 존재했다.
(d) 미국 발명가가 전신술의 개념을 만들었다.

해법 1861년에 최초의 대륙 간 연결선이 탄생했다고 했으므로 대양을 건너서 대륙과 대륙을 연결하는 선이 설치되었다는 (a)가 옳다. 볼티모어는 전보가 최초로 설치된 곳이지 발명이 이루어진 곳은 아니므로 (b)는 오답이다.

several 몇몇의 **transmit** 전송하다 **electrical telegraph** 전보 **capable of** ~이 가능한 **signal** 신호 **via** ~을 통해 **previously** 이전에 **transcontinental** 대륙 간의 **invent** 발명하다 **exist** 존재하다

57

Ever since wireless Internet technology was introduced, restaurants, bars, and coffee shops have made use of it to attract business. In return for a small purchase, customers can enjoy unlimited access to the web at no charge. But the current economic hardships are causing some to reconsider this policy. Establishments in cities worldwide are becoming concerned with the costs of the electricity consumed by customer laptops and of maintaining a network. Increasingly, wi-fi seekers are finding it more difficult to locate access points where they feel welcome.

Q: Which is correct according to the report?
(a) Most restaurants will soon ban the use of laptops.
(b) Wireless access is more prevalent in larger cities.
(c) Wireless network costs have recently increased.
✔ (d) Offers of free wi-fi access are being rethought.

번역 무선 인터넷 기술이 소개된 이래, 음식점과 술집, 커피숍은 고객을 유치하기 위해 그것을 이용했습니다. 작은 것을 구입한 대가로 고객들은 무료로 웹에 무제한 접근할 수 있습니다. 그러나 현재의 경제적인 어려움은 이 방침을 재고하게 하고 있습니다. 전세계 도시의 점포에서는 고객의 노트북이 소비하는 전기 비용과 네트워크 유지비에 대해 걱정하게 되었습니다. 점점, 무선랜을 찾는 사람들이 환영받는 접속 장소를 찾기가 더욱 어려워지고 있다는 것을 느낍니다.

Q: 기사에 따르면 옳은 것은?
(a) 대부분의 음식점은 노트북 사용을 곧 금지할 것이다.
(b) 무선 접속은 대도시일수록 더욱 유행이다.
(c) 무선 네트워크 비용은 최근에 증가했다.
(d) 무선 접속을 무료로 제공하는 것이 재고되고 있다.

해법 도시의 점포에서 무선 접속이 유행이었지만 현재는 비용 문제로 인해 무료 사용이 재고되고 있다는 내용이므로 (d)가 옳다. 금지는 언급되지 않았으므로 (a)는 답이 될 수 없고, 도시에서 재고되고 있으므로 (b)도 답이 아니다.

ever since ~이래로 **attract business** 고객을 유치하다 **access** 접근 **at no charge** 무료로 **reconsider** 재고하다 **establishment** 점포 **be concerned with** ~을 걱정하다 **consume** 소비하다 **laptop** 노트북 **wi-fi** 무선 컴퓨터 시스템(wireless fidelity) **ban** 금지하다 **prevalent** 유행인

58

The fifth annual Stratton Folk Music Festival will begin next weekend and last for ten days. This year, we've booked more bands than ever before, and they'll be playing folk styles from all over the world. Also, for the first time, there will be food vendors on site so you can enjoy delicious local treats while you listen to the music. Tickets can be purchased at City Hall, and remember: as always, children get in free.

Q: What can be inferred about the music festival?
(a) There are special children's activities.
(b) It has been held only once before.
✔ (c) It has expanded since last year.
(d) There is no charge to enter.

번역 제5회 연례 스트라톤 민속 음악 축제가 다음 주말에 시작해 열흘간 계속됩니다. 올해에는 이전보다 많은 밴드와 출연 계약했고 전세계 민속 음악을 연주할 것입니다. 또한, 최초로 현장에 음식 노점상이 있어서 음악을 들으면서 지역 특유의 맛있는 음식도 즐기실 수 있습니다. 입장권은 시청에서 구매하실 수 있고 기억하실 것은 여느 때처럼 아이들은 무료 입장이라는 것입니다.

Q: 음악 축제에 대해 유추할 수 있는 것은?
(a) 아이들의 특별 활동이 있다.
(b) 전에 단 한 번만 열렸다.
(c) 지난해 이후 확대되었다.
(d) 입장하는 데 비용은 없다.

해법 민속 음악 축제 행사는 5회를 맞았고 지난해보다 확대된 규모이며 입장권은 시청에서 구입해야 하고 아이들만 무료 입장이 가능하다는 내용이므로 (c)를 유추할 수 있다.

annual 해마다의, 연간의 **folk music** 민속 음악 **book** 출연 계약을 하다 **for the first time** 처음으로 **food vendor** 음식 노점상 **site** 현장 **treat** 훌륭한 요리 **purchase** 구입하다 **expand** 확대하다

59

There are various contenders for the first "modern novel," but Cervantes' *Don Quixote* is generally credited as such. In it, Cervantes utilized the conventions of medieval storytelling, which featured the adventures of heroic characters related in short, disjointed tales. However, though episodic, the stories found in *Don Quixote* are much more cohesive, furthering a single plot. This is what earns the work recognition as a modern novel.

Q: What can be inferred about modern novels?
(a) They use medieval stories as templates.
(b) They do not include more than one plot.
(c) They differ widely from Cervantes' work.
✔ (d) They tend to be less episodic and more cohesive.

번역 최초의 '현대 소설'에는 여러 경쟁자들이 있지만 세르반테스의 〈돈키호테〉가 일반적으로 그것이라고 여겨집니다. 거기에서 세르반테스는 중세 이야기의 관습을 활용했는데, 그것은 짧고 분리된 이야기들과 관련된 영웅적 인물의 모험을 특징으로 삼았습니다. 그러나 비록 에피소드풍이지만 〈돈키호테〉에 나오는 이야기는 하나의 줄거리를 조성하면서 훨씬 더 응집력이 있습니다. 이것이 현대 소설로서 인정을 받게 한 부분입니다.

Q: 현대 소설에 대해 유추할 수 있는 것은?
(a) 중세의 이야기를 본판으로 사용한다.
(b) 하나 이상의 줄거리를 포함하지 않는다.
(c) 세르반테스의 작품과는 아주 다르다.
(d) 덜 에피소드풍이고 더욱 응집력이 있는 경향이 있다.

해법 마지막 두 문장에서 에피소드풍이라는 것이 부족한 점이지만, 응집력이 있는 것이 현대 소설로 인정받는 측면이라고 설명하고 있으므로 현대 소설의 특징이 이야기의 응집력임을 알 수 있다. 따라서 정답은 (d)이다.
contender 경쟁자 **convention** 관습 **medieval** 중세의 **storytelling** 이야기 **feature** ~을 특징으로 삼다 **disjointed** 분리된 **cohesive** 응집력이 있는 **further** 조성하다, 진행하다 **recognition** 인정 **template** 본판, 형판

60

For years, childcare experts have promoted children's participation in sports to build teamwork skills, increase socialization, and keep physically fit. Recently, however, these promotions have slowed. Numerous studies now suggest that children do not benefit from the competitive aspect of sports activities. In fact, some experts feel that it can be harmful. Instead, they recommend engaging children in cooperative pursuits, such as community projects and art and music clubs. While childhood sports are certainly not expected to disappear, they may become less popular as time goes on.

Q: What can be inferred from the talk?
✔ (a) The benefits of sports may not outweigh the drawbacks.
(b) Physical fitness is not as important as it once was.
(c) It is recommended that children not play sports.
(d) Art and music clubs are viewed as competitive.

번역 수년 동안, 보육 전문가들은 아이들이 협동 기술을 쌓고, 사회화를 증진하고, 신체적으로 튼튼하게 하기 위해 스포츠에 참가할 것을 홍보해 왔습니다. 그런데, 최근 이 홍보는 활기가 줄었습니다. 여러 연구들은 이제 스포츠 활동의 경쟁적인 측면에서 이득을 얻지 못한다고 말하고 있습니다. 사실, 몇몇 전문가들은 그것이 해로울 수 있다고 생각합니다. 대신에, 그들은 아이들을 공동 과제와 미술과 음악 동아리와 같은 협동적인 취미에 참여하도록 권장합니다. 아이들의 스포츠가 확실히 사라질 것으로 예상되지는 않지만 시간이 흐를수록 인기가 덜해질지도 모릅니다.

Q: 담화에서 유추할 수 있는 것은?
(a) 스포츠의 이점은 단점을 능가하지 못 할지도 모른다.
(b) 신체 단련은 과거만큼 중요하지 않다.
(c) 아이들은 스포츠를 하지 말라고 권고된다.
(d) 미술과 음악 동아리는 경쟁적인 것으로 간주된다.

해법 아이들이 스포츠의 경쟁적인 측면을 배우기보다는 지역 봉사나 예술 동아리를 통해 협동적인 면을 발달시켜야 한다는 주장이다. 스포츠의 단점인 경쟁적인 측면이 해로울 수도 있다고 했으므로 단점을 능가하지 못할지도 모른다는 (a)가 유추 가능하다. 신체 단련 자체가 중요하지 않은 것이 아니므로 (b)는 오답이다.
expert 전문가 **participation** 참가 **socialization** 사회화 **numerous** 수많은 **benefit from** ~의 혜택을 입다 **competitive** 경쟁적인 **aspect** 측면 **recommend** 추천하다, 권고하다 **cooperative** 협동적인 **outweigh** 능가하다 **drawback** 단점 **physical fitness** 신체 단련

Grammar

25 minutes

1

A You know, ___________.

B The paintings were so powerful, weren't they?

(a) really that art exhibit I moved
(b) I really moved that art exhibit
(c) art exhibit that moved me really
✔ (d) that art exhibit really moved me

번역 A 있잖아요, 그 미술 전시회는 정말 감동적이었어요.
B 그림에 정말 힘이 넘쳤죠?

해법 문장의 어순을 묻는 문제이다. 주어+동사로 이어지는 평서문의 어순에 맞는 것을 고르면 된다. 여기서 that은 지시형용사이므로 명사 앞에 위치해야 하며, 따라서 (d)가 정답이다. move는 '감동시키다'라는 타동사로 주로 사람을 목적어로 취한다는 점에 주의한다.
exhibit 전시회 **move** 감동시키다

2

A Do you listen to much music?

B Yes, I always have my earphones in while ___________.

(a) I've exercised
✔ (b) I'm exercising
(c) I'd exercised
(d) I'll be exercising

번역 A 음악 많이 듣니?
B 응, 난 운동할 때 항상 이어폰을 꽂고 있어.

해법 시제를 묻는 문제이다. 빈칸 앞 주절에 always have로 보아 현재 지속되고 있는 일을 나타내므로 현재 시제가 들어가야 알맞다. 따라서 현재 진행인 (b) I'm exercising이 가장 적절하다.

3

A This math class is a pain, if you ask me.

B I don't know. I kind of like ___________ equations.

(a) solve
✔ (b) solving
(c) to be solved
(d) the solution

번역 A 말이 나왔으니 말인데, 이런 수학 수업은 정말 짜증나.
B 난 잘 모르겠어. 어느 정도 방정식 풀이가 재미있기도 해.

해법 빈칸에는 like의 목적어가 되면서 뒤에 오는 equations를 목적어로 취할 수 있는 어구가 필요하다. 따라서 명사와 동사의 기능을 함께 가지고 있는 동명사 (b) solving이 알맞다.
kind of 어느 정도 **equation** 방정식 **solution** 해답

4

A What's the matter with Kate? She seems ___________.

B She lost her cell phone yesterday and has to buy a new one.

✔ (a) agitated
(b) agitating
(c) to agitate
(d) to have agitated

번역 A 케이트한테 무슨 일 있어? 짜증 나 보이던데.
B 어제 휴대폰을 잃어버려서 새로 사야 한대.

해법 seems의 보어로 주어인 She의 상태를 나타내기에 알맞은 어구가 들어가야 한다. agitate는 '짜증나게 하다'라는 뜻이므로, '짜증 난'이라는 뜻이 되려면 과거분사인 (a) agitated를 써야 알맞다.
cell phone 휴대폰 **agitated** 불안한, 짜증이 난

5

A Who wants to come with me to the film premier tonight?

B ___________! What time does it start?

(a) Do I
✔ (b) I do
(c) I do it
(d) Do it

번역 A 오늘 밤 영화 시사회에 누가 같이 갈래?
B 내가 갈게! 몇 시에 시작하는데?

해법 빈칸 뒤에서 몇 시에 시작하느냐고 묻는 것으로 보아 빈칸에는 '내가 갈게'라는 뜻이 되어야 자연스럽다. 질문에 쓰인 wants to come을 do동사로 대신 받은 (b) I do가 정답이다.
film premier 영화 시사회

6

A Have you seen the remote control lately?
B I left it __________ the table the last time I used it.

(a) of
✔ (b) on
(c) in
(d) to

번역 A 최근에 리모컨 봤어?
B 마지막으로 썼을 때 탁자 위에 두었어.

해법 장소를 나타내는 데 쓰이는 전치사를 묻는 문제이다. '탁자 위에'라는 뜻으로 어떤 것의 표면 위에 접해 있는 위치를 나타내므로 (b) on이 가장 적절하다.
remote control 리모컨

7

A Kelly's performance has been outstanding recently.
B Yes. __________ a new contract, but her sales have been off the chart.

(a) Only closing she did not
(b) She only did not close
✔ (c) Not only did she close
(d) She closed not only

번역 A 켈리의 업무 성과가 요즘 들어 아주 뛰어나요.
B 네. 새로운 계약을 체결한 건 물론이고 영업 실적도 기준치 이상이에요.

해법 선택지와 빈칸 뒤의 but을 연관시켜 not only ... but (also) 구문을 묻고 있음을 알 수 있다. not only와 but 다음에는 대등한 문장 구조가 이어져야 하므로 not only도 but과 마찬가지로 절을 이끌어야 알맞다. 따라서 (c)가 정답으로 부정어 Not이 문두로 나가서 주어와 동사가 도치된 형태이다.
close a contract 계약을 체결하다 **off the chart** 통상적인 기준을 넘어선

8

A Where __________? I've been calling for hours.
B Sorry, I was stuck in traffic on the interstate.

(a) having been
✔ (b) have you been
(c) you have been
(d) are you having

번역 A 어디 있었어? 몇 시간이나 전화했는데.
B 미안해. 고속도로에서 길이 막혀서 꼼짝 못했어.

해법 시제의 올바른 형태를 묻는 문제이다. 빈칸 뒤에 현재완료 진행이 이어지므로 빈칸에도 현재완료 시제가 쓰여야 알맞다. '있다'라는 뜻의 be동사의 현재완료 형태는 have been이고, 의문문이므로 조동사 have와 주어를 도치시킨 (b)가 정답이다.
be stuck in traffic 교통 정체에 걸리다 **interstate** 주(州) 간 고속도로

9

A I can't believe you quit your job.
B Well, life's too short for me __________ my time with that company.

(a) wasting
✔ (b) to be wasting
(c) having wasted
(d) I have wasted

번역 A 네가 일을 그만뒀다는 게 믿기지가 않아.
B 그게, 그 회사에서 시간을 허비하고 있기에는 내 인생이 너무 짧아서 말이지.

해법 빈칸 앞에 〈too+형용사+to+동사원형〉 구문을 이루는 too와 의미상 주어가 되는 for me가 있으므로 빈칸에는 to+동사원형이 들어가야 알맞다. 현재 시점을 강조하여 진행형 부정사를 쓴 (b)가 정답이다.
quit (일 등을) 그만두다

10

A Where's Arnold? It's not like him to be so late.
B He __________ we were meeting at your apartment.

(a) can think
(b) should think
(c) should be thinking
✔ (d) must have thought

번역 A 아놀드는 어디 있어? 이렇게 늦다니 그답지 않은데.
B 우리가 너희 아파트에서 모이는 걸루 생각했나 봐.

해법 조동사의 쓰임을 묻는 문제이다. 평소 늦지 않는 사람이 안 오고 있으므로 모임 장소를 잘못 안 것이라고 추측하는 의미로 (d)가 들어가야 가장 적절하다. must have p.p.는 '~했음에 틀림없다'는 단정적 추측을 나타낸다.

11

A I can't believe I ate all the cookies. I just __________ help myself.
B Don't worry. They were actually low in fat and relatively healthy.

(a) hadn't
(b) wouldn't
✔ (c) couldn't
(d) shouldn't

번역 A 내가 저 쿠키를 전부 먹었다니 믿을 수가 없어. 자제력을 잃었나 봐.
B 걱정 마. 그 쿠키는 실제로 지방 함량이 적어서 비교적 건강에 좋아.

해법 A는 자신이 먹은 양에 놀라고 있으므로, 식욕을 억제하지 못했다는 의미로 (c) couldn't가 들어가야 알맞다. can't help oneself는 '어쩔 수가 없다, 자신을 통제할 수가 없다'라는 의미이다.
relatively 비교적, 상대적으로

12

A Have you decided which shoes to buy?
B Not quite, but I've narrowed it down to the __________ pairs.

(a) sturdy two brown
✔ (b) two sturdy brown
(c) two brown sturdy
(d) brown sturdy two

번역 A 어떤 신발을 살지 결정했니?
B 확실히는 아니지만 튼튼한 갈색 신발 두 켤레로 마음을 좁혔어.

해법 명사를 수식하는 형용사들의 어순을 정하는 문제이다. 명사의 속성에 가까울수록 명사에 더 가깝게 위치하며 대개 '수량–크기–모양 및 성질–색상–재료'의 어순으로 명사 앞에 위치한다. 따라서 '수량–성질–색상'의 어순으로 쓰인 (b)가 정답이다.
narrow down to ~으로 (선택의 폭을) 좁히다 **sturdy** 튼튼한

13

A What kind of format do you recommend for the essay, Professor?
B __________ you want to structure it is fine with me.

✔ (a) However
(b) Whatever
(c) Whichever
(d) Wherever

번역 A 어떤 양식으로 보고서를 써야 하나요, 교수님?
B 보고서 구성에 네가 원하는 방식이라면 어떤 거라도 괜찮다.

해법 복합관계사를 묻는 문제이다. 빈칸은 you want to structure it이라는 절을 이끌고 is fine의 주어가 된다. 이끄는 관계절에서 문맥상 '어떤 방식이든지'라는 뜻으로 부사 역할을 하므로 (a) However가 알맞다.
format 체제, 양식 **structure** 구성하다

14

A Can you tell where the noise is coming from?
B Well, it sounds like it's originating somewhere in __________ rear of the vehicle.

(a) a
✔ (b) the
(c) that
(d) this

번역 A 이 소음의 출처가 어디인지 아시겠어요?
B 글쎄요, 차량 뒤쪽 어딘가에서 나는 것 같은데요.

해법 명사를 수식하는 한정사를 묻는 문제이다. 빈칸 뒤의 명사 rear가 of the vehicle이라는 어구의 수식을 받고 있으므로 정관사 (b) the가 들어가야 알맞다.
originate 시작하다, 발원하다 **rear** 뒤, 후부

15

A Are you sure everyone is ready for the product launch?
B Yes, all of the department heads __________.

(a) are alerting
✔ (b) have been alerted
(c) are to have alerted
(d) having been alerted

번역 A 모두 제품 출시 준비가 확실히 되어 있겠죠?
B 네, 모든 부서장들이 정신 바짝 차리고 있습니다.

해법 시제와 태를 묻는 문제이다. alert는 '경고하다, 주의를 주다'라는 뜻으로 여기서는 문맥상 부서장들이 '주의를 받아 긴장한' 상태이므로 수동태로 써야 알맞다. (c)와 (d)는 동사의 형태가 올바르지 않으므로 답이 될 수 없고, 현재완료 시제를 쓴 (b)가 가장 적절하다.
launch 진수, 출시 **department head** 부서장 **alert** 경고하다, 주의를 주다

16

A Today's the big day. Let me know __________.
B I'll call you as soon as I get out of class.

✔ (a) how the exam goes
(b) how goes the exam
(c) the exam how it goes
(d) how the exam's going

번역 A 오늘이 바로 결전의 날이구나. 시험이 어땠는지 알려줘.
B 교실에서 나오는 즉시 전화할게요.

해법 how가 이끄는 의문문이 know의 목적어인 간접의문문으로 쓰이고 있으므로 간접의문문의 어순인 '의문사+주어+동사'에 부합하는 것을 골라야 한다. 따라서 (a)가 정답이다. (d)는 진행형 시제가 상황에 어울리지 않는다.
big day 중요한 날 **get out of** ~에서 나오다

17

A This jacket's on sale, but it'll never fit me.
B You might __________ try it on. You never know.

(a) as
(b) well
(c) well as
✔ (d) as well

번역 A 이 재킷이 세일 중이긴 한데, 나한테는 전혀 안 맞을 것 같네요.
B 한번 입어보지 그러세요. 혹시 모르는 일이잖아요.

해법 A가 지레짐작으로 옷이 맞지 않을 거라고 하자 B가 한번 입어보라고 권하는 상황이다. 따라서 '~하는 편이 낫다, ~하는 게 좋다'라는 뜻으로 might as well을 써야 의미가 가장 자연스러우므로 (d)가 답이다. (b)의 might well은 '~하는 것은 당연하다'라는 뜻이다.
on sale 할인가로 판매되는 **fit** ~에 꼭 들어맞다

18

A Can you tell me __________ enrollment for the course has opened yet?
B I don't believe it has, but let me check.

✔ (a) whether
(b) when
(c) like
(d) such

번역 A 강좌 등록을 시작했는지 아세요?
B 아직 시작하지 않은 것 같은데, 확인해 볼게요.

해법 접속사를 고르는 문제이다. tell의 목적어절을 이끌어야 하는데, 선택지 중에서 명사절을 이끄는 접속사는 (a) whether뿐이다. 문맥상으로도 '~인지 아닌지'라는 뜻이 되어 가장 적절하다.
enrollment 등록 **open** 개시하다

19

A Tom is always late! I can't stand it!
B __________, he's not very responsible.

(a) I've always said it's like
✔ (b) It's like I've always said
(c) Like I've always said it is
(d) Always I've said like it

번역 A 톰은 항상 늦어! 정말 참을 수가 없어!
B 내가 늘 말했듯이 걔는 책임감이 별로 없어.

해법 문장의 어순을 묻는 문제이다. 문맥상 '내가 늘 말했듯이'라는 뜻이 되어야 알맞다. '~인 것 같다'라는 뜻의 It's like 뒤에 I've always said라는 절이 뒤따르는 (b)가 올바른 형태이다.
stand 참다 **responsible** 책임감 있는

20

A When is Darryl Adams going to release a new book?
B __________? It takes time for talented writers to finish a novel.

(a) Who says
(b) Says who
(c) Can who say
✔ (d) Who can say

번역 A 대릴 애덤즈가 언제 신간을 발표할까요?
B 누가 알겠어요? 재능 있는 작가들은 소설 한 권 끝내는 데 시간이 걸리잖아요.

해법 빈칸 뒤에서 소설을 완성하는 데 시간이 걸린다는 말로 보아 신간이 언제 나올지 알 수 없다는 말이 들어가야 알맞다. (d) Who can say?는 수사의문문으로 '누가 알겠어?', 즉 '아무도 모른다'라는 뜻이다.
release 발표하다 **talented** 재능 있는

Actual Test 2

21

Penicillin is a type of antibiotic that __________ in 1928 and led to cures for many serious diseases.

(a) discovered
(b) had discovered
✔ (c) was discovered
(d) had been discovered

번역 페니실린은 일종의 항생제로서 1928년에 발견되어 여러 심각한 질병들의 치료제가 되었다.

해법 빈칸은 관계대명사 that이 이끄는 절의 동사로, 주어가 선행사인 a type of antibiotic이므로 문맥상 '발견되다'라는 뜻의 수동태가 되어야 알맞다. 따라서 (c)와 (d)가 가능한데, 과거에 일어난 사건은 과거시제로 나타내므로 (c)가 알맞다.
antibiotic 항생제 **cure** 치료제

22

__________ a scholarship would mean nearly an 85% discount on yearly tuition.

✔ (a) Securing
(b) Secured
(c) Securely
(d) Secure

번역 장학금을 타면 연간 등록금의 거의 85%를 절약하게 된다.

해법 빈칸은 a scholarship이라는 목적어를 취하면서 문장 전체적으로는 would mean의 주어 역할을 하므로 명사와 동사 역할을 동시에 하는 동명사 (a) Securing이 들어가야 알맞다.
scholarship 장학금 **tuition** 수업료 **secure** 확보하다, 획득하다

23

With a mixture of mammalian and reptilian traits, the platypus is considered __________ Earth's most unique animals.

(a) of the
(b) the one
✔ (c) one of
(d) only the

번역 포유류와 파충류의 특징을 함께 가지고 있는 오리너구리는 지구상에서 가장 독특한 동물 중 하나로 여겨진다.

해법 is considered라는 단수 동사 뒤에 animals라는 복수 명사가 이어지므로 빈칸에는 is considered의 보어가 따로 필요함을 알 수 있다. 보어 역할을 할 수 있는 명사가 포함된 것은 (b)와 (c)인데, 빈칸 뒤에 명사구와 이어지려면 of와 같은 전치사가 필요하므로 (c) one of가 정답이다.
mammalian 포유류의 **reptilian** 파충류의 **trait** 특징 **platypus** 오리너구리

24

Addicts of the drug nicotine may exhibit __________ irritability, headaches, and nausea during the withdrawal period.

(a) symptoms as such
(b) as such symptoms
✔ (c) symptoms such as
(d) as symptoms such

번역 약물 니코틴에 중독된 사람들은 금단 기간 동안 짜증, 두통, 구역질 등의 증상을 보일 수 있다.

해법 빈칸 뒤에 여러 가지 증상들이 나열되고 있으므로 빈칸에는 '~등의 증상'이라는 어구가 들어가야 알맞다. exhibit의 목적어인 symptoms가 나오고 이를 수식하는 such as가 이어지는 (c)가 올바른 어순이다.
addict 중독자 **exhibit** 나타내다 **irritability** 짜증 **nausea** 구역질 **withdrawal** 투여 중지

25

This lecture hall __________ one of the university's founders.

(a) names to get
(b) from a name got
✔ (c) gets its name from
(d) is getting from a name

번역 이 강의실은 대학 설립자 중 한 사람의 이름을 따서 이름 붙여졌다.

해법 강의실에 설립자의 이름이 붙여졌다는 의미로 '~로부터 이름을 얻다'라는 뜻의 (c)가 들어가야 가장 알맞다. 같은 의미로 names after로 바꿔 쓸 수도 있다.
lecture hall 강의실 **founder** 설립자, 창립자

26

The judge ordered __________ payment for all outstanding traffic tickets under penalty of arrest.

✔ (a) the man to remit
(b) that the man remitting
(c) for the man remit
(d) that the man remitted

번역 판사는 그 남자에게 밀린 교통 범칙금을 모두 내라고 명령했으며 이를 위반 시 체포를 명했다.

해법 빈칸에는 ordered의 목적어가 이어져야 하는데, that절이나 '목적어+to+동사원형'의 형태가 일반적이다. that절이 올 때는 동사원형을 써야 하므로 (b)나 (d)는 모두 알맞지 않다. 따라서 (a)가 정답이다.
outstanding 미납의 **traffic ticket** 교통 위반 딱지 **under penalty of** 위반하면 ~에 처하는 조건으로 **remit** (돈을) 부치다

27

Immigration authorities may not allow you into the country __________ proof of onward travel.

✔ (a) without
(b) unless
(c) although
(d) barring

번역 이민국에서는 관광 목적임이 증명되지 않으면 당신의 입국을 허가하지 않을 수도 있다.

해법 빈칸 뒤에 구가 나오므로 절을 이끄는 접속사인 (b)나 (c)는 알맞지 않다. 명사구를 이끌 수 있는 전치사 (a)와 (d) 중에서 문맥상 '~이 없이'라는 뜻의 (a) without이 적절하다.
immigration authority 이민국 **onward** 전진하는 **barring** ~을 제외하고

28

An updated university policy asserts that students shall __________ to retake exams only in the case of a medical emergency.

(a) permit
(b) be permitting
✔ (c) be permitted
(d) have permitted

번역 개정된 대학 규정에서는 학생들은 의료 응급상황에서만 재시험을 치르도록 허용될 것이라고 주장하고 있다.

해법 시제와 태를 묻는 문제이다. 빈칸에 들어갈 동사의 주어인 students의 입장에서는 '허가를 받는' 것이므로 수동태가 되어야 하므로 이에 부합하는 것은 (c)뿐이다. 빈칸 앞에 조동사가 있으므로 동사원형인 be를 써야 한다.
assert 주장하다 **retake** (시험 등을) 다시 치다

29

Taking aesthetically pleasing photographs is __________, regardless of how much experience they have.

(a) anything nobody can do
(b) nothing that everyone can do
✔ (c) not something everyone can do
(d) everyone that can do anything

번역 미학적으로 멋진 사진을 찍는 것은 아무리 경험이 풍부하다 해도 누구나 할 수 있는 일은 아니다.

해법 문맥상 '누구나 할 수 있는 일은 아니다'라는 뜻의 부분 부정을 나타내는 표현이 들어가야 한다. 따라서 전체 부정을 나타내는 nobody나 nothing이 포함된 (a), (b)는 알맞지 않다. not ... everyone으로 부분 부정을 나타내는 (c)가 가장 적절하다.
aesthetically 미학적으로 **pleasing** 만족스러운 **regardless of** ~에도 불구하고

30

In the Crimean War of the 1850s, Britain allied with France so __________ prevent the Russians from gaining power in Turkey.

(a) to
(b) as
(c) to as
✔ (d) as to

번역 1850년대의 크림 전쟁에서 영국은 러시아가 터키에서 세력을 잡는 것을 막기 위해 프랑스와 동맹을 맺었다.

해법 문맥상 '~하기 위해서'라는 뜻이 되어야 알맞으므로 (d)가 정답이다. so as to는 in order to나 단순 to부정사로 바꿔 쓸 수 있다.
ally 동맹하다, 연합하다

31

His clients are demanding that he __________ them with more accurate and timely invoices.

(a) provides
✔ (b) provide
(c) provided
(d) is providing

번역 고객들은 그에게 좀 더 정확하고 시기적절한 송장을 보내줄 것을 요구하고 있다.

해법 that절을 이끄는 동사가 demand임에 주의해야 한다. demand, order, insist처럼 요구, 명령, 주장, 제안 등을 나타내는 동사가 이끄는 that절에서는 시제와 인칭에 상관없이 동사원형을 쓰므로 (b)가 정답이다.
accurate 정확한 **timely** 시기적절한 **invoice** 송장

32

The boundary between Europe and Asia is demarcated by the Ural Mountains, __________ run from north to south at roughly 60 degrees east.

(a) whose
✔ (b) which
(c) where
(d) of which

번역 유럽과 아시아 사이의 경계는 우랄 산맥에 의해 구분되는데, 이는 대략 동경 60도 부근에 남북으로 뻗어 있다.

해법 관계사를 묻는 문제이다. 선행사가 the Ural Mountains이며 관계절에서 run의 주어 역할을 하므로 관계대명사 (b) which가 들어가야 알맞다.
boundary 경계 **demarcate** 구분하다 **run** (어떤 방향으로) 뻗다 **roughly** 대략

33

Typos and other small errors plague even __________ text.

✔ (a) the most closely edited
(b) a most closely editing
(c) most closely editing
(d) few most closely edited

번역 오자 등의 사소한 실수들이 아주 세심한 교정을 거친 책에도 큰 타격을 입힌다.

해법 명사 text를 수식하는 형용사구의 형태를 묻는 문제이다. 동사 edit는 '편집하다, 교정하다'라는 뜻으로 text의 입장에서는 '교정되는' 것이므로 수동을 나타내는 과거분사로 수식해야 한다. 최상급을 나타내므로 the most를 붙인 (a)가 정답이다.
typo 오자 **plague** 괴롭히다

34

More information about the project's creators __________ in the "about" section of their website.

✔ (a) is found
(b) is finding
(c) were found
(d) has been finding

번역 프로젝트 기획자에 대한 더 많은 정보는 그곳 홈페이지의 'about'란에서 찾아볼 수 있다.

해법 주어가 빈칸 앞의 creators가 아니라 More information임에 주의한다. information은 셀 수 없는 명사이므로 단수 동사로 받고 문맥상 '발견되는' 것이므로 수동태가 되어야 한다. 따라서 (a)가 정답이다.
creator 고안자, 창시자

35

To protest women's lack of voting rights, Susan B. Anthony cast an illegal ballot in the 1872 presidential election and __________ subsequently arrested.

(a) to be
✔ (b) was
(c) had been
(d) being

번역 여성의 선거권 제한에 항의하여, 수잔 B. 앤소니는 1872년 대통령 선거에서 불법 투표를 했고 그로 인해 체포되었다.

해법 시제를 묻는 문제이다. 빈칸이 and로 이어지고 있으므로 앞에 나온 동사 cast와 같은 시제가 되어야 알맞다. in the 1872를 통해서 cast는 과거형으로 쓰인 것을 알 수 있으므로 과거시제인 (b) was가 정답이다.
voting right 투표권, 선거권 **cast a ballot** 투표하다 **illegal** 불법의 **subsequently** 그 결과로서

36

One of the most recognizable features of the film noir genre is the absence of __________ defined morals.

✔ (a) clearly
(b) clearing
(c) clear
(d) clearer

번역 필름 누아르 장르의 가장 두드러진 특징 중 하나는 명확하게 정의되는 도덕성의 부재이다.

해법 빈칸에 defined morals를 수식하는 어구가 들어가야 하는데, '형용사[분사]+명사'로 이루어진 어구를 수식하는 것은 부사이므로 (a) clearly가 알맞다.
recognizable 두드러진 **feature** 특징 **film noir** 필름 누아르(주로 암흑가를 무대로 하는 영화) **absence** 부재 **define** 정의를 내리다 **moral** 윤리, 도덕

37

The astronomical association's decision to overturn Pluto's status as a planet __________ thousands of science textbooks obsolete.

(a) is rendered
(b) got rendered
✔ (c) rendered
(d) render

번역 행성으로서 명왕성의 지위를 뒤엎은 천문학 협회의 결정은 수천 권의 과학 교재를 무용지물로 만들었다.

해법 render라는 동사의 쓰임을 묻는 문제이다. render는 목적어와 목적보어를 취해 '~을 …하게 하다'라는 뜻으로 쓰인다. 여기서는 thousands of science textbooks가 목적어, obsolete가 목적 보어이다. 따라서 능동태인 (c)와 (d)가 가능한데, 주어가 decision이므로 현재시제를 쓰면 단수 동사 renders를 써야 하므로 (d)는 알맞지 않다. 따라서 (c)가 정답이다.
astronomical 천문(학상)의 **overturn** 뒤집다 **Pluto** 명왕성 **status** 지위 **render** ~을 …하게 하다 **obsolete** 쓸모없게 된

38

Despite studying for only a few hours, Rebecca reported that she found the test __________.

(a) more easily
✔ (b) easy
(c) an easier
(d) easily

번역 겨우 두세 시간밖에 공부하지 않았음에도, 레베카는 시험이 쉬웠다고 말했다.

해법 found가 이루는 구문을 묻는 문제이다. find는 '목적어+형용사'를 취해 '목적어가 ~하다고 여기다'라는 뜻으로 쓰인다. 따라서 (b)가 알맞다. (c)의 비교급은 비교 대상이 언급되지 않은 상황에서는 의미가 어색하다.

39

Though still undecided, Max is determined that he will major __________ in biology or biochemistry.

✔ (a) either
(b) both
(c) neither
(d) nor

번역 아직 결정하지는 않았지만, 맥스는 생물학이나 생화학을 전공하겠다고 결심했다.

해법 빈칸 뒤의 or에서 either ... or 구문이 됨을 쉽게 알 수 있으므로 정답은 (a)이다. (b)는 both ... and로, (c)는 neither ... nor로 쓰이며, (d) nor는 앞에 나온 부정문을 받아 and not의 의미로 쓰인다.
undecided 아직 결정되지 않은 **major in** ~을 전공하다 **biochemistry** 생화학

40

__________ for military research, we might never have realized that the ocean floor is not perfectly flat.

(a) It have been
(b) Being it had
(c) Hadn't it been
✔ (d) Had it not been

번역 군사적 조사가 없었더라면, 우리는 해저가 완전히 평평하지 않다는 것을 전혀 알지 못했을 것이다.

해법 가정법에서 조건절의 형태를 묻는 문제이다. 주절이 might have p.p. 형태이므로 조건절도 가정법 과거완료인 had p.p. 형태가 되어야 한다. If it had not been for는 '~이 없었더라면'이라는 뜻으로 접속사 If를 생략하고 주어와 동사를 도치시켜 Had it not been for로 쓰기도 한다. 따라서 (d)가 정답이다.
ocean floor 해저 **flat** 평평한

41

(a) A How are you taking your final? Did you choose the essay or exam option?

(b) B To be honest, I still haven't made my decision.

✓ (c) A Well, you have to tell the professor today, so you would better think fast.

(d) B I know. I'm simply not looking forward to either one.

번역 (a) A 기말 시험은 어떻게 할 거니? 보고서나 시험 중에서 골랐어?
(b) B 솔직히 말하면 아직 결정을 못했어.
(c) A 오늘 교수님께 말씀드려야 하니까, 빨리 생각해봐야 할 거야.
(d) B 알아. 그냥 둘 다 내키지 않아서 그래.

해법 (c)는 '빨리 생각해보는 게 좋을 거야'라는 뜻으로 가벼운 충고를 나타내므로 조동사 had better가 되어야 알맞다. 따라서 would를 had로 바꿔야 한다.
look forward to ~을 고대하다

정답 (c) you would → you had

42

(a) A Did you pick up the invitations for the wedding yet?

(b) B No. I heard there was a delay with the printer and they're not ready yet.

(c) A I hope they do them soon. Time's running out!

✓ (d) B Don't worry. Everything will sort out itself.

번역 (a) A 결혼식 초대장 찾았어요?
(b) B 아뇨. 인쇄가 지체되어서 아직 준비가 안 됐다고 들었어요.
(c) A 빨리 해야 할 텐데. 시간이 별로 없잖아요!
(d) B 걱정 말아요. 모든 게 다 잘될 거예요.

해법 (d)에서 sort out은 '동사+부사'로 이루어진 이어 동사이다. 이어 동사가 대명사를 목적어로 취할 때는 반드시 동사와 부사 사이에 위치하므로 목적어인 itself가 가운데 놓여 sort itself out의 어순이 되어야 한다.
invitation 초청(장) **delay** 지체, 지연 **run out** ~가 부족하다, 바닥나다
sort oneself out 정상 상태로 되다

정답 (d) sort out itself → sort itself out

43

(a) A More break time would mean increased productivity, in my opinion.

✓ (b) B Too badly the boss doesn't agree with you.

(c) A I've printed out a report that should change his mind.

(d) B I'd give it a rest, if I were you.

번역 (a) A 내 생각에는 휴식 시간을 더 가지면 생산성이 증가할 것 같아요.
(b) B 사장님은 당신과 생각이 다르다는 게 유감이네요.
(c) A 사장님 생각을 바꿀 만한 보고서를 출력했어요.
(d) B 나라면 그러지 않겠어요.

해법 (b)는 It's too bad+that절(~라서 유감이다)에서 It's가 생략된 구문이다. 따라서 badly가 아닌 bad를 써야 한다. badly는 '몹시, 심하게'라는 뜻의 부사이다.
productivity 생산성 **give it a rest** 그만두다

정답 (b) badly → bad

44

(a) A Michael's game starts at 3 tomorrow. Did you tell Liz to come?

✓ (b) B I did, as she has another appointment.

(c) A That's too bad. This is his last match of the season.

(d) B Maybe we can videotape it for her.

번역 (a) A 마이클의 시합이 내일 3시에 시작해. 리즈한테 오라고 말했어?
(b) B 했는데, 다른 약속이 있대.
(c) A 아쉽다. 이번이 그의 시즌 마지막 시합인데.
(d) B 우리가 비디오로 녹화해줄 수도 있지.

해법 (b)에서 I did와 이어지는 she has another appointment는 내용상 상반되므로 접속사 as가 아닌 but을 써야 자연스럽다.
videotape 비디오 테이프에 녹화하다

정답 (b) as → but

45

(a) A Was that the hotel on the phone?
(b) B Yes. They booked our room for the wrong date, and nothing else is available for tomorrow.
✓ (c) A What? They gave us hard any warning at all!
(d) B It's not fair, but I guess we'll have to look for another hotel.

번역 (a) A 호텔과 통화한 거야?
(b) B 응. 호텔에서 엉뚱한 날짜로 객실을 예약했는데, 내일은 방이 없대.
(c) A 뭐라고? 전혀 통지도 주지 않았잖아.
(d) B 부당하기는 하지만, 다른 호텔을 찾아봐야 할 것 같아.

해법 서로 다른 뜻으로 쓰이는 두 가지 형태의 부사에 관한 문제이다. (c)에서 hard는 부사로 '열심히, 심하게'라는 뜻인데, 문맥상 어울리지 않는다. '전혀 ~않다'라는 뜻의 hardly를 써야 의미가 통한다.
warning 경고

정답 (c) hard → hardly

46

(a) Experts say eating habits we fall into as children often stick with us our entire lives. (b) Reflected objectively on the nutritional problems I experience today, I can't help but agree with that notion. (c) As a child, my parents didn't have the money to feed me right. (d) Fast food and junk food were centerpieces of my diet, just as they are today.

번역 (a) 전문가들은 어릴 때 익힌 식습관이 평생을 가는 경우가 많다고 한다. (b) 지금 내가 겪고 있는 영양상의 문제점을 객관적으로 생각해 볼 때, 나도 이러한 생각에 동의할 수밖에 없다. (c) 어릴 때 우리 부모님은 나를 제대로 먹일 돈이 없으셨다. (d) 오늘날 그러하듯이 패스트푸드나 인스턴트 식품들이 나의 주식이었다.

해법 분사구문에 관한 문제이다. (b)에서 분사구문인 Reflected는 앞에 Being이 생략된 형태로 수동의 의미를 나타낸다. 하지만 분사구문의 주어가 주절의 주어인 I와 같으므로 수동이 아닌 능동의 의미로 Reflecting이 되어야 옳다.
stick with ~에 달라붙다 **objectively** 객관적으로 **nutritional** 영양의 **can't help but v** ~할 수밖에 없다 **centerpiece** 핵심, 중심물 **junk food** 정크 푸드(칼로리는 높으나 영양가는 낮은 인스턴트 식품류)

정답 (b) Reflected objectively → Reflecting objectively

47

(a) Though practiced by many cultures, the rain dance is perhaps most strongly associated with Native North Americans. (b) Many of their communities still observe the ceremony each August, when the climate is driest. (c) In most cases, special clothing is worn, including spiritually significant masks and headdresses. (d) These outfits are made specifically for the occasion and storing safely away for the rest of the year.

번역 (a) 여러 문화권에서 행해지고 있지만, 기우 춤은 북미 원주민과 가장 밀접한 관련이 있을 것이다. (b) 많은 공동체에서는 아직도 날씨가 가장 건조한 8월이면 이 의식을 행한다. (c) 대부분의 경우에 영적으로 중요한 의미를 지니는 가면과 머리 장식 등을 비롯한 특별한 의상을 입는다. (d) 이러한 의상은 이 행사를 위해 특별히 만들어진 것으로 일 년 중 나머지 기간 동안은 안전한 곳에 보관된다.

해법 (d)에서 storing은 앞에 are가 생략되어 are made와 대구를 이루고 있다. 주어인 These outfits는 '보관되는' 것이므로 수동태가 되어야 하기 때문에 made와 마찬가지로 과거분사인 stored가 되어야 옳다.
be associated with ~와 관련이 있다 **spiritually** 영적으로 **significant** 중요한, 의미 있는 **headdress** 머리 장식 **outfit** 의상

정답 (d) storing → stored

48

(a) The town of Wittenoom in Western Australia has ceased but all to exist. (b) In the early 1960s it was home to around 20,000 people, but the government shut it down in 1966 due to contamination from the nearby asbestos mine. (c) Since then, nearly 2,000 people have died from conditions caused by exposure to asbestos. (d) Oddly, though, eight residents continue to live in Wittenoom, refusing to leave their homes no matter what the cost.

번역 (a) 오스트레일리아 서부에 있는 위트눔 시는 거의 사라져 버렸다. (b) 1960년대 초반에 이곳은 약 2만 명이 거주했으나, 1966년에 정부는 근처의 석면 광산으로 인한 오염 때문에 이곳을 폐쇄했다. (c) 그 이후로, 거의 2천 명이 석면 노출로 인한 질병으로 사망했다. (d) 하지만 기이하게도 8명의 주민은 위트눔에 계속 거주하며 어떤 희생이 있다고 하더라도 집을 떠나기를 거부하고 있다.

해법 (a)의 ceased but all to exist는 어순이 알맞지 않다. all but은 '거의(almost, nearly)'라는 뜻으로 일반 동사 앞에 놓이므로 all but ceased to exist로 써야 의미가 통한다.
cease to exist 없어지다 **shut down** 폐쇄하다 **contamination** 오염 **exposure** 노출 **asbestos** 석면 **mine** 광산 **oddly** 기이하게

정답 (a) ceased but all → all but ceased

49

(a) Today, non-Hispanic whites make up the majority of the population of the United States, accounting for 66%. (b) However, in the year 2050, the country's demographic composition will look quite different. (c) By then, the Hispanic population will grow to represent 30% of the total. (d) Combined with the populations of African Americans and Asian Americans, they will transform the U.S. into a truly minority nation.

번역 (a) 오늘날 라틴 아메리카계가 아닌 백인이 미국 인구의 과반수에 달하는 66%를 차지하고 있다. (b) 그러나 2050년에는 미국의 인구 분포가 완전히 달라질 것이다. (c) 그때가 되면, 라틴 아메리카계 인구가 전체의 30%를 차지하게 될 것이다. (d) 아프리카계나 아시아계 미국인의 인구도 가세해, 미국을 진정한 소수 민족 국가로 탈바꿈시킬 것이다.

해법 시제에 관한 문제이다. (c)에서 By then이라는 부사구가 미래의 어느 한 시점까지의 완료를 의미하므로 미래완료 시제인 will have grown을 써야 알맞다.
Hispanic 주로 스페인어를 쓰는 라틴 아메리카계 사람 **make up** ~을 구성하다 **majority** 대다수, 과반수 **account for** (~의 비율을) 차지하다 **demographic** 인구(통계)의 **composition** 구성(물) **transform** 변형시키다 **minority** 소수(파)

정답 **(c) will grow → will have grown**

50

(a) When we make an error in speech that seems likely to have been influenced by a subconscious desire, it is called a "Freudian slip." (b) The phenomenon is named after the psychologist Sigmund Freud, who studied how our subconscious mind affects our conscious actions. (c) According to him, we possess desires that our conscious mind is unaware of. (d) Sometimes, these desires make them known through so-called "slips of the tongue."

번역 (a) 우리가 무의식적 욕구에서 영향을 받은 것처럼 보이는 말실수를 할 때 이를 '프로이트의 말실수'라고 부른다. (b) 이 현상은 심리학자인 지그문트 프로이트의 이름을 따서 붙인 것으로, 그는 무의식이 어떻게 의식적인 행동에 영향을 끼치는가를 연구했다. (c) 그에 따르면, 우리는 의식이 깨닫지 못하는 욕망을 가지고 있다. (d) 때때로 이 욕망이 소위 말실수라는 것을 통해 드러나는 것이다.

해법 (d)에서 make의 목적어인 them이 가리키는 것은 주어인 these desires이다. 이렇게 주어와 목적어가 같을 경우, 목적어로 재귀대명사를 써야 하므로 them이 아닌 themselves가 되어야 옳다.
subconscious 잠재의식의 **name after** ~의 이름을 따서 붙이다 **be unaware of** ~을 모르고 있다 **slip of the tongue** 말실수

정답 **(d) them → themselves**

Vocabulary

15 minutes

1

A ________ a second, will you? I need to find my jacket.
B Isn't that on the back of your chair?

✔ (a) Hold on
(b) Carry on
(c) Go on
(d) Take on

번역 A 잠시만 기다려 줄래? 재킷을 찾아야 해서.
B 네 의자 뒤에 있는 거 아니니?

(a) 기다리다
(b) 계속해서 하다
(c) 계속하다
(d) 고용하다

해법 재킷을 찾아야 하니 잠시 '기다려 달라'는 (a) Hold on이 가장 적절하다. Wait과 같은 표현이며 전화 통화에서도 쓰이는 말이다. Hold on a second/ Hold on a minute/ Please, hold on 등으로 쓰인다.
carry on 계속해서 하다 **go on** 계속하다 **take on** 고용하다

2

A My throat's pretty sore, but I'm sure it'll be better tomorrow.
B No, you should see the doctor. It's best not to take any ________.

(a) possibilities
(b) opportunities
✔ (c) chances
(d) accidents

번역 A 목이 매우 따갑긴 한데 내일이면 분명히 좋아질 거야.
B 아니, 진찰을 받아야지. 위험을 무릅쓰지 않는 게 제일이야.

(a) 가능성
(b) 기회
(c) 위험
(d) 사고

해법 아픈 목을 그냥 두어 위험을 무릅쓰지 말라는 충고가 적절하다. take a chance가 '위험을 무릅쓰다'는 어구이기 때문에 정답은 (c) chances이다.
sore 아픈 **see the doctor** 의사의 진찰을 받다 **take a chance** 위험을 무릅쓰다

3

A Brian is still upset at me for losing his CD.
B It's been three months. He should really ________ it.

(a) pass through
(b) settle on
✔ (c) get over
(d) cut out

번역 A 내가 브라이언 CD를 잃어버려서 아직도 화 나 있어.
B 석 달이나 되었잖아. 그는 잊어버릴 줄 알아야지.

(a) 통과하다
(b) 결정하다
(c) 잊다
(d) 잘라내다

해법 화가 난 것을 잊어버리라는 충고의 말인 get over it이 가장 적절하다.
pass through ~을 통과하다, 지나다 **settle on** ~으로 결정하다 **get over** 극복하다, 잊다 **cut out** 잘라내다

4

A You can't sit back and wait for your computer to ________ fix itself.
B I'm not. I just got off the phone with tech support.

(a) impressively
✔ (b) miraculously
(c) formally
(d) grudgingly

번역 A 그냥 손 떼고 컴퓨터가 기적적으로 저절로 고쳐지길 기다리면 안 되지.
B 그러진 않아. 방금 기술 지원팀과 통화했어.

(a) 인상적으로
(b) 기적적으로
(c) 공식적으로
(d) 억지로

해법 컴퓨터가 스스로 고쳐진다는 것을 수식하기 위한 부사로 적절한 것은 '기적적으로'라는 의미의 (b) miraculously이다. sit back and wait은 '아무것도 하지 않고 기다린다'는 뜻의 어구이다.
sit back 수수방관하다 **get off the phone** 통화를 끝내다 **grudgingly** 억지로

5

A Wow, you really ________.
B I know. I can't believe the professor didn't catch my error!

(a) caught up
(b) paid off
✔ (c) lucked out
(d) dove in

번역 A 와, 너 정말 운이 좋았다.
B 그러게 교수님이 내 실수를 잡아내지 못했다니 믿을 수가 없어!

(a) 갑자기 들어올리다
(b) 청산하다
(c) 운이 좋다
(d) 몰두하다

해법 '운이 좋다, 재수가 좋다'는 말로 be lucky와 같은 표현인 (c) lucked out이 가장 적절하다. We lucked out and passed the test(우리는 운이 좋아서 시험을 통과했다)와 같은 형태로 쓰이는 어구이다.
pay off 전액을 지불하다, 청산하다

6

A How do I deposit this paycheck?
B First you have to __________ the back.

(a) advance
✔ (b) endorse
(c) promote
(d) improve

번역 A 이 급료 수표를 어떻게 예금해야 하나요?
B 우선 뒷면에 이서를 하셔야 해요.

(a) 나아가다
(b) 배서하다
(c) 승진시키다
(d) 개선하다

해설 paycheck은 급료로 받은 지불 수표를 가리키는 단어이다. 수표를 계좌에 예치하는 방법을 묻는 질문이다. '수표 뒷면에 배서하다'는 동사로 (b) endorse가 가장 적절하다.
deposit 예금하다 **paycheck** 급료 (지불 수표) **advance** 나아가다

7

A The bank's __________ of the home put its value at $320,000.
B Oh no, that's much too low.

✔ (a) appraisal
(b) renewal
(c) loan
(d) preview

번역 A 은행은 그 집의 감정가를 32만 달러로 매겼어.
B 저런, 그건 너무 낮다.

(a) 감정
(b) 갱신
(c) 대부금
(d) 사전 검토

해설 집의 가치를 은행이 감정, 평가를 했다는 내용이므로 '감정, 평가'에 해당하는 단어 (a) appraisal이 정답이다. 동사는 appraise로 '(물건이나 재산을) 값 매기다, 평가하다'의 뜻이다.
renewal 갱신, 부활 **loan** 대부금 **preview** 사전 검토

8

A Can I try a slice of the pie?
B Sure. Let me know how it __________.

(a) savors
✔ (b) tastes
(c) flavors
(d) bakes

번역 A 파이 한 조각 먹어봐도 될까요?
B 물론이죠. 맛이 어떤지 알려 주세요.

(a) 음미하다
(b) 맛이 나다
(c) 맛을 내다
(d) 굽다

해설 동사 try는 '~을 시도하다, 해보다'의 뜻인데 음식물이 좋은지 먹어보거나 마셔 본다고 할 때도 try를 쓴다. '맛이 어떤지'는 how it tastes로 나타내기 때문에 답은 (b) tastes이다. (a) savor는 '음미하다'의 뜻이므로 맞지 않다.
savor 음미하다 **flavor** 맛을 내다

9

A Are you going to live on campus next semester?
B No, I'm going __________ for the whole year.

✔ (a) abroad
(b) worldly
(c) outside
(d) afar

번역 A 다음 학기에 캠퍼스에서 살 거야?
B 아니, 일년 내내 해외에 나가 있을 거야.

(a) 해외에
(b) 세속적인
(c) 밖에
(d) 멀리

해설 '외국에 나가다'의 표현으로 go abroad를 쓰기 때문에 답은 (a) abroad이다. go outside는 '밖에 나가다, 외출하다'의 뜻이며 afar는 '멀리'라는 뜻이다.
semester 학기 **worldly** 세속적으로 **afar** 멀리

10

A I'm sorry. I just don't care for the picture.
B That's okay. Thanks for speaking your __________.

✔ (a) mind
(b) idea
(c) thought
(d) negative

번역 A 미안해요. 전 그림을 좋아하지 않아요.
B 괜찮아요. 솔직하게 얘기해 줘서 고마워요.

(a) 마음
(b) 생각
(c) 생각
(d) 부정적인

해설 '심중을 털어놓고 이야기하다'는 뜻으로 speak one's mind를 쓴다. 의견이나 생각을 말하는 idea, thought 등은 적절하지 않다. 따라서 정답은 (a) mind이다.
care for ~을 좋아하다

11

A We had to take my father to the hospital last night. It's his heart.
B My __________. Is there anything I can do?

(a) reminiscences
✔ (b) condolences
(c) acquaintances
(d) incidences

번역 A 어젯밤 아버지를 병원에 모시고 가야만 했어요. 아버지 심장 때문에요.
B 애도를 표해요. 제가 해드릴 일이 있을까요?

(a) 추억
(b) 애도
(c) 아는 사람
(d) 발생

해법 위로나 애도를 표현할 때 쓰이는 단어는 (b) condolence이다. '조의, 위로를 표합니다'라는 표현을 짧게 My condolences로 쓰기 때문에 답은 (b) condolences가 가장 적절하다.
reminiscence 추억 **acquaintance** 아는 사람 **incidence** 발생

12

A Let's take a taxi downtown instead of riding the subway.
B I can't. I don't have enough money for cab __________.

✔ (a) fare
(b) price
(c) fee
(d) charge

번역 A 지하철 대신 시내로 택시 타고 가자.
B 그럴 수 없어. 택시비로 충분한 돈이 없어.

(a) 요금
(b) 값
(c) 수수료
(d) 청구 금액

해법 운송 수단의 요금은 (a) fare가 가장 적절하다. (b) price는 상품의 가격을 말하고, (c) fee는 법적이나 공식적인 서비스에 대한 요금, (d) charge는 배달이나 호텔, 진찰 등의 서비스 요금에 쓴다.
fee 요금 **charge** 대금, 요금

13

A I __________ you don't mind my joining you tonight.
B Of course not. The more, the merrier!

(a) know
(b) find
(c) agree
✔ (d) hope

번역 A 오늘 밤 내가 함께하는 게 괜찮길 바란다.
B 물론 괜찮지. 더 많으면 더 즐거운 거지!

(a) 알다
(b) 알다
(c) 동의하다
(d) 바라다

해법 '내가 ~하는 게 괜찮길 바란다'라는 말을 할 때 I hope you don't mind -ing라는 표현을 쓰기 때문에 정답은 (d) hope이다. '괜찮다'는 말을 할 때 Of course not/ No, I don't mind 등으로 답하는 것에 유의한다.
mind ~을 꺼리다 **merry** 즐거운

14

A What time do you want to meet tomorrow?
B Whenever is most __________ for you. I'm flexible.

(a) optimistic
(b) elastic
(c) sufficient
✔ (d) convenient

번역 A 내일 몇 시에 만났으면 좋겠니?
B 네가 가장 편할 때면 언제든. 난 시간이 자유로워.

(a) 낙천적인
(b) 탄력 있는
(c) 충분한
(d) 편리한

해법 flexible은 '융통성이 있는, 자유 시간이 있는'의 뜻이므로 상대방에게 편한 시간으로 정하자는 말이 되어야 함을 알 수 있다. 상대방에게 편리한 시간으로 할 때 '편리한'의 뜻인 (d) convenient가 가장 적절하다.
optimistic 낙천적인 **elastic** 탄력 있는 **sufficient** 충분한

15

A You can see the stars so clearly out here in the country.
B I know. Look at how they __________.

(a) revolve
✔ (b) sparkle
(c) oscillate
(d) wiggle

번역 A 시골에서는 별을 또렷하게 볼 수 있어.
B 그러네. 얼마나 빛나는지 좀 봐.

(a) 회전하다
(b) 빛나다
(c) 진동하다
(d) 움직이다

해법 별이 '빛난다, 반짝거린다'고 할 때는 동사 (b) sparkle를 쓴다. 다른 동사로 shine, twinkle, glitter 등도 쓸 수 있다.
revolve 회전하다 **oscillate** 진동하다, 흔들리다 **wiggle** 움직이다, 뒤흔들다

16

A The quality of this writing is simply __________.
B I'll speak to Richard about putting more effort into his work.

(a) unaffordable
(b) unavailable
✔ (c) unacceptable
(d) unachievable

번역 A 이 글의 수준은 용인할 수가 없군.
B 리처드에게 작업에 더욱 노력하라고 말할게.

(a) 줄 수 없는
(b) 손에 넣을 수 없는
(c) 용인할 수 없는
(d) 달성할 수 없는

해법 노력을 더욱 해야 한다고 주의를 주겠다는 말을 통해 글이 좋지 않다는 내용이 되어야 함을 알 수 있다. 따라서 '용인할 수 없는, 받아들이기 어려운'의 (c) unacceptable이 가장 적절하다.
unaffordable 줄 수 없는 **unavailable** 손에 넣을 수 없는

17

A What did you think of the remake of the film?
B I liked the __________ much better.

✔ (a) original
(b) standard
(c) precedent
(d) creation

번역 A 그 영화의 리메이크 작 어땠니?
B 난 원작이 훨씬 더 좋았어.

(a) 원작
(b) 표준
(c) 전례
(d) 창작

해법 remake는 원작 영화를 새롭게 다시 만든 작품을 가리키는 말이다. 원작과 비교하여 원작이 더 좋다고 말하는 내용이므로 (a) original이라는 단어를 써야 알맞다.
remake 재영화화한 작품 **standard** 표준 **precedent** 전례 **creation** 창작

18

A This bus is __________ for Detroit, isn't it?
B Yes, by way of Chicago.

(a) filled
✔ (b) bound
(c) made
(d) settled

번역 A 이 버스는 디트로이트 행이죠, 그렇죠?
B 네, 시카고를 경유해서요.

(a) 채운
(b) 행의
(c) 꼭 맞는
(d) 고정된

해법 교통 수단이 '~을 경유하여' 간다는 말로 by way of를 쓴다. 경유하는 이 버스의 행선지로 '~행이다, ~로 간다'의 어구는 be bound for이기 때문에 답은 (b) bound이다.
by way of ~을 경유하여 **made for** ~에 꼭 맞는 **settled** 고정된

19

A Can you believe this drought?
B I know. Today is the city's 43rd __________ day in a row.

(a) hot
✔ (b) dry
(c) mild
(d) bright

번역 A 이 가뭄이 믿어지니?
B 그러게. 오늘이 이 도시가 연달아 43번째로 건조한 날이야.

(a) 더운
(b) 건조한
(c) 온화한
(d) 화창한

해법 drought는 비가 오지 않는 '가뭄'을 나타내는 단어이다. 그러므로 이 도시 날씨가 건조하다는 내용이 되어야 한다. 따라서 정답은 (b)이다.
in a row 잇따라, 연속적으로 **dry** 비가 오지 않는, 건조한 **mild** 온화한 **bright** 화창한

20

A What happened to your paragraph on ancient glassmaking?
B The essay was running long, so I __________.

(a) mixed it up
(b) set it down
✔ (c) left it out
(d) moved it over

번역 A 고대 유리 제조술에 관한 단락은 어떻게 되었니?
B 에세이가 길어지길래 그 부분을 빼버렸어.

(a) 뒤섞다
(b) 내려놓다
(c) 빼다
(d) 자리를 좁히다

해법 에세이가 길어서 고대 유리 제조술에 관한 부분을 삭제해 버렸다는 내용이 되어야 적절하다. '~을 빼다, 생략하다'는 leave out을 써서 (c)가 답이다.
mix up 뒤섞다 **set down** 내려놓다 **move over** 자리를 좁히다

21

A Does the room have a safe?
B Yes. You're advised to store your ________ belongings there.

(a) costly
✔ (b) valuable
(c) scarce
(d) worthwhile

번역 A 방에는 금고가 있나요?
B 네. 귀중품들은 거기에 보관하시는 것이 좋을 거예요.

(a) 값비싼
(b) 귀중한
(c) 부족한
(d) 보람이 있는

해법 safe는 명사로 '금고'라는 뜻이다. 호텔 객실 금고에 보관하는 귀중한 소지품은 valuable belongings이기 때문에 답은 (b) valuable이다.
safe 금고 **be advised to** ~하는 것이 현명하다 **costly** 값비싼 **scarce** 부족한 **worthwhile** ~할 보람이 있는

22

A Did you ________ a check with the tax form?
B Yes, I did. Everything's there in the envelope.

✔ (a) enclose
(b) adhere
(c) salute
(d) contain

번역 A 납세 신고 용지에 수표를 동봉했니?
B 응, 했어. 거기 봉투 안에 다 들어 있어.

(a) 동봉하다
(b) 부착하다
(c) 인사하다
(d) 포함하다

해법 답은 편지 봉투 안에 수표를 넣어서 보낼 때 '동봉하다'는 의미의 (a) enclose이다. (c) salute은 '인사하다'는 뜻이며, (d) contain은 '포함하다'는 뜻이지만 주어인 you와 맞지 않으므로 답이 될 수 없다.
check 수표 **tax form** 납세 신고 용지 **adhere** 부착하다 **salute** 인사하다

23

A I don't approve of the layoffs, but we have no other choice.
B Looks like we'll have to ________ the bullet.

(a) chew
✔ (b) bite
(c) eat
(d) slurp

번역 A 해고에 대해서 찬성하진 않지만 다른 방법이 없어.
B 울며 겨자 먹기로 할 수밖에 없을 것 같네.

(a) 씹다
(b) 물다
(c) 먹다
(d) 소리 내어 마시다

해법 해고밖에는 다른 대안이 없으므로 싫은 일이지만 어쩔 수 없이 강행해야 하는 상황을 나타내는 표현이 되어야 한다. bite the bullet은 '하기 싫은 일을 참고 하다, 울며 겨자 먹기로 하다'는 표현이기 때문에 답은 (b) bite이다.
approve of ~에 찬성하다 **layoff** 해고 **slurp** 소리 내어 마시다

24

A Don't you think 30 years in jail is a little harsh?
B Well, he did ________ investors out of millions.

✔ (a) swindle
(b) mystify
(c) gesture
(d) boggle

번역 A 징역 30년 형은 좀 가혹하다고 생각하지 않니?
B 글쎄, 그는 투자자들에게서 수백만을 사취했는걸.

(a) 사취하다
(b) 미혹하다
(c) 몸짓을 하다
(d) 깜짝 놀라게 하다

해법 '~에게서 돈을 취하다'는 뜻으로 〈swindle+사람+out of+돈(금액)〉 표현을 쓰기 때문에 답은 (a) swindle이다.
harsh 가혹한 **mystify** 미혹하다, 속이다 **gesture** 몸짓을 하다 **boggle** 깜짝 놀라게 하다

25

A I can't seem to decide which of these jobs to accept.
B Follow your ________ instinct, as I always say.

(a) feet
(b) body
(c) stomach
✔ (d) gut

번역 A 난 이 직장 중에 어떤 것을 수락해야 할지 결정 못할 것 같아.
B 내가 항상 말하지만, 마음 가는 대로 해.

(a) 발
(b) 몸
(c) 위장
(d) 직감

해법 결정을 내리지 못하는 사람에게 직감적으로 마음이 끌리는 대로, 즉 '마음 가는 대로 하라'는 조언을 할 때 follow your gut instinct라는 표현을 쓴다. 따라서 답은 (d) gut이다.
stomach 위장, 복부 **gut** 직감, 본능

26

The Association of Practicing Physicians is concerned by the rise in the infant mortality ___________.

(a) tempo
✔ (b) rate
(c) proportion
(d) degree

번역 개업 의사 협회는 유아 사망률 증가에 대해 우려하고 있다.

(a) 속도
(b) 비율
(c) 비율
(d) 정도

해법 유아 사망률은 infant mortality rate으로 쓰기 때문에 정답은 (b) rate이다.
practice 개업하다 **physician** (내과) 의사 **mortality** 사망률 **tempo** 속도 **proportion** 비율 **degree** 정도, 도

27

One of the more ___________ elements of Gothic architecture is the use of stained glass depicting scenes from the Bible.

✔ (a) ornamental
(b) husky
(c) rugged
(d) subsistent

번역 고딕 건축의 한층 더 장식적인 요소는 스테인드 글라스를 사용해 성서의 장면을 묘사한 점이다.

(a) 장식적인
(b) 껍질로 덮인
(c) 울퉁불퉁한
(d) 존재하는

해법 성서의 장면들이 그려진 스테인드 글라스는 건축물의 장식적인 요소에 해당하므로 '장식적인'이라는 뜻의 단어인 (a) ornamental이 가장 적절한 단어이다.
depict 묘사하다 **husky** 껍질로 덮인 **rugged** 울퉁불퉁한 **subsistent** 존재하는

28

The Free Laptop Foundation aims to address the ___________ in computer access between rich and poor.

✔ (a) disparity
(b) penchant
(c) illustration
(d) amenity

번역 무료 노트북 협회는 빈부 간 컴퓨터 접근성 차이에 대처할 작정이다.

(a) 상이
(b) 경향
(c) 삽화
(d) 쾌적함

해법 불평등 문제를 다룰 예정이라는 내용이다. 따라서 'A와 B간의 불균형, 불일치'를 나타내는 표현으로 정답은 (a) disparity between A and B이다.
address (문제를) 다루다 **penchant** 경향 **illustration** 삽화 **amenity** 쾌적함

29

Customers ___________ after-sales service as the area in which we need the most improvement.

(a) summoned
(b) quoted
(c) extracted
✔ (d) cited

번역 고객들은 우리가 가장 개선해야 할 부분으로 애프터 서비스에 대하여 언급했다.

(a) 소환하다
(b) 인용하다
(c) 발췌하다
(d) 언급하다

해법 가장 취약한 부분으로 애프터 서비스 분야를 들었다는 내용이다. 따라서 주장을 뒷받침하기 위해 예로 들거나 언급한다고 할 때 쓰이는 동사 (d) cited가 정답이다.
after-sales service 애프터 서비스 **summon** 소환하다 **quote** 인용하다 **extract** 발췌하다

30

There is little point in initiating a diet if you have no intention of ___________ to it.

(a) following
(b) staying
✔ (c) sticking
(d) coming

번역 끝까지 해낼 의향이 없다면 다이어트를 시작할 필요가 없다.

(a) 따라가다
(b) 머무르다
(c) 끝까지 해내다
(d) 의식을 회복하다

해법 There is no[little] point in -ing는 '~할 필요가 없다, ~하는 의미가 없다'는 표현이다. 전치사 to를 동반하여 '끝까지 해내다'의 뜻이 되는 동사는 정답 (c) sticking이다.
initiate 시작하다 **intention** 계획 **come to** 의식을 회복하다

31

Lower __________ payments for first-time homebuyers is perhaps the only positive result of the current downturn.

(a) rent
(b) maintenance
✔ (c) interest
(d) vaudeville

번역 최초 주택 구입자들을 위한 낮은 이자 납입이 아마도 현재 경기 침체에서 유일하게 긍정적인 결과일 것이다.

(a) 임대료
(b) 관리
(c) 이자
(d) 가벼운 희가극

해법 경기 침체로 인한 긍정적인 효과로 주택 구입자들의 낮은 대출 이자가 유일하다는 내용이다. 따라서 '이자'라는 뜻인 (c) interest가 적절하다.
first-time homebuyer 최초 주택 구입자 **downturn** 경기 침체 **rent** 임대료 **maintenance** 관리 **vaudeville** 희가극, 보드빌

32

In addition to being an award-winning author, Ernest Hemingway was a(n) __________ traveler, frequenting Europe, the Caribbean, and Africa.

(a) tepid
(b) staple
✔ (c) avid
(d) insidious

번역 어니스트 헤밍웨이는 수상 작가일 뿐 아니라 유럽, 카리브 해, 그리고 아프리카에 자주 가는 열정적인 여행가였다.

(a) 미지근한
(b) 주요한
(c) 열심인
(d) 교활한

해법 바쁘고 활동이 많은 사람을 묘사할 때는 '열정적인'의 뜻인 (c) avid를 써서 avid reader, avid fan, avid collector 등으로 표현한다.
award-winning 수상의 **frequent** 자주 가다 **tepid** 미지근한 **staple** 주요한 **insidious** 교활한

33

__________ the cleansing power of Brite Tile with other leading brands and we're sure you'll agree: Brite's the best.

(a) Separate
✔ (b) Compare
(c) Obscure
(d) Mediate

번역 브라이트 타일의 세정력을 다른 일류 브랜드들과 비교해 보시면 브라이트가 최고라는 데 동의할 거라 확신합니다.

(a) 구별하다
(b) 비교하다
(c) 가리다
(d) 중재하다

해법 명령문 다음에 and를 쓰면 '~하라, 그러면'의 뜻을 나타내는 구문이 된다. 'A와 B를 비교하다'는 표현으로 compare A with B를 쓴다.
leading 일류의, 손꼽히는 **separate** 구별하다 **obscure** 가리다

34

China's first manned spaceflight in 2003 made it the third country in the world to have succeeded in such a(n) __________.

✔ (a) venture
(b) speculation
(c) occupation
(d) lineup

번역 2003년 최초의 유인 우주 비행은 중국을 세계에서 그와 같은 모험에 성공한 세 번째 나라로 만들었다.

(a) 모험
(b) 사색
(c) 직업
(d) 정렬

해법 중국 최초이며 세계에서 세 번째 성공이 되는 일을 가리키는 단어로 적절한 것은 '모험'을 의미하는 (a) venture이다.
manned spaceflight 유인 우주 비행 **speculation** 사색 **lineup** 정렬

35

The practical __________ of sociological research are numerous, from overhauling education systems to solving crime.

✔ (a) applications
(b) connotations
(c) exonerations
(d) manipulations

번역 사회학 연구의 실제적인 응용은 교육 제도를 정비하는 것에서부터 범죄를 해결하는 것까지 수없이 많다.

(a) 응용
(b) 함축
(c) 면제
(d) 조종

해법 사회학의 실제적인 응용 형태의 예로 from A to B가 제시되어 있는 문장이다. 교육 과정의 실제적인 응용을 가리키는 단어는 (a) applications이다.
sociological 사회학의 **overhaul** 정비하다 **connotation** 함축 **exoneration** 면제 **manipulation** 조종

36

High tannin content gives red wines a bitter and often __________ taste to the uninitiated drinker.

(a) excruciating
(b) drastic
✔ (c) unsavory
(d) tempestuous

번역 타닌 성분이 다량 함유된 적포도주는 초심자들이 마시기에 쓴 맛과 때론 좋지 않은 맛을 내게 한다.

(a) 극심한 고통을 주는
(b) 격렬한
(c) 맛이 좋지 않은
(d) 격렬한

해법 빈칸 뒤의 taste를 수식하면서 bitter taste와 같이 맛의 부정적인 면을 나타내는 형용사가 들어가야 한다. uninitiated drinker는 포도주를 잘 모르는 초심자를 가리킨다. (c) unsavory는 '맛이 좋지 않은'의 뜻이므로 가장 적절하다.
tannin 타닌 **content** 내용물 **uninitiated** 초심자 **excruciating** 극심한 고통을 주는 **tempestuous** 격렬한

37

In dispersed communities located far from power transmission lines, solar technology __________ a viable alternative for the supply of electricity.

(a) assumes
(b) expresses
(c) corresponds
✔ (d) represents

번역 전력 송전선에서 멀리 위치해 있는 분산된 지역 사회에는 태양열 기술이 전기 공급을 위해 실행 가능한 대안에 해당한다.

(a) 추정하다
(b) 표현하다
(c) 부합하다
(d) 해당하다

해법 '~해당하다'를 뜻하는 동사 (d) represents가 맞으며, 이 경우에 주어와 보어를 연결하는 연결 동사로 be, seem, become과 같은 문장 형태를 갖는다.
dispersed 분산된 **transmission line** 송전선 **solar** 태양의 **viable** 실행 가능한 **correspond** 부합하다

38

According to the terms of the lawsuit, the funds will be __________ to the victim at monthly intervals by the accountant.

✔ (a) dispersed
(b) concentrated
(c) revoked
(d) solicited

번역 소송 조항에 따르면, 자금은 회계사에 의해 월 간격으로 피해자에게 분산 지급될 것이다.

(a) 분산시키다
(b) 집중하다
(c) 취소하다
(d) 간청하다

해법 at monthly intervals를 통해 한 달 간격으로 자금이 분산 지급된다는 내용이 되어야 함을 알 수 있다. 따라서 '분산시키다' 뜻의 동사인 (a) dispersed가 정답이다.
term 조항 **lawsuit** 소송 **interval** 간격 **revoke** 취소하다 **solicit** 간청하다

39

Following a string of military defeats in the sixteenth century, much of Serbia was __________ into the Ottoman Empire.

(a) pursued
✔ (b) absorbed
(c) enacted
(d) contributed

번역 16세기 연속적인 군대의 패전에 따라 세르비아의 많은 부분이 오스만 제국으로 흡수 병합되었다.

(a) 추구하다
(b) 흡수 병합하다
(c) 규정하다
(d) 기여하다

해법 일련의 패전에 따른 결과이므로 한 나라가 다른 제국에 흡수 병합되었다는 내용이 되어야 적절하다. (b) absorb는 '(나라나 기업을) 흡수 병합한다'는 뜻으로 쓰이며 제시된 전치사 into와 연결된다.
a string of 연속된, 일련의 **enact** 규정하다 **contribute** 기여하다

40

Having overheard news of the hostile takeover, the CEO came to the negotiating table with an ax to __________.

(a) wield
✔ (b) grind
(c) sharpen
(d) chop

번역 적대적인 인수에 대한 소식을 들은 CEO는 딴 속셈으로 협상 테이블에 나갔다.

(a) 휘두르다
(b) 연마하다
(c) 뾰족하게 하다
(d) 자르다

해법 with an ax to grind는 '딴 속셈을 가지고'라는 표현이다. (d) chop도 '(도끼로) 자르다'는 뜻이지만, with an ax to grind와 같이 관용적으로 쓰임을 알아두어야 한다. 따라서 정답은 (b) grind이다.
hostile takeover 적대적인 인수 **negotiating table** 협상 테이블, 회담
wield 휘두르다

41

In a questionable move, the presidential candidate selected an obscure state senator to be his running ___________.

✔ (a) mate
(b) primate
(c) double
(d) confusion

번역 의심스러운 조처로, 대통령 후보는 잘 알려지지 않은 주 상원의원을 자신의 부통령 후보자로 선발했다.

(a) 동료
(b) 수석 대주교
(c) 꼭 닮은 사람
(d) 혼란

해법 선거에서 running mate는 후보자와 함께 출마하여 당선 시 후보자 다음의 지위를 갖게 되는 사람을 가리키는 단어이다. 따라서 정답은 (a) mate이다.
questionable 의심스러운 **presidential candidate** 대통령 후보
obscure 잘 알려지지 않은 **state senator** 주 상원의원

42

Flashes of lightning that occur on the distant horizon and are unaccompanied by the sound of thunder are often ___________ to as "heat lightning."

(a) credited
✔ (b) referred
(c) paraded
(d) replied

번역 먼 지평선에서 발생하며 천둥 소리를 동반하지 않는 번갯불의 번쩍임은 종종 '열 번개'라고 불려진다.

(a) 덕분으로 돌리다
(b) 부르다
(c) 과시하다
(d) 대답하다

해법 (b) refer to A as B는 'A를 B라고 부르다'라는 표현이다. 이것이 수동태로 쓰여 be referred to as의 형태가 된 것이다.
flash 번쩍임 **lightning** 번갯불 **unaccompanied** 동반하지 않은 **credit to** ~의 덕분으로 돌리다

43

Lucille Ball, star of the sitcom *I Love Lucy*, remains one of the most ___________ symbols of U.S. popular culture.

✔ (a) enduring
(b) responsible
(c) heightened
(d) comfortable

번역 루실 볼은 시트콤 〈I Love Lucy〉의 스타인데 미국 대중 문화의 최고 불후의 상징 중 하나로 남아 있다.

(a) 불후의
(b) 책임이 있는
(c) 과장된
(d) 편안한

해법 미국 대중 문화의 최고 불후의 상징이라는 말이 동사 remains와 문장을 이룬다. 따라서 '참을성 있는, 영속하는'의 뜻으로 쓰이는 (a) enduring이 정답이다. enduring hatred, enduring fame 등의 표현으로 쓰인다.
heightened 과장된

44

Some hand gestures regarded as ___________ in one's home country may be found deeply offensive in others.

(a) mordant
(b) voracious
(c) distinctive
✔ (d) innocuous

번역 어느 나라에서는 악의 없는 것으로 간주되는 몇 가지 손짓들이 다른 나라에서는 매우 무례한 것일 수도 있다.

(a) 신랄한
(b) 식욕이 왕성한
(c) 특이한
(d) 악의 없는

해법 offensive는 '무례한'의 뜻이다. 한 나라에서는 악의 없는 것이 다른 나라에서는 무례한 것이 될 수도 있다는 내용이므로 상반되는 표현으로는 '악의 없는'이라는 (d) innocuous가 적절한 단어이다.
offensive 무례한 **mordant** 신랄한 **voracious** 식욕이 왕성한

45

After ___________ the corporation loyally for over 20 years, Mr. Reynolds was awarded a generous early retirement package.

(a) lathering
(b) gripping
(c) passing
✔ (d) serving

번역 회사에 충성스럽게 20년 이상 근무한 후, 레이놀즈 씨는 후한 명예 퇴직금을 받았다.

(a) 비누 거품을 칠하다
(b) 단단히 쥐다
(c) 지나가다
(d) 근무하다

해법 회사에 '근무하다'의 뜻으로 동사 (d) serving을 쓴다. serve는 타동사, 자동사로 다 쓰여서 '~을 위해 유용한 일을 하다'의 뜻이다. serve the country, serve the community 등으로 쓰인다.
corporation 주식회사 **loyally** 충성스럽게 **generous** 후한, 관대한 **early retirement package** 명예 퇴직금 **grip** ~을 단단히 쥐다

46

To better ___________ the status of its shipments, the company has outfitted its trucks with GPS receivers.

(a) stalk
(b) expose
✔ (c) track
(d) capture

번역 발송 상태를 더 잘 추적하기 위해 회사는 트럭에 GPS 수신기를 마련해 주었다.

(a) 살금살금 접근하다
(b) 드러내다
(c) 추적하다
(d) 붙잡다

해법 shipment는 '발송'을 가리키는 단어이다. GPS 수신기를 통해 발송 상태를 추적할 수 있으므로 '추적'에 해당하는 단어인 (c) track이 적절하다.
status 상태 **outfit with** ~에게 공급하다 **GPS** 전 지구 위치 파악 시스템(Global Positioning System) **receiver** 수신기 **stalk** (사냥감 따위에) 살금살금 접근하다 **capture** ~을 붙잡다

47

The government continually ___________ it is doing all it can to weed out corruption.

(a) requests
✔ (b) insists
(c) demands
(d) urges

번역 정부는 부패를 제거하기 위해 최선을 다하고 있다고 계속 주장한다.

(a) 요청하다
(b) 주장하다
(c) 요구하다
(d) 역설하다

해법 weed out은 '~의 잡초를 뽑다, 풀을 뽑다'의 어구이다. that이 생략된 it is doing all 이하를 주장하고 있다는 내용이 가장 적절하므로 정답은 (b) insists 이다.
weed out 추려내다, 제거하다 **corruption** 부패 **urge** 역설하다

48

For turkeys under ten pounds, common wisdom ___________ that they should be roasted for twenty minutes per pound.

✔ (a) holds
(b) believes
(c) regards
(d) feels

번역 10파운드 이하의 칠면조는 1 파운드당 20분 동안 구워야 한다는 것이 통념이다.

(a) 여기다
(b) 믿다
(c) 간주하다
(d) 느끼다

해법 '통념에 따르면'이라는 말은 common wisdom says that / common wisdom holds that / common wisdom is that 등으로 표현한다. 따라서 정답은 (a) holds이다.
turkey 칠면조 **common wisdom** 통념, 상식 **roast** 굽다

49

Self-reflection, tranquility, and inner peace are all qualities associated with the practice of ___________.

(a) celebration
(b) insulation
(c) origination
✔ (d) meditation

번역 자기 성찰, 평온, 내면의 평화는 모두 명상 훈련과 관련이 있는 특성들이다.

(a) 축하
(b) 절연
(c) 시작
(d) 명상

해법 be associated with는 '~와 연관이 있다'는 뜻의 어구이다. 보기 중에 나열된 특성들과 관련이 있는 것은 명상 훈련이다. 정답 (d) meditation은 셀 수 없는 명사로 '명상'의 뜻이다.
self-reflection 자기 성찰 **tranquility** 평온 **be associated with** ~와 관련이 있다 **insulation** 절연 **origination** 시작

50

Desert plant and animal species have evolved various biological ___________ that enable them to survive in an otherwise inhospitable environment.

(a) principles
✔ (b) mechanisms
(c) devices
(d) proxies

번역 사막 식물과 동물 종들은 다른 경우라면 살기에 부적당한 환경에서 살아남을 수 있게 하는 다양한 생물학적 구조를 발달시켰다.

(a) 원리
(b) 구조
(c) 장치
(d) 대리권

해법 형용사로 쓰인 otherwise는 '다른 경우라면'의 뜻으로 쓰였다. 황폐한 환경에서 살아남은 생물학적 구조라는 말이 가장 적절하므로 답은 (b) mechanisms 이다. device는 실제적인 도구, 장치를 가리키는 말이다.
otherwise 다른 경우라면 **inhospitable** 황량한 **principle** 원리 **proxy** 대리권

1 In literature, magic realism weaves fantastical elements into stories of everyday life. Characters within this genre inhabit realistic settings yet do not regard the magical occurrences as out of the ordinary. Magic realism is seen most often in Latin American literature, where cultural folktales provide the inspiration for supernatural beings and events. The genre allows authors to question social conventions or government policies without incurring the censorship such critiques would face were they __________.

✔ (a) leveled in a more direct fashion
(b) aimed instead at a culture's myths
(c) offered through a different medium
(d) endorsed by artists in various fields

번역 문학에서 환상적 사실주의는 환상적인 요소를 일상적인 이야기로 엮어낸다. 이 장르의 등장 인물들은 현실적인 배경 속에 살지만 마법 같은 일들이 발생하는 것을 이상하게 여기지 않는다. 환상적 사실주의는 라틴 아메리카 문학에서 가장 흔하게 볼 수 있는데, 그곳의 문화적 민간 설화들이 초자연적인 존재나 사건에 대한 영감을 제공해 준다. 이 장르에서는 작가들이 검열을 초래하지 않고 사회적 관습이나 정부 정책에 문제를 제기할 수 있는데, 만약 좀더 직접적인 방식으로 쓰였다면 그러한 비판은 검열을 피하지 못할 것이다.

(a) 좀더 직접적인 방식으로 쓰여진
(b) 대신 한 문화권의 신화를 겨냥한
(c) 다른 매체를 통해 제시된
(d) 여러 다른 분야의 예술가들에 의해 뒷받침된

해법 환상적 사실주의라는 문학의 한 장르를 설명하는 글이다. 빈칸이 들어 있는 절이 if가 생략된 조건절임을 파악해야 하므로 의미 파악에 앞서 문장 구조를 이해하는 것이 관건이다. 검열을 피할 수 있었던 것은 환상적 요소를 통해 간접적으로 비판을 전달했기 때문이라고 볼 수 있으므로 직접적인 방식으로 비판을 했더라면 검열을 당했을 것이라는 (a)가 의미상 가장 적당하다.

weave 엮다 **inhabit** 살다 **out of the ordinary** 이상한 **occurrence** (일의) 일어남 **convention** 관습 **incur** ~을 초래하다 **censorship** 검열 **level** (풍자나 비난 등을) 퍼붓다 **endorse** 뒷받침하다

2 The name Alexander Graham Bell is widely recognized as belonging to the inventor of the telephone. Yet, Bell's famous creation was an unintended consequence of his experimentation with one of his true passions: helping the deaf and mute. Both his mother and wife had lost their hearing and played a large role in motivating Bell's work. It was through his efforts to develop a rudimentary hearing aid for the deaf that he came up with the concept of the telephone. Later in life, Bell avoided keeping a phone in his workshop, regarding it as a __________.

(a) youthful error in judgment
(b) useless piece of technology
✔ (c) distraction from his true calling
(d) financial failure and a disappointment

번역 알렉산더 그레이엄 벨이라는 이름은 전화를 발명한 사람의 이름으로 널리 알려져 있다. 그러나 벨의 유명한 발명품은 그가 진정으로 열정을 가졌던 일 중 하나인 듣지 못하고 말하지 못하는 사람들을 돕는 것과 관련한 실험의 뜻하지 않은 결과물이었다. 그의 어머니와 아내는 둘 다 청력을 상실했는데 이것이 벨의 연구에 동기를 부여하는 중요한 역할을 하였다. 그가 전화라는 개념을 떠올린 것은 듣지 못하는 사람들을 위해 초보적인 수준의 보청기를 개발하고자 노력하던 중이었다. 그 이후에 벨은 전화가 자신의 진정한 소명을 방해한다고 여기고, 자신의 연구실에 전화를 두지 않으려 했다.

(a) 젊은이의 판단 실수
(b) 쓸모 없는 과학기술품
(c) 자신의 진정한 소명에 대한 방해물
(d) 경제적 실패이자 실망거리

해법 전화기 발명가로 알려진 벨이 정작 발명하고자 했던 것은 보청기였다는 사실을 설명하고 있다. 이것으로 미루어 볼 때 연구실에 전화기를 두지 않으려고 한 이유는 애초에 발명하고자 한 보청기 연구에 집중하기 위해서라고 볼 수 있다. 따라서 (c)가 가장 적절하다.

unintended 의도하지 않은 **mute** 말을 못하는 **rudimentary** 초보의 **come up with** ~을 생각해내다 **distraction** 마음을 산만하게 하는 것 **calling** 소명

3 It can be difficult for an individual to understand __________. Many health advocates recommend that the average person drink at minimum two liters of water every 24 hours to avoid dehydration. Other medical professionals, however, put the figure much lower, at just one liter per day. Moreover, an individual's need for water can vary greatly according to body type and size, weather conditions, and the nature and duration of physical activities undertaken.

(a) the serious health risks of dehydration
✔ (b) how much water he or she should consume
(c) how his or her body uses the water that is drunk
(d) the latest research findings on water consumption

번역 개인이 저마다 자신이 마셔야 하는 물의 양이 얼마인지를 아는 것은 어려운 일일 수 있다. 많은 건강 전문가들은 보통 사람들이 탈수증에 걸리지 않기 위해서 24시간마다 최소 2리터의 물을 마실 것을 권장한다. 그러나 다른 의료 전문가들은 그 수치를 훨씬 낮게 잡아서 하루에 1리터면 된다고 한다. 더구나 개인마다 물을 필요로 하는 양은 체형이나 몸집, 날씨 상태, 수행하는 신체 활동의 종류 및 지속 시간에 따라 크게 달라질 수 있다.

(a) 탈수증이 일으키는 심각한 건강상의 위험
(b) 자신이 마셔야 하는 물의 양이 얼마인지
(c) 자신의 신체가 마신 물을 어떻게 이용하는지
(d) 물 섭취에 관한 최신 연구 결과

해법 빈칸 다음 문장들에서 하루에 물을 얼마나 마셔야 하는지에 대한 전문가들의 의견을 다양하게 제시하고 있다. 빈칸은 이러한 내용과 이어져야 하므로 (b)가 가장 적절하다.

advocate 옹호자, 지지자 **dehydration** 탈수(증) **vary** 다르다 **duration** 지속 (기간) **undertake** 떠맡다 **consume** 마시다, 먹다

4 Dear valuable customer,
The editorial staff at *Design Monthly* would like to make you aware of an exciting new offer. For a limited time only, a month-long subscription to our award-winning architectural magazine is available for just $26.99. That's a savings of over $30 off the newsstand price! __________, simply fill out the enclosed order form and mail it in to us. You won't regret it!

Gratefully yours,
Design Monthly editorial staff

(a) To help with this incredible survey
(b) If you have an interest in modern landscaping
(c) To be removed from the *Design Monthly* mailing list
✔ (d) If you choose to take advantage of this one-time deal

번역 소중한 고객님께,
〈월간 디자인〉의 편집부에서 고객님께서 흥미를 가질 만한 새로운 조건을 알려 드리고자 합니다. 한정 기간 동안에만, 저희 수상 경력이 있는 건축 잡지의 월간 구독료를 단지 26.99달러에 제공합니다. 이는 가판대 가격에서 30달러 이상 할인된 금액입니다! 한 번뿐인 이번 기회를 이용하시려면 간단히 동봉된 주문서를 작성하셔서 저희에게 보내주시면 됩니다. 절대 후회하지 않으실 겁니다!

〈월간 디자인〉 편집부 드림

(a) 이 놀라운 조사를 도와주려면
(b) 현대 조경에 대해 관심이 있으시면
(c) 〈월간 디자인〉 우편 수취인 명단에서 빠지시려면
(d) 한 번뿐인 이번 기회를 이용하시려면

해법 잡지사에서 구독자들에게 한정적인 구독료 할인 행사를 안내하는 글이다. 빈칸 다음에서 order form(주문서)을 작성해서 보내달라고 한 것으로 보아 '주문을 하려면' 정도의 의미가 들어가야 알맞다. 이와 가장 의미가 비슷한 것은 (d)이다. (c)는 오히려 구독을 해지할 경우를 뜻한다.
editorial 편집의 **subscription** 예약 구독 **newsstand** 가판대

5 The Mongol Empire was the largest continuous empire the world has ever known, spanning nearly a quarter of Earth's land area. It was initiated by the legendary Genghis Khan and spread quickly from its heart in modern-day Mongolia. Extending from the East Sea to Europe's Danube River, and from the Arctic to tropical Southeast Asia, it ruled over 100 million people in its heyday. However, the empire's great size ultimately led to its undoing. Succession struggles after Genghis' death led to civil wars, __________.

✔ (a) and the once mighty empire split apart
(b) but the empire's dominance lasted for centuries
(c) as each Mongol general expanded the empire
(d) for a united Mongolia was important to the Mongols

번역 몽고 제국은 이제껏 세계에 알려진 제국 중에서 가장 영토가 넓었는데, 그 규모가 지구 육지의 거의 4분의 1에 달했다. 전설적인 징기스칸에 의해 시작되었고 현대의 몽골 지역에 있는 중심지로부터 급속도로 확장되었다. 동해에서부터 유럽의 다뉴브강까지, 또한 북극에서부터 열대 동남아시아까지 확장하며, 전성기 때는 1억 명 이상의 사람들을 통치했다. 그러나 몽고 제국의 엄청난 크기는 결국 제국의 파멸로 이끌었다. 징기스칸 사후에 왕위 계승 다툼이 내란으로 이어져, 왕년에 막강했던 제국은 붕괴되었다.

(a) 그래서 왕년에 막강했던 제국은 붕괴되었다
(b) 그러나 제국의 지배권은 수세기 동안 지속되었다
(c) 몽고 장군들이 저마다 영토를 확장함에 따라
(d) 몽고인들에게는 통합된 몽골국이 중요했기 때문에

해법 몽고 제국의 흥망에 대해 설명하는 글이다. 주로 몽고 제국의 영토 확장과 이에 따른 전성기에 대해 말하다가 However 다음부터 쇠퇴기를 다루고 있다. 마지막 문장에서 왕위 계승 다툼이 내란으로 이어졌다는 내용과 가장 잘 연결되는 것은 (a)이다.
initiate 시작하다 **legendary** 전설적인 **heyday** 전성기 **ultimately** 결국 **undoing** 파멸 **succession** 계승 **split apart** 분열되다

6 I have nothing against portable music players. In fact, I own one of the latest models and enjoy listening to it during my morning subway commute. What I don't approve of is the use of these players by bicyclists. Part of being a responsible bicycle rider is being aware of your surroundings, but how can you if you can't hear the horn of the car you just cut off? Cyclists have gotten the message about helmet safety. Now it's time to tell them to __________!

✔ (a) take off those earphones
(b) travel with more awareness
(c) keep their bikes maintained
(d) commute by subway instead

번역 나는 휴대용 음악 플레이어를 전혀 나쁘다고 여기지 않는다. 실제로 나도 최신 모델을 하나 가지고 있으며 아침 지하철 통근 시간에 즐겨 듣는다. 내가 반대하는 것은 자전거 이용자들이 이러한 플레이어를 사용하는 것이다. 책임 있는 자전거 이용자의 조건 중 하나가 주변 상황 인식이다. 그런데 당신이 방금 가로막은 자동차의 경적을 듣지 못한다면 어떻게 주변을 인식할 수 있겠는가? 자전거 이용자들은 헬멧 착용 안전수칙에 대한 안내를 받아왔다. 이제는 그들에게 이어폰을 빼라고 말해야 할 때이다.

(a) 이어폰을 빼라고
(b) 좀더 인식하며 달리라고
(c) 그들의 자전거를 정비하라고
(d) 대신 지하철로 통근하라고

해법 자전거 이용자들이 휴대용 음악 플레이어로 음악을 듣느라 주변 상황을 파악하지 못해 사고의 위험이 있음을 경고하는 글이다. 이러한 맥락에서 자전거 이용자들에게 해줄 수 있는 말이라면 (a)가 가장 적절하다. (b)는 중요한 어구인 플레이어에 대한 언급이 없고, (d) 역시 자전거를 타지 말라는 말이 아니므로 알맞지 않다.
have nothing against ~에 대해 전혀 반감이 없다 **portable** 휴대용의 **commute** 통근 **bicyclist** 자전거 타는 사람 **horn** 경적

7 In terms of cargo tonnage, which is the measure of the weight of all goods loaded and unloaded, ___________. Located as it is in proximity to one of China's most developed and economically vital cities, Shanghai's port is the primary point of exit and entry for products involved in China's vast trade networks. Prior to 2005, the ports of Singapore and Rotterdam offered competition for the cargo tonnage title. But, reflecting the continued growth of China's economic might, Shanghai has since overtaken both of them.

(a) several ports are overtaking Shanghai
✔ (b) the port of Shanghai is the world's busiest
(c) Shanghai is a relatively newly established port
(d) Shanghai imports less cargo than it used to

번역 싣고 내리는 모든 물건 중량의 기준인 화물 용적 톤수 면에서, 상하이 항은 세계에서 가장 분주하다. 중국에서 가장 발달하고 경제 활동이 활발한 도시 중 하나에 인접해 있어서, 상하이 항은 중국의 거대한 무역망을 이루는 상품들이 출입하는 주요 거점이다. 2005년 이전에는 싱가포르와 로테르담의 항구들이 화물 용적 톤수 명칭을 놓고 경합을 벌였다. 그러나 계속되는 중국 경제력의 성장을 반영하듯, 그 후 상하이가 두 곳 모두를 따라잡았다.

(a) 몇몇 항구가 상하이를 따라잡고 있다
(b) 상하이 항은 세계에서 가장 분주하다
(c) 상하이는 비교적 새로 설립된 항구이다
(d) 상하이는 이전보다 화물을 적게 수입한다

해법 상하이 항이 중국 경제 활동에 중요한 역할을 하는 거점으로 부상하고 있다는 내용이다. 첫 문장은 상하이 항을 소개하는 문장으로 cargo tonnage(화물 용적 톤수)란 측면에서 볼 때, 상하이 항이 단연 최고라는 말이 이어져야 자연스럽다. 따라서 (b)가 정답이다.

in terms of ~라는 면에서 **cargo tonnage** 화물 용적 톤수 **load** (짐을) 싣다 **in proximity to** ~에 근접하여 **reflect** 반영하다 **might** 힘, 세력 **overtake** ~을 따라잡다

8 In the early 1980s, video games consisted of a large, upright box with a video monitor, joystick, and a few buttons—what was known as an arcade game. The logistics of play were quite limited, as were the games themselves. Today, consoles no larger than a textbook utilize motion sensors to remotely transmit a player's movements and commands to the game. Where controllers are used, they are complex and comprehensive, and the selection of games is seemingly infinite. Clearly, ___________.

✔ (a) video games have undergone a drastic transformation
(b) these games are much more popular than they once were
(c) video game production has become a profitable industry
(d) advances in technology have made arcade games obsolete

번역 1980년대 초반에 비디오 게임은 직립형의 대형 상자와 함께 비디오 모니터, 조작 장치, 그리고 몇 개의 버튼으로 이루어졌고, 이는 오락실 게임이라고 알려졌다. 게임 자체가 그렇듯이, 게임 기술은 상당히 한정돼 있었다. 오늘날에는 불과 교과서 만한 크기의 조작대가 동작 감지기를 이용하여 게이머의 동작과 명령을 게임에 원격으로 전송한다. 조종 장치가 사용되는 곳에서는 게임이 복잡하고 범위가 넓어져 게임의 선택폭이 무한해 보인다. 분명 비디오 게임은 급격한 변화를 겪었다.

(a) 비디오 게임은 급격한 변화를 겪었다
(b) 이러한 게임은 예전보다 훨씬 더 인기를 얻고 있다
(c) 비디오 게임 생산은 이윤 창출 산업이 되었다
(d) 과학기술의 발전으로 오락실 게임이 쇠퇴했다

해법 In the early 1980s와 Today 이하에서 각각 예전의 비디오 게임과 오늘날 비디오 게임의 특징을 설명하고 있다. 훨씬 복잡하고 다양해졌음을 알 수 있으므로 큰 변화가 있었다는 (a)가 가장 적절한 결론이다. 인기도나 이윤에 대한 언급은 없으므로 (b)나 (c)는 알맞지 않다.

upright 직립의 **joystick** 조작 장치 **arcade** 오락실 **logistics** 기술 **console** 조작대 **remotely** 원격으로 **drastic** 급격한 **obsolete** 쇠퇴한

9 Tired of traipsing around town with your laptop, trying to find a wireless network to get online? Then Catalyst Electronics has some good news for you, as they're introducing the iWi, the world's first portable personal network device. Simply insert the iWi card into your laptop and a wi-fi "bubble" will instantly form around you, allowing you to connect securely and reliably to the Internet. Never again will you have to ___________.

(a) leave home with your laptop
(b) reboot to take advantage of wi-fi
✔ (c) hunt for that elusive network signal
(d) worry about compromising your privacy

번역 노트북 컴퓨터를 가지고 인터넷에 접속하기 위해서 무선 통신망을 찾아 거리를 헤매는 데 지치셨나요? 그렇다면 카탈리스트 일렉트로닉스에서 세계 최초 휴대용 개인 통신망인 iWi를 선보인다는 반가운 소식이 있습니다. 여러분의 노트북에 iWi 카드만 삽입하면 당신 주위에 wi-fi 버블이 즉시 형성되어 안전하고 확실하게 인터넷에 접속할 수 있습니다. 다신 잡히지 않는 통신망 신호를 찾아 다닐 필요가 없습니다.

(a) 노트북을 가지고 집을 나서다
(b) wi-fi를 이용하기 위해 재부팅하다
(c) 잡히지 않는 통신망 신호를 찾아 다니다
(d) 사생활 침해를 걱정하다

해법 주변에 통신망이 없어도 카드 하나로 인터넷을 이용할 수 있는 서비스를 홍보하는 글이다. 마지막 문장은 첫 문장과 같은 맥락이라고 볼 수 있는데, 통신망을 찾아 다닐 필요가 없다는 (c)가 가장 적절하다.

traipse 어슬렁거리다, 배회하다 **wi-fi** 근거리 통신망(보통 무선 랜(LAN)을 지칭함) **elusive** 잡히지 않는 **compromise** 위태롭게 하다

10 Lasik—or laser-eye surgery, as it is commonly known—is a type of refractive surgery that utilizes a laser beam. As in all refractive surgeries, the goal is to modify the dimensions of the patient's cornea in order to correct naturally developing vision problems. In a Lasik procedure, these modifications are made with a precisely directed and controlled Excimer laser. Though some remain skeptical, concerned about long-term damage, ___________.

(a) the technology behind Lasik surgeries is brand new
(b) human eyes have proven resistant to the damage caused
(c) the procedure has yet to be approved by medical associations
✔ (d) thousands of Lasik operations have been performed successfully

번역 라식, 또는 일반적으로 레이저 눈 수술이라고 알려진 것은 레이저 빛을 이용한 일종의 굴절 수술이다. 모든 굴절 수술에서와 같이, 선천적으로 계속해서 나빠지는 시력 문제를 바로잡기 위해 환자의 각막 두께를 교정하는 것이 목적이다. 라식 수술 과정에서 이러한 교정은 정교하게 조작되고 제어된 엑시머 레이저로 이루어진다. 일부 사람들은 여전히 장기적인 손상을 우려하여 회의적임에도 불구하고, 수천 건의 라식 수술이 성공적으로 이루어졌다.

(a) 라식 수술의 기저가 되는 기술은 최신이다
(b) 인간의 눈은 손상을 입는 것에 저항력이 있는 것으로 판명되었다
(c) 라식 수술은 아직 의료계의 승인을 받지 못했다
(d) 수천 건의 라식 수술이 성공적으로 이루어졌다

해법 라식 수술이 어떻게 이루어지는지를 설명하는 글이다. 마지막 문장에서 빈칸이 앞 문장과 Though라는 접속사로 이어지고 있음에 주의해야 한다. 여전히 라식 수술을 못 미더워하는 사람들이 있다는 내용과 역접 관계로 이어져야 하므로 (d)가 가장 적절하다.
refractive 굴절의 **modify** 교정하다 **dimension** 치수 **cornea** 각막 **skeptical** 회의적인

11 When considering adolescent males, ___________. Those who reach puberty first will typically grow taller and stronger in the coming years than their late-blooming peers. For this reason, they tend to develop a better body image and are more comfortable with their appearance. On the other hand, the early onset of puberty can make boys aggressive and unpredictable due to increased hormone levels. In addition, because they look more like adults, these adolescents will often be assumed to possess more developed emotional states to match their physical progress. This, of course, is usually not the case.

(a) the onset of puberty brings many difficulties
(b) the timing of puberty determines their personalities
✔ (c) there are positives and negatives to early maturation
(d) much about their maturation process remains a mystery

번역 청소년기의 남자애들을 살펴보면, 조숙 현상에는 장단점이 있다. 제일 먼저 사춘기에 이른 아이들은 늦게 성장하는 친구들보다 일반적으로 향후 몇 년간 더 크고 힘도 더 세진다. 이러한 이유로 그들은 더 좋은 신체상을 갖게 되어 외모에 대해 더 만족하는 경향이 있다. 반면에 사춘기가 일찍 시작되면 호르몬 수치의 증가 때문에 남자애들을 공격적이고 예측 불가능하게 할 수 있다. 또한 겉모습이 어른처럼 보이기 때문에, 이러한 청소년들은 그들의 신체 발달에 어울리는 좀 더 성숙한 감정 상태를 지닐 거라고 추측될 것이다. 물론 이는 대개 사실이 아니다.

(a) 사춘기의 시작은 많은 어려움을 일으킨다
(b) 사춘기가 언제 시작하느냐가 성격을 결정짓는다
(c) 조숙 현상에는 장단점이 있다
(d) 성숙 과정의 많은 부분은 수수께끼로 남아 있다

해법 빈칸 다음에는 이른 사춘기를 맞은 청소년의 장점을, On the other hand 다음에는 단점을 설명하고 있다. 따라서 이른 사춘기에 장단점이 있다는 (c)가 도입부로 가장 적절하다. 문제점만을 다룬 것은 아니므로 (a)는 알맞지 않고, 이른 사춘기로 인해 공격적이 되는 것은 일시적인 현상이므로 이것이 성격을 결정짓는다는 (b)도 알맞지 않다.
puberty 사춘기 **late-blooming** 늦게 피는 **peer** 친구 **onset** 시작 **unpredictable** 예측할 수 없는 **maturation** 성숙

12 The name "comic book" was coined because the earliest manifestations were nothing more than collections of humorous newspaper-style comic strips. The term is still in use today, despite the fact that ___________. In America, the super-hero genre is most popular, with titles such as *Superman*, *Spiderman*, and *X-Men*. Japanese and European comic books feature real-life situations, and their content tends to be more dramatic.

✔ (a) most modern comics are serious in tone
(b) the market for comics has since expanded
(c) the popularity of comics is at an all-time low
(d) fewer people read newspapers than in the past

번역 '코믹 북'이라는 명칭은 초기 형태가 신문에 실리는 우스운 연재 만화 모음에 불과했기 때문에 생겨난 것이다. 대부분의 현대 만화는 진지한 어조임에도 불구하고 이 용어는 오늘날에도 여전히 사용되고 있다. 미국에서는 〈슈퍼맨〉, 〈스파이더맨〉, 〈X맨〉과 같은 제목의 슈퍼 영웅 장르가 가장 인기 있다. 일본과 유럽 만화는 현실 상황을 다루며 내용도 더 극적인 경향을 띤다.

(a) 대부분의 현대 만화는 진지한 어조이다
(b) 이후로 만화 시장이 확장됐다
(c) 만화의 인기는 가장 저조하다
(d) 예전보다 신문을 읽는 사람들이 적다

해법 comic book이라는 명칭을 중심으로 설명하고 있다. 빈칸에는 이어서 설명하는 슈퍼 영웅이나 현실적인 상황들을 다룬 현대 만화의 특징이 들어가야 알맞은데, 명칭과는 달리 오히려 심각하고 진지한 어조라는 (a)가 가장 적절하다.
coin (신조어를) 만들어내다 **manifestation** 표명, 명시 **nothing more than** ~에 불과한 **comic strip** (신문 · 잡지 따위의) 연재 만화 **at an all-time low** 사상 최저의

13

For a period of roughly 100 years beginning in the 1860s, millions of Italians emigrated from their homeland. The driving force behind this mass migration was poverty, as conditions for poor farmers living in the Italian countryside were harsh. The majority of emigrants headed for either North or South America, but many others chose destinations within Europe and also Australia. Regardless of where they went, they always brought their traditions with them. The result is that many locales, from New York to Brazil to New Zealand, ___________.

(a) no longer allow immigration by Italians
(b) encouraged their citizens to settle in Italy
(c) became prosperous thanks to Italian laborers
✔ (d) have been heavily influenced by Italian culture

번역 1860년대부터 약 100년이라는 기간 동안, 수백만의 이탈리아인들이 고국을 떠나 이주했다. 이러한 대량 이주의 원동력이 된 것은 빈곤이었는데, 이탈리아 시골에 사는 가난한 농부들의 형편이 열악했기 때문이었다. 이주민의 대다수는 아메리카 대륙 남부나 북부로 향했지만, 다른 많은 사람들은 유럽이나 호주를 목적지로 택하기도 하였다. 어디로 갔던지 상관없이, 그들은 항상 자신들의 전통을 함께 가져왔다. 그 결과 뉴욕에서 브라질, 뉴질랜드까지 많은 지역들이 이탈리아 문화로부터 지대한 영향을 받았다.

(a) 더 이상 이탈리아인의 이민을 허용하지 않는다
(b) 자국의 시민들이 이탈리아에 정착하도록 장려했다
(c) 이탈리아 노동자들 덕분에 번창했다
(d) 이탈리아 문화로부터 지대한 영향을 받았다

해법 이탈리아인들의 대량 이주에 대해 설명하고 있다. 이탈리아인들은 어디로 이주하든지 자신들의 전통을 가져왔다고 했으므로 그 결과를 설명하는 마지막 문장에는 그들이 이주한 지역들이 이탈리아 문화의 영향을 받았다는 (d)가 들어가야 가장 적절하다.

roughly 대략 **emigrate** 이주하다 **driving force** 원동력 **harsh** 혹독한 **regardless of** ~에 상관없이 **locale** 현장, 장소 **prosperous** 번창하는

14

When a patient is suffering from a bacterial infection, common practice is to administer an antibiotic to neutralize the bacteria. What medical professionals are beginning to discover, however, is that over time strains of bacteria can evolve a resistance to overused antibiotics. These so-called "superbugs" present a dangerous new challenge to medicine. What once may have been considered a relatively harmless infection could become a life-threatening condition. For now, the focus is on preventing the evolution of superbugs in the first place, ___________.

(a) something doctors have long advocated
✔ (b) meaning more judicious use of antibiotics
(c) through the use of a new class of medicine
(d) and keeping patients on antibiotic treatments

번역 환자가 세균 감염을 앓고 있을 때, 일반적인 처치법은 세균을 무력화시키기 위해 항생제를 투여하는 것이다. 그러나 의료 전문가들은 시간이 지나면서 세균 종족이 항생제 남용에 내성을 키울 수 있다는 것을 발견하기 시작하고 있다. 소위 이러한 '초강력 세균'은 의약품에 새로운 위험성을 제기한다. 예전에는 비교적 무해한 감염으로 간주되던 것들이 생명을 위협하는 상황이 될 수 있다. 현재로서는 애초에 초강력 세균의 진화를 막는 데 초점을 두고 있으며, 이는 항생제를 좀더 분별력 있게 사용하는 것을 의미한다.

(a) 이는 의사들이 오랫동안 지지해온 어떤 것
(b) 이는 항생제를 좀더 분별력 있게 사용하는 것을 의미한다
(c) 새로운 종류의 약품 사용을 통해
(d) 또한 환자들이 계속 항생제 치료를 받는 데 (초점을 두고 있다)

해법 항생제에 내성을 가진 초강력 세균의 등장이 치명적인 위협으로 대두되고 있다는 내용의 글이다. 애초에 초강력 세균의 진화를 막기 위해서는 항생제를 남용하지 않는 것이 중요하다고 볼 수 있으므로 (b)가 가장 적절하다. 항생제 이외의 약품에 대한 언급은 없으므로 (c)는 알맞지 않고, 환자의 박테리아 감염 자체를 막는 것은 불가능하므로 (d)도 알맞지 않다.

infection 감염 **administer** 투여하다 **antibiotic** 항생제 **neutralize** 무력화하다 **strain** 종족 **life-threatening** 생명을 위협하는 **judicious** 분별력이 있는

15

Among increasing consensus that large-scale, top-down models of foreign aid have failed to produce results and may even be causing more harm than good, a new approach is gaining acceptance. Microfinance projects are popping up in all corners of the developing world, and some hope they will one day replace government-gifted aid altogether. Proponents point out that supporting local small businesses via microloans is the best way to promote financial responsibility and economic growth in the third world. ___________, people take better care of things they've earned themselves than things simply given them.

(a) Yet
✔ (b) After all
(c) Nonetheless
(d) In spite of that

번역 대규모의 하향식 대외 원조가 성과를 이끌어내지 못하고 이익보다는 오히려 손해를 초래하고 있을지도 모른다는 여론이 증가하는 와중에, 새로운 접근법이 지지를 얻고 있다. 소액 금융 지원 정책이 개발도상국 곳곳에서 생겨나고 있으며, 이들이 언젠가는 정부의 무상 지원을 전면 대체할 것을 희망하는 사람들도 있다. 지지자들은 소액 융자를 통해 지방 소기업들을 지원하는 것이 제3세계에서 경제적 책임감과 경제 성장을 장려하는 최선책임을 지목한다. 아무튼 사람들은 단순히 주어진 것들보다는 스스로 얻어낸 것들을 더 잘 관리하는 법이다.

(a) 하지만
(b) 아무튼
(c) 그래도
(d) 그럼에도 불구하고

해법 개발도상국에 등장한 소액 융자라는 새로운 형태의 금융 지원에 대해서 설명하고 있다. 하향식 원조보다 효과가 월등한 소액 금융 지원의 장점들을 설명하고 나서 마지막 문장은 이를 전체적으로 마무리 짓는 말이다. (b) After all이 '결국, 즉'이라는 뜻으로 가장 적절하다.

consensus 여론 **top-down** 하향식의 **foreign aid** 대외 원조 **microfinance** (저개발국의 소기업 육성을 위한) 소액 금융 지원 **pop up** 불쑥 나타나다 **microloan** 소액 융자

16 In the late summer and fall of 2006, several Southeast Asian nations experienced one of the worst air pollution events in their histories. Unfettered slash-and-burn agricultural operations in rural Indonesia created a haze that overwhelmed skies over Malaysia, Thailand, and as far north as South Korea. In addition to affecting visibility, the haze contained a number of toxic compounds, such as sulfuric acid. Regional governments accused Indonesia's leaders of complicity in the burning. ___________, the truth is that the country's officials had little power to control the actions of corporate farmers and private landowners.

✔ (a) However
(b) Likewise
(c) Moreover
(d) Therefore

번역 2006년 늦여름과 가을에 몇몇 동남아시아 국가들은 역사상 최악의 대기 오염 중 하나를 겪었다. 인도네시아 시골 지역의 통제가 전혀 없는 화전농법이 연무를 발생시켜 말레이시아와 태국을 넘어 멀리 북쪽으로 남한까지 하늘을 온통 뒤덮었다. 시야에 영향을 줄 뿐만 아니라, 연무는 황산 같은 유독 화합물을 다량 함유했다. 지방 정부는 소각에 연루된 혐의로 인도네시아 정부 관리들을 고소했다. 하지만 사실 인도네시아 정부 관리들에게는 기업형 농부들과 개인 토지 소유주들의 행동을 규제할 힘이 거의 없다.

(a) 하지만
(b) 마찬가지로
(c) 게다가
(d) 그러므로

해법 인도네시아의 화전농업으로 인한 대기 오염 사건을 설명하고 있다. 이 사건으로 정부 관리들을 고소했다는 앞 문장 내용과 사실상 정부 관리들에게는 화전농업을 규제할 힘이 없다는 뒤 문장 내용은 역접 관계에 있으므로 (a)가 가장 적절하다.

unfettered 통제받지 않는 **slash-and-burn** 화전식의 **haze** 연무(연기와 안개) **visibility** 시야 **compound** 화합물 **sulfuric acid** 황산 **complicity** 연루

17 Computer files are bigger than ever these days, and transferring them from computer to computer can present a real dilemma if the machines are not connected via a network. Standard email accounts impose strict file size limits, and even physical storage media such as CDs may be inadequate. To address this need, several companies offer online transfer services. All a user needs to do is upload the file to the company's server, and then the website delivers a download invitation to the recipient. In the beginning, companies charged for this service, but now there are many free alternatives.

Q: What is the best title for the passage?
(a) The Limitations of Email
✔ (b) A New Way to Swap Files
(c) Sharing Files via a Network
(d) Zero-Cost Software Options

번역 요즘 컴퓨터 파일은 어느 때보다 더 크고, 컴퓨터에서 컴퓨터로 파일을 전송하는 것은 컴퓨터 통신망을 통해 연결되어 있지 않으면 아주 곤란할 수가 있다. 일반적인 이메일 계정에서는 파일 크기에 엄격한 제한을 두어, CD 같은 물리적 저장 매체도 불충분할 수 있다. 이러한 필요성을 해결하기 위해, 몇몇 업체에서는 온라인 전송 서비스를 제공한다. 사용자는 업체 서버에 파일을 올리기만 하면 되고, 그러고 나면 홈페이지에서 파일 수령자에게 다운로드 받으라는 안내장을 전송한다. 초기에는 이러한 서비스에 대해 업체에서 요금을 청구했지만, 이제는 무료로 택할 수 있는 곳도 많다.

Q: 이 글에 가장 적절한 제목은?
(a) 이메일 한도
(b) 새로운 파일 교환 방식
(c) 통신망을 통한 파일 공유
(d) 무료 소프트웨어 선택 사양

해법 크기 때문에 이메일로 전송할 수 없는 파일을 대신 전송해 주는 인터넷 전송 서비스를 소개하고 있다. 이는 기존 방식과는 다른 새로운 파일 교환 방식이므로 (b)가 가장 적절한 제목이다. (c)는 기존 방식이나 새로운 방식 모두에 해당하는 것이므로 알맞지 않다.

impose 부과하다 **inadequate** 불충분한 **address** 처리하다 **recipient** 수령인 **charge** 청구하다 **swap** 교환하다

18 Dog owners know there are times when their dogs are far from man's best friend. So, to help your dog live up to his or her potential, obedience training is essential. At Northpark Canine Academy, we do more than just teach your dog to sit, stay, and roll over. Our methods have been certified by the American Kennel Club to produce animals that will comply with your every command. We'll make sure your dog remains your best friend.

Q: What is mainly being advertised?
(a) A learning program for dog owners
✔ (b) A training institution for dogs
(c) A certified method of pet training
(d) A dog-care service for busy owners

번역 개 주인들은 그들의 개들이 인간의 가장 친한 친구와는 차이가 있을 때가 있다는 것을 알고 있습니다. 그러므로 여러분의 개가 잠재력에 부응하도록 하기 위해서는 복종 훈련이 필수적입니다. 노스파크 강아지 아카데미에서는 당신의 개에게 단순히 앉고, 기다리고, 구르는 것만 가르치는 것보다 더 많은 일을 합니다. 우리의 훈련 방식은 주인의 모든 명령에 순응하는 동물을 육성하는 것으로 미국 애견 협회의 인증을 받았습니다. 여러분의 개가 가장 좋은 친구로 남도록 확실히 책임지겠습니다.

Q: 주로 광고하고 있는 것은?
(a) 개 주인들을 위한 교육 프로그램
(b) 강아지 훈련 기관
(c) 인증받은 애완동물 훈련 방식
(d) 바쁜 주인들을 위한 강아지 보살핌 서비스

해법 애완견 훈련이 주요 내용인데 (a), (b), (c) 모두 이런 내용을 담고 있어 혼동될 수 있다. 하지만 광고문에서는 광고하는 제품이나 시설을 언급하는 어구가 반드시 등장하므로 이를 찾으면 문제가 해결된다. Northpark Canine Academy가 광고 대상이므로 (b)가 정답이다.

live up to ~에 부응하다 **obedience** 복종, 순종 **canine** 갯과의 **roll over** 구르다 **kennel** 개사육장 **comply with** ~에 따르다

19 Many English students are familiar with Shakespeare's plays, with works such as *Hamlet* and *Romeo and Juliet* featured on many curricula. But fewer may be aware that the famous bard also penned over 150 sonnets. The poems, originally published in a single collection in 1609, deal primarily with the subjects of love and romance, and each of them adheres to the strict formatting standards that define the genre.

Q: What is the passage about?
(a) Poetry in Shakespeare's plays
(b) The style and format of sonnets
✔ (c) Some lesser-known poetry of Shakespeare
(d) Shakespeare's preference of poetry over drama

번역 많은 영국 학생들은 다수의 교과 과정에서 다뤄진 〈햄릿〉, 그리고 〈로미오와 줄리엣〉과 같은 셰익스피어의 희곡에 친숙하다. 그러나 이 유명한 음유시인이 150편이 넘는 소네트도 지었다는 것을 아는 사람은 많지 않을지도 모른다. 이 시들은 원래는 1609년에 한 권의 모음집으로 출간되었으며, 주로 사랑과 연애라는 주제를 다루고, 각각은 이 장르를 특징 짓는 엄격한 구성 기준을 고수한다.

Q: 이 글의 내용은?
(a) 셰익스피어 희곡에 들어 있는 시
(b) 소네트의 문체와 형식
(c) 덜 알려진 셰익스피어의 시
(d) 희곡보다 시에 대한 셰익스피어의 선호

해법 셰익스피어의 희곡에 대한 얘기로 시작하고 있지만 정작 중점적으로 설명하고 있는 것은 그가 지은 소네트이다. 하지만 소네트에 대해서 구체적으로 설명하고 있는 것은 아니므로 (b)는 알맞지 않고, 셰익스피어가 희곡 말고도 이런 시를 지었다는 사실 자체에 초점을 맞추고 있으므로 (c)가 가장 적절하다.
curriculum 교과 과정 **bard** 음유시인 **pen** 짓다 **sonnet** (14행의) 소네트 **adhere to** ~에 충실하다, 고수하다 **format** 구성하다

20 Winter is fast approaching, and there's no time like the present to make sure your snow gear needs are satisfied. But why pay hundreds of dollars for new products in the store when you can get last year's models for up to 70% off from your friends and neighbors? That's why the East Rutherford Winter Gear Swap comes in. This Saturday, September 29, come to the City Auditorium to buy, sell, and trade used gear with your fellow East Rutherford citizens. You'll never know what kinds of deals await until you get here.

Q: What is being announced?
✔ (a) A secondhand product exchange
(b) A yearly winter product exhibition
(c) A new gear outlet in East Rutherford
(d) A discount on name-brand winter gear

번역 겨울이 빠르게 다가오고 있으므로, 지금이야말로 필요한 겨울용품 구입을 해야 할 때입니다. 하지만 친구나 이웃들로부터 작년 모델을 최대 70%까지 할인해서 구입할 수 있는데도 왜 매장에 있는 신제품에 수백 달러를 지불합니까? 그래서 이스트 루더퍼드 겨울용품 교환 행사가 있는 것입니다. 이번 주 토요일, 9월 29일에 시청 강당에 오셔서 이스트 루더퍼드 주민 여러분과 중고품을 판매, 구입, 교환하세요. 오시기 전에는 어떤 거래가 기다리고 있을지 전혀 모르실 겁니다.

Q: 안내하고 있는 것은?
(a) 중고품 교환
(b) 겨울용품 연례 전시회
(c) 이스트 루더퍼드에 새로 생긴 장비 할인매장
(d) 유명 상표의 겨울용품 할인

해법 겨울용품 판매를 광고하는 글인데, from your friends and neighbors, used gear 등의 어구에서 중고품을 대상으로 하고 있음을 알 수 있다. 따라서 (a)가 정답이다.
gear 장비 **auditorium** 강당 **deal** 거래 **secondhand** 중고의 **outlet** 직판장 **name-brand** 유명 상표의

21 The two European members of World War II's Axis powers, Germany and Italy, had yet to warm to each other in the early 1930s. Mussolini, the leader of Italy, initially did not approve of the anti-Jewish and overall racist policies being forwarded by Germany's Adolf Hitler. As war approached, he even considered siding with the French against Germany. However, as Hitler consolidated his power, it became impossible for Mussolini to resist an alliance with the Nazis.

Q: What is the main idea of the passage?
(a) World War II created many unlikely alliances.
(b) Mussolini advised Hitler on his policies of race.
(c) Italy fought briefly against Germany during WWII.
✔ (d) The Axis powers' pre-war relationship was tenuous.

번역 제2차 세계대전 당시 추축국이었던 두 유럽 국가, 독일과 이탈리아는 1930년대 초에 아직 서로에게 우호적이지 않았다. 이탈리아의 지도자인 무솔리니는 독일의 아돌프 히틀러가 추진하고 있던 반유대주의와 전반적인 인종차별주의 정책에 처음에는 찬성하지 않았다. 전쟁이 가까워지면서, 그는 독일에 대항해 프랑스 편에 설 것을 고려하기까지 했다. 그러나 히틀러가 권력을 강화함에 따라 무솔리니는 나치와의 동맹을 거부하는 것이 불가능해졌다.

Q: 이 글의 주제는?
(a) 제2차 세계대전은 있을 법하지 않은 동맹을 다수 탄생시켰다.
(b) 무솔리니는 히틀러에게 인종 정책에 대해 조언했다.
(c) 이탈리아는 제2차 세계대전 중에 잠깐 동안 독일에 대항해 싸웠다.
(d) 전쟁 전 추축국들의 관계는 미묘했다.

해법 제2차 세계대전 당시 동맹을 맺었던 독일과 이탈리아의 관계가 전쟁 전에는 사실상 비우호적이었음을 설명하고 있다. 따라서 (d)가 가장 적절하다. 독일과 이탈리아의 관계만 다루고 있으므로 many alliances라는 (a)는 알맞지 않고 (b)와 (c)는 아예 지문의 내용에 어긋난다.
Axis 추축국 **initially** 처음에 **overall** 전반적인 **racist** 인종 차별주의자 **side with** ~의 편을 들다 **consolidate** 강화하다 **alliance** 동맹 **tenuous** 미묘한

22 If there were a "mother" of chemotherapy, it would be Polish physicist Marie Curie. Her studies in radioactivity—a term she created—led her to experiment for the first time with using radioactive isotopes to halt the growth of cancerous tumors. Her investigations into this powerful new medical tool, along with the radioactive chemical elements she discovered, profoundly affected scientists' understanding of our world. Sadly, Curie died at the age of 66 from exposure to radiation, but her legacy lives on in the millions of cancer patients who have been cured through chemotherapy.

Q: What is the best title for the passage?

(a) Curie and Chemotherapy: Her Tragic Story

(b) The Health Risks of Studying Radioactivity

✔ (c) The Woman behind Modern Cancer Treatment

(d) Marie Curie and the Discovery of Radioactivity

번역 만약 화학요법의 '어머니'가 있다면, 폴란드의 물리학자인 마리 퀴리가 될 것이다. 그녀가 만들어낸 명칭인 방사능에 관한 연구는 처음으로 암 종양 성장을 멈추기 위해 방사능 동위 원소를 사용하는 실험을 하도록 이끌었다. 이 강력하고 새로운 의료 기술에 관한 연구는 그녀가 발견한 방사능 화학 원소와 더불어 과학자들이 우리가 사는 세계를 이해하는 것에 크게 영향을 끼쳤다. 안타깝게도 퀴리는 방사능 노출로 인해 66세에 사망했지만, 그녀의 유산은 화학요법을 통해 치유된 수백만의 암 환자들에게 남아 있다.

Q: 이 글에 가장 적절한 제목은?

(a) 퀴리와 화학요법: 그녀의 비극적 이야기

(b) 방사능 연구의 건강상 위험

(c) 현대 암 치료법의 원동력이 된 여인

(d) 마리 퀴리와 방사능 발견

해법 획기적인 암 치료법의 모태가 된 방사능을 발견하고 이를 연구한 마리 퀴리의 업적을 다룬 글이다. (a)는 방사능 노출로 인한 사망에 초점을 맞추어 Tragic Story라고 한 것이 글의 초점과 맞지 않고, (d)는 핵심 어구인 암 치료법 또는 화학요법이 빠져 있으므로 역시 알맞지 않다. 따라서 (c)가 가장 적절하다.

chemotherapy 화학요법 **Polish** 폴란드(사람)의 **radioactivity** 방사능 **isotope** 동위 원소 **halt** 멈추다 **cancerous tumor** 암 종양 **profoundly** 크게 **radiation** 방사능

23 One element that often goes unconsidered in the current debate on whaling is the cultural rights of indigenous peoples. For instance, the Makah people of America's Pacific Northwest have a long tradition of whaling for nutritional, communal, and spiritual purposes. Beginning in the 1920s, the Makah were prohibited from whale killing, a response to declining populations worldwide. However, in 1999, the U.S. government reinstituted the Makah's right to carry out their cultural tradition, granting permission for the hunting of one whale per year.

Q: Which of the following is correct about the Makah?

✔ (a) The whales they hunted were usually eaten.

(b) They continued whaling in the '20s despite the ban.

(c) Their culture condones the hunting of most wild animals.

(d) The government prevents them from practicing their religion.

번역 포경업에 관한 현재 논의에서 흔히 고려되지 않고 지나가는 한 가지 요소는 토착민들의 문화적 권리이다. 예를 들어 미국 북서 태평양의 마카족은 영양학적, 지역 공동체적, 그리고 영적인 목적으로 포경업을 하는 오랜 전통을 가지고 있다. 1920년대부터 마카족은 고래잡이가 금지되었는데, 이는 전세계적인 개체수 감소에 따른 반향이었다. 그러나 1999년에 미국 정부는 마카족이 문화적 전통을 지키도록 권리를 다시 제정하여, 매년 한 마리의 고래를 사냥할 수 있도록 허가했다.

Q: 마카족에 대해 옳은 것은?

(a) 그들이 사냥한 고래는 주로 식용으로 쓰였다.

(b) 금지법에도 불구하고 20년대에 포경업을 계속했다.

(c) 그들의 문화는 대부분의 야생 동물 사냥을 용인한다.

(d) 정부에서 그들의 종교 의식 수행을 금지한다.

해법 마카족이 영양학적인 목적으로 포경업을 하는 전통을 가지고 있다고 했으므로 정답은 (a)이다. 금지법을 시행한 것은 사실이지만 포경업을 계속했다는 언급은 없으므로 (b)는 옳지 않고, 1999년에 미국 정부가 전통을 지키도록 권리를 재정비했으므로 (d) 또한 옳지 않다.

whaling 포경업 **indigenous** 토착의 **nutritional** 영양학적 **reinstitute** 다시 제정하다 **carry out** ~을 지키다 **grant** 허가하다 **condone** 용인하다

24 London's British Museum houses artifacts from all over the world, collected primarily during the zenith of the British Empire. Now, the countries from which these priceless historical items were taken are demanding that they be returned. Egypt, for example, would very much like to be able to display the famous Rosetta Stone in one of its domestic collections. The British Museum has refused the majority of such requests, arguing that its possession of foreign artifacts is protected under British law.

Q: Which of the following is correct according to the passage?

(a) Most British Museum artifacts are of British origin.

✔ (b) The Rosetta Stone was removed from Egypt by the British.

(c) The Rosetta Stone is the British Museum's most prized item.

(d) The British Museum is willing to entertain the countries' claims.

번역 런던의 대영박물관은 전세계 유물을 소장하는데, 주로 대영제국의 전성기 때 수집된 것들이다. 현재 이 귀중한 역사적 유품들을 빼앗긴 국가들이 이들을 반환할 것을 요구하고 있다. 예를 들어 이집트는 자국의 소장품 중 하나에 그 유명한 로제타 석을 전시할 수 있기를 무척 바라고 있다. 대영박물관은 그러한 요구를 대부분 거부했고, 외국 유물을 소유하는 것이 영국 법률 하에 보호된다고 주장하고 있다.

Q: 이 글에 따르면 옳은 것은?

(a) 대영박물관의 유물 대부분은 영국이 출처이다.

(b) 로제타 석은 영국이 이집트에서 가져왔다.

(c) 로제타 석은 대영박물관에서 가장 중요한 품목이다.

(d) 대영박물관은 (유물을 빼앗긴) 국가들의 요구를 들어줄 의향이 있다.

해법 대영박물관이 소장하고 있는 유물들 대부분이 해외에서 수집된 것이라고 했으므로 (a)는 옳지 않다. 유물 반환을 요구하는 국가의 예로 이집트의 로제타 석 반환을 들고 있으므로 (b)가 정답이다. (c)에 대한 언급은 없으며, (d)는 마지막 문장의 내용과 상반된다.

artifact 인공 유물 **zenith** 전성기 **priceless** 매우 귀중한 **possession** 소유 **entertain** 제의를 받아들이다

25 World health monitoring bodies have long recommended the breastfeeding of infants as the best way to ensure their physical health. What there is less consensus on, however, is whether or not the practice has anything to do with a child's cognitive development. A series of studies carried out since 2000 offer up inconclusive results. Some have found that children who were breastfed for at least six months score up to seven points higher on intelligence tests, whereas others claim that no correlation exists between the two variables.

Q: Which of the following is correct about breastfeeding?
(a) It is the method that most infants prefer.
(b) It has no impact on a child's intelligence.
✔ (c) It is sanctioned by most health authorities.
(d) It affects an infant's cognitive development.

번역 세계 건강 감시 단체들은 유아들의 신체 건강을 지키는 최선의 방법으로 모유 수유를 오랫동안 권장해 왔다. 하지만 합의가 덜 이루어진 사항은 이 실천이 아이의 인지 발달과도 관계가 있느냐의 여부이다. 2000년 이후로 실시된 일련의 연구들은 결정적이지 않은 결론을 내놓고 있다. 일부 연구에서는 최소 6개월 동안 모유 수유를 한 아이들이 지능검사에서 7점 더 높은 점수를 받는다는 사실을 발견했다. 반면에 다른 연구에서는 두 변수 간에 어떤 상관관계도 존재하지 않는다고 주장한다.

Q: 모유 수유에 관해 옳은 것은?
(a) 대부분의 유아들이 선호하는 방법이다.
(b) 아이의 지능에는 어떠한 영향도 끼치지 않는다.
(c) 대부분의 보건 기관에서 인가하고 있다.
(d) 유아의 인지 발달에 영향을 끼친다.

해법 모유 수유와 아이들의 인지 발달 간의 상관관계는 아직 명확히 규명되지 않았다고 했으므로 (b), (d)는 옳지 않다. 첫 문장을 통해 (c)가 정답임을 알 수 있고, (a) 유아들이 모유 수유를 선호한다는 내용은 언급되지 않았다.
breastfeed 모유 수유하다 **have anything to do with** ~과 관련이 있다 **cognitive development** 인지 발달 **inconclusive** 결정적이 아닌 **correlation** 상관관계 **variable** 변수 **sanction** 인가하다

26 When it comes to wind power, one country is clearly leading the way: Denmark. As an early adopter of wind turbine technology in the 1970s, Denmark quickly developed into not only the number-one producer of wind-generated electricity, but also the world's top manufacturer of wind turbines. Today, the Scandinavian nation meets just under 20% of its electricity needs via wind farms located both on land and at sea. Moreover, Danish firms like Vestas Wind Systems are responsible for almost half of global turbine manufacturing.

Q: Which of the following is correct according to the passage?
(a) No other nation has stronger winds than Denmark.
✔ (b) Denmark was one of the first countries to embrace wind power.
(c) A majority of Danish manufacturers produce wind systems.
(d) Denmark plans to increase its wind-generated electricity output by 20%.

번역 풍력에 관한 한, 한 국가가 분명 앞서가고 있는데, 바로 덴마크이다. 1970년대에 일찌감치 풍력 터빈 기술을 받아들인 국가로서, 덴마크는 으뜸가는 풍력 발전 전기 생산국으로 뿐만 아니라, 세계 최고의 풍력 터빈 제조국으로 급속도로 발전하였다. 오늘날 스칸디나비아 국가는 육지와 바다 두 곳에 위치한 풍력 기지를 통해 전기 수요의 20% 미만을 충족시킨다. 더구나 베스타스 윈드 시스템 같은 덴마크 회사들은 전세계 터빈 제조의 거의 절반을 담당하고 있다.

Q: 이 글에 따르면 옳은 것은?
(a) 덴마크보다 더 바람이 센 나라는 없다.
(b) 덴마크는 풍력을 적극 받아들이는 최초의 국가들 중 하나였다.
(c) 덴마크 제조업체 대다수는 풍력 시설을 생산한다.
(d) 덴마크는 풍력 발전 전기 생산량을 20% 증가시킬 계획이다.

해법 풍력 발전 기술에서 세계 최고인 덴마크를 소개하는 글로 일찍이 1970년대에 풍력 기술을 받아들였다는 두 번째 문장에서 (b)가 정답임을 알 수 있다. 나머지 선택지는 모두 언급되지 않은 내용들이다.
when it comes to ~에 관한 한 **lead the way** 선두에 서다 **adopter** 채용[채택]자 **wind turbine** 풍력 터빈 **embrace** 받아들이다

27 Musician and songwriter Nina Simone produced songs that were difficult to categorize. Though arguably classifiable under the general label of "jazz," Simone's many hits also mix elements of blues, gospel, soul, and even folk music. Her eclectic style was combined with a haunting and unusually low female singing voice, resulting in music that was truly memorable. Indeed, numerous modern artists cite Simone as one of their major inspirations.

Q: Which of the following is correct about Nina Simone?
(a) She had difficulty singing high notes.
(b) She did not meet with critical acclaim.
(c) She preferred jazz music to other genres.
✔ (d) She influenced a number of later musicians.

번역 음악가이자 작곡가인 니나 시몬은 한 범주로 분류하기 힘든 곡들을 내놓았다. '재즈'라는 일반적인 명칭으로 분류하기에는 논란의 여지가 있지만, 시몬의 많은 히트곡들 또한 블루스, 복음성가, 소울, 심지어 민속음악의 요소까지 섞여 있다. 그녀의 폭넓은 스타일은 마음을 사로잡는 현저하게 낮은 여성 가수의 목소리와 합쳐져, 정말로 인상적인 음악을 만들어낸다. 실제로 수많은 현대 예술가들이 그들에게 영감을 준 주요 인물 중 하나로 시몬을 언급한다.

Q: 니나 시몬에 대해 옳은 것은?
(a) 높은 음으로 노래하는 데 어려움이 있었다.
(b) 비평가들의 찬사를 얻지 못했다.
(c) 다른 장르보다 재즈 음악을 선호했다.
(d) 많은 후배 음악가들에게 영향을 끼쳤다.

해법 마지막 문장에서 많은 현대 음악가들이 니나 시몬의 영향을 받았음을 알 수 있으므로 (d)가 정답이다. unusually low female singing voice가 특징이라고 했지만 높은 음을 내지 못한다는 말은 아니므로 (a)는 옳지 않고, (b)나 (c)에 대한 언급은 없다.
arguably 이론의 여지는 있지만 **classifiable** 분류할 수 있는 **eclectic** 폭넓은 **haunting** 마음에서 떠나지 않는 **cite** 언급하다 **critical acclaim** 비평가들의 찬사

28 Dear Mr. Chairman,

I have been a member of the Rawlson Anthropological Society for six years and have thoroughly enjoyed receiving the society's newsletters and participating in discussions on anthropological issues. Unfortunately, a recent change in my financial situation will make it impossible for me to pay my annual membership dues of $75. For this reason, I must ask to be removed from the society roster for the coming year. Hopefully I will be in a position to rejoin next year.

Yours,
Melissa Block

Q: Which of the following is correct according to the letter?
(a) The society was founded six years ago.
(b) Ms. Block is a colleague of the society's chairman.
✔ (c) The society collects a yearly fee from its members.
(d) Ms. Block hopes to continue receiving the newsletter.

번역 회장님께,
저는 6년 동안 롤슨 인류학 학회의 회원이었으며 협회 소식지를 받고 인류학 쟁점에 관한 토론에 참여하는 것이 정말로 즐거웠습니다. 안타깝게도 최근의 제 경제적 상황에 변화가 생겨 연간 회비인 75달러를 납부하지 못하게 될 것 같습니다. 이런 이유로, 내년에는 학회 명부에서 제 이름을 삭제해 주실 것을 요청드립니다. 다음 해에는 다시 가입할 상황이 되기를 바랍니다.

멜리사 블록 드림

Q: 이 편지에 따르면 옳은 것은?
(a) 학회는 6년 전에 설립되었다.
(b) 블록 씨는 학회장의 동료이다.
(c) 학회에서는 회원들로부터 연회비를 걷는다.
(d) 블록 씨는 소식지를 계속 받고 싶어 한다.

해법 연회비를 낼 수 없어 학회를 탈퇴하겠다는 내용의 편지 글이다. 따라서 (c)가 정답이다. 블록 씨가 6년 전에 학회에 가입한 것이고 학회 설립 시기는 언급되지 않았으므로 (a)는 옳지 않다. 소식지는 회원에게만 발송되는 것이므로 (d) 역시 옳지 않다.
anthropological 인류학의 **thoroughly** 철저히, 완전히 **newsletter** 소식지 **due** 요금, 사용료 **roster** 명부 **colleague** 동료

29 The Tainos inhabited a number of Caribbean islands at the time of the arrival of Christopher Columbus and the Spanish conquest. Among the many cultural traits noted by the Spaniards was a sport played in all Taino communities called batey. Not unlike volleyball, it featured two opposing teams and a small rubber ball that was passed back and forth. The players, however, were not allowed to touch the ball with their hands. Instead, the shoulder, elbow, knee, head, and other body parts were used. More than simple recreation, batey matches seemed to function as a means of conflict resolution between neighboring villages.

Q: Which of the following is correct according to the passage?
(a) The Taino were a fit and athletic people.
(b) The Spanish participated in matches of batey.
✔ (c) Batey was similar to a mix of volleyball and soccer.
(d) Batey opponents were always from different villages.

번역 타이노 족은 크리스토퍼 콜럼버스와 스페인 정복군이 도착한 시기에 여러 카리브 섬에 살고 있었다. 스페인 사람들이 주목한 여러 문화적 특징들 중에 베이티라고 불리는, 모든 타이노 족 공동체에서 행해지는 운동이 있었다. 배구와 별반 다르지 않으며, 두 상대팀이 작은 고무공을 앞뒤로 넘기는 것이 특징이었다. 하지만 시합하는 사람들은 손으로 공을 만지는 것이 허용되지 않았다. 대신에 어깨, 팔꿈치, 무릎, 머리나 기타 신체 부위를 이용하였다. 단순한 오락거리를 넘어, 베이티 시합은 이웃 마을 간의 갈등 해결 수단으로서의 역할을 했던 것으로 보인다.

Q: 이 글에 따르면 옳은 것은?
(a) 타이노 족은 건강하고 강건한 부족이었다.
(b) 스페인 사람들은 베이티 시합에 참가했다.
(c) 베이티는 배구와 축구를 섞은 것과 비슷했다.
(d) 베이티 상대편은 항상 다른 마을 출신이었다.

해법 원주민 타이노 족의 전통 시합인 베이티를 소개하고 있는데, 배구와 비슷하지만(Not unlike volleyball) 손 대신 다른 신체 부위를 이용하는 것은 축구와 비슷하므로 (c)가 정답이다. (a)나 (b)에 대한 언급은 없으며, 마지막 문장에서 이웃 마을 간에 갈등 해결 수단이라고는 했지만 상대편이 반드시 다른 마을 사람들이라는 것은 아니므로 (d)도 옳지 않다.
trait 특징 **Spaniard** 스페인 사람 **oppose** 대항하다 **recreation** 오락 **resolution** 해결 **athletic** 기력이 왕성한 **opponent** 상대, 적수

30 Though many airlines around the world are rushing to enable passengers to make in-flight cellular calls, the concept has encountered some unexpected turbulence in the U.S. For one thing, American service providers haven't yet resolved how to bill customers for making calls 30,000 feet in the air. But additionally, poll after poll shows that the majority of passengers frown on the idea. Just as cell use is discouraged in movie theaters and some restaurants, the image of one's seat neighbor blabbing away throughout the flight is not a pleasant prospect.

Q: Which of the following is correct according to the passage?
(a) The debate over cell use on airplanes has been settled.
✔ (b) Americans would find inflight phone calls disruptive.
(c) U.S. air carriers do not approve of in-flight cell service.
(d) Making in-flight calls could be prohibitively expensive.

번역 전세계 많은 항공사들은 승객들이 비행 중 휴대 전화를 걸 수 있도록 서두르고 있지만, 이 발상이 미국에서 뜻밖의 혼란에 부딪쳤다. 첫째, 미국의 서비스 제공 업체들이 3만 피트 상공에서의 통화에 대해 고객들에게 어떻게 요금을 청구할 것인지 아직 결정하지 못했다. 더구나 거듭된 여론조사 결과에서는 승객 대다수가 이 계획에 난색을 표한다고 나왔다. 극장이나 일부 식당에서 휴대 전화 사용이 제지를 받는 것과 마찬가지로, 옆자리 승객이 비행 내내 떠들어대는 것을 떠올려 보면 유쾌한 전망은 아니다.

Q: 이 글에 따르면 옳은 것은?
(a) 비행기에서 휴대 전화 사용에 대한 논쟁은 해결되었다.
(b) 미국인들은 기내 전화 통화가 방해가 된다고 여길 것이다.
(c) 미국의 항공사들은 비행 중 휴대 전화 서비스를 허용하지 않는다.
(d) 비행 중 통화는 엄청나게 비쌀 수 있다.

해법 항공사에서 추진 중인 비행 중 휴대 전화 사용 서비스가 정작 승객들의 호응을 얻지 못하고 있다는 내용이다. 마지막 문장에서 (b)가 정답임을 알 수 있다. (a)와 (c)는 지문 내용과 상반되며, (d)에 대한 언급은 없다.
turbulence 혼란 **poll** 여론조사 **frown on** ~에 난색을 표하다 **blab** 재잘재잘 지껄이다 **disruptive** 방해가 되는

31 We think of HIV as a modern disease, but scientists believe similar illnesses have been plaguing mammals for the last 100 million years. Researchers have discovered traces of retroviruses—the class of virus to which HIV belongs—in the genetic coding of the two-toed sloth, a direct descendant of the oldest mammals. In fact, this puts the earliest known incidence of retroviruses at 100 million years ago, whereas before this finding scientists had dated them to just 15 million years old. It is hoped that studying the relationship between retroviruses and mammalian evolution will lead to more advanced treatments for HIV, or even a cure.

Q: Which of the following is correct about retroviruses?
(a) They first appeared 15 million years ago.
(b) They are a leading cause of death in sloths.
(c) They all result in fatal conditions in humans.
✔ (d) They have evolved in parallel with mammals.

번역 우리는 HIV를 현대의 질병으로 생각하지만, 과학자들은 유사한 질병이 지난 1억 년 동안 포유류를 괴롭혀 왔다고 믿는다. 연구자들은 가장 오래된 포유류의 직계 후손인 두발가락나무늘보의 유전 코드에서 HIV가 속한 바이러스 종류인 RNA 종양 바이러스의 흔적을 발견했다. 사실상 이로 인해 알려진 바에 의하면 RNA 종양 바이러스의 최초 등장은 1억 년 전이 된다. 반면에 이러한 발견 이전에 과학자들은 이들의 등장은 불과 1500만 년 전으로 매겼다. RNA 종양 바이러스와 포유류 진화 간의 관계에 대한 연구가 HIV에 대한 좀 더 개선된 치료법, 또는 완치로까지 이끌 수 있기를 바란다.

Q: RNA 종양 바이러스에 관해 옳은 것은?
(a) 1500만 년 전에 처음으로 나타났다.
(b) 나무늘보의 유력한 사망 원인이다.
(c) 전부 다 인간에게 치명적인 질병을 일으킨다.
(d) 포유류와 동시에 진화해 왔다.

해법 HIV와 관계되는 RNA 종양 바이러스가 가장 오래된 포유류에서 발견되었고 지금까지 이어지고 있으므로 (d)가 정답이다. RNA 종양 바이러스의 출현은 1억 년 전이라고 했으므로 (a)는 옳지 않고, (b)와 (c)는 언급되지 않은 내용이다.
plague 괴롭히다 **retrovirus** RNA 종양 바이러스 **genetic coding[code]** 유전 코드 **two-toed sloth** 두발가락나무늘보 **mammalian** 포유류의 **in parallel with** ~와 동시에

32 A major figure in the story of Antarctic exploration was Sir Ernest Shackleton. Shackleton's first journey to the southernmost continent came in 1901, and he returned six years later in an attempt to reach the South Pole. He failed, but his team came to within 100 miles of their target, the closest ever at that time. In 1914, he went back a third time with plans to traverse the continent from shore to shore. Despite his vessel being destroyed by sea ice, Shackleton and his entire crew survived for three years before being rescued.

Q: Which of the following is correct according to the passage?
(a) Antarctica had never been explored prior to 1901.
(b) Shackleton was the first to set foot on the South Pole.
✔ (c) Shackleton overcame disaster during his 1914 voyage.
(d) The location of the South Pole was unknown to Shackleton.

번역 남극 탐험사에서 주요한 인물은 어니스트 섀클턴 경이다. 섀클턴의 최남단 대륙으로의 첫 여행은 1901년에 이루어졌고, 그는 6년 후에 남극에 도달하기 위해 되돌아갔다. 그는 실패했지만, 그의 팀은 목표 지점 100마일 이내까지 갔으며, 이는 그때까지 중 가장 근접한 거리였다. 1914년에 그는 남극 대륙을 해안에서 해안까지 가로지를 계획을 가지고 세 번째로 되돌아갔다. 그가 탄 배가 해빙에 난파했음에도 불구하고, 섀클턴과 그의 전 대원은 구조될 때까지 3년 동안 살아남았다.

Q: 이 글에 따르면 옳은 것은?
(a) 남극 대륙은 1901년 이전에 한번도 탐험된 적이 없었다.
(b) 섀클턴이 최초로 남극에 발을 디딘 사람이었다.
(c) 섀클턴은 1914년의 항해에서 재난을 이겨냈다.
(d) 섀클턴은 남극의 위치를 모르고 있었다.

해법 남극 탐험에서 중요한 위치를 차지하는 섀클턴 경에 대한 글이다. In 1914 이후에서 배가 난파했지만 살아남았다고 했으므로 (c)가 정답임을 알 수 있다. 1901년은 섀클턴이 최초로 남극 대륙에 간 시기이고, 남극 대륙을 최초로 탐험한 시기나 인물에 대한 언급은 없으므로 (a), (b)는 둘 다 옳지 않다.
Antarctic 남극 대륙 **southernmost** 최남단의 **South Pole** 남극 **traverse** 가로지르다 **vessel** 배 **sea ice** 해빙

33 Over the last 20 months, businesses nationwide have been going crazy over the Collins & Whitmore Problem Solving Program. More than 160,000 copies of the course materials have been sold, and it is estimated that as many as 1.6 million employees have been obliged by their companies to complete the program. Now that results are finally coming in, the truth is coming out. The average employee is no better at solving everyday workplace problems today than he or she was 20 months ago. Unfortunately for employers, Collins & Whitmore does not offer refunds.

Q: What can be inferred from the passage?
(a) The product in question has been used improperly.
(b) Collins & Whitmore's popularity continues to grow.
✔ (c) Companies feel cheated by the problem solving course.
(d) A lack of problem solving skills plagues most businesses.

번역 지난 20개월 동안, 전국의 기업들은 '콜린즈 앤 휘트모어 문제 해결 프로그램'에 열광했다. 16만 부 이상의 강좌 교재가 판매되었고, 160만 명이나 되는 직원들이 회사의 강요에 의해 의무적으로 프로그램을 이수한 것으로 추정된다. 이제 그 결과가 마침내 들어오고 있어, 진실이 밝혀지고 있다. 일반 직원들은 20개월 전보다 현재 직장 내 일상적인 문제들을 해결하는 데 전혀 나아진 바가 없다. 안타깝게도 고용주들에게, 콜린즈 앤 휘트모어는 환불을 해주지 않는다.

Q: 이 글로부터 추론할 수 있는 것은?
(a) 문제의 제품은 사용이 부적절했다.
(b) 콜린즈 앤 휘트모어의 인기는 계속 높아지고 있다.
(c) 기업들은 문제 해결 강좌에 사기당했나고 여기고 있다.
(d) 문제 해결 능력 부족이 대부분의 기업들을 골치 아프게 하고 있다.

해법 한 업체에서 내놓은 Problem Solving Program이 굉장한 인기를 얻은 데 비해 효과는 미미하다는 내용이다. 마지막 두 문장에서 직원들의 문제 해결 능력은 전혀 나아지지 않았고 환불도 안 된다고 했으므로 (c)가 가장 적절한 추론이다. 문제가 되고 있는 것은 제품이 아니라 강좌이므로 (a)는 옳지 않다.
be obliged to 어쩔 수 없이 ~해야 하다 **refund** 환불 **improperly** 부적절하게 **cheat** 속이다

34 Anyone doubting the richness of Earth's biodiversity has only to travel to the jungles of Southeast Asia, where 63 new animal species were discovered in 2008 alone. The previously unknown creatures included a frog with fangs that preys on birds and a gecko with orange eyes and body stripes resembling a leopard. A new species of pit viper and a bird that seems disdainful of flying were also among the discoveries.

Q: What can be inferred from the passage?
(a) Most newly discovered species are reptiles.
✔ (b) Southeast Asian countries are rich with wildlife.
(c) Most of the world's frogs live in Southeast Asia.
(d) An increase in studies by Asian biologists occurred in 2008.

번역 지구의 생물 다양성의 풍부함을 의심하는 사람이라면 동남아시아의 정글로 여행을 해보면 된다. 그곳에서는 2008년 한 해만 63종의 새로운 동물들이 발견되었다. 예전에 알려지지 않았던 생물에는 새를 잡아 먹는 송곳니를 가진 개구리와 오렌지색 눈과 몸통에 표범을 닮은 줄무늬가 있는 도마뱀붙이가 있었다. 새로운 독사 종과 나는 것을 하찮게 여기는 듯한 새들도 발견물에 있었다.

Q: 이 글로부터 추론할 수 있는 것은?
(a) 새로 발견된 종은 대부분 파충류이다.
(b) 동남아시아 국가들은 야생 생물이 풍부하다.
(c) 세계의 개구리들 대부분은 동남아시아에 서식한다.
(d) 아시아 생물학자들이 맡은 연구의 증가는 2008년에 발생했다.

해법 첫 문장은 지구 생물 다양성을 눈으로 직접 확인해 보려면 동남아시아로 여행을 가보라는 뜻이므로 (b)가 가장 알맞다. 새로 발견된 종으로 개구리나 도마뱀, 독사를 예로 들고 있다고 해서 주로 파충류만 발견되었다고 볼 수는 없으므로 (a)는 알맞지 않다.

biodiversity 생물 다양성 **fang** 송곳니 **prey on** ~을 잡아먹다 **gecko** 도마뱀붙이 **pit viper** (살무사 · 방울뱀 등) 독사 **disdainful** 무시하는 **reptile** 파충류 동물

35 In my opinion, the biggest problem with healthcare today is that there aren't enough skilled general practitioners. Doctors know they can make more money by becoming specialists in fields like cosmetic surgery or neurosurgery, so most end up there. To fix this problem, we need to address how doctors get paid. Physicians in general practice, who handle the highest percentage of patients, need to be making more than specialists, who don't help as large a percentage of the population.

Q: What can be inferred from the passage?
(a) Most general practitioners are not highly skilled.
(b) The author is a physician with a general practice.
(c) Physician pay scales have changed in recent years.
✔ (d) The author believes general practitioners are treated unfairly.

번역 내 생각에는 오늘날 가장 심각한 의료 문제는 숙련된 일반의가 충분하지 않다는 것이다. 의사들은 성형외과나 신경외과 같은 분야의 전문가가 되어야 더 많은 돈을 벌 수 있다는 사실을 알고 있어서 대부분은 그쪽으로 가버린다. 이러한 문제점을 시정하기 위해서, 우리는 의사들이 보수를 어떻게 지급받는지에 초점을 맞출 필요가 있다. 일반 진료를 하는 의사들은 가장 많은 비율의 환자층을 다루므로, 그만큼 많은 사람들에게 도움을 주지 못하는 전문의보다 돈을 더 많이 벌 필요가 있다.

Q: 이 글로부터 추론할 수 있는 것은?
(a) 대부분의 일반의들은 뛰어난 능력을 갖고 있지 않다.
(b) 필자는 일반 진료를 하는 의사이다.
(c) 의사의 임금 체계는 최근 몇 년간 변화를 겪었다.
(d) 필자는 일반의들이 부당한 대우를 받는다고 여긴다.

해법 의사들이 돈벌이가 되는 분야로만 집중되는 현상을 비판하는 글이다. 돈벌이가 되는 대표적인 분야로 성형외과와 신경외과를 들고 있는데, 마지막 문장에서 일반의들은 전문의보다 돈을 더 많이 벌 필요가 있다고 했으므로 (d)가 가장 적절한 추론이다. 필자를 의사라고 볼 근거는 없으므로 (b)는 알맞지 않고, (a)나 (c)에 대한 언급도 없다.

general practitioner 일반 의사 **cosmetic surgery** 성형외과 **neurosurgery** 신경외과 **physician** 의사 **general practice** 일반 진료 **pay scale** 급여 체계

36 "Buffalo Bill" Cody was a charismatic figure of the American West. He earned his nickname by killing 4,860 buffalo for eight months to feed the workers of the Kansas Pacific Railroad. Modern Cody fans highlight his support of Native American rights and the fact that he employed many Indians in the "Wild West" shows he produced. His detractors, on the other hand, label such shows as derogatory and finger Cody as a major player in the destruction of Native American culture.

Q: What can be inferred about "Buffalo Bill" Cody?

✔ (a) His legacy is open to debate.
(b) His biggest fans were Indians.
(c) He was part Native American.
(d) He is usually remembered fondly.

번역 '버팔로 빌' 코디는 미국 서부사에서 카리스마적인 인물이었다. 그가 이런 별명을 얻게 된 것은 캔자스 퍼시픽 철도회사의 일꾼들을 먹이기 위해 8개월 동안 4,860마리의 버팔로를 죽여서이다. 오늘날 코디의 팬들은 그가 미국 원주민들의 권리를 지지한 점과 그가 만든 '와일드 웨스트' 쇼에 많은 인디언들을 고용한 사실을 강조한다. 반면에 그를 비난하는 사람들은 그러한 쇼를 품위를 떨어뜨리는 것이라 부르고 미국 원주민 문화 파괴의 주동자라고 지적한다.

Q: '버팔로 빌' 코디에 대해서 추론할 수 있는 것은?
(a) 그가 남긴 유산은 논쟁의 여지가 있다.
(b) 그의 열렬한 팬들은 미국 원주민들이었다.
(c) 미국 원주민의 혈통을 일부 이어받았다.
(d) 일반적으로 우호적으로 기억된다.

해법 버팔로 빌 코디라는 인물에 대한 엇갈린 평가를 소개하고 있다. Modern Cody fans와 His detractors 이하에서 각각 지지하는 의견과 폄하하는 의견을 소개하고 있으므로 (a)가 정답이다. 어느 한쪽 의견에 무게를 싣고 있지 않으므로 (d)는 알맞지 않고, (b)와 (c)에 대한 언급은 없다.
detractor 비판하는 사람 **label A as B** A를 B라고 부르다[분류하다]
derogatory (품격을) 손상시키는 **finger** ~라고 지적하다

37 To describe the process of socialization, sociologists often refer to two different stages: primary and secondary. Primary socialization involves children learning about the morals and norms of their society at large. For example, general guidelines for what behaviors a culture deems polite are picked up during primary socialization. Secondary socialization is more specific, dealing with the beliefs and behaviors of smaller groups—such as one's peers or coworkers—to which teenagers and adults belong.

Q: What can be inferred from the passage?

✔ (a) Primary socialization occurs at a young age.
(b) Primary socialization is more difficult to study.
(c) Secondary socialization is not undergone by all.
(d) Secondary socialization teaches cultural taboos.

번역 사회화 과정을 설명하기 위해서, 사회학자들은 대개 각기 다른 두 단계, 즉 1차와 2차를 언급한다. 1차 사회화는 아이들이 전체 사회의 도덕과 규범에 대해 배우는 과정이다. 예를 들어 한 문화권에서 어떤 행동을 예의 바르다고 간주하는지에 관한 일반적인 지침을 1차 사회화 과정 동안 익힌다. 2차 사회화는 좀더 구체적이며, 십대나 어른들이 속한 더 소규모 그룹, 예를 들어 또래나 동료집단의 신념 및 행동과 관계된다.

Q: 이 글로부터 추론할 수 있는 것은?
(a) 1차 사회화는 어린 나이에 일어난다.
(b) 1차 사회화는 배우기 더 어렵다.
(c) 2차 사회화는 모든 사람들이 겪지는 않는다.
(d) 2차 사회화는 문화적 금기를 가르친다.

해법 사회화 과정을 단계별로 설명하고 있는데, 두 번째 문장에서 Primary socialization involves children learning이라고 했으므로 (a)라고 볼 수 있다. (b)나 (c)에 대한 언급은 없으며, cultural taboos는 1차 사회화 과정에서 문화권의 일반적인 지침을 습득하는 것에 포함된다고 볼 수 있다.
moral 도덕 **norm** 규범 **at large** 전체로서 **deem** ~라고 간주하다
pick up 익히다 **taboo** 금기

38 Americans searching for a bicycling adventure need to look no further than their own backyards. (a) The U.S. is home to a wide array of bike trails, no matter which region you live in. (b) Whether you want to cycle the entire Atlantic coast or just go for an off-road day ride, you're sure to find what you're looking for. (c) American-made bicycles have earned an impressive reputation for reliability and quality. (d) Check out the website of the American Cycling Association for specific route information.

번역 자전거를 타고 탐험을 즐기고 싶은 미국인들은 자신의 뒷마당에만 나가봐도 됩니다. (a) 미국은 어느 지역에 살든지 넓게 정렬된 자전거 길의 본고장입니다. (b) 자전거를 타고 대서양 해안 전체를 일주하기를 원하든지, 아니면 일반 도로를 벗어나 그저 하루 드라이브를 원하든지 간에 여러분이 원하는 것을 반드시 발견하게 될 것입니다. (c) 미국에서 만든 자전거는 신뢰성과 품질로 확고한 명성을 얻었습니다. (d) 자세한 도로 정보를 원하시면 미국 자전거 협회 홈페이지를 확인해 보세요.

해법 미국에는 자전거 도로망이 잘 갖춰져 있다는 내용의 글이다. 그런데 (c)는 자전거 도로가 아닌 자전거 제품 생산을 언급하고 있으므로 주제에서 벗어난다.
array 정렬 **off-road** 도로를 벗어난 **earn reputation** 명성을 얻다

39 The only woman ever to lead a Chinese dynasty was Empress Wu Zetian. (a) In the latter half of the 7th century A.D., she controlled the Chinese state through her husband, a Tang Dynasty emperor, and later her sons. (b) In 690 she seized the throne for herself, halting the Tang and initiating a new dynasty called the Zhou. (c) Despite their disapproval of her methods, later historians would admit that she was a capable ruler. (d) Shortly before her death in 705, she was overthrown and the Tang Dynasty was reestablished.

번역 역사상 중국 왕조를 이끈 유일한 여성은 측천무후였다. (a) 서기 7세기 후반에, 그녀는 당나라 황제인 남편과 나중에는 아들들을 통해 중국을 다스렸다. (b) 690년에 그녀는 직접 왕위를 빼앗아 당나라의 막을 내리고 주나라로 불리는 새로운 왕조를 세웠다. (c) 그녀의 방식을 비난하더라도, 후대의 역사가들은 그녀가 유능한 통치자라는 것은 인정할 것이다. (d) 그녀는 죽기 직전인 705년에 타도되었고 당 왕조가 재건되었다.

해법 측천무후가 세력을 잡고 새로운 왕조를 세웠다가 마침내 타도되기까지의 역사를 서술하는 글이다. 연대순으로 사건을 열거하고 있는데, (c)는 역사가들의 평가를 언급하고 있으므로 전체적인 글의 흐름에서 벗어난다.
dynasty 왕조 **seize the throne** 왕위를 빼앗다 **disapproval** 비난 **capable** 유능한 **overthrow** 타도하다

40 Contrary to popular opinion, the growth rate of humankind's global population is currently declining. (a) There were still less than one billion people alive on the planet in the year 1800. (b) A peak was reached in 1962 with 2.2% growth, and today that figure is over a full percentage point lower. (c) It is true that growth trends in many developing nations remain high. (d) On the other hand, the majority of Western industrialized nations are experiencing negative growth.

번역 일반적인 생각과 반대로 전세계 인구 증가율은 현재 감소하고 있다. (a) 1800년에 지구상에 살았던 인구는 채 10억을 못 넘었다. (b) 1962년에 2.2%의 증가율로 정점에 달했고, 오늘날 이 수치는 1퍼센트 이상 감소했다. (c) 많은 개발도상국들의 증가 추세가 여전히 높은 것은 사실이다. (d) 반면에 서양의 선진국 대다수는 마이너스 성장을 보이고 있다.

해법 전세계 인구 증가율 감소 현상을 다루고 있다. (b) 이하에서 과거 인구 증가율이 최고조에 달했던 시기와 현재의 인구 증가율, 지역별 불균형을 설명하고 있다. 그런데 (a)는 인구 증가율과 상관없는 총인구만 언급하고 있으므로 주제에서 벗어난다.
contrary to ~와 반대로 **peak** 정점 **a full percentage** 1퍼센트 **industrialized nation** 선진국

Answer Keys

Listening Comprehension

1	(b)	7	(a)	13	(d)	19	(b)	25	(d)	31	(a)	37	(a)	43	(c)	49	(a)	55	(c)
2	(b)	8	(b)	14	(d)	20	(d)	26	(d)	32	(a)	38	(a)	44	(c)	50	(c)	56	(a)
3	(d)	9	(b)	15	(c)	21	(c)	27	(c)	33	(d)	39	(d)	45	(c)	51	(a)	57	(d)
4	(c)	10	(b)	16	(a)	22	(a)	28	(b)	34	(c)	40	(a)	46	(a)	52	(c)	58	(c)
5	(a)	11	(c)	17	(d)	23	(b)	29	(d)	35	(d)	41	(d)	47	(b)	53	(d)	59	(d)
6	(a)	12	(c)	18	(c)	24	(c)	30	(c)	36	(d)	42	(a)	48	(b)	54	(a)	60	(a)

Grammar

1	(d)	6	(b)	11	(c)	16	(a)	21	(c)	26	(a)	31	(b)	36	(a)	41	(c)	46	(b)
2	(b)	7	(c)	12	(b)	17	(d)	22	(a)	27	(a)	32	(b)	37	(c)	42	(d)	47	(d)
3	(b)	8	(b)	13	(a)	18	(a)	23	(c)	28	(c)	33	(a)	38	(b)	43	(b)	48	(a)
4	(a)	9	(b)	14	(b)	19	(b)	24	(c)	29	(c)	34	(a)	39	(a)	44	(b)	49	(c)
5	(b)	10	(d)	15	(b)	20	(d)	25	(c)	30	(d)	35	(b)	40	(d)	45	(c)	50	(d)

Vocabulary

1	(a)	6	(b)	11	(b)	16	(c)	21	(b)	26	(b)	31	(c)	36	(c)	41	(a)	46	(c)
2	(c)	7	(a)	12	(a)	17	(a)	22	(a)	27	(a)	32	(c)	37	(d)	42	(b)	47	(b)
3	(c)	8	(b)	13	(d)	18	(b)	23	(b)	28	(a)	33	(b)	38	(a)	43	(a)	48	(a)
4	(b)	9	(a)	14	(d)	19	(b)	24	(a)	29	(d)	34	(a)	39	(b)	44	(d)	49	(d)
5	(c)	10	(a)	15	(b)	20	(c)	25	(d)	30	(c)	35	(a)	40	(b)	45	(d)	50	(b)

Reading Comprehension

1	(a)	5	(a)	9	(c)	13	(d)	17	(b)	21	(d)	25	(c)	29	(c)	33	(c)	37	(a)
2	(c)	6	(a)	10	(d)	14	(b)	18	(b)	22	(c)	26	(b)	30	(b)	34	(b)	38	(c)
3	(b)	7	(b)	11	(c)	15	(b)	19	(c)	23	(a)	27	(d)	31	(d)	35	(d)	39	(c)
4	(d)	8	(a)	12	(a)	16	(a)	20	(a)	24	(b)	28	(c)	32	(c)	36	(a)	40	(a)

Listening Comprehension

55 minutes

1

W Excuse me, do you have the time?
M ________________

(a) Yes, it will be soon.
(b) Sorry, time for what?
✔ (c) Yes, it's ten after nine.
(d) I don't have any free time right now.

번역 W 실례지만, 지금 몇 시인지 아세요?
M ________________

(a) 네, 곧 될 거예요.
(b) 미안하지만, 무슨 시간이요?
(c) 네, 9시 10분이에요.
(d) 지금은 시간이 전혀 없네요.

해법 Do you have the time?은 시간을 묻는 질문으로 '몇 시나?'는 뜻이다. 따라서 시각을 말해주는 (c)가 가장 적절한 응답이다. Do you have time? (시간 있느냐?)으로 잘못 알아듣고 (d)를 고르지 않도록 주의한다.

2

M I have a really bad headache.
W ________________

(a) Are you all right now?
✔ (b) I have some pills here.
(c) Don't worry. Headaches aren't painful.
(d) I took something for it.

번역 M 두통이 정말 심해요.
W ________________

(a) 이제 괜찮아요?
(b) 여기 약이 좀 있어요.
(c) 걱정 마세요. 두통은 고통스럽진 않아요.
(d) 전 다른 것이라고 생각했어요.

해법 두통을 호소하는 상대방에게 약을 권해주는 (b)가 가장 적절한 응답이다. (c)처럼 질문에 나온 단어(headache)가 다시 등장하는 선택지는 오답일 확률이 높다는 점을 알아두자.
painful 고통스러운 **appointment** 약속, 예약

3

W How long does it take to get to Anyang?
M ________________

(a) I go every day.
(b) I go by subway.
✔ (c) Usually it's only 10 minutes.
(d) It's between Seoul and Suwon.

번역 W 안양까지 가는 데 시간이 얼마나 걸리죠?
M ________________

(a) 전 매일 가요.
(b) 전 지하철로 가요.
(c) 보통 10분밖에 안 걸려요.
(d) 서울과 수원 중간에 있어요.

해법 How long does it take?는 걸리는 시간을 묻는 표현이다. 따라서 시간으로 답한 (c)가 적절한 응답이다. (a)는 How often을 사용해 횟수를 물어볼 때, (b)는 How를 이용해 교통수단을 물어볼 때 나올 수 있는 응답이다.

4

W I've been promoted to senior manager.
M ________________

(a) When will that happen?
(b) Thank you for saying so.
✔ (c) This calls for a celebration!
(d) Please give him my congratulations.

번역 W 부장으로 승진했어요.
M ________________

(a) 그게 언제 일어날 일인가요?
(b) 그렇게 말씀해 주시니 감사합니다.
(c) 축하할 일이네요!
(d) 그에게 축하한다고 전해 주세요.

해법 여자가 승진했다고 말하고 있으므로 자연스럽게 '축하한다'는 응답을 예상할 수 있다. congratulations만 듣고 자칫 (d)를 고르기 쉬우나 상대방이 아닌 제3자에게 축하를 전해 달라는 말임에 주의한다. (c)는 직역하면 '이 일은 축하를 요구한다', 즉 '당연히 축하할 일이다'라는 의미로 적절한 응답이다.
promote 승진하다 **senior manager** 부장 **celebration** 축하

5

M Did anyone call while I was at lunch?
W ______________________

(a) You missed a phone call.
(b) I can't come to the phone right now.
(c) I'm afraid you have the wrong number.
✔ (d) Your wife tried to reach you.

번역 M 제가 점심 먹는 동안 전화 온 데 없었나요?
W ______________________

(a) 전화를 못 받으셨네요.
(b) 지금 당장은 전화를 받을 수가 없어요.
(c) 전화를 잘못 거신 것 같습니다.
(d) 당신의 아내가 전화했어요.

해법 자신이 자리를 비운 사이 걸려온 전화가 있는지를 묻고 있으므로 전화 건 사람을 말해주는 (d)가 적절한 응답이다. (c)는 전화를 잘못 건 상대방에게 할 수 있는 말이다.
reach (전화 등으로) 연락하다

6

M I really need someone to sub for me tomorrow.
W ______________________

(a) Please, be my guest.
(b) May I ask you a favor?
(c) I'm sorry. I need it right now.
✔ (d) I'm available. I have the day off.

번역 M 내일 저를 대신해줄 사람이 긴히 필요합니다.
W ______________________

(a) 예, 그러세요.
(b) 부탁 좀 드려도 될까요?
(c) 죄송해요. 전 그게 당장 필요해요.
(d) 저 가능해요. 비번이거든요.

해법 남자의 말이 자신의 일이나 자리를 대신해 줄 사람을 찾고 있는 뜻임을 파악해야 한다. 따라서 자신이 해주겠다는 (d)가 가장 적절한 응답이다. (b)는 부탁하는 남자 쪽에서 할 만한 말이다.
sub for ~의 대리를 하다, 대행하다 **Be my guest.** 예, 그러세요, 좋으실 대로 하세요. **ask someone a favor** ~에게 부탁하다 **day off** 비번, 휴일

7

W Hi, Jake! How's it going?
M ______________________

✔ (a) Not too bad, thanks.
(b) No, I was just leaving.
(c) I'd better be on my way.
(d) It'd be a pleasure to meet him.

번역 W 안녕, 제이크! 잘 지내니?
M ______________________

(a) 그럭저럭, 물어봐 줘서 고마워.
(b) 아니, 이제 막 떠나려던 참이었어.
(c) 가봐야겠다.
(d) 그를 만나게 되면 좋지.

해법 How's it going?이 안부를 묻는 표현임을 알아야 답할 수 있는 문제이다. How're you doing?과 비슷한 표현으로 '잘 지내니?, 어떻게 지내?'라는 뜻이다. 따라서 보통이라며 물어봐 줘서 고맙다는 (a)가 적절한 응답이다.

8

W Could you give me a wakeup call, please?
M ______________________

✔ (a) No problem. What time?
(b) Sure. I'll call back in a few minutes.
(c) Of course. Where can we reach you?
(d) Certainly, we'll send someone to your room.

번역 W 모닝콜을 해주실 수 있을까요?
M ______________________

(a) 물론이죠. 몇 시에요?
(b) 물론이죠. 잠시 후에 다시 전화 드리죠.
(c) 물론이죠. 어디로 전화 드리면 될까요?
(d) 물론이죠, 방으로 사람을 보내드리겠습니다.

해법 모닝콜 부탁에 대해 '몇 시'에 해주면 되는지 시간을 되묻는 (a)가 가장 적절한 응답이다. 모닝콜은 대개 전날 밤에 부탁하는 것이므로 잠시 후에 다시 전화하겠다는 (b)는 알맞지 않다. (d)는 호텔에서 객실에 뭔가가 필요하거나 고장 나서 객실 손님이 문제를 제기했을 때 호텔측에서 할 수 있는 답변이다.
wakeup call 모닝콜

9

M Chill out! Why are you so uptight?
W ____________________

(a) I'm sorry to let you down.
✔ (b) I'm really nervous about flying.
(c) I love to take it easy on the weekends.
(d) My muscles are sore from too much exercise.

번역 M 침착해! 왜 그렇게 불안해해?
W ____________________

(a) 실망시켜서 미안해.
(b) 비행기 여행 때문에 너무 긴장돼.
(c) 주말에는 긴장을 풀고 푹 쉬는 걸 좋아해.
(d) 운동을 너무 많이 해서 근육통이 있어.

해법 Chill out이 '침착해, 마음을 편히 가져'라는 뜻임을 알아야 답을 찾기가 쉽다. 남자는 여자가 불안해하는 이유를 묻고 있으므로 비행기 여행 때문이라고 답하는 (b)가 가장 적절한 응답이다.
chill out 침착해, 마음을 편히 가져 **uptight** 긴장한, 불안한 **let down** ~를 실망시키다 **take it easy** 긴장을 풀고 쉬다 **sore** 쑤시는, 아픈

10

W I hate it when sales clerks chat on their cell phones instead of serving their customers.
M ____________________

(a) Do you really mean it?
(b) Yeah, they do seem to be very busy.
(c) I wish they'd bring a menu over.
✔ (d) They don't seem to take any pride in their work.

번역 W 판매사원이 손님을 응대하는 대신 휴대폰으로 잡담을 하고 있을 때가 정말 싫어.
M ____________________

(a) 진심이야?
(b) 맞아, 정말 바쁜 것 같다.
(c) 메뉴를 갖다 줬으면 좋겠는데.
(d) 그 사람들은 직업에 긍지가 전혀 없는 것 같아.

해법 여자가 손님을 무시하는 판매사원에 대해 불만을 말하고 있으므로 이에 동의하는 의미의 (d)가 가장 적절한 응답이다. (c)는 식당에서 종업원이 메뉴를 갖다 주기를 기다리면서 할 수 있는 말이므로 상황에 맞지 않고, (b)는 불만을 말하는 여자의 말에 Yeah라고 동의해 놓고 여자의 말과 전혀 상관없는 말을 덧붙이고 있으므로 알맞지 않다.
chat 잡담하다 **take pride in** ~을 자랑하다

11

M I work twelve-hour days all week.
W ____________________

(a) I thought you were more ambitious.
✔ (b) Why don't you look for another job?
(c) I didn't realize you were job-hunting.
(d) How long have you been out of work?

번역 M 나는 일주일 내내 12시간씩 일해.
W ____________________

(a) 난 네가 좀 더 야망이 있다고 생각했는데.
(b) 다른 일자리를 찾아보지 그래?
(c) 네가 일자리를 찾고 있었는지 몰랐어.
(d) 실직한 지 얼마나 됐지?

해법 남자의 말은 장시간의 근무시간에 대해 불만을 토로하는 것이므로 그렇게 힘들다면 다른 일자리를 찾아보지 그러냐는 (b)가 가장 적절한 응답이다. 질문에 나온 시간만 듣고 시간을 물어보는 How long으로 시작하는 (d)를 고르지 않도록 주의한다.
ambitious 야망이 있는 **out of work** 실직한

12

W Which is your teacher?
M ____________________

(a) She's pretty good, really.
✔ (b) The one with long blonde hair.
(c) She teaches English literature.
(d) A class of twenty-five students.

번역 W 누가 네 선생님이야?
M ____________________

(a) 그녀는 꽤 괜찮아, 진짜로.
(b) 긴 금발머리를 한 사람이야.
(c) 그녀는 영문학을 가르쳐.
(d) 학생 수가 25명인 반이야.

해법 질문이 Which로 시작하는 것으로 보아 여러 사람 가운데서 누구인지를 묻고 있는 것이므로 인상착의를 말해주는 (b)가 적절한 응답이다. (a)는 What's she like?(그녀는 어떤 사람이야?)로 물어볼 때 할 수 있는 응답이다.
blonde 금발의 **English literature** 영문학

13

M I'd never felt so humiliated in my life!
W ______________________

(a) I'm disappointed in you.
(b) Don't bother me just now.
(c) I'm having a really bad day.
✔ (d) You must have felt really small.

번역 M 내 평생 그렇게 모욕감을 느낀 적이 없었어!
W ______________________

(a) 너한테 실망했어.
(b) 지금은 귀찮게 하지 말아 줘.
(c) 일진이 정말 나쁜 날이야.
(d) 기가 죽었겠구나.

해법 남자가 자신이 겪은 안 좋은 상황에 대해서 말하고 있으므로 위로나 공감을 나타내는 응답이 나와야 알맞다. 따라서 상대방의 심정을 헤아려주는 (d)가 가장 적절한 응답이다. (c)는 일진이 나쁜 것은 남자이므로 주어가 You가 되면 (d)와 마찬가지로 공감을 나타내는 응답이 될 수 있다.
humiliated 모욕감을 느낀 **have a bad day** 일진이 나쁘다 **feel small** 기가 죽다, 초라하게 느끼다

14

M I love the new decor in your living room.
W ______________________

(a) Our architect was fantastic.
(b) The lounge looks good, too.
(c) A landscaper did the design.
✔ (d) An interior designer did it.

번역 M 너희 집 거실의 새로운 장식이 정말 마음에 든다.
W ______________________

(a) 우리 건축가가 정말 훌륭했어.
(b) 휴게실도 멋져.
(c) 조경사가 설계했어.
(d) 인테리어 디자이너가 했어.

해법 남자가 여자 집 거실 장식을 칭찬하는 상황이다. 대개는 고맙다는 응답이 나오지만, 이렇게 칭찬받은 것에 대해 좀 더 자세한 설명을 덧붙이는 응답도 자주 나온다. (a)나 (c)는 거실 장식과 관련 없는 architect나 landscaper를 언급하고 있으므로 알맞지 않다. 전문가의 도움을 받았다는 (d)가 가장 적절한 응답이다.
decor 장식 **architect** 건축가 **fantastic** 굉장한, 멋진 **lounge** 휴게실, 거실 **landscaper** 조경사

15

M Who are you going to the dance with—Sam or Justin?
W ______________________

(a) I think they'll both be there.
✔ (b) Neither. I'm going with Paul.
(c) Slow dances are his favorite.
(d) I don't think Sam likes Justin.

번역 M 누구랑 춤추러 갈 거야, 샘이야 저스틴이야?
W ______________________

(a) 둘 다 거기 올 거 같은데.
(b) 둘 다 아냐. 폴하고 갈 거야.
(c) 슬로우 댄스가 그가 제일 좋아하는 거야.
(d) 샘은 저스틴을 좋아하지 않는 것 같아.

해법 둘 중에서 어느 쪽이냐는 질문에 대해 둘 다 아니라는 뜻의 Neither로 답하고 나서 제3의 선택을 덧붙이는 (b)가 가장 어울리는 응답이다. 여자의 의사에 달린 일이므로 추측으로 답하는 (a)는 알맞지 않다.

16

W Do you want to go to the Summer Jazz concert tonight?
M Sure, I've got nothing going on this evening.
W When shall we meet?
M ______________________

✔ (a) How about 7:30?
(b) Call me after midnight.
(c) What about in the main lobby?
(d) Let's make it by the front gate.

번역 W 오늘 밤에 서머 재즈 콘서트에 갈래?
M 물론이지, 오늘 저녁에는 아무런 계획도 없어.
W 언제 만날까?
M ______________________

(a) 7시 30분 어때?
(b) 자정 지나고 나서 전화해.
(c) 중앙 로비에서 어때?
(d) 정문 옆에서 보자.

해법 When으로 시작해 만날 시간을 묻고 있으므로 (a)가 가장 적절한 응답이다. (b)도 midnight이라는 시간이 나오지만 meet로 물어본 데 대해 call로 답하고 있으므로 알맞지 않다. (c)나 (d)는 Where로 물었을 때 가능한 응답이다.
make it (장소에) 나타나다, 이르다

17

M Do you think I'm eligible for the new tax cuts?
W I'm not sure. Why don't you call the Tax Department?
M I called several times, but I couldn't get through.
W ______________________________

(a) Don't go there, just call them.
✔ (b) Yeah, their line is always busy.
(c) Their phone number is right here.
(d) They're pretty easy to get a hold of.

번역 M 내가 새로 시행되는 세금 감면 대상이 된다고 생각해?
W 잘 모르겠어. 세무과에 전화해보지 그래?
M 몇 번 걸었는데, 연결이 되지 않았어.
W ______________________________

(a) 거기 가지 말고, 그냥 전화로 해.
(b) 맞아, 거긴 항상 통화 중이야.
(c) 거기 전화번호 여기 있어.
(d) 거기는 연락을 취하기가 정말 쉬워.

해법 몇 번이나 전화를 걸었지만 연결이 되지 않았다는 남자의 불평에 대해 Yeah 라고 동조하는 (b)가 가장 적절한 응답이다. 남자가 전화번호를 몰라서 전화를 못 건 것이 아니므로 (c)는 알맞지 않다.
eligible 적격의, 자격이 있는 **tax cut** 세금 감면 **get through** (전화 등으로) 연결하다 **get a hold of** (전화로) ~와 연락을 취하다

18

W Excuse me. Do you have a minute?
M I guess so. What do you need?
W Could you tell me where the nearest ATM is?
M ______________________________

(a) Let's have a look around.
✔ (b) I'm sorry, I'm a tourist, too.
(c) I don't know the instructions.
(d) There's a mailbox on the corner.

번역 W 실례지만, 잠깐 시간 좀 있으세요?
M 그런데요. 무슨 일이시죠?
W 가장 가까운 현금인출기가 어디에 있는지 아세요?
M ______________________________

(a) 함께 둘러봅시다.
(b) 미안하지만, 저도 관광객이어서요.
(c) 사용법을 모르겠어요.
(d) 모퉁이에 우체통이 있어요.

해법 Could you tell me where는 길을 물어볼 때 자주 쓰이는 표현이다. 자신도 관광객이라 모른다는 (b)가 가장 적절한 응답이다. (d)는 질문의 ATM을 놓쳤을 때 고를 수 있는 오답이다.
ATM 자동 현금 인출기(automated teller machine) **instructions** 지침, 사용 설명서

19

W Make yourself at home. Can I get you a drink?
M A coffee would be lovely, thanks.
W How do you like your coffee?
M ______________________________

(a) I don't like it at all.
(b) I'll have a cappuccino to go.
✔ (c) Black with two sugars, please.
(d) I like drinking coffee after meals.

번역 W 편하게 있으세요. 마실 것 좀 가져다 드릴까요?
M 커피가 좋겠어요. 고맙습니다.
W 커피를 어떻게 드세요?
M ______________________________

(a) 전혀 좋아하지 않아요.
(b) 카푸치노 한 잔 테이크 아웃이요.
(c) 크림 없이 설탕 두 스푼이요.
(d) 식사 후에 커피 마시는 걸 좋아합니다.

해법 How do you like your coffee?는 커피를 얼마나 좋아하느냐는 질문이 아니라 '커피를 어떻게 마시느냐, 즉 설탕이나 크림을 얼마나 넣느냐'를 묻는 질문이다. 따라서 (c)가 적절한 응답이다. 질문을 잘못 이해하면 (a)를 답으로 고를 수 있다.
make oneself at home (남의 집 방문 시) 편하게 있다

20

W I love French perfume.
M Let me buy you some for your birthday.
W Thank you... How does this one smell on me?
M ______________________________

✔ (a) Mmm. It's divine!
(b) Let me see how you look.
(c) I'll put it on my credit card.
(d) This is the best moisturizer ever!

번역 W 나는 프랑스 향수가 정말 좋아.
M 생일 선물로 사줄게.
W 고마워… 내가 뿌린 이건 향이 어때?
M ______________________________

(a) 음. 정말 좋다!
(b) 네 모습이 어떤지 좀 보자.
(c) 내 신용카드로 계산할게.
(d) 이 로션이 이제껏 중에서 최고야!

해법 여자의 질문은 자기가 뿌린 향수의 향이 어떤지를 묻는 것이다. 냄새가 좋다는 반응을 보인 (a)가 적절한 응답이다. 질문에 쓰인 전치사 on은 몸에 뭔가 걸치거나 뿌린 것을 나타낸다. (d)는 대화의 주제가 perfume이었다는 것을 놓쳤을 때 고를 수 있는 오답이다.
divine 신성한; 아주 훌륭한, 멋진

21

W You look really nervous.
M Our English class is doing a play for the whole school tonight.
W Your English is good. You'll be fine.
M ______________________

(a) I'll do it tomorrow instead.
(b) I need to stay at home tonight.
(c) You're right. I'd better not go.
✔ (d) But I've never been in a play before.

번역 W 너 정말 긴장돼 보인다.
M 우리 영어 수업에서 오늘 밤에 전교생 앞에서 연극을 하거든.
W 너 영어 잘하잖아. 넌 잘할 거야.
M ______________________

(a) 난 대신 내일 할게.
(b) 오늘 밤에는 집에 있어야 해.
(c) 네 말이 맞아. 안 가는 게 낫겠다.
(d) 하지만 연극을 해본 적이 없거든.

해법 여자는 잘할 거라고 남자를 격려하고 있는데 연극을 해본 적이 없다고 걱정하는 (d)가 적절한 응답이다. (c)는 잘할 거라는 여자의 말에 동의해 놓고 가지 않겠다는 말이 상황에 어울리지 않는다.

22

M How can I get to your house tonight, Jenny?
W Exit the expressway at Cedar Heights.
M Okay. And then what?
W ______________________

✔ (a) Go past the mall, and take the second right.
(b) The real-estate office is just past the school.
(c) You'll find the community center on your left.
(d) Then head over to where we are.

번역 M 오늘 밤 너희 집에 어떻게 가야 하니, 제니?
W 세다 하이츠에서 고속도로를 빠져 나와.
M 알았어. 그리고 나서는?
W ______________________

(a) 쇼핑몰을 지나서 두 번째 교차로에서 우회전해.
(b) 부동산 사무실은 학교 지나서 바로 있어.
(c) 왼편에 시민 문화 회관이 있을 거야.
(d) 그리고 나서 우리가 있는 곳으로 향해.

해법 여자 집에 가는 길을 묻고 있는데, 남자의 첫 대화에서 your house를 놓치면 (b)나 (c), 또는 (d)를 고를 수도 있다. 따라서 (a)가 적절한 응답이다.
exit 빠져 나오다; 출구 **real-estate office** 부동산 사무실 **head** ~로 향하다

23

M At last! I've finished for the week.
W Yeah, I'm off too.
M Have a good weekend!
W ______________________

(a) See you tomorrow!
(b) I'll be back on Friday.
✔ (c) Thanks. See you next week.
(d) I'm always happy on the weekends.

번역 M 드디어! 일주일이 끝났다.
W 그러게, 나도 끝났다.
M 주말 잘 지내!
W ______________________

(a) 내일 봐!
(b) 금요일에 돌아올게.
(c) 고마워. 다음 주에 보자.
(d) 주말은 항상 기분이 좋아.

해법 주말 잘 지내라는 인사에 가장 적절한 것은 '다음 주에 보자'는 (c)이다. (d)는 남자의 말에 나온 weekend를 다시 등장시킨 오답이고, (a)는 주말 잘 보내라는 인사에 내일 보자는 인사가 어울리지 않는다.
off 쉬는

24

W This is my new dorm room.
M Well... it's somewhat small.
W Don't you like it?
M ______________________

(a) I had another room.
(b) It's a bit too spacious.
(c) Let me see your other rooms.
✔ (d) I'd need more space than this.

번역 W 여기가 내 새로운 기숙사 방이야.
M 음… 약간 좁다.
W 마음에 들지 않아?
M ______________________

(a) 나는 다른 방이 있었어.
(b) 좀 너무 넓다.
(c) 다른 방들도 좀 보여줘.
(d) 난 이보다는 더 공간이 필요할 것 같아.

해법 여자의 마지막 말에서 남자가 여자의 기숙사 방을 썩 마음에 들어 하지 않는다는 것을 짐작할 수 있다. 따라서 마음에 안 드는 이유를 말하는 (d)가 가장 적절한 응답이다. (b)는 앞에서 아늑하다고 한 말과 어긋나며, 남자가 사용할 방을 고르는 상황이 아니므로 다른 방을 보자는 (c)도 알맞지 않다.
dorm 기숙사 **spacious** 넓은

25

W I really want to improve my English by studying overseas.
M You're too young to live in a foreign country.
W What if I study in Korea next year and do an exchange the year after?
M ______________________

(a) I think you should study abroad.
(b) Sure. Stay in Korea another semester.
(c) Why don't you do your exchange here?
✔ (d) Yes, in another year you'll be old enough.

번역 W 해외에서 공부하면서 영어 실력을 향상시키고 싶어요.
M 외국에서 살기에 넌 너무 어려.
W 내년에는 한국에서 공부하고 그 다음해에 교환학생으로 가면 어때요?
M ______________________

(a) 넌 유학을 가야 할 것 같다.
(b) 그래. 한국에 한 학기 더 있어.
(c) 여기서 교환학생을 하지 그러니?
(d) 그래. 일 년 후엔 충분히 나이를 먹었을 테니까.

해법 유학을 가고 싶어 하는 딸과 이를 반대하는 아버지의 대화라고 볼 수 있다. 마지막 대화에서 절충 안을 내고 있는데 이를 받아들이는 (d)가 가장 적절하다. (b)도 제안을 받아들이는 것처럼 들리지만 another semester가 아니라 another year가 되어야 답이 될 수 있다.
overseas 해외로, 해외에서 **do an exchange** 교환학생을 하다

26

W Hi, darling! What are you doing?
M I'm chatting online with my friends.
W What does LOL stand for?
M ______________________

(a) Nothing really.
(b) Don't worry. You'll get it.
✔ (c) It means "laugh out loud."
(d) You'll get the hang of it soon.

번역 W 안녕, 여보! 뭐 하고 있어요?
M 친구들과 인터넷 채팅을 하고 있어요.
W LOL이 무슨 뜻이죠?
M ______________________

(a) 아무것도 아니에요.
(b) 걱정 말아요. 알게 될 거예요.
(c) '큰 소리로 웃다'는 뜻이에요.
(d) 조만간 요령을 알게 될 거예요.

해법 여자가 인터넷 채팅에서 쓰이는 인터넷 용어의 뜻을 묻고 있으므로 뜻을 말해 주는 (c)가 적절한 응답이다. (b)나 (d)는 여자가 자신의 힘으로 뭔가를 터득하거나 배워 나가야 하는 상황에서 격려의 뜻으로 할 수 있는 말이다.
stand for 의미하다, 상징하다 **out loud** 큰 소리로 **get the hang of** ~의 요령을 터득하다, ~를 이해하다

27

M Excuse me. Is this the French Embassy?
W Yes, it is. What can I do for you?
M How do I get a tourist visa for France?
W ______________________

(a) How much money do you have?
(b) That depends on if it's in France.
(c) You have to leave France first, then apply for a visa.
✔ (d) Korean citizens can stay for 3 months without a visa.

번역 M 실례합니다. 거기가 프랑스 대사관인가요?
W 네, 그렇습니다. 무엇을 도와 드릴까요?
M 프랑스 관광 비자를 어떻게 받나요?
W ______________________

(a) 돈을 얼마나 갖고 계세요?
(b) 그것이 프랑스에 있느냐에 따라 다릅니다.
(c) 먼저 프랑스를 떠나야 합니다. 그리고 비자를 신청하세요.
(d) 대한민국 국민은 비자 없이 석 달간 체류할 수 있습니다.

해법 남자가 관광 비자 신청 방법을 묻고 있는데, 얼핏 들으면 (c)가 방법을 말해주는 것 같지만 프랑스 비자를 신청하는 것과는 전혀 상관없는 내용이다. 비자가 필요 없다고 알려주는 (d)가 적절한 응답이다.
embassy 대사관 **depend on** ~에 달려 있다, ~에 따라 다르다 **apply for** ~을 신청하다

28

W Hi, Frederick! How are things?
M Great, thanks. How's your new job?
W It's OK, but I hate working nights. It's so antisocial.
M ______________________

(a) You need some friends who are day workers.
(b) Why don't you like being around other people?
(c) Try to enjoy yourself when you go out in the evenings.
✔ (d) True. You have to work when everyone else is going out.

번역 W 안녕, 프레드릭! 어떻게 지내?
M 잘 지내, 고마워. 새로운 일자리는 어때?
W 좋아. 그런데 야간 근무는 정말 싫어. 그건 정말 사회 질서와 반대돼.
M ______________________

(a) 주간 근무를 하는 친구들이 좀 있어야 해.
(b) 왜 다른 사람들과 어울리는 것을 싫어하니?
(c) 밤에 나갈 때는 즐겁게 지내려고 노력해 봐.
(d) 맞아. 다른 사람들은 다 퇴근할 때 일해야 되잖아.

해법 여자가 야간 근무가 싫다고 불평하고 있으므로 여자의 말에 동의하며 이유를 말하는 (d)가 가장 적절한 응답이다. 여자의 말에 나온 antisocial을 여자가 비사교적(unsociable)이라는 말로 잘못 해석하면 (b)를 고를 수 있다.
antisocial 사회 질서 반대의 **day worker** 주간 근무자

29

W What's the matter?
M I've had enough of apartment hunting.
W Didn't you like the last apartment we looked at?
M ______________________

(a) Exactly.
(b) Probably.
(c) Surely not.
✔ (d) Not really.

번역 W 무슨 일이야?
M 아파트 찾는 일이라면 이제 질렸어.
W 우리가 마지막으로 봤던 아파트는 마음에 안 들어?
M ______________________

(a) 바로 그거야.
(b) 아마 그럴 거야.
(c) 물론 아니지.
(d) 별로야.

해법 부사로 이루어진 짧은 단답형 응답을 듣고 바로 답을 골라야 하므로 부사의 뜻을 정확히 알고 있지 않으면 어렵게 느껴질 수 있는 문제이다. 맘에 드느냐고 묻고 있으므로 '그다지, 별로'라는 뜻의 (d)가 가장 적절하다.
have enough of ~은 충분하다, ~은 이제 질리다

30

M Is this the plastic surgery department?
W Yes, it is. How can I help you?
M I'd like to make an appointment for Friday morning.
W ______________________

(a) Do you need to cancel?
(b) We don't do consultations.
(c) Why don't you have surgery today?
✔ (d) I'm sorry, the doctor is all booked up that day.

번역 M 여기가 성형외과인가요?
W 네, 그렇습니다. 뭘 도와드릴까요?
M 금요일 오전에 진료 예약을 하고 싶습니다.
W ______________________

(a) 취소를 원하세요?
(b) 저희는 상담을 하지 않습니다.
(c) 오늘 수술을 받지 그러세요?
(d) 죄송하지만, 그날은 예약이 다 찼는데요.

해법 병원에 전화를 걸어 진료 예약을 하는 상황이므로 남자가 요청한 날짜에 예약이 가능한지 여부를 말해주는 응답이 와야 알맞다. 따라서 예약이 다 차서 안 된다는 (d)가 가장 적절하다. 성형외과에서 상담을 하지 않는다는 (b)나 진료 예약을 원하는데 수술을 권하는 (c)는 상식적으로 말이 되지 않는다.
plastic surgery 성형외과 **consultation** 상담, 진찰 **have surgery** 수술 받다 **be booked up** 예약이 다 차다

31

W I've lost my ATM card, and I'm calling to ask when the replacement will arrive.
M It usually takes ten working days.
W Can you tell me how much is left in my account?
M You've got $101.00.
W That's good. Thank you.

Q: What is the woman doing in the conversation?
(a) Withdrawing money.
(b) Applying for a new card.
(c) Opening a bank account.
✔ (d) Checking her account balance.

번역 W 현금 인출 카드를 잃어버려서, 새 카드가 언제 도착하는지 여쭤보려고 전화했어요.
M 보통 휴일 빼고 열흘 정도 걸립니다.
W 계좌에 잔고가 얼마나 남았는지 알려주실래요?
M 101달러가 있습니다.
W 다행이네요. 고맙습니다.

Q: 이 대화에서 여자가 하고 있는 것은?
(a) 돈 인출.
(b) 신규 카드 신청.
(c) 은행 계좌 개설.
(d) 계좌 잔액 확인.

해법 카드를 잃어버렸다는 여자의 첫 마디만 들으면 카드를 새로 신청하는 상황으로 짐작하고 (b)를 고를 수도 있다. 하지만 카드는 이미 신청해 놓은 상황이고 진짜 업무는 계좌 잔액을 확인하는 것이므로 (d)가 정답이다.
replacement 대체물, 교환품 **account** 계좌 **withdraw** (돈을) 인출하다 **balance** 잔액

32

W We need to reserve a restaurant for my mother's 60th.
M Yeah. Where would she like to go?
W Not Thai or Mexican; she can't eat spicy food.
M How about the new Chinese place?
W The food there is too bland.
M Well then, let's go French.
W The sauces will be too heavy.

Q: What is the woman's main concern?
(a) Making a dinner reservation.
(b) Choosing the best recipe to cook.
(c) Selecting a foreign food restaurant.
✔ (d) Finding a restaurant her mother will like.

번역 W 어머니의 60세 생신 기념으로 식당을 예약해야 하는데.
M 맞아. 어디를 가고 싶어 하실까?
W 태국이나 멕시코 식당은 안 돼. 매운 음식을 못 드시거든.
M 새로 생긴 중국 식당은 어때?
W 거기 음식은 너무 밍밍해.
M 그럼, 프랑스 식당에 가자.
W 소스가 너무 강할 거야.

Q: 여자의 주된 관심사는?
(a) 저녁식사 예약하기.
(b) 최적의 요리법 고르기.
(c) 외국 음식 식당 고르기.
(d) 어머니가 좋아하실 식당 찾기.

해법 (a)나 (c)도 대화 내용과 일부 관련은 있으나, 여자가 어머니의 식성을 고려하여 식당을 결정하고 있으므로 (d)가 가장 주된 관심사라고 볼 수 있다.
spicy 향이 강한, 매운 **bland** (맛이) 밍밍한, 심심한 **recipe** 요리법

33

M England crushed Belgium seven to nothing last night.
W How many games have they won now?
M Seven in a row.
W So they have a perfect qualifying record?
M Yep. Belgium didn't seriously attempt a goal.
W Sounds like England dominated the match.

Q: What is mainly being discussed?
(a) The result of the initial playoffs.
(b) England's position in the playoff.
(c) Belgium's score in the soccer game.
✔ (d) The defeat of Belgium at soccer game.

번역 M 어젯밤에 영국이 벨기에를 7대 0으로 격파했지.
W 지금까지 몇 경기를 이겼지?
M 연속으로 일곱.
W 그렇다면 예선전 전승이네?
M 응. 벨기에는 제대로 골 시도도 못 해봤어.
W 영국이 경기를 주도했나 보구나.

Q: 대화의 주된 내용은?
(a) 플레이오프전 초반 결과.
(b) 영국의 플레이오프전 성적.
(c) 벨기에의 축구 시합 점수.
(d) 벨기에의 축구 시합 패배.

해법 축구 경기에서 영국이 벨기에를 압도적으로 이겼다는 것이 대화의 주된 내용이므로 (d)가 가장 적절하다. (c)도 언급되고 있기는 하지만 대화의 주된 내용이라고 보기는 어렵다. (b)는 플레이오프전이 아니라 예선전 경기이므로 알맞지 않다.
crush 눌러 부수다, 압도하다 **in a row** 연속적으로 **qualify** 예선을 통과하다 **dominate** 지배하다, 우위를 차지하다 **initial** 처음의 **playoff** 플레이오프전 (결승 진출을 가리는 여러 경기) **defeat** 패배

34

M Can you order me a copy of *Sociology Today*?
W Certainly. It'll be about two weeks.
M Two weeks! All university syllabuses have to be submitted by Monday.
W Could you explain that again?
M I need that book to write my syllabus.
W I'll see what I can do.

Q: What is the man's main concern?
(a) He wants to do a new course.
(b) He can't write without the book.
(c) The bookstore is uncooperative.
✔ (d) He needs the textbook to plan his course.

번역 M 〈현대 사회학〉 한 권 주문해 주시겠어요?
W 그러죠. 2주 정도 걸릴 겁니다.
M 2주요! 대학 강의 계획서는 모두 월요일까지 제출해야 하는데요.
W 다시 한번 설명해 주시겠어요?
M 강의 계획서를 쓰려면 그 책이 필요해요.
W 다른 방법이 있는지 알아보겠습니다.

Q: 남자의 가장 큰 문제점은?
(a) 새로운 강좌를 하려 한다.
(b) 책이 없으면 글을 쓸 수 없다.
(c) 서점이 비협조적이다.
(d) 강의 계획을 세우기 위해서 교재가 필요하다.

해법 남자가 반복해서 말하는 syllabus는 강의 계획서인데 이를 제출하기 위해서 필요한 교재를 시간 내에 구할 수 없는 것이 문제이므로 (d)가 정답이다. (b)의 글을 쓴다거나 (c)에서 서점이 비협조적이라는 것은 내용과 일치하지 않는다.
syllabus 강의 요강, 강의 계획서 **submit** 제출하다 **uncooperative** 비협조적인

35

W I don't agree with this at all!
M What's the article about?
W It's about mothers who move overseas with their children who're studying abroad.
M I think it's a matter of cultural attitudes.
W It's not right! Mothers should focus on their own lives and let their kids live theirs.
M I guess I see your point.

Q: What is being discussed?
(a) How to secure a study abroad opportunity.
(b) How culture influences family relationships.
✔ (c) How much mothers should be with their children.
(d) How beneficial it is for children to study abroad.

번역 W 난 여기에 전혀 동의하지 않아!
M 기사 내용이 뭔데?
W 외국에서 공부하는 자녀들과 함께 해외로 이주하는 엄마들에 관한 거야.
M 그건 문화적 태도에 관한 거라고 생각해.
W 그건 옳지 않아! 엄마들은 자신의 인생에 집중하고 자녀들은 그들의 삶을 살도록 내버려 둬야 해.
M 네 주장이 뭔지 알겠다.

Q: 대화의 내용은?
(a) 유학의 기회를 확보하는 방법.
(b) 문화가 가족 간 관계에 어떤 영향을 미치는가.
(c) 엄마들이 자녀와 얼마나 함께 해야 하는가.
(d) 유학이 자녀에게 얼마나 유익한가.

해법 모든 선택지가 대화에 등장한 단어들을 이용해서 구성되어 있으므로 대화 내용을 정확히 파악하지 않으면 오답을 고르기 쉽다. 여자의 마지막 말이 핵심적인 내용이라고 볼 수 있는데 부모가 자녀에게 지나치게 헌신하는 것은 바람직하지 않다는 의미이므로 (c)가 가장 적절하다.
secure 확보하다, 지키다 **beneficial** 유익한

36

M Shall we sit here by the window?
W Sure. Do you mind if I smoke?
M I don't think you can do that in here.
W Really? Well, where can I go?
M We could sit in the courtyard.
W Yeah, but it's beginning to rain.

Q: What is the woman's problem?
(a) She doesn't like sitting outside.
(b) She wants to sit with her friend.
(c) There are no free tables.
✔ (d) She can't smoke anywhere.

번역 M 여기 창가 쪽에 앉을까?
W 그래. 담배 좀 피어도 되겠니?
M 여기선 아마 안 될걸.
W 그래? 그럼, 어디로 가야 하지?
M 안뜰에 앉으면 되겠지.
W 그래, 그런데 비가 오기 시작한다.

Q: 여자가 직면한 문제는?
(a) 야외에 앉는 것을 좋아하지 않는다.
(b) 친구와 함께 앉고 싶어 한다.
(c) 빈 테이블이 없다.
(d) 담배 필 곳이 없다.

해법 여자가 담배를 피우려고 하는데 안에서는 안 돼서 바깥으로 나가자는 것으로 보아 실내에서는 금연이라는 것을 알 수 있으므로 (d)가 정답이다. 야외에 앉는 것을 싫어해서가 아니라 비가 오기 시작하는 것이 문제이므로 (a)는 오답이다.
Do you mind if...? ~해도 괜찮을까요? **courtyard** 안뜰

37

M You're looking pretty strained these days. What's wrong?
W My mother is behaving quite strangely.
M What do you mean?
W Well, sometimes she doesn't seem to know where she is.
M That's pretty worrying. What are you going to do?
W I want her to have some tests, but it'll be a struggle getting her to go.

Q: What is the woman mainly worried about?
(a) Finding where her mother is.
✔ (b) Her mother's confused state.
(c) The stress in her mother's life.
(d) Her mother's attitude towards doctors.

번역 M 너 요즘 몹시 긴장하고 있는 것처럼 보여. 무슨 일 있어?
W 엄마가 굉장히 이상한 행동을 하셔서.
M 무슨 말이야?
W 그게, 가끔 자신이 어디에 있는지도 모르시는 것 같아.
M 그거 정말 걱정된다. 어떻게 할 거니?
W 엄마가 몇 가지 검사를 해봤으면 싶은데, 엄마를 모셔가는 게 쉽지 않을 거야.

Q: 여자가 주로 걱정하는 바는?
(a) 어머니가 계신 곳을 찾는 것.
(b) 어머니의 혼란스러운 상태.
(c) 어머니가 겪는 스트레스.
(d) 의사에 대한 어머니의 태도.

해법 여자는 어머니에 대해서 걱정하고 있는데, 이상한 행동을 하신다거나 자신이 어디에 있는지 모르신다는 것으로 보아 confused state라고 볼 수 있으므로 (b)가 정답이다.
strained 긴장한 **struggle** 악전고투, 투쟁 **confused** 혼란스러운

Actual Test 3

38

W What did you think of the apartments we saw today?
M The first one was interesting.
W I can't pinpoint what was wrong, but I didn't like that one.
M It was in a cul-de-sac, which isn't so safe at night.
W How about the second one?
M Nice, but overpriced.
W I guess we'll have to keep looking.

Q: What does the man think about the apartments?
(a) Seeing them in the dark was difficult.
(b) He's not sure why he doesn't like them.
(c) One has bad access; the other is undervalued.
✔ (d) Neither are suitable to live in.

번역 W 우리가 오늘 봤던 아파트들 어땠어?
M 첫 번째 것에 관심이 가.
W 뭐가 문제인지 꼬집어 말할 수는 없지만, 난 그건 싫었어.
M 그건 막다른 골목에 있어서, 밤에는 그다지 안전하지가 않아.
W 두 번째 것은 어때?
M 좋았는데 너무 비쌌어.
W 계속 찾아봐야 할 것 같다.

Q: 아파트에 대한 남자의 생각은?
(a) 어둠 속에서 보느라 힘들었다.
(b) 그것들이 마음에 안 드는 이유가 확실하지 않다.
(c) 하나는 접근성이 안 좋고, 다른 하나는 저평가되고 있다.
(d) 어느 쪽도 살기에 적당하지 않다.

해법 아파트를 구하는 두 사람이 나누는 대화이다. 남자의 의견을 묻고 있으므로 남자의 말에 주의해서 들어야 한다. 첫 번째 것은 안전하지 않고, 두 번째 것은 비싸다고 했으므로 답은 (d)이다.
pinpoint 정확하게 지적하다 **cul-de-sac** 막다른 골목(dead-end street)
overpriced 너무 비싼 **access** 접근(성) **undervalue** 저평가하다

39

W Doctor, I've been having problems with my ankle.
M Well, ankles are very prone to injury and pain.
W What do you think is causing it?
M I can't say offhand. It's a very complex joint.
W Can you run some tests?
M Yes, that's what we'll do.

Q: Which is correct about the man?
(a) He doesn't think he can treat the ankle.
(b) He can't do tests on intricate joints like ankles.
(c) He doesn't believe the woman's ankle is hurting.
✔ (d) He cannot predict the cause of the pain.

번역 W 의사 선생님, 발목에 문제가 있어서요.
M 그게, 발목은 부상을 당하거나 통증이 있기 쉽죠.
W 원인이 뭐라고 생각하세요?
M 당장 말씀 드리기는 어렵습니다. 그곳은 아주 복잡한 관절이거든요.
W 검사를 하는 것은 가능한가요?
M 네, 그것이 저희가 하려는 것입니다.

Q: 남자에 대해서 옳은 것은?
(a) 자신이 발목을 치료할 수 있다고 생각하지 않는다.
(b) 발목과 같이 복잡한 관절에 대해서는 검사를 하지 못한다.
(c) 여자의 발목이 다쳤다고 생각하지 않는다.
(d) 통증의 원인을 예측할 수 없다.

해법 여자가 발목이 아파 병원을 찾은 상황이다. 원인을 묻는 여자의 질문에 대해 정확한 답변을 하고 있지 않으므로 (d)가 대화 내용과 가장 일치한다. 검사를 하려는 것이지 다치지 않았다고 말하지는 않았으므로 (c)는 어긋나는 내용이다.
be prone to ~하기 쉽다 **offhand** 즉석에서 **joint** 관절 **intricate** 복잡한

40

M Here's a website offering a free e-Book about Italian holidays!
W What does it cost?
M It looks like it's free.
W There's got to be a catch.
M This guy just wants to share his favorite places in Italy.
W Yeah, and I bet his sister works in the Italian travel industry.
M Actually, you're right! How did you know?

Q: Which is correct about the couple?
(a) The man is very cynical.
(b) The woman doesn't want to go to Italy.
✔ (c) The man is more naive than the woman.
(d) The woman has seen the advertisement before.

번역 M 여기 이탈리아 휴가 여행에 대해 무료 전자책을 제공하는 사이트가 있어.
W 가격이 얼마야?
M 무료인 것 같은데.
W 함정이 있을 거야.
M 이 사람은 그저 이탈리아에서 가장 좋아하는 장소들을 공유하기를 원하는 것뿐이야.
W 그래, 그리고 틀림없이 여동생이 이탈리아 관광업에 종사하고 있겠지.
M 실은 네 말이 맞아! 어떻게 알았어?

Q: 두 사람에 대해 옳은 것은?
(a) 남자는 매우 냉소적이다.
(b) 여자는 이탈리아에 가기를 원하지 않는다.
(c) 남자는 여자보다 순진하다.
(d) 여자는 전에 이 광고를 본 적이 있다.

해법 인터넷에서 공짜로 준다는 말에 혹한 남자에게 여자는 공짜란 없다고 말했고 나중에 사실을 알게 된 남자가 놀라고 있으므로 (c)가 대화 내용에 가장 알맞다. (b), (d)는 대화 내용만으로는 알 수 없고 (a)는 여자에게 해당한다고 볼 수 있다.
catch 함정 **cynical** 냉소적인 **naive** 순진한

41

M I think I'll apply for the New York City Marathon this year.
W You must be crazy! Last year three older men died in the marathon.
M I'll start training now, then.
W It takes months to train. Do you know how long a marathon is?
M About 26 kilometers, I think.
W No, it's 26 miles!

Q: Which is correct about the man?
(a) He thinks the race is longer than it is.
✔ (b) He is very optimistic about his fitness.
(c) He hasn't run a marathon for a few years.
(d) He is still young enough to be competitive.

번역 M 올해 뉴욕시 마라톤에 출전 신청을 할까 봐.
W 너 제정신이 아니구나! 작년에 나이 많은 세 사람이 마라톤 중에 죽었어.
M 그럼 지금부터 훈련을 시작할 거야.
W 훈련하려면 몇 개월은 걸려. 마라톤이 얼마나 긴지 아니?
M 대략 26킬로미터쯤 되나.
W 아니, 26마일이야!

Q: 남자에 대해서 옳은 것은?
(a) 경주를 실제보다 더 길게 생각하고 있다.
(b) 자신의 체력에 대해서 매우 낙관적이다.
(c) 몇 년간 마라톤을 하지 않았다.
(d) 아직 젊어서 경쟁의식이 강하다.

해법 대뜸 마라톤에 출전하겠다고 하는 남자를 여자가 만류하는 상황이다. 마라톤 중에 사망한 사람이 있다는 말을 듣고도 남자는 훈련만 하면 할 수 있다고 생각하고 있으므로 (b)가 가장 적절하다.
optimistic 낙관적인 **fitness** 건강함, 체력 **competitive** 경쟁적인

42

M Let's buy a rental property while house prices are low.
W Are bank-owned homes still coming onto the market?
M Yes, there are about 5,000 current foreclosures in this area.
W So how strong is the demand for rental homes now?
M There is a housing excess. We may have to offer a lower rent.
W Still, in the long term it's a good investment.

Q: Which is correct according to the conversation?
(a) Many renters are investing in real estate.
(b) There is a big demand for homes to rent.
(c) Most rental properties are owned by the banks.
✔ (d) There may not be enough tenants to fill a rental property.

번역 M 주택 가격이 떨어졌을 때 임대 주택을 사자.
W 은행 차압 주택이 아직도 매물로 나오고 있어?
M 응, 이 지역에 현재 약 5,000채의 압류 주택이 있어.
W 그럼 현재 임대 주택에 대한 수요가 얼마나 있어?
M 주택 공급이 넘쳐나서 임대료를 저렴하게 받아야 할지도 몰라.
W 그렇더라도, 장기적으로는 좋은 투자겠다.

Q: 대화에 따르면 옳은 것은?
(a) 많은 임차인들이 부동산에 투자하고 있다.
(b) 임대 주택에 대한 수요가 많다.
(c) 은행이 대부분의 임대 주택을 소유하고 있다.
(d) 임대 주택에 들일 세입자가 충분하지 않을 수도 있다.

해법 임대 주택 매입을 두고 의논하는 상황이다. 남자가 주택 공급 초과(housing excess)를 언급하고 있으므로 이는 수요자인 세입자가 부족하다는 말이므로 (d)가 일치하는 내용이다. (b)는 이와 대조되는 내용이므로 어긋난다.
rental property 임대 주택[건물] **foreclosure** 담보물을 찾을 권리의 상실, 압류 **excess** 초과, 과잉 **renter** 임차인 **tenant** 세입자

43

W Do you prefer cats or dogs as pets?
M Well, they each have their good points.
W I agree. But I like the fact that cats are more independent.
M Sometimes too independent.
W Maybe, but you don't have to bathe them or clip their nails.
M True, but I enjoy going for walks with a dog.
W Cats take care of their own exercise needs.

Q: What can be inferred from the conversation?
(a) The man doesn't like cats.
(b) The man likes independent pets.
(c) The woman hasn't had a pet dog.
✔ (d) The woman prefers low-maintenance pets.

번역 W 애완동물로 고양이가 좋아 아니면 개가 좋아?
M 글쎄, 각기 장점이 있잖아.
W 나도 그렇게 생각해. 하지만 고양이가 더 독립성이 있다는 점이 좋아.
M 때론 너무 독립적이지.
W 그럴지도 모르지, 하지만 목욕시키거나 발톱을 잘라줄 필요가 없잖아.
M 맞아, 그래도 난 개를 데리고 산책 가는 것이 좋아.
W 고양이는 필요한 운동도 스스로 하지.

Q: 대화로부터 추론할 수 있는 것은?
(a) 남자는 고양이를 좋아하지 않는다.
(b) 남자는 독립적인 애완동물을 좋아한다.
(c) 여자는 애완견을 길러본 적이 없다.
(d) 여자는 관리하기 쉬운 애완동물을 선호한다.

해법 여자는 목욕시키거나 발톱을 잘라줄 필요가 없어서 독립심이 강한 고양이가 좋다고 한다. 많은 관리가 필요 없는 애완동물을 선호한다고 볼 수 있으므로 (d)가 정답이다. 남자는 개를 더 선호하지만 그렇다고 고양이를 싫어한다고 볼 수는 없으므로 (a)는 알맞지 않고 (b)는 오히려 대화 내용과 상반된다.
independent 독립심이 강한 **bathe** 목욕시키다 **clip** 자르다, 깎다 **low-maintenance** 관리하기 쉬운

44

W If you're going out, put some sunscreen on.
M I'll only be gone thirty minutes.
W In this weather you can burn in ten minutes.
M It's too late to worry about that.
W What do you mean?
M Skin cancer is caused by our sun exposure as children.
W Children spend a lot more time in the sun, but what we do as adults is important too.

Q: What can be inferred from the conversation?
(a) The woman thinks the sun is dangerous for children.
(b) The man thinks he won't get sunburned on his walk.
(c) The woman doesn't think children need to worry about the sun.
✔ (d) The man doesn't think adult actions can influence skin cancer risk.

번역 W 밖에 나갈 거면 자외선 차단제 좀 발라.
M 겨우 30분만 나갔다 올 텐데.
W 이런 날씨에는 10분 안에 햇볕에 타.
M 그런 걱정하기에는 너무 늦었다.
W 무슨 말이야?
M 피부암은 어릴 때 햇볕에 노출된 것이 원인이래.
W 아이들이 햇볕에서 훨씬 더 많은 시간을 보내기는 하지만, 성인으로서 우리가 어떻게 하는지도 중요해.

Q: 대화로부터 추론할 수 있는 것은?
(a) 여자는 햇볕이 아이들에게 위험하다고 생각한다.
(b) 남자는 밖에 나갔을 때 햇볕에 타지 않을 거라고 생각한다.
(c) 여자는 아이들이 햇볕에 대해서 걱정할 필요가 없다고 생각한다.
(d) 남자는 성인이 돼서 하는 행동은 피부암 발병 위험에 영향을 주지 않는다고 생각한다.

해법 남자는 성인이 되어서 햇볕에 노출되는 것은 피부암 발병과 상관없다고 여기고 있음을 짐작할 수 있다. 따라서 (d)가 정답이다. (a)는 남자의 생각에 해당한다.
put on ~을 바르다 **sunscreen** 자외선 차단제 **exposure** 노출 **get sunburned** 햇볕에 타다 **influence** 영향을 주다

45

W Professor, I couldn't enroll in your class.
M This semester I'm only teaching English majors.
W But I really want to have you as a teacher again.
M I'm sorry, you'll need to enroll through your major.
W But your class times suit my schedule.
M There's nothing I can do about it.
W I don't think this is fair.

Q: What can be inferred from the conversation?
✔ (a) The woman is not majoring in English.
(b) Students were not informed about the changes.
(c) This is the first time enrollment has been restricted.
(d) The woman is aware of the new university policies.

번역 W 교수님, 교수님 강의에 수강 신청을 할 수가 없었어요.
M 이번 학기에는 영어 전공생들만 가르칠 거야.
W 하지만 교수님 수업을 정말로 다시 듣고 싶은데요.
M 미안하지만, 네 전공 수업으로 신청해야 할 거야.
W 하지만 교수님 수업이 제 시간표와 맞는 걸요.
M 나도 어쩔 수 없구나.
W 이건 공평하지 못한 것 같아요.

Q: 대화로부터 추론할 수 있는 것은?
(a) 여자는 영어를 전공하고 있지 않다.
(b) 학생들은 변동사항에 대해서 공지를 받지 못했다.
(c) 수강 신청이 제한된 것은 이번이 처음이다.
(d) 여자는 대학의 새로운 규정을 잘 알고 있다.

해법 수강 신청을 원하는 학생과 교수 간의 대화이다. 교수의 수업은 영어 전공생들만 들을 수 있다고 했으므로 여자의 전공이 영어가 아님을 짐작할 수 있다. 따라서 정답은 (a)이다. (b), (c)는 대화 내용만으로는 알 수 없다.
enroll 등록하다 (enrollment 등록) **major** 전공 학생; 전공(하다) **suit** ~에 잘 맞다 **restrict** 제한하다

46

Lev Vygotsky was a Russian psychologist who died in Moscow in 1934 at the age of 38. After his death, some of his work was sent to London, where it was recognized as groundbreaking thought in developmental psychology. However, it wasn't until the 1960s that Vygotsky's ideas were published in English, and they did not reach a wide audience until a compilation of his work was published in 1978. Since then many of his concepts, including the "zone of proximal development" (ZPD) and "scaffolding" have become key ideas in early childhood education.

Q: What is the main idea of the passage?
(a) Vygotsky did not write in English.
(b) Developmental psychology began in the late 1930s.
(c) Psychology has contributed a lot to early childhood education.
✔ (d) Vygotsky's ideas took a long time to affect educational theory.

번역 레프 비고츠키는 1934년에 38세의 나이로 모스크바에서 사망한 러시아의 심리학자였다. 사후에, 그의 연구 일부가 런던으로 보내졌는데, 그곳에서 발달 심리학 분야의 획기적인 사상으로 인정받았다. 그러나 1960년대가 되어서야 비고츠키의 사상은 영어로 출간되었고, 이것이 폭넓은 독자층을 얻게 된 것도 1978년에 그의 연구를 편찬한 책이 출간되고 나서였다. 그 이후로 '근접 발달 영역(ZPD)'이나 '지적 발판' 등을 비롯한 그의 많은 개념들은 초기 유아교육 분야에서 중요한 이론이 되었다.

Q: 담화의 주제는?
(a) 비고츠키는 영어로 저술하지 않았다.
(b) 발달 심리학은 1930년대 후반에 생겨났다.
(c) 심리학은 초기 아동교육에 지대한 영향을 끼쳤다.
(d) 비고츠키의 이론이 교육이론에 영향을 미치는 데는 오랜 시간이 걸렸다.

해법 러시아 심리학자의 업적을 소개하는 담화문이다. it wasn't until the 1960s나 did not reach a wide audience until 같은 어구를 통해 그의 업적이 인정받기까지 오랜 시간이 걸렸음을 강조하고 있으므로 (d)가 가장 적절한 주제이다.
groundbreaking 획기적인 **developmental psychology** 발달 심리학 **compilation** 편집, 편찬 **proximal** 가장 가까운, 인접한 **scaffolding** 발판

47

This is Veronica Shaw calling. I may have to be back at work by the 22nd of July rather than the 27th. Can you tell me whether it's possible to change my plane ticket, and if so, how much extra would it cost? If you're able to call me back at this number tomorrow that would be great. Thanks.

Q: Why did the woman call?
(a) To check about upgrading her flight.
(b) To ask the adjusted cost of her plane ticket.
✔ (c) To find out if changing her ticket is a possibility.
(d) To tell her travel agent her holiday dates might change.

번역 저는 베로니카 쇼입니다. 제가 7월 27일까지가 아니라 22일까지 회사로 돌아가야 될 것 같습니다. 제 비행기 표 변경이 가능한지 알려주실 수 있으세요. 만약 그렇다면, 추가 비용은 얼마나 될까요? 내일 이 번호로 답신전화를 주실 수 있다면 좋겠습니다. 감사합니다.

Q: 여자가 전화를 건 이유는?
(a) 비행편 등급 상향 조정에 대해서 확인하기 위해서.
(b) 조정된 비행기 표 가격을 문의하기 위해서.
(c) 표를 변경하는 것이 가능한지 알아보기 위해서.
(d) 여행사 직원에게 휴가 일정이 변경될 수도 있다고 말하기 위해서.

해법 whether it's possible to change my plane ticket을 놓치지 않는다면 비행기 표 변경이 전화를 건 이유임을 알 수 있으므로 정답은 (c)이다. 추가 비용에 대한 문의는 비행기 표 변경이 가능한지 여부가 결정되고 나서 따라오는 부수적인 문제이므로 (b)는 전화를 건 주된 목적이라고 볼 수 없다.
extra 추가 요금 **upgrade** 등급을 올리다 **adjusted** 조정된

48

Today's speaker, Malcolm Brown, is the author of three best-selling English grammar books. Mr. Brown started out as an English teacher, just like yourselves. However, the worksheets he wrote for his students were so popular, and explained English grammar so simply and clearly, that he was approached by a publisher and retired from teaching. For the past twenty years, Malcolm has been working on different language editions of his famous grammar books. Today he'll talk about *Teaching Grammar in a Changing World*. Give Malcolm Brown a big hand.

Q: What is the purpose of the introduction?
(a) To explain why the speaker gave up teaching.
(b) To sell the speaker's publications to the audience.
✔ (c) To give background information about the speaker.
(d) To improve the speaker's reputation among teachers.

번역 오늘의 연사이신 말콤 브라운 씨는 세 권의 영문법 베스트셀러 저자이십니다. 브라운 씨는 여러분처럼 영어 교사로 시작했습니다. 그러나 그가 학생들을 위해 작성한 연습문제가 매우 인기 있었고, 영문법을 아주 쉽고 명확하게 설명했기에, 출판사의 제의를 받게 되었고 교직에서 은퇴했습니다. 지난 20년간 말콤 씨는 자신의 유명한 문법책의 다른 언어로 된 판을 작업해 왔습니다. 오늘 그는 〈변화하는 세계 속에서 문법 교수〉에 대해서 말씀하실 것입니다. 말콤 브라운 씨에게 큰 박수 부탁드립니다.

Q: 소개말의 목적은?
(a) 연사가 교직을 그만둔 이유를 설명하기 위해서.
(b) 연사의 출판물을 청중에게 판매하기 위해서.
(c) 연사에 대한 기본적인 정보를 주기 위해서.
(d) 교사들 사이에서 연사의 평판을 높이기 위해서.

해법 말콤 브라운이라는 사람에 대해서 이력 등을 소개하고 나서 마지막에 박수로 맞이해 달라고 하고 있으므로 연설자가 어떤 사람인지를 대략적으로 알려주기 위함이라고 볼 수 있다. 따라서 정답은 (c)이다.
worksheet 연습문제 **retire** 은퇴하다 **give ... a big hand** ~에게 큰 박수를 보내다 **publication** 출판(물) **reputation** 명성

49

Blue-collar jobs are known to have associated health risks, but there is mounting evidence that white-collar workers are adversely affected by hours spent working on computers. Research studies from Japan and India suggest that workers in many occupations, including teaching, are experiencing health problems such as glaucoma and eThrombosis, besides a host of other minor complaints.

Q: What is the main idea of the talk?
(a) Most workers experience health problems.
(b) Teachers use computers too much in their work.
(c) Manual labor is no more dangerous than an office job.
✔ (d) Professionals are experiencing work-related health hazards.

번역 육체노동 일이 건강상 위험과 관련 있는 것으로 알려져 있지만, 사무직 노동자가 컴퓨터 작업을 몇 시간씩 하는 것으로 인해 부정적으로 영향을 받는다는 증거가 늘어가고 있다. 일본과 인도의 연구조사가 시사하는 바에 따르면 교직을 비롯한 여러 직종의 노동자들이 녹내장이나 이 혈전증 같은 건강상 질환 외에도 기타 갖가지 경미한 증상들을 겪고 있다고 한다.

Q: 담화의 주제는?
(a) 대부분의 노동자는 건강상 질환을 겪는다.
(b) 교사들은 업무에 컴퓨터를 너무 많이 사용한다.
(c) 육체노동은 사무직과 마찬가지로 위험하지 않다
(d) 전문직 종사자들은 업무와 관련된 건강상 문제를 겪고 있다.

해법 사무직 종사자들이 업무와 관련해 건강상 문제가 생기는 경우가 많아지고 있다는 내용이므로 (d)가 가장 적절한 요지이다. 직업의 위험성을 논하는 것이 아니므로 (c)는 알맞지 않고, 업무와 관련된 질환에 대해 말하고 있으므로 (a)는 요지로 보기에는 범위가 너무 넓다.
associated 연관된 **mounting** 증가하는 **adversely** 불리하게, 반대로 **occupation** 직업 **glaucoma** 녹내장 **eThrombosis** 이 혈전증 **a host of** 다수의 **manual labor** 육체노동 **hazard** 위험

50

Good morning, staff. As you know, our Human Resources Department wants to survey all of you to determine current employee satisfaction levels at the company. Please take a few minutes to complete this short questionnaire. To ensure anonymity, do not include your name or other identifying remarks, and seal your completed survey in the envelope provided. No individuals will be quoted: all answers will be summarized and included in a group report.

Q: What is the main point of the announcement?
(a) To thank workers for filling out a survey.
✔ (b) To reassure workers about survey confidentiality.
(c) To explain the workplace's employment policy.
(d) To convince employees that they are treated fairly.

번역 직원 여러분, 안녕하세요. 여러분도 알고 계시듯이, 저희 인사부에서는 회사에서 현재 직원 만족도를 측정하기 위해서 모두를 대상으로 설문조사를 하고자 합니다. 몇 분만 시간을 내어 짧은 질문지를 작성해 주십시오. 익명성을 보장하기 위해서 이름이나 기타 신분을 알릴 만한 내용은 적지 마시고, 완성된 설문지는 제공해 드린 봉투에 넣어 봉해 주십시오. 개인적으로 인용되는 일은 절대 없을 것이며, 모든 답변은 요약되어 단체 보고서로 규합될 것입니다.

Q: 안내방송의 요점은?
(a) 설문조사 작성을 해준 직원들에게 감사하기 위해.
(b) 조사 기밀에 대해 직원들을 안심시키기 위해.
(c) 직장의 고용 정책을 설명하기 위해.
(d) 직원들에게 공정한 처우를 받고 있음을 확신시키기 위해.

해법 직원들에게 설문조사를 요청하는 안내방송으로 뒷부분에서는 익명성을 철저히 보장한다는 것을 거듭 강조하고 있으므로 (b)가 가장 적절하다. (a)는 아직 설문조사를 시작하지도 않은 상태이므로 알맞지 않다.

complete 완성하다 **questionnaire** 질문지 **anonymity** 익명 **seal** 봉하다 **reassure** 안심시키다 **confidentiality** 기밀성

51

Juvenile delinquency is commonly regarded as a comparatively recent problem, but it has been recognized as a crime in the U.S. since the early 1800s, when statistics on delinquency began to be recorded. In fact, delinquency levels in 1820 were higher than in 2009, when figures were quite low. Juvenile delinquency peaked in the late 1950s, at which time it was also realized that delinquency knows no class distinctions.

Q: What is the main argument of the talk?
(a) Youth crime is not a serious problem today.
(b) More young people committed crimes in the 1950s.
✔ (c) Criminal activity among the young is not a new phenomenon.
(d) Crime among young people was most prevalent in the 1820s.

번역 청소년 비행은 흔히 비교적 최근의 일로 여겨지고 있지만, 미국에서는 청소년 비행에 관한 통계수치가 기록되기 시작한 1800년대 초반부터 범죄로 인식되어 왔다. 실제로 1820년의 청소년 범죄율은 2009년보다 높았는데, 2009년에는 수치가 꽤 낮았다. 청소년 비행은 1950년대 후반에 최고조에 이르렀는데, 이 시기에 청소년 비행은 계층을 가리지 않는다는 점도 알려졌다.

Q: 담화의 쟁점은?
(a) 청소년 범죄는 오늘날 심각한 문제가 아니다.
(b) 1950년대에는 더 많은 청소년들이 범죄를 저질렀다.
(c) 청소년들의 범죄는 새로운 현상이 아니다.
(d) 청소년들 사이에서 범죄는 1820년대에 가장 만연했다.

해법 첫 문장이 가장 핵심이 되는 문장으로 청소년 범죄는 오래 전부터 있어 왔다는 내용이므로 (c)가 가장 적절한 요지이다. (b)는 주제를 뒷받침하기 위한 부분적인 사실에 불과하다.

juvenile delinquency 청소년 비행 **comparatively** 비교적 **statistic** 통계치 **peak** 정점에 이르다 **class distinction** 계급 차이[분류] **prevalent** 널리 퍼진, 유행하는

52

The Harvard Liberal Arts Faculty has decided to publish academic articles online, in order to freely share "its academic wealth." The decision, part of the growing open-access movement in academic circles, is seen as a major blow to scholarly journals. Critics of the move cite the crucial importance of the peer-review process in academic scholarship. However, reducing the power of scholarly journals to make or break academics' careers by acceptance or rejection of research papers is also seen by many as an important consequence of the decision.

Q: What is the talk mainly about?
(a) How academic articles are published.
(b) The disadvantages of academic journals.
✔ (c) The impact of Harvard's online article initiative.
(d) The impact of peer-review on professors' careers.

번역 하버드 인문학부는 '지적 재산'을 자유롭게 공유하기 위해서 학술 논문을 인터넷에 게재하기로 결정했다. 이 결정은 점점 커져 가는 학계의 개방된 움직임의 일환으로서, 학술지 쪽에는 큰 타격으로 비춰진다. 이 움직임을 비판하는 사람들은 학문에서 동료 평가 과정의 결정적인 중요성을 언급한다. 그러나 연구 논문을 채택하거나 거부함으로써 학문하는 사람들의 경력을 만들거나 망가뜨리는 학술지의 영향력을 줄이는 것 또한 많은 이들에게는 이 결정으로 인한 중요한 결과로 비춰지기도 한다.

Q: 담화의 요지는?
(a) 학술 논문들이 출간되는 방식.
(b) 학술지의 단점.
(c) 하버드의 온라인 논문 개시 효과.
(d) 동료 평가가 교수 경력에 미치는 영향.

해법 하버드 대학에서 학술 논문을 무료로 인터넷에 게재하기로 결정했다는 내용을 소개하고 있다. 학술지에 큰 타격이 예상되고 비판도 거센 만큼 결과가 주목되는 중요한 개시라고 했으므로 (c)가 가장 적절하다. (b)나 (d)는 부분적으로 언급될 뿐이다.

faculty (대학) 학부, 교수단 **blow** 타격 **scholarly** 학술적인 **crucial** 중대한 **peer-review** 동료 평가 **acceptance** 수락, 용인 **rejection** 거절, 거부 **initiative** 결정, 개시

53

The Army Corps of Engineers reports that costs have risen on an essential part of New Orleans' flood protection system. Since work began last year, the estimated cost of three flood gates and a storm surge barrier has risen to $1.8 billion. The structures are essential to the plan to close off the Inner Harbor Navigation Canal. Army Corps officials have asked Congress for another $540 million so that work can be completed by 2011. Congress originally allocated $14.3 billion to build an improved flood protection system for New Orleans.

Q: Which is correct according to the report?
(a) The cost of the project has risen by $1.8 billion.
✔ (b) Costs of the New Orleans project are rising steeply.
(c) Lack of funds has caused slow progress in the project.
(d) The flood protection system is taking longer than anticipated.

번역 육군 공병단은 뉴올리언즈의 홍수 방지 시스템의 핵심 부분에 대한 비용이 증가했다고 보고하고 있다. 작년에 작업이 시작된 이후, 세 개의 수문과 폭풍해일 방조제에 드는 예상 비용이 18억 달러로 증가되었다. 이 구조물들은 이너 하버 운하의 흐름을 차단하는 방식에 가장 핵심이 된다. 육군 군단 당국자는 2011년 까지는 작업이 끝날 수 있도록 의회에 추가로 5억 4천만 달러를 요청해 놓았다. 의회는 원래 뉴올리언즈의 홍수 방지 시스템을 개선시키는 공사에 143억 달러를 할당했다.

Q: 보도에 따르면 옳은 것은?
(a) 프로젝트 비용이 18억 달러 증가했다.
(b) 뉴올리언즈 프로젝트 비용이 가파르게 증가하고 있다.
(c) 자금 부족 때문에 프로젝트 진전 속도가 느려졌다.
(d) 홍수 방지 시스템은 예상했던 것보다 더 오래 걸린다.

해법 뉴올리언즈의 홍수 방지 시스템에 드는 비용이 예상보다 증가하고 있다는 내용의 글이다. 따라서 (b)가 정답이다. (a)는 18억 달러만큼 증가한 것이 아니라 총 비용이 18억 달러라고 했으므로 옳지 않고, (c)나 (d)처럼 프로젝트 기간이나 속도가 느려졌다는 언급은 없다.
estimated 견적의, 추정의 **surge** 해일 **barrier** 방벽, 방책 **close off** ~의 흐름을 막다 **allocate** 할당하다, 배분하다 **steeply** 가파르게

54

Today's lecture is about James Cook, an English farm boy who rose to command his own ship during one of the British Empire's first great scientific expeditions. Patrons helped him join the merchant navy, which he later left for the Royal Navy. His genius for precision in navigation changed the way the world was mapped and allowed Britain to gain control of North America. Cook was then given command of the scientific expedition to the Pacific Ocean, to observe the transit of Venus from Tahiti, and to search for the legendary Southern Continent.

Q: Which is correct according to the lecture?
(a) Cook is remembered for his rags-to-riches story.
(b) The merchant navy was not interested in creating maps.
✔ (c) Cook had an outstanding talent for cartographic accuracy.
(d) The Southern Continent was discovered by British explorers.

번역 오늘 강의는 제임스 쿡에 대한 것으로, 이 영국 시골 소년은 자라서 대영 제국 최초의 과학 탐사 원정 동안 자신의 배를 지휘하였습니다. 후원자들의 도움으로 그는 상선에 승선하게 되었고, 나중에는 이곳을 떠나 영국 해군에 들어갔습니다. 그의 재능인 항해에서의 정밀함은 세계 지도를 바꿔 놓았고 영국이 북미의 지배권을 얻도록 해주었습니다. 그 후 쿡은 태평양 과학 탐사원정 지휘권이 주어져, 타히티로부터 금성의 이동 경로를 관측하고 전설상의 남쪽 대륙을 찾아 다녔다.

Q: 강의에 따르면 옳은 것은?
(a) 쿡은 자수성가한 일화로 기억된다.
(b) 상선은 지도 제작에 관심이 없었다.
(c) 쿡은 지도 제작의 정확성에 있어서 뛰어난 재능을 지니고 있었다.
(d) 남쪽 대륙은 영국 탐험가들에 의해서 발견되었다.

해법 탐험가인 제임스 쿡에 대해 설명하는 글이다. (c)는 His genius for precision in navigation과 의미가 통하는 것으로 본문 내용과 일치한다. 나머지 선택지는 본문에서 전혀 언급되지 않은 내용들이다.
command 명령[지휘]하다; 지휘권 **expedition** 원정, 탐사 **patron** 후원자 **merchant navy** 상선 **precision** 정확, 정밀 **transit** 통과, 통행 **legendary** 전설상의, 전설적인 **rags-to-riches** 자수성가한 **cartographic** 지도 제작의

55

The Green IT Report, released today, shows that green policies have finally become important to IT companies. Most of the companies surveyed are considering green policies, and spending on sustainable technology is rising. In fact, the report reveals that IT companies are starting to lead the way in corporate green initiatives. The high price that the IT industry pays for energy is stimulating their search for energy-efficient products.

Q: Which is correct according to the news release?
(a) IT companies have pioneered new energy sources.
(b) IT products are easily adapted to green technology.
✔ (c) The IT industry is changing its outlook on the environment.
(d) The computer industry doesn't care about the environment.

번역 오늘 발표된 〈녹색 IT 보고서〉는 녹색정책이 마침내 IT 기업들에게 중요해졌음을 보여준다. 설문조사 대상이 된 대다수 기업들이 녹색정책을 고려 중이며, 환경 파괴 없이 지속되는 기술에 대한 지출이 늘어나고 있다. 실제로 보고서의 발표에 따르면 IT 기업들이 기업 환경정책 발안에 있어서 앞장서기 시작하고 있다고 한다. IT 업계가 에너지에 대해 지불하는 고비용이 에너지 효율 제품에 대한 모색을 고무시키고 있다.

Q: 뉴스 보도에 따르면 옳은 것은?
(a) IT 기업들이 새로운 에너지원을 개척했다.
(b) IT 제품들이 녹색 기술에 쉽게 적응하고 있다.
(c) IT 업계가 환경에 대한 입장을 바꾸고 있다.
(d) 컴퓨터업계는 환경에 관심이 없다.

해법 IT 업계가 green policy에 중점을 두고 있다는 내용으로 green policy는 환경을 고려한 정책이므로 (c)가 뉴스 내용과 일치한다. (d)는 뉴스 내용에 상반되며 (a), (b)는 언급되지 않은 내용들이다.
sustainable 지속할 수 있는, 환경 파괴 없이 유지되는 **lead the way** 앞장서다, 솔선하다 **initiative** 시작, 주도(권) **outlook** 견해, 전망

56

After a decade of sensational growth, Starbucks is facing stiff competition and an economic climate that makes people reassess their spending on luxury items. Starbucks chief executive, Howard Schultz, is seeking to recapture the magic of the early Starbucks years, when customers were excited by the quality of the coffee and the neighborhood coffeehouse feel of its stores. New refurbishments seek to increase the "theater" of the Starbucks experience, with baristas more visible and local stores featuring individual themes.

Q: Which is correct according to the talk?
(a) Starbucks has never lost its unique ambience.
✔ (b) Starbucks branches will be made less uniform.
(c) The quality of Starbucks coffee has decreased recently.
(d) Many people regard Starbucks coffee as a necessity of life.

번역 십 년간의 눈부신 성장 뒤에, 스타벅스는 치열한 경쟁과 더불어 사람들로 하여금 사치품에 대한 소비를 되돌아보게 만드는 경제 상황에 직면해 있다. 스타벅스 회장인 하워드 슐츠는 고객들이 커피의 품질과 매장의 친근한 커피 전문점 분위기에 열광했던 스타벅스 초창기의 신화를 재현하고자 모색 중이다. 바리스타를 좀 더 눈에 띄게 배치하고 지역 매장들은 각기 특성을 살려 새로 단장함으로써 스타벅스를 경험하고자 하는 '관객'의 증가를 꾀하고 있다.

Q: 담화에 따르면 옳은 것은?
(a) 스타벅스는 고유의 독특한 분위기를 잃은 적이 없다.
(b) 스타벅스 지점들은 통일성이 더 적어질 것이다.
(c) 최근에 스타벅스 커피의 품질이 저하되었다.
(d) 많은 사람들이 스타벅스 커피를 생활 필수품으로 여기고 있다.

해법 제 2의 도약을 모색하는 스타벅스의 마케팅 전략을 소개하는 글이다. 마지막 문장의 local stores featuring individual themes에서 매장마다 차별성을 강화할 것이라고 했으므로 (b)가 일치하는 내용이다. (d)는 사람들이 스타벅스 커피를 luxury items(사치품)로 여긴다고 했으므로 오히려 상반되는 내용이다.
sensational 선풍적인, 깜짝 놀랄 만한 **reassess** 재평가하다 **recapture** 탈환하다, 되찾다 **refurbishment** 개장, 단장 **barista** 바리스타(전문적으로 커피를 만들어 주는 사람) **ambience** 분위기, 환경 **branch** 지점

57

Jane Austen is one of the most widely read and loved English writers. Her reputation rests on four novels published during her lifetime, and two more released posthumously. This small literary output is matched by the dearth of autobiographical material about Austen. Only a few of her estimated 3,000 letters remain, the majority having been burned or censored by her sister Cassandra. Her work received little favorable review during her lifetime, and until the late 1800s she was appreciated only by the literary elite.

Q: Which is correct about Jane Austen according to the talk?
✔ (a) Contemporary writers recognized her genius.
(b) Her sister destroyed early drafts of her work.
(c) Most of her novels were published after her death.
(d) She has been regarded as a great writer for 100 years.

번역 제인 오스틴은 가장 널리 읽혀지고 사랑받는 영국 작가 중 한 명이다. 그녀의 명성은 생전에 출판된 네 권의 소설과 사후에 추가로 발표된 두 권의 소설에 기반한다. 이렇게 적은 작품 수만큼이나 오스틴에 대한 자전적 자료도 부족하다. 3,000통으로 추정되는 그녀의 편지들 중 극히 소수만이 남아 있고, 대부분은 언니 카산드라가 불태웠거나 검열하여 없애버렸다. 그녀의 작품은 생전에는 좋은 평가를 거의 받지 못하다가, 1800년대 후반에서야 문학 전문가들에게서만 인정을 받게 되었다.

Q: 담화에 따르면 제인 오스틴에 대해 옳은 것은?
(a) 현대 작가들은 그녀의 천재성을 인정했다.
(b) 언니가 그녀의 초고들을 없앴다.
(c) 그녀의 소설 대부분은 사후에 출간되었다.
(d) 100년 동안 위대한 작가로 여겨져 왔다.

해법 제인 오스틴이 남긴 작품 수나 작가 자신에 대한 자료가 극히 적다는 내용의 글이다. 마지막 문장에서 1800년대 후반에 와서야 문학가들의 인정을 받았다고 했으므로 (a)가 일치하는 내용이다. 언니가 없앤 것은 작품이 아니라 편지이고, 그녀의 소설은 생전에 더 많이 출간되었으므로 (b)와 (c)는 어긋나는 내용이다.
rest on ~에 의존하다 **posthumously** 사후에 **dearth** 부족, 결핍 **autobiographical** 자서전의 **censor** 검열하여 삭제하다 **favorable** 우호적인

58

Tired of the same old vacations? Ready for excitement and challenge? Then join Extreme Sports New Zealand for the vacation of a lifetime. Travel with a small group of other thrill seekers and experience New Zealand's rugged unspoiled environment as you challenge your personal limits daily. Travel the South Island's mountains, rivers, and coasts for two weeks of water-touch bungee jumping, swimming with dolphins, sea kayaking, ice climbing, glacier walks, skydiving, and, most exciting of all, whitewater rafting.

Q: What can be inferred from the advertisement?
✔ (a) Only a few people will be allowed to join this trip.
(b) The tourism company places a high priority on safety.
(c) No special skills are required to participate in the activities.
(d) People of any age are welcomed by Extreme Sports New Zealand.

번역 늘 똑같은 휴가가 질리십니까? 흥분과 도전에 대한 준비가 되셨습니까? 그렇다면 일생일대의 휴가로 익스트림 스포츠 뉴질랜드로 오십시오. 스릴을 찾는 사람들과 소규모 그룹을 이루어 이동하고 매일 자신의 한계에 도전하면서 험준하지만 훼손되지 않은 뉴질랜드의 자연을 경험하십시오. 2주 동안 남섬의 산과 강, 해안을 여행하며 수면 위 번지점프, 돌고래와의 수영, 바다 카약, 빙벽 등반, 빙하 탐험, 스카이다이빙, 그리고 가장 스릴 넘치는 급류 타기를 즐기십시오.

Q: 광고로부터 추론할 수 있는 것은?
(a) 소수의 사람들만이 이 여행에 참가할 수 있을 것이다.
(b) 이 여행사는 안전을 최우선시한다.
(c) 활동에 참가하는 데는 어떤 특별한 기술도 필요로하지 않는다.
(d) 익스트림 스포츠 뉴질랜드에서는 어떤 연령대의 사람이라도 환영한다.

해법 Travel with a small group이라는 어구에서 여행 참가자들을 소수만 모집한다는 것을 알 수 있으므로 (a)가 정답이다. 연령대 제한이나 특정한 기술이 요구된다는 구체적인 내용이 없으니 (c), (d)는 알맞지 않고, 안전에 대한 언급이 없으므로 (b)도 알맞지 않다.
rugged 바위투성이의 **unspoiled** 훼손되지 않은 **kayak** 카약(을 타다) **whitewater rafting** 급류 타기 **a high priority** 최우선 순위

59

Professor Robert Solomon of the University of Texas at Austin teaches a 24-lecture course on the emotions. Solomon believes understanding emotions is a key to understanding the meaning of life. Many of his conclusions run counter to common sense. He argues that emotions are intelligent and rational, and are essential to survival. In these lectures, you will witness a contemporary philosopher assessing, rejecting, accepting, or refining the ideas of the greatest philosophical thinkers of the past.

Q: What can be inferred from the advertisement?

(a) Solomon's philosophy has little to say about feelings.

(b) The lectures are unlikely to be intellectually stimulating.

✔ (c) Solomon believes that emotions have rational basis.

(d) Western philosophical tradition has always emphasized the emotions.

번역 오스틴 소재 텍사스 대학의 로버트 솔로몬 교수는 감정에 대하여 24회분 강좌를 진행한다. 솔로몬 교수는 감정을 이해하는 것이 삶의 의미를 이해하기 위한 중요한 열쇠라고 생각한다. 그의 이론들 대다수는 상식에 어긋난다. 그는 감정이 이성적이고 합리적이며 생존에 필수적인 것이라고 주장한다. 이 강의에서 여러분은 현대의 철학자가 과거 가장 위대했던 철학자들의 사상을 평가하고 반박하거나 수용하고 정제하는 것을 지켜보게 될 것이다.

Q: 광고로부터 추론할 수 있는 것은?

(a) 솔로몬 교수의 철학은 감정에 대해서는 거의 논하지 않는다.

(b) 이 강의는 지적 자극을 주지 않을 것 같다.

(c) 솔로몬 교수는 감정이 이성적인 근거를 가지고 있다고 생각한다.

(d) 서양 철학의 전통은 항상 감정에 중점을 두어 왔다.

해법 기존의 상식을 뒤엎는 새로운 주제의 강의를 소개하는 글이다. 솔로몬 교수는 감정이 이성적이고 합리적이라고 했으므로 (c)가 정답이다. (a)는 오히려 상반되는 내용이고, 철학 사상을 다룬다고 했으므로 (b) 역시 옳지 않은 내용이라고 볼 수 있다.

run counter to ~에 거스르다, 배치되다 **rational** 이성적인, 합리적인 **contemporary** 현대의 **assess** 평가하다 **refine** 다듬다, 정제하다 **rational** 이성적인

60

Scientists are concerned that the depleted ozone layer over the Southern Ocean is fueling strong winds that prevent the ocean from soaking up the greenhouse gas carbon dioxide. Simultaneously, these strong winds are dredging up deep-water carbon dioxide, causing acidification of the ocean. Scientists worry that these changes in pH levels could damage organisms at the bottom of the food chain, such as plankton, krill, and fish larvae.

Q: What can be inferred from the report?

(a) The ozone hole is larger than was previously thought.

(b) The problems are not affecting the Northern Hemisphere.

✔ (c) Ozone depletion might endanger entire marine ecosystems.

(d) Strong winds are directly affecting the ocean's largest organisms.

번역 과학자들은 남 대양의 오존층 감소가 강풍을 일으키는 것을 우려하고 있는데, 이 강풍은 대양이 온실가스의 이산화탄소를 흡수하는 것을 가로막는다. 동시에 이 강풍은 심해의 이산화탄소를 훑어 올리어 대양의 산성화를 초래한다. 과학자들은 이러한 산성도 변화가 플랑크톤이나 크릴새우, 어류의 유생같이 먹이사슬의 최하층에 놓인 생명체들에게 해를 끼칠 수 있다는 점을 걱정한다.

Q: 보도로부터 추론할 수 있는 것은?

(a) 오존층 구멍은 이전에 생각했던 것보다 더 크다.

(b) 이 문제는 북반구에는 영향을 주지 않고 있다.

(c) 오존층 감소는 해양 생태계 전체를 위험에 빠뜨릴 수 있다.

(d) 강풍은 대양의 대형 생물들에게 직접적인 영향을 끼치고 있다.

해법 오존층 감소로 인해 강풍이 발생하고 이로 인해 대양의 산성화가 초래하여 먹이사슬에 피해를 준다고 했으므로 결국 해양 생태계 전체가 위험해진다는 (c)를 추론할 수 있다. (d)는 먹이사슬의 최하층에 놓인 작은 생물들에게 영향을 주어 대형 생물들은 간접적인 영향을 받는다고 할 수 있으므로 알맞지 않다.

deplete 고갈시키다 **soak up** ~을 빨아들이다, 흡수하다 **simultaneously** 동시에 **dredge up** 캐내다, 긁어내다 **acidification** 산성화 **krill** 크릴새우 **larva** 유생(pl. larvae) **ozone hole** 오존층 구멍(오존층 파괴로 인해 구멍이 뚫린 것처럼 오존층 농도가 낮은 지역)

Grammar

25 minutes

1

A Why do you go to the gym every day, Jules?
B I enjoy ___________.

✔ (a) exercising
(b) to exercise
(c) being exercised
(d) having been exercised

번역 A 날마다 헬스장에 가는 이유가 뭐예요, 줄스?
B 운동하는 게 즐거워서요.

해법 동사의 목적어가 필요한 자리이다. 동사 enjoy는 동명사를 목적어로 취하므로 (a) exercising이 정답이다.

2

A ___________ Jack calls tonight, I'll ask him to come over.
B Great! I'm looking forward to seeing him again.

(a) As
(b) So
(b) Until
✔ (d) When

번역 A 오늘 밤에 잭이 전화하면 놀러 오라고 할래.
B 좋아! 나도 잭을 다시 보기를 고대하고 있거든.

해법 알맞은 접속사를 고르는 문제이다. 문맥상 '~할 때, ~하면'이라는 뜻이 되어야 자연스러우므로 (d) When이 알맞다. 시간이나 조건을 나타내는 부사절에서는 미래의 일을 현재시제로 나타내므로 calls라는 현재형이 쓰였음도 아울러 알아 두자.
look forward to -ing ~하기를 고대하다

3

A Did anyone cheat in your final exam yesterday?
B No chance. The proctor ___________ at the front of the room.

✔ (a) had everyone leave their bag
(b) got everyone leave their bags
(c) got everyone leaving their bag
(d) had to everyone leave bags

번역 A 어제 기말고사에서 부정행위를 한 사람 있었어?
B 그럴 가능성은 전혀 없어. 시험 감독관이 모두에게 교실 앞에 가방을 두라고 했거든.

해법 사역동사 get이나 have가 쓰이는 문장 형태를 묻는 문제이다. have, let, make 등의 사역동사는 목적보어로 동사원형을 취하지만 사역의 의미로 쓰이는 get은 to+동사원형을 취한다. 따라서 (a)가 옳은 형태이다.
cheat 속이다, 부정행위를 하다 **proctor** 시험 감독관

4

A Justin, how was the marathon?
B Pretty good. I finished in under four hours and ___________.

(a) so Bryan did
✔ (b) so did Bryan
(c) also did Bryan
(d) also Bryan did

번역 A 저스틴, 마라톤은 어땠어?
B 아주 좋았어. 네 시간 안에 완주했고 브라이언도 마찬가지야.

해법 문맥상 '브라이언도 그렇다'라는 뜻을 이루는 어구가 필요하다. 앞에 나온 긍정문을 받아 '~도 역시 그렇다'라는 뜻으로 'so+be동사/조동사+주어' 형태를 쓴다. 앞에 나온 동사가 일반동사 과거형인 finished이므로 조동사 do의 과거형인 did를 써서 (b)가 정답이다.

5

A Did your brother go to the rally this evening?
B Yes, and now ___________.

(a) he is arrested
✔ (b) he has been arrested
(c) he had been arrested
(d) he should have been arrested

번역 A 네 형이 오늘 저녁 집회에 갔었니?
B 응, 그래서 지금 체포되어 있어.

해법 시제를 묻는 문제이다. 집회에 간 것은 과거의 일이고 그때 체포되어서 현재까지 체포된 상태가 지속되고 있다고 볼 수 있으므로 계속을 나타내는 현재완료 시제가 들어가야 알맞다. 따라서 (b)가 정답이다.
rally 집회 **arrest** 구속하다

6

A Do you think Jin Soo has been invited to the wedding?
B I don't know, but ___________.

(a) I hope it
✔ (b) I hope so
(c) I will hope it
(d) I would be hoping

번역 A 진수가 결혼식에 초대받은 것 같니?
B 모르겠어. 하지만 그랬길 바란다.

해법 관용적으로 쓰이는 구어체 표현을 묻는 문제이다. '그러길 바란다'는 뜻으로 (b) I hope so가 가장 적절하다. '그러지 않길 바란다'는 부정의 표현은 I hope not이라고 한다.
wedding 결혼식

7

A What are you looking for?
B I can't find my diamond earrings. I think ___________.

(a) they steal
(b) they've stolen
(c) they were stealing
✔ (d) they've been stolen

번역 A 뭘 찾고 있어?
B 내 다이아몬드 귀걸이를 못 찾겠어. 도둑맞은 것 같아.

해법 동사의 시제와 태를 묻는 문제이다. 빈칸의 주어인 they가 가리키는 것은 earrrings이므로 '도둑 당했다'는 뜻으로 수동태가 되어야 한다. 현재 시점에서는 이미 일어난 일이므로 과거나 현재완료 시제가 되어야 알맞기 때문에 (d)가 정답이다.
earring 귀걸이

8

A Do you like strong black coffee?
B Not usually, but I liked ___________ we had this morning.

(a) coffee
(b) a coffee
✔ (c) the coffee
(d) some coffee

번역 A 진한 블랙커피를 좋아하세요?
B 평소에는 안 좋아해요. 하지만 오늘 오전에 우리가 마셨던 커피는 좋았어요.

해법 coffee는 물질명사이므로 일반적으로 관사를 붙이지 않고 복수형을 쓰지 않는다. 하지만 여기서는 we had this morning이라는 수식어의 한정을 받아 두 사람이 알고 있는 특정한 커피를 가리키므로 정관사 the를 붙인 (c)가 정답이다.
strong (맛이나 향이) 진한, 강한

9

A The burglar put a hole in the wall.
B ___________ to get into the safe.

(a) Definitely he was trying
✔ (b) He was definitely trying
(c) Trying he was definitely
(d He was trying definitely

번역 A 도둑이 벽에 구멍을 냈어.
B 그는 분명히 금고에 들어가려고 했던 걸 거야.

해법 문장의 어순을 묻는 문제이다. 평서문이므로 주어+동사의 어순이 되어야 한다. 부사 definitely의 위치가 관건인데, 부사는 대개 수식하는 말 바로 앞에 놓이는 것이 일반적이므로 여기서 definitely가 수식하는 동사 trying 앞에 놓인 (b)가 정답이다.
burglar 강도, 도둑 **safe** 금고 **definitely** 확실히, 분명히

10

A What was your physics final like?
B It was horrible. In fact, it ___________ worse.

(a) can't be
(b) couldn't be
(c) can't have been
✔ (d) couldn't have been

번역 A 물리학 기말시험은 어땠어?
B 끔찍했어. 실은 최악이야.

해법 '이보다 더 나쁠 수는 없다, 즉 최악이다'라는 뜻의 관용적인 표현을 묻고 있다. 현재의 일을 두고 말할 때는 It couldn't be worse라고 하지만, 여기서는 이미 끝난 시험을 두고 하는 말이므로 과거를 나타내는 have p.p.를 써서 (d)가 정답이다. (c) can't have been은 과거의 일에 대한 강한 의심을 나타내어 완전히 다른 의미가 된다.
physics 물리학 **final** 기말시험 **horrible** 끔찍한

11

A It looks really dirty in here. How often are these offices ___________?

B Twice a week, sir.

✔ (a) cleaned
(b) cleaning
(c) to clean
(d) been cleaned

번역 A 여기는 정말 지저분해 보이네요. 사무실은 얼마나 자주 청소합니까?
B 일주일에 두 번 합니다.

해법 알맞은 동사의 형태를 묻는 문제이다. 우선 주어 offices가 '청소되는' 것이므로 수동태가 되어야 한다. 의문문이라서 주어와 be동사가 도치되었으므로 주어 뒤에는 과거분사인 (a) cleaned가 들어가면 된다.

12

A Do you agree that money can't buy happiness?

B No. ___________.

(a) Richer I get, happier I am
(b) Richer I get, more I am happy
✔ (c) The richer I get, the happier I am
(d) The more rich I get, the more happy I am

번역 A 돈으로 행복을 살 수 없다는 것에 동의하세요?
B 아뇨. 돈이 많을수록 더 행복하지요.

해법 '~할수록 더 ~하다'는 뜻으로 the+비교급+(주어+동사), the+비교급+(주어+동사) 구문인 (c)가 정답이다. rich나 happy의 비교급을 착각해 (d)를 고르지 않도록 주의한다.

13

A What was your wedding dress like?

B It was a ___________ gown.

(a) short off-white beautiful satin
(b) beautiful satin short off-white
(c) short satin off-white beautiful
✔ (d) beautiful short off-white satin

번역 A 당신의 웨딩드레스는 어떤 모양이었어요?
B 회색빛이 도는 새틴 소재로 길이가 짧은 아름다운 드레스였어요.

해법 동시에 하나의 명사를 수식하는 여러 형용사의 어순을 묻는 문제이다. 기본적으로 명사의 속성에 가까울수록 명사에 더 가깝게 위치하는데, 주로 '크기(short)+색상(off-white)+재료(satin)'의 순서로 명사 앞에 놓인다. beautiful처럼 다소 추상적이고 일반적인 형용사는 가장 멀리 놓인다. 따라서 (d)가 가장 알맞은 어순이다.
off-white 회색이 도는 흰색의 **satin** 새틴, 공단

14

A How was your flight to Australia?

B Terrible. The traffic was so heavy that ___________ the bus, but we missed our plane as well.

(a) we not only missing
(b) not only we did miss
✔ (c) not only did we miss
(d) we had not only missed

번역 A 호주까지 비행기 여행은 어땠어?
B 끔찍했어. 길이 너무 막혀서 버스뿐만 아니라 비행기도 놓쳤어.

해법 선택지의 not only와 빈칸 뒤의 but … as well을 보고 'A뿐만 아니라 B도 역시'라는 구문을 묻고 있음을 알 수 있다. not only가 포함된 절의 어순을 정하는 것이 문제인데, not이라는 부정어가 있으므로 주어와 동사의 도치가 필요하다. 따라서 조동사 did를 써서 도치구문을 만든 (c)가 정답이다.

15

A I've heard your brother is studying piano at college. ___________?

B He's better than me, but not outstanding.

(a) How good pianist is he
(b) How good is he pianist
(c) How is he a good pianist
✔ (d) How good a pianist is he

번역 A 네 형이 대학에서 피아노를 공부하고 있다고 들었는데, 피아노를 얼마나 잘 치니?
B 나보다는 잘하지만, 그렇게 뛰어나지는 않아.

해법 How가 이끄는 의문문의 어순을 묻는 문제이다. 주어가 he이므로 a pianist는 How의 수식을 받는 보어가 되고 도치된 동사+주어(is he)는 그 뒤에 온다. how가 형용사와 명사를 수식할 때는 관사 앞에 놓여 'how+형용사+a(n)+명사'의 어순이 되므로 (d)가 정답이다.
outstanding 뛰어난

16

A __________ your new job!
B Thank you very much.

✔ (a) Congratulations on
(b) Congratulation on
(c) Congratulations for
(d) Congratulation for

번역 A 새로운 일자리를 구했다니 축하해!
B 정말 고마워.

해법 '~을 축하해'라는 표현을 묻고 있다. congratulation은 '축하합니다'라는 뜻으로 쓰일 때는 복수형 congratulations로 쓰며 뒤에 축하하는 내용이 따라 올 때는 전치사 on을 수반한다. 따라서 (a)가 정답이다.

17

A Your new Italian boyfriend cooked dinner for you?
B Yes. He asked his mother __________.

(a) how pizza to make
✔ (b) how to make pizza
(c) how pizza he can make
(d) how could he make pizza

번역 A 네가 새로 사귄 이탈리아 남자친구가 너에게 저녁을 요리해 줬니?
B 응. 어머니에게 피자 만드는 법을 여쭤봤대.

해법 '~하는 방법'이라는 뜻으로 how to+동사원형을 쓴 (b)가 정답이다. 또는 '어떻게 ~할 수 있는지'라는 뜻으로 절을 쓸 수도 있는데, 주절의 시제가 asked로 과거이므로 (c)에서 can만 could로 바꾸면 답이 될 수 있다.

18

A Do you want me to get that cake or the other one?
B Both are great! You can have __________.

(a) however you like
✔ (b) whichever you like
(c) what else you like
(d) no matter which you like

번역 A 내가 저 케이크를 사 가져갈까, 아님 다른 것을 사 가져갈까?
B 둘 다 좋아! 네 맘에 드는 것이면 어느 것이라도 골라.

해법 빈칸에는 동사 have의 목적어가 필요하므로 복합관계부사인 however가 이끄는 (a)나 양보의 의미를 띠는 (d) no matter which는 올 수 없다. 문맥상 '네가 좋아하는 것은 어느 것이든지'라는 뜻이 알맞으므로 (b)가 정답이다. (c)는 '네가 좋아하는 다른 어떤 것'이라는 뜻이므로 앞에서 둘 다 좋다고 한 말에 어긋난다.
no matter which 비록 어느 것이 ~일지라도

19

A __________?
B I think it's at the Rockstone Stadium in Greenleigh.

✔ (a) Where's the rock festival being held
(b) Where's being held the rock festival
(c) Where the rock festival is being held
(d) Where the rock festival being held is

번역 A 록페스티벌이 열리고 있는 곳이 어디야?
B 그린레이에 있는 록스톤 경기장인 것 같은데.

해법 의문사 Where가 이끄는 의문문의 어순을 묻는 문제이다. 선택지에 나온 being held로 보아 수동태 진행형(be동사+being+p.p.)임을 알 수 있다. 의문문이므로 be동사인 is는 주어와 도치되어 (a)가 정답이다.
be held 열리다, 개최되다

20

A Robin says he'd be delighted __________ stay with us during summer vacation.
B That's a relief! I thought he'd object.

(a) if Ken coming to
(b) Ken to come and
(c) with Ken to come to
✔ (d) for Ken to come and

번역 A 로빈이 여름방학 동안 켄이 와서 우리랑 함께 지내면 기뻐겠다고 말하던데.
B 그거 참 다행이다! 난 반대할 거라고 생각했거든.

해법 문맥상 빈칸에는 '~한다면'이라는 뜻의 조건을 나타내는 구나 절이 와야 자연스럽다. (a)는 접속사 if 다음에 주어+동사의 형태가 갖춰져 있지 않으므로 답이 될 수 없다. 조건을 나타내는 to부정사 to come 앞에 의미상 주어로서 for Ken을 명시한 (d)가 정답이다.
delighted 기뻐하는 **That's a relief.** 그거 참 다행이다. **object** 반대하다

21

A common aphorism is "talking to __________ is the first sign of madness."

(a) me
(b) one
(c) itself
✔ (d) oneself

번역 흔한 속담에 '혼잣말이 정신이상의 첫 번째 신호다'라는 말이 있지.

해설 알맞은 대명사를 고르는 문제이다. 문맥상 '혼잣말, 즉 스스로에게 말하기'란 뜻이 되어야 자연스러우므로 재귀대명사를 써야 하는데 일반인을 나타내므로 (d) oneself가 알맞다.
aphorism 경구, 격언

22

When we receive a sudden shock, it can feel __________ our legs have turned to jelly.

✔ (a) like
(b) though
(c) as like
(d) although

번역 우리가 갑작스런 충격을 받으면, 마치 다리가 젤리로 변한 것처럼 느껴질 수 있다.

해설 접속사 문제는 빈칸에 넣어서 의미가 통하는 것을 고르는 것도 한 방법이다. '비록 ~일지라도'라는 양보의 뜻을 갖는 (b)나 (d)는 문맥상 어울리지 않는다. 문맥상 '~처럼' 이라는 뜻이 가장 자연스러우므로 (a) like가 정답이다. (c)는 like as라고 하면 가능하다.

23

A large segment of the population agrees that wealthy people should pay more taxes to help __________.

(a) poors
(b) a poor
✔ (c) the poor
(d) the poors

번역 대부분 사람들은 부자들이 가난한 사람들을 돕기 위해 더 많은 세금을 내야 한다는 데 동의한다.

해설 문맥상 빈칸에는 '가난한 사람들'이라는 뜻의 어구가 들어가야 한다. 'the+형용사'가 복수명사의 의미를 나타내는 경우에 해당하므로 (c) the poor가 정답으로 poor people의 의미이다.
segment 단편, 부분 **wealthy** 부유한

24

Although his hip-hop albums had been the fastest-selling in music history, after 2005 Eminem did not release another album __________ almost four years.

✔ (a) for
(b) while
(c) during
(d) since

번역 그의 힙합 앨범이 음악 역사상 가장 빠른 속도로 팔리기는 했지만, 에미넴은 2005년 이후로 거의 4년 동안 후속 앨범을 발표하지 않았다.

해법 빈칸 뒤에 명사구가 나오므로 접속사인 (b) while은 알맞지 않다. (d) since는 뒤에 기점이 되는 때가 나와 '~이후로'라는 뜻이므로 기간을 나타내는 어구와는 쓰이지 않는다. '~동안'이라는 뜻의 전치사 (a)와 (c) 중에서 명확한 기간과 함께 쓰이는 것은 for로서 (a)가 정답이다.
release 발표하다, 공개하다

25

Academics are always interested to meet another professor __________ thesis topic is similar to their own.

(a) who
(b) who's
(c) which
✔ (d) whose

번역 학자들은 논문 주제가 자신의 것과 유사한 다른 교수를 만나는 것에 항상 흥미를 느낀다.

해설 선택지로 보아 관계사를 고르는 문제인데, 빈칸 뒤 관계절에 주어나 보어가 모두 있으므로 (a) who나 (c) which는 들어갈 수 없다. 관계절의 주어인 thesis topic을 수식하는 관계형용사인 (d) whose가 알맞다.
academic 학자, 학문하는 사람 **thesis** 논문

26

__________, most parents still pay extra private tuition for their school-age children.

(a) As it is expensive
(b) It is as expensive
(c) As expensive it is
✔ (d) As expensive as it is

번역 아무리 비쌀지라도, 대부분의 학부모들은 취학 연령 자녀들에게 추가 개인 교습비를 지불한다.

해설 문맥상 '아무리 ~할지라도'라는 뜻의 양보구문이 되어야 알맞다. 이때 어순은 'as+형용사+as+주어+동사'가 되므로 (d)가 정답이다. 문장 앞의 as는 주로 생략하고 쓰는 경우가 많아 Expensive as it is라고 할 수도 있다.
tuition 수업료

27

Astronomy is complex, but kindergarten teachers should __________ Earth's position among the planets of our solar system.

(a) explain children enough to understand
(b) explain to understand children enough
✔ (c) explain enough for children to understand
(d) enough explain for children to understand

번역 천문학이 복잡하기는 하지만, 유치원 교사들은 아이들이 태양계 행성들 사이에서 지구의 위치를 이해할 수 있도록 충분히 설명해야 한다.

해설 enough이 포함된 문장의 어순을 묻는 문제이다. 여기서 enough은 동사 explain을 수식하는 부사로 쓰였다. enough이 부사로 쓰일 때는 수식하는 말 바로 뒤에 위치하므로 explain enough이 올바른 어순이다. to understand의 의미상 주어는 for를 덧붙여 나타내므로 (c)가 정답이다.
astronomy 천문학 **kindergarten** 유치원 **solar system** 태양계

28

It is generally agreed that nothing is __________ difficult as to foresee the future.

✔ (a) so
(b) such
(c) so much
(d) such more

번역 미래를 예측하는 것보다 어려운 일은 없다는 것은 대체로 수긍하는 바이다.

해설 비교구문에 관한 문제이다. '~만큼 …한'이란 뜻으로는 'as+형용사+as'를 쓰지만 주어가 nothing으로 부정어가 있을 때는 '~만큼 …하지 않은'이란 의미로서 'not so+형용사+as'를 쓴다. 따라서 (a)가 정답이다.
foresee 예견하다

29

__________ baby sea turtles have emerged from their nests, they must reach the safety of the sea before being caught by a predator.

✔ (a) Once
(b) If ever
(c) At once
(d) Whenever

번역 새끼 바다거북은 일단 둥지에서 나오고 나면, 천적에게 잡히기 전에 안전한 바다에 도달해야 한다.

해설 접속사를 고르는 문제이다. (c) At once는 '곧, 즉시'라는 뜻의 부사이므로 절을 이끌 수 없다. (d) Whenever(~할 때마다)나 (b) If ever(설사 ~한다 해도)는 문맥상 어울리지 않는다. '일단 ~하면'이라는 뜻의 (a) Once가 가장 적절하다.
emerge 나오다, 나타나다 **predator** 약탈자, 천적

30

Most people discover as they age that life is really __________ short and the years pass quickly.

(a) such
(b) much
(c) that
✔ (d) very

번역 대부분 사람들은 나이가 들어감에 따라 인생이 정말 매우 짧고 세월이 순식간에 지나가 버린다는 것을 알게 된다.

해설 평서문에서 빈칸 뒤의 형용사 수식에는 보통 very를 쓴다. 따라서 (d) very가 정답이다.
age 나이를 먹다

31

According to school policy, teasing ___________ and will be dealt with in the same way as bullying.

(a) will not allow
✔ (b) is not allowed
(c) was not allowed
(d) is not being allowed

번역 학교 방침에 따르면, 놀리는 것은 허용이 안 되며 약한 학생들을 괴롭히는 것과 똑같은 처분을 받을 것이라고 한다.

해설 시제와 태를 묻는 문제이다. 주어인 teasing은 allow의 주체가 아니라 대상이 되므로 수동태가 되어야 하는데, 빈칸 뒤의 시제가 미래인 것으로 보아 (c)의 과거시제는 알맞지 않다. 또한 학교 방침은 일정 기간 지속된다고 볼 수 있으므로 (d)의 현재진행형보다는 (b)의 현재형이 더 알맞다.
tease 짓궂게 괴롭히다, 놀리다 **deal with** ~을 다루다, 처리하다 **bullying** 약자 괴롭히기

32

The injured man ___________ to the hospital too late and was already dead on arrival.

(a) is brought
(b) has brought
(c) had brought
✔ (d) had been brought

번역 부상자는 병원에 너무 늦게 실려와서 도착했을 때는 이미 사망했다.

해설 역시 시제와 태에 관한 문제이다. 주어인 The injured man은 누군가에 의해서 실려온 것이므로 수동태인 (a)나 (d) 중에서 고를 수 있다. 사망한 사실을 판정받은 것은 병원에 실려 온 뒤의 일이다. 판정받은 때가 과거시제(was dead)이므로, 병원에 이송된 것은 그보다 앞선 시제인 대과거 had p.p.를 쓴 (d)가 정답이다.
injured 상처 입은, 다친

33

The Immigration Department wasn't ___________ the refugees who were flooding into the remote offshore islands.

(a) aware
✔ (b) aware of
(c) aware that
(d) aware of that

번역 이민국은 피난민들이 해안에서 멀리 떨어진 외딴 섬으로 몰려들고 있는 것을 알지 못했다.

해설 '~을 알고 있는'이라는 뜻의 aware가 목적어를 취할 때의 형태를 묻는 문제이다. 다음에 명사구가 나오면 of를, 절이 나오면 that을 수반한다. 빈칸 뒤에 the refugees라는 명사가 나오고 who 이하는 이를 수식하는 관계절이므로 명사를 목적어로 취할 수 있도록 전치사 of가 나온 (b)가 정답이다.
immigration 이주, 이민 **refugee** 피난민 **flood** 몰려들다, 쇄도하다 **remote** 멀리 떨어진, 외딴 **offshore** 해안에서 떨어진

34

Although pressure is intense, no athlete can compete successfully if they miss too ___________ training.

(a) many
✔ (b) much
(c) a lot of
(d) many of

번역 압박감이 심하다 할지라도, 훈련을 너무 많이 빠지면 어떤 운동선수도 성공적으로 경쟁할 수 없다.

해설 명사 training을 수식하는 수량 형용사를 고르는 문제이다. training은 '훈련, 교육'이라는 뜻으로 셀 수 없는 명사이므로 many의 수식을 받을 수 없다. 따라서 (b) much가 정답이다.
pressure 압박(감), 압력 **intense** 강렬한, 심한 **athlete** 운동선수 **compete** 경쟁하다

35

Pentax and Canon ___________ new digital SLR models this month.

(a) brought out have both
✔ (b) have both brought out
(c) brought out both have
(d) have brought both out

번역 펜탁스와 캐논은 둘 다 이번 달에 새로운 디지털 SLR 모델을 출시했다.

해설 부사 both를 포함한 동사 부분의 어순을 묻는 문제이다. 선택지로 보아 현재완료 시제를 쓰고 있으므로 동사의 어순은 have brought out이 된다. brought out은 2어동사로 부사가 2어동사를 수식할 때는 앞이나 뒤에 놓이지 brought both out처럼 가운데 놓이지는 않는다. 따라서 (b)가 정답이다.
bring out (신제품을) 내놓다, 출시하다

36

Italy is __________ known for the excellent quality of its coffee.

✔ (a) well
(b) very
(c) such
(d) far

번역 이탈리아는 품질이 뛰어난 커피로 잘 알려져 있다.

해법 '~으로 유명하다, 잘 알려져 있다'라는 뜻인 be known for에서 known을 수식하는 부사로 알맞은 것을 골라야 한다. 일반적으로 과거분사는 much가 수식하지만, known처럼 분사에서 파생되었지만 형용사화되어 쓰이는 경우에는 well의 수식을 받는다. 따라서 (a) well이 정답이다.

37

The trainee manager __________ at the presentation, but he had gone home early.

(a) would be
(b) should be
(c) is supposed to be
✔ (d) was supposed to be

번역 교관은 발표에 참석하기로 되어 있었지만, 일찍 퇴근해 버렸다.

해설 문맥상 '~하기로 되어 있다'라는 뜻의 be supposed to 구문이 들어가야 의미가 자연스럽다. 빈칸 뒤에 대과거(had gone) 시제가 나오는 것으로 보아 문맥상 과거 시제가 되어야 알맞다. 따라서 (d)가 정답이다.
trainee 훈련 받는 사람, 훈련생

38

When a disagreement occurs, it is important to try to see things __________ the other person's point of view.

(a) after
✔ (b) from
(c) through
(d) at

번역 의견 일치가 되지 않을 때는 다른 사람의 관점에서 바라보려고 노력하는 것이 중요하다.

해설 알맞은 전치사를 고르는 문제이다. 문맥상 '다른 사람의 관점에서'라는 뜻이 되므로 기점, 출처를 나타내는 전치사 (b) from이 가장 적절하다.
disagreement 불일치, 의견 차이 **point of view** 관점, 시각

39

By the age of two the child __________ soundly through the night for over a year.

(a) has slept
(b) was sleeping
(c) has been sleeping
✔ (d) had been sleeping

번역 두 살 무렵까지 그 아이는 일 년 넘게 밤에 잠을 푹 잤었다.

해법 by가 시간을 나타내는 어구와 함께 쓰일 때는 '~까지는'이라는 뜻으로 동작의 완료를 나타내어 주로 완료 시제와 함께 쓰인다. 문맥상 By the age of two라는 시점은 과거라고 보는 것이 알맞으므로 과거의 한 시점까지의 완료를 나타내는 과거완료 시제가 들어가야 알맞다. 따라서 과거완료 진행형인 (d)가 정답이다.
sleep soundly 푹 자다

40

Audrey Hepburn had __________ sure sense of chic that she became a major fashion influence.

(a) so
(b) such
✔ (c) such a
(d) a such

번역 오드리 헵번은 스타일에 대한 확실한 감각이 아주 뛰어나서 패션계에서 영향력 있는 중요 인사가 되었다.

해설 sure sense of chic을 수식하는 어구로 알맞은 것을 고르는 문제이다. (a) so는 형용사와 함께 관사 앞에 놓이므로 어순이 so sure a sense of chic이 되는데 빈칸 뒤에 관사가 없으므로 답이 될 수 없다. such는 'such+a(n)+형용사+명사'의 어순으로 쓰이므로 (c)가 정답이다.
chic 스타일, 세련 **influence** 영향, 영향을 끼치는 사람

41

✓ (a) A I'm planning to conduct experiment on the psychological effects of being a prisoner.

(b) B It would be better if you studied prison guards rather than prisoners.

(c) A I've never thought of that before. Why?

(d) B How to treat terrorists in prison is a big issue right now.

번역 (a) A 수감자가 되는 것이 심리적으로 미치는 영향에 대해서 실험을 할 계획이야.
(b) B 수감자보다는 간수에 대해 연구한다면 더 나을 것 같은데.
(c) A 그건 전혀 생각해본 적이 없는데. 왜?
(d) B 수감된 테러리스트를 어떻게 다루느냐가 지금 큰 이슈가 되고 있잖아.

해법 가산명사의 단수형에 붙어 하나 또는 대표성을 나타내는 부정관사를 묻는 문제이다. conduct 뒤의 명사 experiment의 발음이 모음이기 때문에 an experiment를 써야 알맞다.
conduct an experiment 실험하다 **psychological** 심리적인 **prison guard** 간수

정답 **(a) experiment → an experiment**

42

(a) A What's up? You look really worried.

✓ (b) B I've just offered a promotion within my company.

(c) A I would have thought that would be good news.

(d) B Maybe. But it means I'd have to move from Seoul to Pyeongtaek.

번역 (a) A 무슨 일 있어? 걱정이 많아 보이는데.
(b) B 회사에서 승진을 제의받았어.
(c) A 나라면 좋은 소식이라 생각했을 텐데.
(d) B 그렇지도 모르지. 하지만 그러면 서울에서 평택으로 옮겨가야 하거든.

해법 (b)에서 B는 회사에서 승진을 '제의받은' 것이므로 수동태로 나타내야 알맞다. 따라서 현재완료 수동태 have been p.p. 형태인 I've just been offered가 되어야 옳다.
promotion 승진

정답 **(b) offered → been offered**

43

(a) A I'd like to confirm my reservation for next week.

(b) B Can you give me your name and reservation number, please?

(c) A It's Ken Brown, AH09-821. You do have my reservation, don't you?

✓ (d) B Yes, Mr. Brown. We have you reserved for March 6 through 8 a non-smoking double room.

번역 (a) A 다음 주 예약을 확인하고 싶습니다.
(b) B 성함과 예약번호를 말씀해 주시겠어요?
(c) A 저는 켄 브라운이고 AH09-821입니다. 예약되어 있죠?
(d) B 네, 브라운 씨. 3월 6일부터 8일까지 금연실로 더블 룸이 예약되어 있습니다.

해법 예약을 한 사람은 A이고 B는 예약을 받은 호텔 측이므로 (d)에서 We have you reserved for는 어색하다. '우리에게 예약이 되어 있다'는 뜻으로 We have a non-smoking double room reserved for라고 해야 옳다.
confirm 확인하다 **reservation** 예약

정답 **(d) We have you reserved for March 6 through 8 a non-smoking double room → We have a non-smoking double room reserved for March 6 through 8.**

44

(a) A I've just spent a few days with my relatives in Seoul.

(b) B Did you enjoy being in our capital city?

✓ (c) A I always enjoy visiting Seoul, and I wouldn't like to live there because it's too big.

(d) B I love the sea, which is why I prefer living in Busan.

번역 (a) A 바로 얼마 전에 서울에 있는 친척들과 며칠 지냈어.
(b) B 우리나라 수도에서 지내는 게 즐거웠니?
(c) A 서울을 방문하는 것은 언제라도 즐겁지만, 너무 대도시라 거기서 살고 싶지는 않을 것 같아.
(d) B 나는 바다가 좋아. 그래서 부산에 사는 게 더 좋아.

해법 (c)에서 서울 방문이 즐겁다는 앞 문장 내용과 서울에서 살고 싶지 않다는 뒤 문장 내용이 서로 상반되므로 접속사 and는 어울리지 않는다. 역접을 나타내는 but이 되어야 알맞다.
relative 친척 **capital city** 수도

정답 **(c) and → but**

45

(a) A How did you like the show you went to last night?
(b) B It was much too long. It lasted until 11 o'clock.
(c) A Was Dr. Laugh as humorous as people have been saying?
(d) B I didn't find him funny at all. In fact, I was embarrassing for him.

번역 (a) A 어젯밤에 갔던 공연은 어땠어?
(b) B 너무 길었어. 11시까지 했거든.
(c) A 래프 박사는 사람들이 말하던 것만큼 웃겼니?
(d) B 전혀 웃기다는 생각이 안 들었어. 당황스럽던데.

해법 (d)에서 embarrassing은 '당황스럽게 하는'이라는 뜻으로 B가 래프 박사를 당황스럽게 만든다는 뜻이 되어 의미가 어색하다. 문맥상 공연을 하는 래프 박사 때문에 B가 당황스러웠다는 뜻이 되어야 하므로 과거분사인 embarrassed를 써야 옳다.
last 지속하다 **humorous** 우스운, 재미있는

정답 **(d) embarrassing → embarrassed**

46

(a) At Harvard University, 55,000 mice and 1,500 primates are kept for animal experimentation. (b) The vast majority of the mice are used in programs focusing on genetic research. (c) Scientists are always aware that a stray bacteria could wipe out millions of dollars worth of animal experiments. (d) Therefore, instead researchers want to enter the laboratories, they have to shower and change into scrubs.

번역 (a) 하버드 대학에서는 동물 실험을 위해 55,000마리의 쥐와 1,500마리의 영장류 동물을 보유하고 있다. (b) 대부분의 쥐는 유전학 연구에 중점을 둔 프로그램에 사용된다. (c) 과학자들은 떠다니는 하나의 박테리아가 수백만 달러 가치가 있는 동물 실험을 망칠 수 있다는 사실을 항상 염두에 두고 있다. (d) 그러므로 연구자들이 실험실에 들어가고자 할 때는, 샤워를 하고 수술복으로 갈아입어야 한다.

해법 (d)에서 부사 instead를 쓰면 '연구자들이 실험실에 들어가기를 원하는 대신에'라는 뜻이 되어 의미가 어색하다. 실험실에 '들어가려고 할 때(마다), 들어가려면'이라는 뜻으로 when이나 whenever, 또는 if로 바꿔야 알맞다.
primate 영장류 동물 **experimentation** 실험 **majority** 대부분, 대다수
genetic 유전자의 **stray** 표류하는, 길 잃은 **wipe out** 파괴하다, 없애다
scrub 수술복(scrub suit)

정답 **(d) instead → when / whenever / if**

47

(a) My mother, whom we hope will be out of the hospital soon, is looking forward to being home again. (b) She had brain surgery two weeks ago. (c) The doctors say that she will take two months to fully recover. (d) However, my mother is hoping to be able to return to work in about six weeks.

번역 (a) 엄마는 집에 돌아가기를 고대하고 계시며, 우리도 엄마가 조만간 퇴원하시기를 바라고 있다. (b) 엄마는 2주 전에 뇌수술을 받으셨다. (c) 의사는 엄마가 완전히 회복하려면 두 달이 걸릴 거라고 말한다. (d) 그러나 엄마는 6주쯤 후에는 직장으로 복귀할 수 있기를 바라고 계신다.

해법 (a)에서 whom은 관계대명사인데, 이어지는 관계절에서 hope의 목적어가 되는 절의 주어 역할을 하므로 목적격이 아닌 주격 관계대명사를 써야 한다. 따라서 who로 고쳐야 옳다.
recover 회복하다

정답 **(a) whom → who**

48

(a) The Ishtar Gate, dedicated to the goddess Ishtar, was one of the gates of the ancient city of Babylon. (b) King Nebuchadnezzar II was constructed it in about 575 BC. (c) For many centuries, the gate was considered one of the Seven Wonders of the World. (d) The walls surrounding the doors were covered in blue-glazed tiles with gold animals in bas-relief.

번역 (a) 이슈타르 문은 이슈타르 여신에게 바쳐진 것으로, 고대 바빌론 시에 있던 문들 중 하나였다. (b) 네브카드네자르 2세가 기원전 575년 경에 이것을 건설했다. (c) 수세기 동안 이 문은 세계 7대 불가사의 중 하나로 여겨졌다. (d) 문을 둘러싸고 있는 벽은 얕은 양각 기법으로 황금색 동물을 새겨 푸른색 유약을 바른 타일로 덮여 있었다.

해법 (b)는 수동태 구문인데, 뒤에 목적어 it이 나오고 있으므로 옳지 않다. it을 주어로 하는 수동태 문장으로 쓰든지, was를 빼고 능동태 문장으로 바꿔야 옳다.
→ It was constructed by King Nebuchadnezzar II / King Nebuchadnezzar II constructed it
dedicated to ~에게 바쳐진 **glazed** 유약을 칠한 **bas-relief** 얕은 양각

정답 **(b) King Nebuchadnezzar II was constructed it → It was constructed by King Nebuchadnezzar II / King Nebuchadnezzar II constructed it**

49

(a) Greenwich Mean Time (GMT) was established when the Royal Observatory was built in Greenwich, London, in 1685, to help establish longitude at sea. (b) More recently, the advent of atomic clocks has ushered in a new time system, Coordinated Universal Time or UTC. (c) Some countries have retained GMT, but the majority doesn't use it any longer, preferring UTC. (d) However, many newspapers and television channels fail to distinguish between GMT and UTC.

번역 (a) 그리니치 표준시(GMT)가 제정된 것은 바다에서 경도를 측정하는 것에 도움을 주기 위해서 1685년에 런던의 그리니치에 왕립 천문대를 건설한 때였다. (b) 더 최근에 와서는 원자시계의 등장으로 새로운 타임 시스템인 협정 세계시(UTC)를 도입했다. (c) 일부 국가에서는 여전히 그리니치 표준시를 쓰고 있지만, 대부분 국가들은 더 이상 이를 사용하지 않고 협정 세계시를 선호한다. (d) 그러나 많은 신문 및 TV방송에서는 그리니치 표준시와 협정 세계시를 구별하지 못하고 있다.

해법 (c)에서 the majority는 단수형이나 '대다수, 대부분'이라는 뜻으로 의미상 복수를 나타낸다. 따라서 단수 동사인 doesn't가 아닌 don't로 받아야 한다.
observatory 관측소, 천문대 **longitude** 경도 **advent** 출현, 도래 **atomic clock** 원자시계 **usher in** ~을 도입하다, 알리다 **coordinate** 대등하게 하다, 조화시키다 **retain** 계속 유지하다, 보유하다 **distinguish** 구별하다

정답 (c) doesn't → don't

50

(a) The term misogyny was coined by Greek philosophers to describe women-haters. (b) The parallel term is misandry, which is hatred of the male sex. (c) Both terms are related to misanthropy, which is hatred of humanity in general. (d) The Greek philosophers considered misogyny to be caused by gynophobia—that is, fear of women.

번역 (a) 여성 혐오증이란 말은 그리스 철학자들이 여성에 대한 혐오를 나타내기 위해서 만들어냈다. (b) 이와 대등한 말은 남성 혐오로, 남성에 대한 혐오를 뜻한다. (c) 두 단어 모두 인간 혐오와 관련 있는데, 이는 인류 전체에 대한 혐오를 뜻한다. (d) 그리스 철학자들은 여성 혐오증이 여성에 대한 두려움을 뜻하는 gynophobia에서 야기되었다고 여겼다.

해법 (a)에서 여성 혐오증이라는 용어는 (b)에서 설명하는 남성 혐오와 대등한 말이라고 했는데, 남성 혐오가 hatred of the male sex(남성에 대한 혐오)라고 했으므로, 여성 혐오증도 women-haters와 같은 사람을 지칭하는 말이 아닌 감정을 나타내는 말이어야 의미상 상대를 이룬다. 따라서 '여성에 대한 혐오'라는 뜻으로 women-hatred, 또는 hatred of women이라고 해야 알맞다.
misogyny 여성 혐오 **coin** (신어를) 만들어내다 **parallel** 필적하는 것, 대등한 것 **misandry** 남성 혐오 **hatred** 증오, 혐오 **misanthropy** 인간 혐오 **humanity** 인류, 인간 **gynophobia** 여성 공포증

정답 (a) women-haters → women-hatred / hatred of women

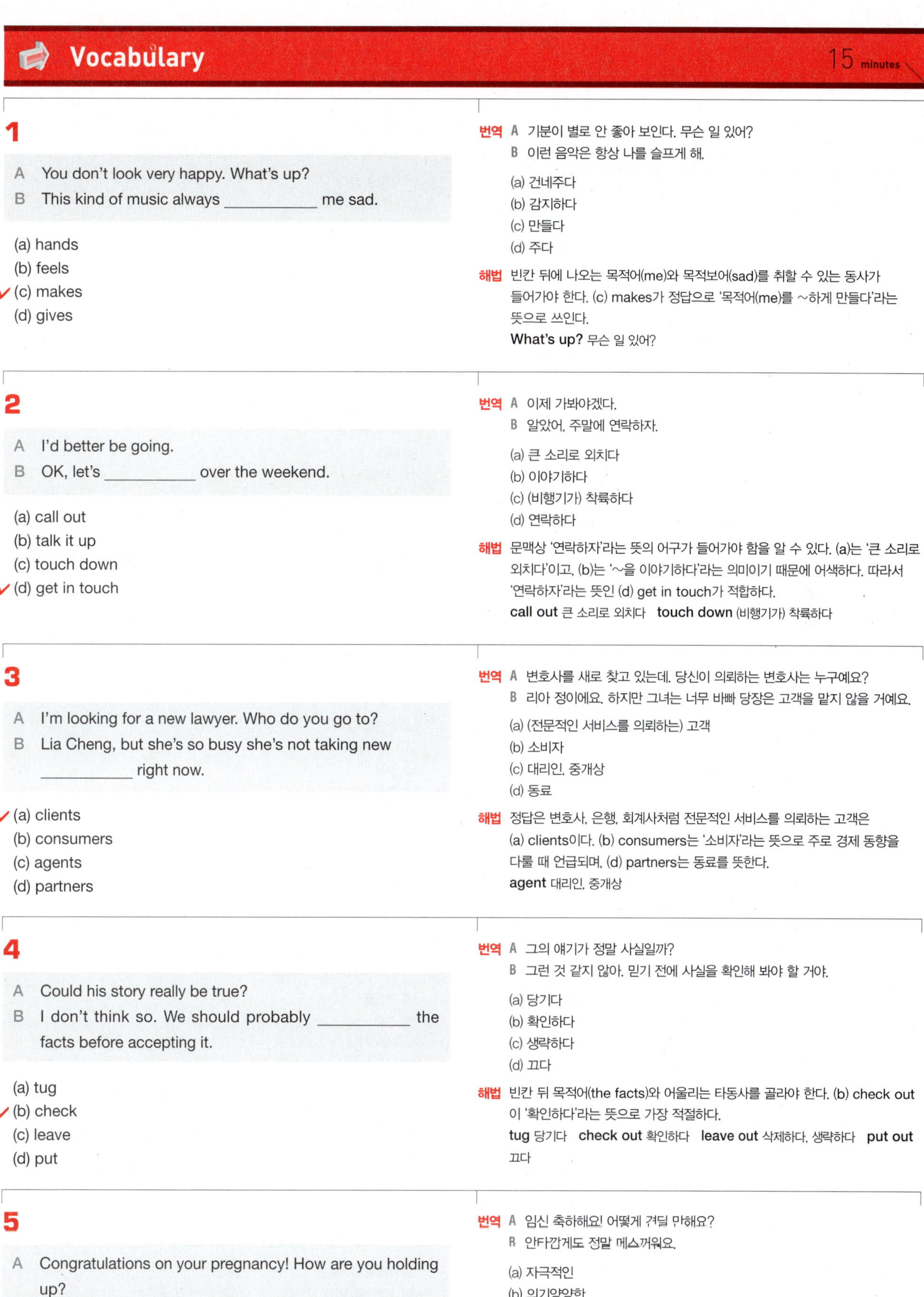

Vocabulary

15 minutes

1

A You don't look very happy. What's up?
B This kind of music always __________ me sad.

(a) hands
(b) feels
✔ (c) makes
(d) gives

번역 A 기분이 별로 안 좋아 보인다. 무슨 일 있어?
B 이런 음악은 항상 나를 슬프게 해.

(a) 건네주다
(b) 감지하다
(c) 만들다
(d) 주다

해법 빈칸 뒤에 나오는 목적어(me)와 목적보어(sad)를 취할 수 있는 동사가 들어가야 한다. (c) makes가 정답으로 '목적어(me)를 ~하게 만들다'라는 뜻으로 쓰인다.
What's up? 무슨 일 있어?

2

A I'd better be going.
B OK, let's __________ over the weekend.

(a) call out
(b) talk it up
(c) touch down
✔ (d) get in touch

번역 A 이제 가봐야겠다.
B 알았어, 주말에 연락하자.

(a) 큰 소리로 외치다
(b) 이야기하다
(c) (비행기가) 착륙하다
(d) 연락하다

해법 문맥상 '연락하자'라는 뜻의 어구가 들어가야 함을 알 수 있다. (a)는 '큰 소리로 외치다'이고, (b)는 '~을 이야기하다'라는 의미이기 때문에 어색하다. 따라서 '연락하자'라는 뜻인 (d) get in touch가 적합하다.
call out 큰 소리로 외치다 **touch down** (비행기가) 착륙하다

3

A I'm looking for a new lawyer. Who do you go to?
B Lia Cheng, but she's so busy she's not taking new __________ right now.

✔ (a) clients
(b) consumers
(c) agents
(d) partners

번역 A 변호사를 새로 찾고 있는데. 당신이 의뢰하는 변호사는 누구예요?
B 리아 정이에요. 하지만 그녀는 너무 바빠 당장은 고객을 맡지 않을 거예요.

(a) (전문적인 서비스를 의뢰하는) 고객
(b) 소비자
(c) 대리인, 중개상
(d) 동료

해법 정답은 변호사, 은행, 회계사처럼 전문적인 서비스를 의뢰하는 고객은 (a) clients이다. (b) consumers는 '소비자'라는 뜻으로 주로 경제 동향을 다룰 때 언급되며, (d) partners는 동료를 뜻한다.
agent 대리인, 중개상

4

A Could his story really be true?
B I don't think so. We should probably __________ the facts before accepting it.

(a) tug
✔ (b) check
(c) leave
(d) put

번역 A 그의 얘기가 정말 사실일까?
B 그런 것 같지 않아. 믿기 전에 사실을 확인해 봐야 할 거야.

(a) 당기다
(b) 확인하다
(c) 생략하다
(d) 끄다

해법 빈칸 뒤 목적어(the facts)와 어울리는 타동사를 골라야 한다. (b) check out이 '확인하다'라는 뜻으로 가장 적절하다.
tug 당기다 **check out** 확인하다 **leave out** 삭제하다, 생략하다 **put out** 끄다

5

A Congratulations on your pregnancy! How are you holding up?
B Unfortunately, I'm feeling really __________.

(a) electric
(b) elated
(c) naughty
✔ (d) nauseous

번역 A 임신 축하해요! 어떻게 견딜 만해요?
B 안타깝게도 정말 메스꺼워요.

(a) 자극적인
(b) 의기양양한
(c) 장난이 심한
(d) 메스꺼운

해법 unfortunately라고 대답했으므로 상태가 별로 안 좋다는 것을 짐작할 수 있다. 임신의 가장 흔한 증상인 메스꺼움을 나타내는 (d) nauseous가 적절하다.
hold up 견디다, 참다 **electric** 전격적인, 자극적인 **elated** 의기양양한
nauseous 메스꺼운

6

A The subprime mortgage crisis has had serious consequences.
B That's right. Many homeowners have been badly ___________.

✔ (a) affected
(b) effected
(c) infected
(d) defected

번역 A 서브프라임 모기지 사태가 심각한 결과를 가져왔어요.
B 맞아요. 많은 주택 소유자들이 심한 타격을 받았어요.

(a) 영향을 받다
(b) 결과를 초래하다
(c) 감염시키다
(d) 망명하다

해법 형태가 비슷한 단어들의 뜻을 구별하는지 묻는 문제이다. '영향을 받은'이라는 뜻의 (a) affected가 들어가야 가장 자연스럽다.
subprime mortgage 비우량 주택담보대출 **infect** 감염시키다 **defect** 망명하다

7

A My boyfriend's never going to come back to me!
B I'm sorry, but I think you have to ___________ the situation.

(a) except
✔ (b) accept
(c) harass
(d) receive

번역 A 남자친구가 나한테 절대 안 돌아올 모양이야!
B 안됐지만, 네가 이 상황을 받아들여야 한다고 생각해.

(a) 빼다
(b) 받아들이다
(c) 괴롭히다
(d) 받다

해법 힘든 상황을 '받아들이다, 수용하다'라는 뜻으로 (b) accept가 가장 어울린다.
harass 괴롭히다

8

A I heard that most of the first-class passengers died in the accident.
B The front of the plane took the full ___________ of the crash.

(a) brutality
(b) implosion
✔ (c) impact
(d) absorption

번역 A 일등석 승객들 대부분이 사고로 사망했다고 들었어요.
B 비행기 앞부분이 추락의 영향을 고스란히 받았거든요.

(a) 잔인성
(b) 내부 폭발
(c) 영향
(d) 흡수

해법 문맥상 충돌의 온전한 '영향'을 받아서 사망했다는 것이 자연스럽다. 따라서 '충격, 영향력'이란 뜻의 (c) impact가 정답이다.
front 맨 앞부분 **crash** 추락 **brutality** 잔인성 **implosion** 내부 폭발 **absorption** 흡수

9

A The Phillies are a much better team than the Dodgers.
B On what ___________ did you make that decision?

(a) bases
(b) base
(c) basics
✔ (d) basis

번역 A 필라델피아 필리스가 LA 다저스보다 훨씬 나은 팀이야.
B 무슨 근거로 그런 결론을 내린 거야?

(a) 기초들
(b) 기초
(c) 기초 지식
(d) 근거

해법 결정을 내린 '근거'가 무엇이냐고 묻는 것이 가장 자연스러우므로 (d) basis(근거)가 정답이다. (b) base는 '기초, 토대'라는 뜻이고, 야구에 관한 대화임을 감안하면 야구 용어로 '루, 베이스'를 뜻하기도 한다.
make a decision 결정하다, 결론을 내리다 **basics** 기초 지식

10

A Visiting my sister always makes me question whether I want to have children.
B Me, too. Her kids are so ___________.

✔ (a) unruly
(b) unfavorable
(c) unfamiliar
(d) uncoordinated

번역 A 여동생 집을 방문할 때면 내가 아이를 갖고 싶어 하는가 하는 의문이 항상 들어.
B 나도 그래. 그 집 아이들은 너무 제멋대로야.

(a) 제멋대로 하는
(b) 호의적이 아닌
(c) 낯선
(d) 조정되지 않은

해법 대화 내용상 화자들이 아이를 갖고 싶다는 생각이 안 들 정도로 여동생의 아이들이 부정적인 모습을 보여주었다고 생각할 수 있다. 따라서 '제멋대로의, 다루기 힘든'이라는 뜻의 (a) unruly가 가장 적절하다.
unfavorable 호의적이 아닌, 비판적인 **uncoordinated** 조정되지 않은

11

A I heard your aunt was injured at the supermarket.
B Yes, someone ran their shopping __________ into her and knocked her down.

✔ (a) cart
(b) bag
(c) basket
(d) buggy

번역 A 네 숙모가 슈퍼마켓에서 다치셨다고 들었어.
B 응. 누가 쇼핑 카트로 쳐서 넘어뜨렸대.

(a) 카트
(b) 백
(c) 바구니
(d) 마차

해법 선택지에 나온 어휘들은 모두 슈퍼마켓에서 볼 수 있는 것들이지만 사람을 쳐서 넘어뜨릴 수 있는 것이라면 (a) cart가 가장 적절하다.
run into ~와 충돌하다 **knock down** 때려눕히다, (차로) 치다 **buggy** 경마차

12

A What's your cousin Moira like?
B She's great! But she __________ money like water.

(a) runs up
(b) runs out of
(c) goes at
✔ (d) goes through

번역 A 네 사촌 모이라는 어떤 사람이야?
B 정말 괜찮은 사람이야! 그런데 돈을 물 쓰듯 하지.

(a) 늘리다
(b) 바닥내다
(c) 덤벼들다
(d) 다 써버리다

해법 빈칸 뒤의 어구로 보아 '돈을 물 쓰듯 하다'라는 표현을 쉽게 떠올릴 수 있다. (d) goes through가 '~을 통과하다, 겪다'라는 뜻 외에도 '~을 다 써버리다'라는 뜻이 있어 정답이다.
run up ~을 늘리다, 올리다 **run out of** ~을 바닥내다 **go at** ~에 덤벼들다

13

A My favorite poem is *The Road Less Traveled* by Robert Frost.
B I hate that poem! We __________ it to death when I was in high school.

(a) watched
✔ (b) analyzed
(c) resolved
(d) clarified

번역 A 내가 가장 좋아하는 시는 로버트 프로스트의 〈가지 않은 길〉이야.
B 난 그 시가 정말 싫어! 고등학교 때 질리도록 하나하나 분석했거든.

(a) 주시하다
(b) 분석하다
(c) 결심하다
(d) 명백하게 하다

해법 시를 싫어하는 이유를 대고 있으므로 고등학교 때 질리게 배웠다는 말이 되어야 자연스럽다. 따라서 '분석하다'라는 뜻의 (b) analyzed가 가장 적절하다.
resolve 결심하다 **clarify** 명백하게 하다

14

A I took my diamond earrings to the jewelers to be __________.
B Good idea. Your insurance company will be happy about that.

(a) pattered
✔ (b) appraised
(c) appreciated
(d) depreciated

번역 A 내 다이아몬드 귀걸이를 보석상에 가져가서 감정해 달라고 했어.
B 좋은 생각이다. 네 담당 보험회사가 알면 좋아하겠다.

(a) 소리나게 하다
(b) 감정하다
(c) 감상하다
(d) 가치를 떨어뜨리다

해법 보석상에서는 고객의 귀금속을 감정하므로 '값을 매기다, 감정하다'라는 뜻의 (b) appraised가 정답이다.
insurance 보험 **patter** 타닥타닥 소리나게 하다 **appreciate** 감상하다 **depreciate** 가치를 떨어뜨리다

15

A Can you tell me the way to the post office?
B Sure. Drive through the __________, turn right by the gas station, and go one more block.

✔ (a) intersection
(b) shoulder
(c) freeway
(d) avenue

번역 A 우체국 가는 길 좀 일러주시겠어요?
B 그러죠. 교차로를 지나서 주유소 옆에서 우회전하고, 한 블록 더 가세요.

(a) 교차로
(b) 갓길
(c) 고속도로
(d) 대로

해법 선택지는 모두 지리와 관련된 어휘들인데, 우회전할 수 있는 곳이라면 (a) intersection(교차로)이 가장 적절하다. (b) shoulder는 '갓길'을 뜻하며 No shoulder라는 표지는 '갓길 없음'이라는 뜻이다.
intersection 교차로, 횡단 **shoulder** 갓길 **avenue** 대로

16

A I owe you an __________ for my behavior last night.
B Don't worry about it. It's not important.

✔ (a) apology
(b) excuse
(c) offense
(d) admission

번역 A 어젯밤 행동에 대해서 사과 드립니다.
B 그건 걱정 마세요. 별일 아닌데요.

(a) 사과
(b) 변명
(c) 위반
(d) 입장

해법 문맥상 A가 B에게 사과하고 있는 상황이므로 (a) apology(사과)가 가장 적절하다. owe someone an apology는 '~에게 사과할 일이 있다'라는 뜻이다.
excuse 변명 **offense** 위반, 무례

17

A Your new colleague had a great time at the party last night.
B Yes, Rod is very __________.

(a) extreme
(b) excited
(c) existent
✔ (d) extroverted

번역 A 새로 온 당신 동료는 어젯밤 파티에서 정말 즐겁게 놀던데요.
B 네, 로드는 아주 활달해요.

(a) 과격한
(b) 흥분한
(c) 현존하는
(d) 외향적인

해법 입사한 지 얼마 안 되었음에도 파티에서 동료들과 즐겁게 어울리는 사람을 가리키기에 알맞은 것은 '외향적인, 사교적인'이라는 뜻의 정답 (d) extroverted이다.
existent 현존하는 **extroverted** 외향적인, 사교적인

18

A You look really sick! Go and see a doctor.
B You're right, and I'll have to __________ my reservation for tonight's dinner.

(a) bracket
(b) defuse
(c) predict
✔ (d) cancel

번역 A 너 정말 아파 보인다! 병원에 가서 진찰받아 봐.
B 맞아, 그리고 오늘 저녁식사 예약은 취소해야겠다.

(a) 일괄하여 다루다
(b) 진정시키다
(c) 예언하다
(d) 취소하다

해법 병원에 가보라는 말에 그러겠다고 했으므로 저녁식사 예약을 '취소한다'는 말이 되어야 자연스럽다. 따라서 (d) cancel이 정답이다.
bracket 일괄하여 다루다 **predict** 예언하다

19

A How did your dad react when you told him about the car?
B He was really __________ with me, I can tell you!

(a) raging
(b) dubious
✔ (c) furious
(d) maddening

번역 A 네가 차에 대해 말씀 드리자 아빠 반응이 어떠셨니?
B 정말로 엄청 화를 내셨지!

(a) 격노한
(b) 의심스러운
(c) 화내어 날뛰는
(d) 격노하게 하는

해법 '성난, 화난'이란 뜻으로, 뒤에 전치사 with와 어울리는 것은 정답 (c) furious와 (d) maddening이다. 그러나 madden은 maddened를 써서 수동태로 나타내야 의미가 통한다.
I can tell you 사실, 정말로 **rage** 격노(하다) **madden** 격노하게 하다

20

A What happened to that case you were working on last month?
B The wife will __________ trial, charged with murdering her husband.

✔ (a) stand
(b) undergo
(c) experience
(d) withstand

번역 A 지난달에 맡았던 사건은 어떻게 됐어요?
B 아내가 남편 살해 혐의로 기소되어 재판을 받을 거예요.

(a) 받다
(b) 견디다
(c) 경험하다
(d) 저항하다

해법 '재판을 받다'라는 뜻으로 trial과 연어(collocation)를 이루는 동사가 (a) stand임을 알아야 풀 수 있는 문제이다.
trial 재판, 공판 **stand one's trial** 재판을 받다 **charge A with B** A를 B의 혐의로 기소[고발]하다 **withstand** 견디어 내다

21

A How was your exam?
B Awful. By the time I finished I felt __________.

✔ (a) devastated
(b) scattered
(c) splintered
(d) injured

번역 A 시험은 어땠어?
B 정말 힘들었어. 시험이 끝났을 무렵에는 완전히 기진맥진했어.

(a) 망연자실케 하다
(b) 흩뿌리다
(c) 쪼개지다
(d) 부상당하다

해법 시험이 힘들었다고 답한 뒤 이어질 수 있는 말은 '기진맥진한'이라는 뜻의 (a) devastated이다.
by the time ~할 무렵에는 **devastate** 망연자실케 하다, 황폐시키다
splinter 쪼개다

22

A You look really tired.
B I feel it. I didn't sleep a __________ last night.

(a) beat
(b) breath
(c) nod
✔ (d) wink

번역 A 너 정말 피곤해 보인다.
B 정말 피곤해. 어젯밤에 한숨도 못 잤거든.

(a) 때림
(b) 호흡
(c) 끄덕거림
(d) 짧은 잠

해법 wink가 눈을 깜박이는 것을 나타내므로 눈 한번 깜박이며 붙여 보지 못할 만큼 날을 꼬박 샜다는 의미로 do not sleep a wink라는 표현을 쓴다. 따라서 (d)가 정답이다.
do not sleep a wink 한숨도 못 자다 **beat** 때림, 치는 소리

23

A I won a free holiday in Bermuda!
B Wow! Does that include airfare and __________?

(a) reserve
✔ (b) accommodation
(c) service
(d) confirmation

번역 A 버뮤다 공짜 여행에 당첨됐어!
B 와! 항공요금과 숙박도 포함된 거야?

(a) 보존물
(b) 숙박 시설
(c) 서비스
(d) (예약) 확인

해법 빈칸 앞에 항공요금을 언급했으므로 역시 비용과 관련 있는 '숙박'에 대해서 묻는 것이 가장 적절하다. 따라서 (b) accommodation(숙박 시설)이 정답이다.
reserve 보존물 **accommodation** 숙박 시설 **confirmation** (예약) 확인

24

A I heard your aunt broke her leg. How is she doing?
B She was __________ from the hospital this morning.

(a) rushed
(b) admitted
✔ (c) discharged
(d) disbursed

번역 A 숙모님이 다리가 부러지셨다고 하던데. 좀 어떠셔?
B 오늘 아침에 퇴원하셨어.

(a) 서두르다
(b) 인정하다
(c) 해방하다
(d) 지불하다

해법 문맥상 병원에서 '퇴원하다'라는 뜻의 동사가 들어가야 한다. (c)의 discharge가 뭔가 묶인 것에서 '해방하다, 풀어주다'라는 뜻과 함께 '퇴원시키다'라는 뜻으로 쓰인다.
discharge 해방하다, 퇴원시키다 **disburse** 지불하다

25

A How do you manage to get straight As on your homework assignments?
B Well, one thing I always do is a spell __________.

✔ (a) check
(b) tally
(c) routine
(d) checklist

번역 A 너는 어떻게 과제물에 전부 A를 받을 수 있니?
B 글쎄, 내가 항상 빠뜨리지 않고 하는 것은 철사 확인이야.

(a) 점검
(b) 계산
(c) 일과
(d) 점검표

해법 빈칸 앞에 spell과 가장 잘 호응할 수 있는 것은 (a) check이다. check은 '점검, 대조'라는 뜻으로 spell check은 철자가 틀렸는지 확인하는 것을 나타낸다.
straight 연달아, 끊임없는 **tally** 계산 **routine** 판에 박힌 일, 일과

Vocabulary

26

Famous musicians generally spend hours __________ with the orchestra before their concerts.

(a) conforming
(b) straddling
✔ (c) rehearsing
(d) executing

번역 유명한 음악가들은 대개 공연 전에 몇 시간 동안 오케스트라와 리허설을 한다.

(a) 따르다
(b) 기회를 엿보다
(c) 리허설을 하다
(d) 실행하다

해법 음악가들이 공연 전에 하는 것이라면 '예행 연습을 하다'라는 뜻의 (c) rehearsing이 가장 적절하다.
conform 따르다 **execute** 실행[수행]하다

27

Queen Victoria __________ longer than any other British monarch.

(a) resigned
✔ (b) reigned
(c) registered
(d) reinstated

번역 빅토리아 여왕은 영국의 다른 어떤 국왕보다 통치 기간이 길었다.

(a) 사임하다
(b) 통치하다
(c) 등록하다
(d) 복위시키다

해법 형태가 비슷한 어휘들의 의미를 구별하는지 묻는 문제이다. 문맥상 여왕이 '통치하다, 다스리다'라는 뜻이 되어야 알맞으므로 (b) reigned가 정답이다.
monarch 군주, 제왕 **resign** 사임하다 **reign** 통치하다 **reinstate** 복위[복권]시키다

28

Many Britney Spears fans have been severely __________ by the controversies surrounding her personal life.

✔ (a) disillusioned
(b) reprimanded
(c) damaged
(d) accused

번역 브리트니 스피어스의 팬들 대다수는 그녀의 사생활을 둘러싼 논란에 심한 환멸을 느껴왔다.

(a) 환멸을 느낀
(b) 질책 당한
(c) 손해를 입은
(d) 비난받는

해법 스타의 사생활 논란에 대한 팬들의 입장을 나타낼 수 있는 말을 골라야 한다. (a) disillusioned가 '환멸을 느낀'이라는 뜻으로 가장 어울린다.
severely 심하게 **disillusion** 환멸을 느끼게 하다 **reprimand** 질책하다

29

All our orders are __________ within two days, or you can upgrade to one day for only $3.99 extra.

(a) generated
(b) fulfilled
(c) infected
✔ (d) shipped

번역 주문하신 저희 상품은 모두 이틀 내에 배송됩니다. 혹은 추가로 3.99달러만 내시면 당일 배송으로 상향 조정하실 수 있습니다.

(a) 발생시키다
(b) 완수하다
(c) 감염시키다
(d) 발송하다

해법 주문 배송과 관련된 안내로 '선적하다, 발송하다'라는 뜻의 (d) shipped가 가장 적절하다.
fulfill 완수하다 **infect** 감염시키다 **ship** 발송하다

30

When *Vogue* (UK) was __________ in 1912 it made history by being the first overseas edition of a US magazine.

(a) floated
(b) proposed
(c) publicized
✔ (d) launched

번역 영국판 〈보그〉지가 1912년에 출시되었을 때 미국 잡지의 최초 해외판이라는 점에서 역사적인 순간이었다.

(a) 떠다니다
(b) 제안하다
(c) 공표하다
(d) 출시하다

해법 문맥상 1912년에 영국판 〈보그〉지가 처음으로 출간되었다는 의미이다. 사업이나 계획을 '착수하다', 제품이나 책을 '출시하다'라는 뜻으로 쓰이는 동사인 (d) launched가 가장 적절하다.
make history 역사에 남을 만한 일을 하다 **publicize** 공표하다

31

The drop in mortgage __________ rates for homeowners is one of the few benefits of the present economic crisis.

✔ (a) interest
(b) money
(c) currency
(d) wallet

번역 주택 소유자들에게 주택담보 대출 이자율 하락은 현 경제 위기 속에서 몇 안 되는 이점 중 하나이다.

(a) 이자
(b) 돈
(c) 통화
(d) 지갑

해법 빈칸 뒤의 rates와 호응해 의미를 이루는 단어를 찾아야 한다. (a) interest rates가 '이자율'을 뜻하므로 주택담보 대출을 받은 사람들에게 이점이 된다는 문맥과도 어울리기 때문에 가장 적절하다.
mortgage 주택담보 대출 **currency** 통화

32

The novelist Ernest Hemingway __________ himself in the cultures of the places he visited before writing vividly about them.

(a) surrounded
(b) riveted
(c) concentrated
✔ (d) immersed

번역 소설가 어니스트 헤밍웨이는 자신이 방문했던 장소에 대해 생생하게 글쓰기 전에 그곳의 문화에 완전히 빠져들었다.

(a) 둘러싸다
(b) 고정시키다
(c) 집중하다
(d) 빠져들다

해법 (d) immerse oneself가 '~에 몰두하다, 빠져들다'라는 뜻으로 가장 적절하다.
vividly 생생하게 **rivet** 고정시키다 **immerse** 빠져들게 하다

33

Since 1988, when the Kawerau Bridge became the world's first full-time bungee site, it has been __________ as the home of bungee jumping.

(a) collected
✔ (b) recognized
(c) inspired
(d) varnished

번역 1988년에 카웨라우 브리지가 세계에서 최초로 전문적인 번지점프대가 된 이후로, 그곳은 번지점프의 본고장으로 인정받았다.

(a) 수집하다
(b) 인정하다
(c) 고무하다
(d) 광택을 내다

해법 빈칸 뒤의 as는 '~로서'라는 뜻으로 자격을 나타낸다. 따라서 문맥상 자격을 '인정받다'라는 뜻인 (b) recognized가 가장 적절하다.
full-time 전임의 **recognize** 인정하다 **inspire** 고무하다

34

Cyclists will be able to bike close to the North Korean border when a restricted military area is opened to __________ later this year.

(a) personnel
(b) commoners
✔ (c) civilians
(d) wheelers

번역 자전거 이용자들은 올해에 군사 제한구역이 민간인들에게 개방되면 북한 국경 지대 근처에서 자전거를 탈 수 있게 될 것이다.

(a) 직원
(b) 서민들
(c) 민간인들
(d) 짐수레꾼들

해법 restricted military area(군사 제한구역)이 개방되는 대상이라면 '민간인, 일반 시민'을 가리키는 (c) civilians가 가장 알맞다.
border 국경 **personnel** (전)직원 **commoner** 평민, 서민

35

She sought a divorce from her pop-star husband __________ cruelty.

✔ (a) on the grounds of
(b) in accordance with
(c) with the antecedent of
(d) on suspicion of

번역 그녀는 학대를 이유로 팝스타인 남편과의 이혼을 청구했다.

(a) ~라는 이유로
(b) ~에 따라서
(c) ~보다 앞서서
(d) ~의 혐의로

해법 빈칸 뒤의 cruelty는 남편에게 이혼을 청구한 이유라고 보는 게 타당하므로 '~라는 이유로, ~을 구실로'라는 뜻의 (a) on the grounds of가 적절하다.
cruelty 잔인성, 학대 **on (the) grounds of** ~이라는 이유로 **with the antecedent of** ~보다 앞서서 **on suspicion of** ~의 혐의로

Vocabulary

36

The music of Norah Jones __________ jazz, soul, and mellow pop to create a celebrated, award-winning sound.

(a) crosses
(b) smoothes
✔ (c) blends
(d) slices

번역 노라 존스의 음악은 재즈, 소울, 멜로우 팝을 섞어 수상에 빛나는 유명한 사운드를 만들어냈다.

(a) 교차시키다
(b) 매끄럽게 하다
(c) 섞다
(d) 얇게 썰다

해법 빈칸 다음에 여러 장르의 음악이 나열되고 있으므로, 이 음악 장르들을 '혼합하다, 섞다'라는 뜻으로 (c) blends가 가장 어울린다.
celebrated 유명한 **cross** 교차시키다

37

Eco Villages represent a worldwide movement to create __________ developments which do not harm the environment in any way.

(a) coherent
✔ (b) sustainable
(c) systemic
(d) malign

번역 에코 빌리지는 어떤 식으로든 환경을 해치지 않는 지속 가능한 발전을 이루고자 하는 전세계적인 운동을 나타낸다.

(a) 시종 일관된
(b) 지속 가능한
(c) 조직의
(d) 유해한

해법 정답 (b) sustainable는 '지속 가능한'이라는 뜻으로 가장 적절하다. 환경이나 자원을 소멸시키지 않고 계속 유지해 나가는 상태를 가리키는 말로 환경의 중요성과 함께 자주 등장하고 있으니 반드시 알아두자.
coherent 시종 일관된 **sustainable** 지속할 수 있는 **systemic** 조직의

38

We __________ our chef's special: fresh rainbow trout with pesto sauce and spring vegetables.

(a) refer
(b) mention
✔ (c) recommend
(d) explain

번역 주방장 특별 요리로 페스토 소스와 봄 야채를 곁들인 신선한 무지개송어를 추천해 드립니다.

(a) 언급하다
(b) 말하다
(c) 추천하다
(d) 설명하다

해법 식당에서 손님에게 특별 메뉴를 소개하는 말이다. 문맥상 '추천하다, 권하다'라는 뜻의 (c) recommend가 가장 잘 어울린다. (a) refer, (b) mention은 '언급하다, 말하다'라는 뜻이다.
rainbow trout 무지개송어 **pesto sauce** 페스토 소스

39

Each year our company __________ a few talented graduates from throughout the country.

(a) searches
(b) deducts
(c) subscribes
✔ (d) recruits

번역 매년 우리 회사에서는 전국 각지에서 소수의 재능 있는 대학 졸업생을 모집합니다.

(a) 찾다
(b) 빼다
(c) 정기 구독하다
(d) 모집하다

해법 회사에서 신입사원을 '모집하다'라는 뜻이 되어야 자연스럽다. 따라서 (d) recruits가 알맞다.
graduate 대학 졸업생 **deduct** 빼다

40

The Department of Health recommends that people over 40 years old have their blood pressure __________ regularly.

✔ (a) checked
(b) determined
(c) controlled
(d) audited

번역 보건부는 40세 이상의 사람들이 정기적으로 혈압을 측정할 것을 권장한다.

(a) 검사하다
(b) 결정하다
(c) 감독하다
(d) 회계 감사하다

해법 혈압을 '측정하다'라는 의미를 갖는 동사가 들어가야 한다. (a)가 정답으로 have the blood pressure checked는 '혈압을 측정하다'라는 뜻이다.
determine 결정하다 **audit** 회계 감사하다

41

The trade union is concerned that many workers do not have a written __________.

(a) scandal
(b) negotiation
(c) stipulation
✔ (d) contract

번역 노조에서는 대다수 노동자들이 서면 계약서를 작성하지 않는 점을 우려하고 있다.

(a) 추문
(b) 협상
(c) 조항
(d) 계약서

해법 노조는 노동자의 권리를 지키기 위한 단체이므로 노조가 걱정하는 것이라면 고용 계약 조건을 담고 있는 '계약서'가 없는 것이라고 볼 수 있다. 따라서 (d) contract가 정답이다.

trade union 노동조합 **negotiation** 협상 **stipulation** 조항, 규정 **contract** 계약서

42

When Adolf Hitler became the leader of Germany in 1933, he __________ democracy and behaved like a dictator.

✔ (a) abolished
(b) unhinged
(c) vetoed
(d) revised

번역 아돌프 히틀러는 1933년에 독일의 수장이 되자, 민주주의를 폐지하고 독재자처럼 행동했다.

(a) 폐지하다
(b) 떼어놓다
(c) 거부하다
(d) 수정하다

해법 빈칸 다음에 오는 목적어인 democracy(민주주의)를 '폐지하다'라는 뜻으로 (a) abolished가 들어가야 가장 알맞다.

abolish 폐지하다 **democracy** 민주주의 **dictator** 독재자 **veto** 거부권; 거부하다

43

The global economic crisis has led to workers in many countries being fired or __________.

(a) let up
✔ (b) laid off
(c) given up
(d) left off

번역 전세계 경제 위기로 인해 여러 나라의 노동자들이 해고되거나 잠정적으로 일을 그만두어야 했다.

(a) 그치다
(b) 일시 해고하다
(c) 포기하다
(d) 그만두다

해법 빈칸 앞에 fired와 대등 접속사인 or로 연결되고 있으므로 빈칸에도 의미상 이와 대등한 동사가 들어가야 한다. 따라서 '일시 해고된'이라는 뜻의 (b) laid off가 가장 적절하다.

fire 해고하다 **let up** (비 · 눈이) 그치다 **leave off** 그만두다

44

Whenever Maria gets excited she __________ wildly with her hands while talking.

(a) impresses
(b) dilates
(c) communicates
✔ (d) gesticulates

번역 마리아는 흥분할 때면 말하면서 거친 손동작을 한다.

(a) 인상을 주다
(b) 팽창하다
(c) 의사소통하다
(d) 몸짓으로 나타내다

해법 말할 때 손을 이용해 하는 것이라면 손동작을 한다는 뜻이 되어야 알맞다. (d) gesticulates가 '몸짓으로 나타내다'는 뜻으로 정답이다.

impress (깊은) 인상을 주다 **communicate** 의사소통하다 **gesticulate** 몸짓으로 나타내다

45

This week Apple warned that iPhone and iPod users could receive small electric shocks while using these products, due to the buildup of __________ electricity in dry weather.

(a) timid
(b) negative
✔ (c) static
(d) menial

번역 이번 주에 애플 사는 아이폰과 아이팟 사용자들에게 건조한 날씨에 정전기가 축적되어 제품 사용 도중에 미량의 전기 충격을 받을 수 있음을 경고했다.

(a) 소심한
(b) 음극의
(c) 정전기의
(d) 하찮은

해법 negative electricity는 '음전기'를, static electricity는 '정전기'를 뜻하는데, 건조한 날씨에 전자제품을 사용하다 전기를 느끼는 것과 관련 있는 것은 정전기 때문이라고 볼 수 있다. 따라서 (c)가 정답이다.

buildup 축적 **timid** 소심한 **negative** 음극의 **static** 정전기의 **menial** 하찮은

46

China fears that the Dalai Lama visits foreign countries in order to __________ Tibetan independence from China.

(a) elevate
(b) inhibit
(c) traverse
✔ (d) promote

번역 중국은 달라이 라마가 중국으로부터 티벳의 독립을 촉구하기 위해 해외 국가들을 방문하는 것을 우려한다.

(a) 높이다
(b) 억제하다
(c) 가로지르다
(d) 촉구하다

해법 문맥상 해외 국가들에 티벳의 독립을 '촉구하다'라는 뜻이 되어야 가장 어울리므로 (d) promote가 정답이다.
elevate 높이다, 올리다 **inhibit** 억제하다

47

Please try to __________ as much of the packaging that comes into your home as you can.

✔ (a) recycle
(b) escalate
(c) convert
(d) reprocess

번역 집으로 들어오는 포장지는 최대한 재활용하도록 노력하십시오.

(a) 재활용하다
(b) 차츰 올리다
(c) 변화하다
(d) 재가공하다

해법 packaging(포장지)을 가지고 할 수 있는 것은 (a) recycle(재활용하다)이 가장 적절하다.
packaging 포장(지) **escalate** 차츰 올리다 **convert** 변환하다

48

Gossip seems harmless, but is in fact so __________ that it can destroy friendships.

✔ (a) insidious
(b) invidious
(c) surreptitious
(d) disingenuous

번역 험담은 악의가 없는 것처럼 보이지만, 실제로는 간교해서 우정을 망칠 수도 있다.

(a) 교활한
(b) 부당한
(c) 은밀한
(d) 부정직한

해법 빈칸 앞에 나오는 harmless(무해한, 악의 없는)와 의미상 대조되는 어구가 들어가야 알맞다. 따라서 (a) insidious가 가장 적절하다.
insidious 교활한, 흉계의 **invidious** 기분 나쁘게 만드는, 부당한
surreptitious 비밀의, 은밀한 **disingenuous** 부정직한

49

Throughout the world, the multinational company found __________ politicians whom they were able to bribe easily.

(a) debauched
(b) defiled
✔ (c) crooked
(d) perverted

번역 세계 곳곳에서 그 다국적 기업은 쉽게 돈으로 매수할 수 있는 부패한 정치인들을 찾아냈다.

(a) 방탕한
(b) 불결한
(c) 부정직한
(d) 변태의

해법 빈칸 뒤에서 돈으로 쉽게 매수할 수 있다고 했으므로 '부패한' 정치인이라는 의미로 (c) crooked가 가장 알맞다.
debauched 방탕한 **defiled** 불결한 **crooked** 부정직한 **perverted** 변태의

50

Medical practitioners are concerned because many bacterial diseases are becoming __________ to antibiotic drugs.

(a) unyielding
✔ (b) resistant
(c) antagonistic
(d) repellent

번역 의료계 종사자들은 세균성 질병이 항생제에 내성이 생기고 있기 때문에 우려하고 있다.

(a) 유연성이 없는
(b) 저항하는
(c) 대립하는
(d) 물리치는

해법 약에 '내성이 생긴다'라고 할 때 (b) resistant를 쓴다. resistant는 '저항하는'이라는 뜻으로 약의 효능에 저항하여 효과가 떨어진다는 뜻이다.
practitioner 종사자, 시술자 **antibiotic drug** 항생제 **unyielding** 유연성이 없는 **antagonistic** 대립하는 **repellent** 물리치는, 퇴치하는

1 Newtown Aquatic Center is open every day from 6:00 am to 9:00 pm. It offers a full range of water-related activities under one roof. The Aquatic Center features a 50-meter main pool, a competitive diving pool, learners' and toddlers' pools, plus private spas, saunas, a swim shop, cafe, and short-term daycare. Activities include kayaking, water polo, underwater hockey, and aqua jogging. In addition, you can rest assured that ___________, so chlorine-induced eye and breathing problems are a thing of the past.

✔ (a) all pool water is carefully monitored
(b) children are not allowed in the pools
(c) patrons can release stress in the pools
(d) the water filters are covered properly

번역 뉴타운 아쿠아틱 센터는 매일 오전 6시부터 저녁 9시까지 개장합니다. 이곳은 한 건물 내에 각종 수상 활동을 제공합니다. 아쿠아틱 센터에는 50미터짜리 메인 풀과 어디에도 뒤지지 않는 다이빙 풀, 초급자 풀 및 유아 풀과 더불어 개인 전용 스파와 사우나, 수영복 매장, 카페, 시간제 놀이방 시설을 갖추고 있습니다. 활동에는 카약 타기, 수상 폴로, 수중 하키, 아쿠아 조깅 등이 마련되어 있습니다. 또한 모든 풀은 주의 깊게 관리돼, 염소로 인한 안질환이나 호흡기질환은 이제 과거의 일이 되었으니 안심하셔도 됩니다.

(a) 모든 풀은 주의 깊게 관리된다
(b) 어린이들은 풀에 들어갈 수 없다
(c) 고객들은 풀에서 스트레스를 해소할 수 있다
(d) 물 여과기는 완전히 보호된다

해법 빈칸 다음 문장에서 힌트를 얻을 수 있다. 접속사 so로 연결되고 있으므로 염소로 인한 질환에 걸릴 위험이 전혀 없는 이유가 들어가야 한다. 따라서 (a)가 가장 적절하다. (b)는 앞에 나온 내용에 어긋나고, (c)는 다음 문장과 자연스럽게 연결되지 않으므로 알맞지 않다.

toddler 유아 **rest assured** 안심하고 있다 **induce** 야기하다 **patron** 고객 **release stress** 스트레스를 해소하다

2 To the Editor,
The issue of human rights abuses by United States interrogators is crucial to international attitudes about the US, which would be well advised to learn from its own history. During World War II, interrogators were trained to extract information through psychological and not physical means. Prisoners of war were well treated, but their conversations were wiretapped and subsequently studied carefully. Reports on prisoners' idle chatter were found to be a rich source of useful intelligence. If the US is really interested in building new nation-states in Iraq and Afghanistan, then it should remember the Golden Rule and apply it when ___________.

(a) writing reports on prisoner interrogations
(b) POWs' conversations are being examined
(c) cross-examining accused terrorists in court
✔ (d) formulating and implementing an interrogation policy

번역 편집자님께,
미국 심문관들이 저지른 인권 유린 문제는 미국에 대한 국제적인 태도에 매우 중요하므로, 미국은 스스로의 역사를 통해 교훈을 얻어야 한다는 충고를 드립니다. 제2차 세계대전 중에, 심문관들은 육체적 수단이 아닌 심리적 수단을 통해서 정보를 끌어내도록 훈련받았습니다. 전쟁 포로들은 좋은 처우를 받았지만, 그들의 대화는 도청되어 세심하게 조사되었습니다. 포로들의 무의미한 잡담에 대한 보고서가 유용한 정보의 풍부한 원천이 된 것으로 밝혀졌습니다. 만약 미국이 이라크나 아프가니스탄에서 새로운 민족국가 건설에 정말로 관심이 있다면, 이러한 황금률을 기억하여 심문 방침을 규정화하고 실행할 때 이를 적용해야 할 것입니다.

(a) 죄수 심문에 대한 보고서를 작성할 때
(b) 전쟁 포로의 대화를 조사할 때
(c) 법정에서 기소된 테러리스트를 반대 심문할 때
(d) 심문 방침을 규정화하고 실행할 때

해법 제2차 세계대전 당시 미국이 사용했던 심리적 방법을 소개하고 있는데, 빈칸은 어떤 상황에서 이를 적용할지에 대한 내용이 들어가야 알맞다. 따라서 전쟁 포로에 대한 심문 방침을 정해서 이를 실행하는 데 적용해야 한다는 (d)가 가장 적절하다.

interrogator 심문자 **extract** 추출하다, 끌어내다 **wiretap** 도청하다 **formulate** 규정화[조직화]하다 **implement** 실행[실시]하다

3 Researchers have discovered that mockingbirds can recognize people who have touched their nests in the past. Zoology researchers at the University of Florida made this unexpected discovery during a study of the effects of urbanization on mockingbirds. Birds are much more aware of all aspects of their environment than previously thought, and humans are an important part of that environment. As part of mockingbirds' survival strategies, they have learned to identify people ___________.

(a) who have a natural antipathy to birds
✔ (b) who have previously threatened their nests
(c) who form an irregular part of their ecosystem
(d) who look significantly different from each other

번역 연구자들은 지빠귀 새가 과거에 자신의 둥지를 만진 적이 있는 사람들을 알아볼 수 있다는 사실을 알아냈다. 플로리다 대학의 동물학 연구자들은 도시화가 지빠귀 새에 미친 영향을 조사하던 중에 이처럼 예상치 못했던 발견을 했다. 새들은 이전에 생각했던 것보다 주변 환경의 모든 측면을 훨씬 더 잘 인식하고 있으며, 인간은 그러한 환경의 중요한 일부이다. 지빠귀 새는 생존 전략의 일환으로, 전에 자신의 둥지를 위협한 적이 있는 사람들을 분간해내는 법을 터득하게 된 것이다.

(a) 새를 원래부터 싫어하는
(b) 전에 자신의 둥지를 위협한 적이 있는
(c) 자신이 속한 생태계의 불규칙한 부분을 형성하는
(d) 서로 현저히 달라 보이는

해법 첫 문장에서 주제를 제시하고 부연 설명을 거친 뒤 마지막 문장에서 다시 한번 주제를 반복하는 구조를 띠고 있다. 따라서 첫 문장만 제대로 이해해도 (b)가 정답임을 어렵지 않게 알 수 있다. 지빠귀 새는 자신의 환경에 영향을 미치는 사람을 분간해내는 것이지 아무 관련 없는 사람들을 구분할 줄 아는 것은 아니므로 (c)나 (d)는 알맞지 않다.

mockingbird 지빠귀 새 **zoology** 동물학 **strategy** 전략 **antipathy** 반감, 혐오 **ecosystem** 생태계

4 Although this is a golden age for Spanish men's tennis, it has been nine years since a Spanish woman reached the singles semifinals of a Grand Slam event. However, a short but sturdy 20-year-old shows promise of reaching No. 1 in the world. Carla Suarez has a powerful one-handed backhand that makes her a challenging and complex player. Suarez has spent considerable time studying Justine Henin, ___________.

(a) who taught her to tee off
(b) a powerful women's volleyball finalist
(c) who is also a sports journalist
✔ (d) from whom she learned her backhand

번역 지금이 스페인 남자 테니스계에는 전성기일지라도, 스페인 여자 테니스는 그랜드 슬램 대회의 단식 준결승을 달성한 지 9년이 지났다. 그러나 작지만 단단한 체구의 스무 살짜리가 세계 1위를 달성할 가능성을 보여주고 있다. 칼라 수아레즈는 강력한 한 손 백핸드를 구사하여 대적하기 힘들고 난해한 선수로 자리잡았다. 수아레즈는 그녀가 백핸드를 배우는 데 도움을 준 저스틴 에넹을 관찰하는 데 상당한 시간을 들였다.

(a) 그녀에게 난타를 가르쳐 준
(b) 강력한 여자 배구 결승 진출자인
(c) 스포츠 보도 기자이기도 한
(d) 그녀가 백핸드를 배우는 데 도움을 준

해법 떠오르는 여자 테니스 선수 수아레즈에 대한 기사이다. 빈칸은 수아레즈가 오랫동안 관찰한 선배 선수를 설명하는 내용인데, 수아레즈 본인의 특징과 부합하는 면이 있어야 관찰할 가치가 있다고 볼 수 있다. 따라서 그녀가 백핸드를 배우는 데 도움을 줬다는 (d)가 가장 적절하다.

semifinal 준결승 **sturdy** 억센, 튼튼한 **backhand** 백핸드, 역타 **tee off** 난타하다 **finalist** 결승전 진출 선수

5 The Internet's potential as an agent of social change is being demonstrated in China. Incidents involving individual citizens and powerful Communist Party officials used to be known only to nearby residents. But now such cases are being broadcast on the Internet, and millions of people are staging what is becoming known as "online mass incidents." Public awareness of democratic ideas such as accountability and transparency is growing. With each case ___________, progress is inching forward.

(a) defended by the local bureaucracy
(b) that is censored by local officials
✔ (c) that is successfully fought on the web
(d) shown to be invalid by the government

번역 사회 변화를 일으키는 요인으로서 인터넷의 가능성이 중국에서 증명되고 있다. 시민 개인과 권력을 가진 공산당 간부가 연루된 사건은 예전에는 이웃 주민들에게만 알려졌다. 그러나 지금은 그러한 사건들이 인터넷을 통해 방송되어, 수백만 사람들이 '인터넷 군체성 사건'이라고 알려지게 된 상황을 벌이고 있다. 책임감이나 투명성과 같은 민주주의 이념에 대한 대중의 인식이 성장하고 있다. 인터넷 상에서 투쟁하여 성공하는 하나하나의 사건과 함께, 발전이 조금씩 전진하고 있다.

(a) 지방 관료가 옹호하는
(b) 지방 관료가 검열하는
(c) 인터넷 상에서 투쟁하여 성공하는
(d) 정부가 무효라고 지적한

해법 인터넷이 공산당 독재 하의 중국에 민주주의 이념을 전파시키고 있다는 내용의 글이다. 예전에는 은밀히 묻혔을 사건들이 공개적으로 드러남에 따라 대중의 인식을 일깨우고 있다는 것인데, 빈칸은 어떻게 이 사건들이 진보를 앞당기고 있는가를 설명하는 대목이다. 핵심 어구인 Internet, online과 같은 의미의 on the web을 포함한 (c)가 정답이다.

agent 동인, 기제 **stage** 계획하다, 꾀하다 **transparency** 투명성 **inch** 조금씩 움직이다 **bureaucracy** 관료 (제도) **invalid** 무효인

6 Recent research into business leadership reveals surprising results. Traits like being a good listener, a good team builder, or an able communicator do not seem to be very important for leading a successful company. What matters is emotional stability, conscientiousness, reliability, attention to detail, and persistence. CEOs need to fill an organizational role, not a charismatic one. Warm, flexible, empathetic people are less likely to succeed as business leaders than ___________.

(a) flamboyant, enthusiastic, truly idealistic types
(b) charming, ruthless, essentially callous leaders
✔ (c) resolute, efficient, slightly boring personalities
(d) magnetic, larger-than-life, very engaging characters

번역 기업의 리더십에 관한 최근의 연구는 놀라운 결과를 보인다. 남의 말을 잘 경청하거나 팀을 잘 이루고, 의사소통을 잘하는 것과 같은 특성이 성공적인 기업을 이끄는 데 그다지 중요해 보이지 않는다는 것이다. 중요한 것은 정서적 안정감과 성실성, 신뢰성, 세심한 주의력, 인내이다. 최고경영자는 카리스마가 넘치는 역할이 아닌, 조직적인 역할에 충실해야 한다. 따뜻하고, 융통성 있고, 감정 이입을 잘하는 사람들은 결단력 있고, 유능하며, 약간은 지루한 성격의 사람들보다 기업의 지도자로서 성공할 가능성이 더 낮다.

(a) 화려하고 열정적이며 진실로 이상주의적인 유형
(b) 매력적이고 무자비하며 원래 냉담한 지도자들
(c) 결단력 있고 유능하며 약간은 지루한 성격들
(d) 매력 있고 실제보다 과장되며 남의 마음을 잘 끄는 사람들

해법 빈칸은 기업의 지도자로서 바람직한 특징인 organizational role(조직적인 역할)에 충실해야 한다고 했으므로 (c)가 가장 적절하다.

trait 특성, 특징 **stability** 안정성 **conscientiousness** 성실성 **reliability** 신뢰성 **persistence** 인내, 지속성 **empathetic** 감정 이입이 되는 **flamboyant** 화려한 **ruthless** 무자비한 **callous** 냉담한 **resolute** 결단력 있는 **magnetic** 매력이 있는 **larger-than-life** 실제보다 과장된 **engaging** 마음을 끄는

7 Godwit Air is way ahead when it comes to passenger facilities! All our airplanes boast three innovative features. We are the first airline in the world to install discrete face screens between you and the next person, which can be activated at your convenience. Our planes boast more bathrooms per passenger than regulations demand. And our new headsets not only deliver superior stereo sound, but ___________.

(a) with entertainment options
✔ (b) keep exterior sounds out, too
(c) when you want to sleep in comfort
(d) with its selection of meals

번역 갓윗 항공은 승객의 편의에 대해서라면 한발 앞서갑니다! 저희 모든 비행기는 세 가지 혁신적인 특징을 자랑합니다. 세계 최초로 옆 승객과의 사이에 분리된 얼굴 칸막이를 설치해서 편리한 때에 작동하실 수 있습니다. 저희 비행기의 또 다른 자랑거리는 요구된 규정보다 승객당 화장실 수가 더 많다는 것입니다. 그리고 신형 헤드셋은 최상의 스테레오 음향을 전해드릴 뿐만 아니라 외부의 소음을 차단시키는 데도 도움이 됩니다.

(a) 엔터테인먼트 옵션과 함께
(b) 외부의 소음도 차단합니다
(c) 당신이 편안하게 자고 싶을 때
(d) 식사 선택 사항과 함께

해법 항공사에서 자사 비행기의 장점을 홍보하는 글이다. 마지막 문장은 신형 헤드셋의 장점을 설명하는 대목이다. 따라서 외부 소음을 차단시켜 준다는 (b)가 가장 적절하다.

when it comes to ~에 관한 한 **innovative** 혁신적인 **discrete** 분리된, 별개의 **activate** 작동시키다 **regulations** 규정

8 The Irish have celebrated St. Patrick's Day, March 17, as a religious holiday for over one thousand years. When Irish immigrants flooded into the US during the Irish potato famine of the 1840s, the newspapers lampooned the St. Patrick's Day parades in cartoons. However, the Irish soon realized that, in spite of their poverty and lack of education, their great numbers gave them political power. They began to organize themselves into a power bloc known as the "green machine." Soon, St. Patrick's Day Parades became a show of strength attended by ___________.

(a) Irish immigrants fresh off the boat
(b) environmentally conscious Irish workers
✔ (c) political candidates hoping to woo the Irish
(d) Socialist parties seeking support from the left

번역 아일랜드 사람들은 천년 넘게 종교 기념일로서 성 패트릭 데이인 3월 17일을 기념해왔다. 1840년대 아일랜드의 감자 기근 당시 아일랜드 이민자들이 미국으로 밀려들었을 때, 신문 만화에서는 성 패트릭 데이 행진이라고 만화로 풍자했다. 그러나 아일랜드 사람들은 자신들이 가난하고 교육을 덜 받았다 할지라도, 수가 많다는 것이 그들에게 정치적 힘을 준다는 것을 곧 깨달았다. 그들은 스스로 '그린 머신'이라고 알려진 권력 연합을 조직하기 시작했다. 머지않아 성 패트릭 데이 행진은 아일랜드 사람들의 환심을 사고 싶어 하는 정치 후보자들을 수반하는 힘의 과시가 되었다.

(a) 막 배에서 내린 아일랜드 이민자들
(b) 환경을 생각하는 아일랜드 노동자들
(c) 아일랜드 사람들의 환심을 사고 싶어 하는 정치 후보자들
(d) 좌익의 지지를 원하는 사회당들

해법 아일랜드 이민자들이 미국에서 정치적 힘을 발휘하는 세력으로 자리잡게 된 역사를 설명하는 글이다. 아일랜드 사람들의 최대 행사인 성 패트릭 데이 행진에 참여하는 사람들은 그들의 표를 얻고 싶어 하는 정치인들이라고 볼 수 있다. 따라서 (c)가 정답이다.

flood 밀려들다, 쇄도하다 **famine** 기근 **lampoon** 글[시]로써 풍자하다 **fresh** 갓 도착한 **candidate** 후보자 **woo** 구애하다, 얻으려고 노력하다

9 Major airplane crashes are dramatic and command the attention of the world's media. This creates ___________. Nevertheless, statistics show a different picture. In the last 20 years there have been 2,100 commercial airline accidents. However, this is set in the context of 11.5 billion passenger trips. The chances of surviving an air flight are 99.9999%.

(a) many photos of wrecked planes
(b) a dramatic illustration of how safe it is
(c) some people to suffer from aviophobia
✔ (d) a perception that air transport is inherently risky

번역 대형 항공기 충돌 사고는 극적이고 세계 언론매체의 관심을 불러일으킨다. 이는 항공 교통수단은 원래 위험하다는 인식을 야기한다. 하지만 통계는 전혀 다른 상황을 보여 준다. 지난 20년간 2,100건의 상업용 항공기 사고가 있었다. 그러나 이는 115억 명의 승객이 이동을 하는 상황에서 집계된 것이다. 비행에서 살아남을 확률은 99.9999%이다.

(a) 수많은 파괴된 비행기 사진들.
(b) 얼마나 안전한지에 대한 극적인 설명.
(c) 비행기 공포증을 앓는 어떤 사람들.
(d) 항공 교통수단은 원래 위험하다는 인식.

해법 빈칸 앞에서는 비행기 사고가 전세계의 관심을 불러일으킬 만큼 대단한 사건이라고 하고 나서, 빈칸 다음은 Nevertheless라는 역접의 접속사로 이어져 통계는 이와 전혀 다르다고 했다. 따라서 빈칸은 통계상으로 비행기 사고가 일어날 확률이 아주 낮다는 것과 대조되는 내용이 들어가야 하므로 비행기가 위험하다는 일반적인 인식을 언급한 (d)가 가장 적절하다.

command (동정 등을) 모으다, 일으키다 **context** 정황 **wrecked** 파괴된 **aviophobia** 비행기 공포증 **perception** 인식, 인지 **inherently** 본래부터

10 Black holes in space are areas into which light waves are drawn and cannot escape. Recently, Israeli scientists succeeded in creating a sonic black hole, trapping sound waves instead of light. The aim of the experiment was to discover more about how the universe works. This could help physicists to __________. It will also give a new perspective on some complex issues involving quantum mechanics, thermodynamics, and gravity.

✔ (a) learn more about naturally occurring black holes
(b) reduce sound levels in particularly noisy locations
(c) prove definitively that Israeli scientists were correct
(d) test whether the experiment is possible or not

번역 우주의 블랙홀은 광파가 빨려 들어가 빠져나올 수 없는 지대이다. 최근에 이스라엘 과학자들이 빛 대신 음파를 가두는 음파 블랙홀을 만드는 데 성공했다. 실험의 목적은 우주가 작동하는 원리에 대해서 좀 더 많은 것을 발견하기 위함이었다. 이것은 물리학자들이 자연적으로 생겨나는 블랙홀에 대해서 더 많은 것을 익히는 데 도움이 될 수 있었다. 이는 또한 양자 역학, 열역학, 그리고 중력에 관계되는 복잡한 문제에 대해 새로운 관점을 가져다 줄 것이다.

(a) 자연적으로 생겨나는 블랙홀에 대해서 더 많은 것을 익히다
(b) 특히 소음이 심한 지역에서 소음도를 줄이다
(c) 이스라엘 과학자들이 정확했음을 결정적으로 증명하다
(d) 실험의 가능 여부를 시험하다

해법 과학자들이 인공 블랙홀을 만드는 실험을 통해 과학자들이 얻은 바가 무엇인지에 해당하는 내용이다. 이 실험의 목적이 우주의 작동 원리에 대해서 더 많이 알기 위함이라고 했으므로 (a)가 가장 적절하다.
light wave 광파 **sonic** 음파의 **trap** (덫으로) 잡다, 가두다 **physicist** 물리학자 **perspective** 관점 **quantum mechanics** 양자 역학 **thermodynamics** 열역학 **gravity** 중력

11 The levels and variety of media exposure in children's lives are topics receiving increasing attention in academic circles. It has been found that media can encourage violence, but it can also stimulate pro-social behavior. However, because of the swift rate of technological development, __________. So the question still remains, are children at risk in our media-rich society?

(a) children are not influenced by any single medium for very long
(b) the general public knows the potential effects of media on children
(c) many parents can assess the programs to which their children are exposed
✔ (d) there is a lack of data on the long-term effects of new media forms on children's behavior

번역 아이들이 생활에서 미디어에 노출되는 정도나 종류는 학계에서 점점 더 많은 관심을 받고 있는 주제이다. 미디어가 폭력성을 조장할 수 있다고 밝혀졌으나, 이는 또한 친사회적인 행동을 장려할 수도 있다. 그러나 급속한 기술 발달로 인해, 새로운 형태의 미디어가 아이들의 행동에 장기적으로 미치는 영향력에 대해서는 자료가 부족하다. 따라서 의문은 여전히 그대로 남아 있다. 아이들은 미디어가 넘쳐 나는 우리 사회에서 위기에 처해 있는가?

(a) 아이들은 단 하나의 미디어의 영향을 아주 오랫동안 받지는 않는다
(b) 일반 대중은 미디어가 아이들에게 끼치는 잠재적인 영향력을 안다
(c) 대다수 부모들은 아이들이 접하는 프로그램을 평가할 수 있다
(d) 새로운 형태의 미디어가 아이들의 행동에 장기적으로 미치는 영향력에 대해서는 자료가 부족하다

해법 앞부분에서는 미디어가 아이들에게 미치는 영향력에 대해서 긍정과 부정 두 가지 의견을 소개하고 있다. 빈칸은 However로 이어지고 있어 긍정과 부정 둘 다에 해당하지 않는 내용임을 알 수 있고, 급속한 기술 발달로 인해 장기적 영향력은 알 수 없다는 내용의 (d)가 가장 적절하다.
exposure 노출 **stimulate** 자극하다 **pro-social** 친사회적인 **swift** 빠른 **assess** 평가하다 **lack** 부족

12 The Museum of Modern Art (MoMA), in New York City, has played a unique role in developing and collecting modernist art. It is generally agreed to __________. Scholars come not just to view MoMA's unparalleled collections, but also to study the history of modern and contemporary art in the museum's extensive archives. MoMA was the brainchild of Abby Rockefeller and opened in 1929, nine days after the Wall Street Crash.

(a) rival the Louvre in its extensive acquisitions
(b) contain many valuable examples of classical artworks
(c) be a unique showcase of ancient indigenous painting
✔ (d) be the most influential museum of modern art in the world

번역 뉴욕 시에 있는 현대미술관(MoMA) 은 현대 미술작품 발굴과 수집에 독보적인 역할을 해왔다. MoMA가 세계에서 가장 영향력 있는 현대미술관이라는 데 대부분 동의한다. 학자들이 오는 이유는 다른 어떤 곳보다 뛰어난 MoMA의 소장품들을 보기 위해서 일뿐만 아니라, 미술관의 광대한 보유 작품들 중의 근대 및 현대 미술 작품들의 역사를 연구하기 위해서이다. MoMA는 애비 록펠러가 창안한 것으로 1929년에 월가 붕괴 이후 9일 만에 개장했다.

(a) 광범위한 소장품들에 있어서 루브르 박물관에 비견된다
(b) 귀중한 고전 미술 작품들을 많이 보유하고 있다
(c) 고대 고유의 그림을 소장한 독특한 전시관이다
(d) 세계에서 가장 영향력 있는 현대미술관이다

해법 뉴욕 현대미술관을 소개하는 글이다. 빈칸 앞에서 developing and collecting modernist art라고 했고 빈칸 뒤에서도 study the history of modern and contemporary art라고 했으므로 현대미술을 전문으로 한다고 볼 수 있다. 따라서 (d)가 가장 적절하다. (a)의 루브르 박물관에 비교하는 것은 글의 흐름에 어울리지 않는다.
unparalleled 견줄 바 없는 **archive** 보관(소) **brainchild** 두뇌의 소산, 창작물 **acquisition** 획득, 취득물 **indigenous** 지역 고유의, 토착의

13 Homework is ___________. However, studies of homework have repeatedly highlighted its negative effects. Physical and emotional fatigue, satiation, and lack of time for leisure and community activities are consistently reported. Cheating is also a problem, through copying from other students, or through having a tutor help with homework assignments. Studies of elementary school students show no difference in achievement later in life between students who received homework and those who did not.

(a) exhausting for students
(b) a path to success in life
✔ (c) a cornerstone of education
(d) understood to create problems

번역 숙제는 교육의 기본이다. 그러나 숙제에 대한 연구는 부정적인 효과를 거듭 강조해왔다. 육체 및 정서적 피로, 싫증, 그리고 여가 및 지역사회 활동에 대한 시간 부족이 지속적으로 보고되고 있다. 다른 학생들의 것을 베끼는 것이나 개인 교사를 두어 숙제를 돕게 하는 것과 같은 부정행위 또한 문제이다. 초등학생들에 대한 연구에서는 이후에 숙제를 받은 학생들과 그렇지 않은 학생들 사이에 학업 성적은 아무런 차이를 보이지 않는다.

(a) 학생들을 피곤하게 하는
(b) 성공적인 인생을 위한 방법
(c) 교육의 기본
(d) 문제의 소지가 있는 것으로 인식되는

해법 첫 문장 다음에 However로 이어지는 이후의 내용은 모두 숙제의 부정적인 효과에 대한 것이다. 따라서 첫 문장은 이와 대조되는 긍정적인 면에 대한 것이어야 알맞다. 따라서 (c)가 가장 적절하다.
fatigue 피로, 피곤 **satiation** 싫증 **cheating** 부정행위 **assignment** 할당, 숙제 **path** 경로 **cornerstone** 초석, 기초

14 A new study conducted at the School of Veterinary Medicine in Barcelona, Spain, suggests that the innocent-looking English cocker spaniel may be one of the world's most aggressive dogs. Cocker spaniels were found to be more likely than other dogs to behave aggressively towards their owners, as well as unfamiliar people. In contrast, dogs from other aggressive breeds were more likely to show hostility towards other dogs. The study adds to increasing evidence indicating that aggressiveness is caused not so much by environment as by ___________.

(a) lack of training during puppyhood
✔ (b) genetically inherited characteristics
(c) the temperaments of the dogs' owners
(d) the geographic origins of various canine breeds

번역 스페인 바르셀로나에 있는 수의학 학회에서 실시한 새로운 연구에 의하면 순해 보이는 영국의 코커 스패니얼이 세계에서 가장 공격적인 개들 중 하나일지도 모른다고 한다. 코커 스패니얼은 낯선 사람들에게는 물론이고 주인에게도 다른 개들보다 더 공격적으로 행동하는 경향이 많은 것으로 나타났다. 이와 대조적으로 공격적인 성향을 지닌 다른 품종의 개들은 다른 개들에게 적개심을 나타내는 경향이 더 많았다. 이 연구에서는 또한 공격성이 환경에 의해서라기보다는 유전적으로 타고난 성격에서 비롯된다는 것을 나타내는 증거를 더해주고 있다.

(a) 강아지 때의 훈련 부족
(b) 유전적으로 타고난 성격
(c) 개 주인의 기질
(d) 개의 여러 품종의 지리학적 기원

해법 개의 공격성에 관한 연구를 소개하는 글이다. 빈칸은 개의 공격성을 결정짓는 요인에 해당하는 어구가 들어가야 하는데, 앞에서 품종에 따라 공격적인 성향이 달리 나타난다고 했으므로 유전적으로 타고난 성격에 의해 결정된다는 (b)가 가장 적절하다.
veterinary medicine 수의학 **aggressive** 공격적인 **breed** 품종 **hostility** 적개심 **inherited** 타고난 **temperament** 기질, 성질 **canine** 갯과의

15 The Depression-era robbers Bonnie and Clyde have become celebrated American antiheroes. ___________, the truth is that they were bumbling and utterly ruthless murderers. After they were gunned down by police in 1934, Bonnie and Clyde were almost forgotten for thirty years. The fame they enjoy today is solely due to the 1967 movie *Bonnie and Clyde*, which portrayed them as glamorous, dashing, polite, and persecuted. The many recent biographies written about the couple attest to a continuing fascination with their lives.

(a) Moreover
✔ (b) However
(c) Therefore
(d) Likewise

번역 대공황 시절의 강도였던 보니와 클라이드는 미국의 유명한 반 영웅이 되었다. 그러나 사실 그들은 실수투성이의 완전히 무자비한 살인자들이었다는 것이다. 1934년에 경찰의 총을 맞고 사살된 뒤, 보니와 클라이드는 30년간 거의 잊혀 있었다. 오늘날 그들이 누리는 명성은 오로지 1967년의 영화 〈보니 앤 클라이드〉에 기인하는 것으로, 이 영화는 그들을 매력적이고 위풍당당하며 예의바르고 박해를 받는 인물로 그려냈다. 이 커플에 대해 쓰여진 최근의 많은 자서전들은 그들의 삶에 대한 지속적인 매력을 입증한다.

(a) 더구나
(b) 그러나
(c) 그러므로
(d) 이와 마찬가지로

해법 세기적인 강도였던 보니와 클라이드의 실체와 환상을 다룬 내용이다. 빈칸 앞에서는 이들을 유명 인사로 소개하고 나서 빈칸 뒤에서는 무자비한 살인자라고 했으므로 역접의 접속사인 (b) However가 들어가야 가장 적절하다.
The Depression 대공황 **bumbling** 실수가 잦은 **utterly** 완전히 **ruthless** 무자비한 **gun down** 총을 쏘아 사살하다 **dashing** 위풍당당한 **persecute** 박해하다 **attest to** ~을 입증하다

16 Welcome to the 4th Annual East Asian English Conference. Since the East Asian English Society was founded in 2005, our conferences have gained a reputation for a uniquely harmonious sharing of research and resources among English teachers of the East Asian region. ___________, several EAES task forces are now tackling the biggest issues facing English teachers in the area. This year sees our biggest conference yet, with almost 1,000 attendees gathered here in the lovely historic city of Kyoto.

(a) And yet
(b) In the end
✔ (c) As a result
(d) By contrast

번역 제 4회 연례 동아시아 영어학회에 오신 걸 환영합니다. 동아시아 영어학회는 2005년에 창립된 이후로, 동아시아 지역의 영어 교사들 간에 연구 및 정보를 매우 조화롭게 공유하는 것으로 명성을 얻었습니다. 그 결과 동아시아 영어학회의 몇몇 특별 전문 위원회는 현재 이 지역 영어 교사들이 직면하고 있는 최대 쟁점을 다루고 있습니다. 올해 최대 규모의 학회를 맞고 있는데, 이곳 아름답고 역사적인 도시 교토에 거의 1,000명이 참석하셨습니다.

(a) 그런데도
(b) 결국에는
(c) 그 결과
(d) 그와 대조적으로

해법 학회의 시작을 알리는 인사말이다. 빈칸 앞에서 학회에 대한 전반적인 설명을 하고 뒤에서 구체적인 활동을 언급하고 있다. 동아시아 지역 영어 교사들의 교류라는 취지에 따라 특별 전문 위원회가 운영되고 있으므로 인과 관계를 나타내는 (c) As a result가 가장 적절하다.

found 설립하다 **harmonious** 조화된 **task force** 특별 전문 위원회[팀] **tackle** (문제를) 다루다 **attendee** 참석자

17 A recent article in the journal *Sleep Medicine* reports that people who sleep too little, not enough, or erratically are at higher risk of developing diabetes. Other recent studies have also shown a link between length of sleep and obesity, heart disease, and premature death. It appears that sleep disruption affects hormones and proteins which regulate appetite and plays a role in various chronic diseases.

Q: What is the best title for the passage?
✔ (a) Sleep Patterns Impact Health
(b) Insomnia Implicated in Illness
(c) Diabetes Caused by Irregular Sleep
(d) Sleeping Patterns and Body Weight

번역 〈수면 의학〉지에 실린 최근 기사에 따르면 잠을 너무 적게 자거나 불충분하게, 혹은 불규칙하게 자는 사람들은 당뇨에 걸릴 위험이 더 높다고 한다. 최근 다른 연구에서도 수면 시간과 비만, 심장질환, 그리고 조기 사망과의 연관성을 보여주었다. 수면 장애는 식욕을 조절하는 호르몬과 단백질에 영향을 끼치고 여러 가지 만성 질환에 중요한 역할을 하는 것으로 보인다.

Q: 가장 적절한 제목은?
(a) 건강에 영향을 끼치는 수면 유형
(b) 질병과 관련 있는 불면증
(c) 불규칙한 수면으로 인한 당뇨
(d) 수면 유형과 체중

해법 잠을 제대로 자지 못할 경우 당뇨나 비만을 비롯한 여러 가지 질환이 생길 가능성이 높다는 내용의 글이다. (c), (d)는 당뇨나 비만만을 언급하고 있고, (b)는 여러 수면 장애 중 불면증만을 언급하고 있으므로 모두 글 전체 내용을 담기에는 제한적이다. 따라서 (a)가 가장 적절하다.

erratically 불규칙하게 **diabetes** 당뇨 **obesity** 비만 **premature** 조숙한, 때이른 **disruption** 분열, 혼란 **protein** 단백질 **chronic** 만성의

18 Discussions about semantics, syntax, and phonology focus on abstract concepts and generally use constructed examples. Little attention is paid to such factors as who is speaking and the interrelationships between language and life. Dissecting language in isolation is a limited and arbitrary approach. Instead, it is imperative to study the language of real people in the real world.

Q: What is the main idea of the passage?
✔ (a) Social factors must be included in any study of linguistics.
(b) Linguistic abstractions are useless when studying human language.
(c) Natural utterances should be used when constructing language theory.
(d) Linguistics should be broadened to include other areas of specialization.

번역 의미론, 통사론, 음운론에 대한 논의는 추상적인 개념에 중점을 두고 있으며, 대체로 고안된 예문을 사용한다. 화자가 누구인가나 언어와 삶의 상호 관련성 같은 요소에는 거의 관심을 가지지 않는다. 언어를 따로 분리해서 분석하는 것은 제한적이고 자의적인 접근법이다. 대신에 현실 세계에서 실제 사람들의 언어를 연구하는 것은 필수적이다.

Q: 글의 요지는?
(a) 어떤 언어학 연구에서도 사회적 요소가 포함되어야 한다.
(b) 언어학의 추상적 개념은 인간의 언어를 연구할 때는 무용지물이다.
(c) 언어 이론을 세울 때는 자연스러운 어조를 사용해야 한다.
(d) 언어학은 다른 전문 분야를 포함하도록 영역을 넓혀야 한다.

해법 언어학 연구에서 주의할 점을 제시하는 글로 마지막 문장이 핵심적인 내용을 담고 있다고 볼 수 있다. 현실과 분리된 추상적인 언어가 아닌 실제 사람들이 사용하는 언어를 연구하라는 말이므로 (a)가 글의 내용을 가장 적절하게 나타낸다. (c)의 자연스러운 어조를 사용해야 한다는 것은 주제와 어울리는 것처럼 보이지만 첫 문장에서 언어 이론과 관련해서는 constructed examples를 사용한다고 했으므로 알맞지 않다.

semantics 의미론 **syntax** 통사론 **phonology** 음운론 **interrelationship** 상호 관련성 **dissect** 해부[분석]하다 **arbitrary** 임의의, 자의적인 **imperative** 필수적인 **linguistics** 언어학

19 Victorian literature refers to British literature written during the reign of Queen Victoria (1837-1901). During the 19th century the novel became the leading form of literature in English, and this period is often regarded as the peak of British, American, Russian, and French literature. Victorian novels contained many detailed descriptions of the effects of rapid industrialization on the lives of the working poor and were powerful agents of social change. As the century progressed, novels became grimmer and more realistic, with unhappy endings seen more frequently.

Q: What is the passage mainly about?
(a) Popularity of 19th-century literature
(b) Social realism in the Victorian novel
✔ (c) The characteristics of Victorian literature
(d) The rise of the English novel during the 1800s

번역 빅토리아 문학은 빅토리아 여왕의 통치 기간 동안(1837~1901년) 쓰여진 영국 문학을 지칭한다. 19세기에 소설은 영국에서 주도적인 문학 형태가 되었고, 이 시기는 흔히 영국과 미국, 러시아, 그리고 프랑스 문학의 정점으로 간주된다. 빅토리아 시대의 소설은 급속한 산업화가 노동 빈곤층의 삶에 끼친 영향을 다양하고 세밀하게 묘사하였고 사회 변혁의 강력한 요인이었다. 세기가 지남에 따라, 소설은 더 냉혹하고 사실적이 되어서, 불행한 결말이 더 자주 등장했다.

Q: 글의 주된 내용은?
(a) 19세기 문학의 대중성
(b) 빅토리아 시대 소설의 사회적 사실주의
(c) 빅토리아 문학의 특징
(d) 1800년대 영국 소설의 번영

해법 빅토리아 문학에 대해 설명하는 글로, 특히 그 시대 소설을 중점적으로 다루고 있다. 따라서 (c)가 글의 내용을 나타내기에 가장 적절하다. (a)는 글의 내용보다 너무 범위가 넓고, (b)나 (d)는 글의 일부에 해당하는 내용이므로 범위가 너무 좁다.
refer to ~을 가리키다 **reign** 통치(하다) **agent** 요인, 기제 **grim** 냉혹한

20 This year the spring 'Hi Seoul Festival' runs from May 1 through May 9. As always during the festival, the city's cultural venues will feature the talents of artists from many different countries. However, this year the Seoul city government is placing its main emphasis not on culture, but on the environment. The many free activities will include bikes at subway stations throughout Jongno, whole streets closed to cars to permit safe cycling, children's craft activities which find new uses for common packaging materials, and street theater groups demonstrating how to better care for Seoul's environment.

Q: What is the announcement mainly about?
(a) 'Green' activities in Seoul
(b) Children's activities during a festival
✔ (c) The new focus of the Hi Seoul Festival
(d) Cultural events during the Hi Seoul Festival

번역 올해의 봄철 '하이 서울 축제'는 5월 1일부터 5월 9일까지 열린다. 축제 기간에 항상 그랬듯이, 서울의 문화 개최 장소들은 각국 여러 나라에서 온 예술가들의 재능을 선보인다. 그러나 올해 서울시 정부는 문화가 아닌 환경에 중점을 두고 있다. 많은 무료 행사들 중에는 종로를 통과하는 지하철 역에 자전거를 배치하고, 안전한 자전거 이용을 위해 모든 도로에 차량을 폐쇄하며, 흔한 포장재의 새로운 사용법을 발견하는 아이들의 공예 활동과 서울의 환경을 더 잘 보살피는 법을 보여주는 길거리 공연팀을 포함한다.

Q: 안내문의 주된 내용은?
(a) 서울의 환경보호 활동
(b) 축제 동안 마련된 아이들의 활동
(c) 하이 서울 축제의 새로운 초점
(d) 하이 서울 축제 동안 열리는 문화 행사

해법 '하이 서울 축제'라는 행사에 대해서 소개하는 글이다. (c)와 (d)가 모두 언급된 내용들이라 정답을 찾기가 다소 어렵게 느껴지는데, 글에서 소개하고 있는 여러 행사들은 모두 '환경'이라는 목표를 가지고 열리는 것들이므로 (d)의 cultural events는 주제를 나타내기에 다소 미흡하다. 따라서 (c)가 더 적절하다.
venue 개최지, 발생지 **place emphasis on** ~에 중점을 두다 **craft** 공예 **packaging** 포장

21 At the East Asian World Economic Forum, the twin issues of the global economy and environmental threats were discussed. Asian cities are vulnerable to the impact of climate change, as many are situated on coastlines, and two thirds of the world's poorest people live in Asia. It was emphasized that these two issues cannot be separated, and a comprehensive policy response must be adopted. Designing low-carbon economies and creating jobs through green growth plans were discussed.

Q: Which of the following is correct according to the article?
(a) Green policies restrict growth in the job market.
✔ (b) Extreme weather conditions could affect many Asian cities.
(c) Asia has the opportunity to lead the world in environmental issues.
(d) Climate change is a bigger problem than the world economic crisis.

번역 동아시아 세계 경제 포럼에서는, 세계 경제 및 환경에 대한 위협이라는 두 가지 사안이 논의되었다. 아시아 도시들은 대다수가 해안가에 자리해 있기 때문에 기후 변화의 영향에 취약하고, 세계 빈곤층의 3분의 2가 아시아에 살고 있다. 이 두 가지 사안은 분리될 수 없으며, 포괄적인 정책 대응이 마련되어야 한다는 점이 강조되었다. 녹색 성장 계획을 통한 저탄소 경제 구축과 일자리 창출이 논의되었다.

Q: 기사에 따르면 옳은 것은?
(a) 녹색 정책은 일자리 시장의 성장을 제한한다.
(b) 극단적인 기후 조건은 많은 아시아 도시들에 영향을 끼칠 수 있다.
(c) 아시아는 환경 문제에 있어서 세계를 이끌어 나갈 기회를 가지고 있다.
(d) 기후 변화는 세계 경제 위기보다 더 큰 문제이다.

해법 기후 변화라는 환경 문제와 경제 문제는 분리해서 생각할 수 없다고 했으므로 (d)는 글의 내용에 어긋난다. 마지막 문장에서 녹색 정책을 통해 일자리 창출을 꾀한다고 했으므로 (a) 역시 옳지 않다. 아시아 도시들이 기후 변화에 취약하다고 했으므로 (b)가 글의 내용에 부합한다. (c)는 언급되지 않은 내용이다.
vulnerable to ~에 취약한 **be situated** (~에) 위치해 있다 **comprehensive** 포괄적인 **low-carbon** 저탄소의

22 The term "propaganda" was first used in 1622 by Pope Gregory VI, who established a society for "Propagating the Faith." In 1933, Hitler realized the potential of propaganda, creating a new position, Minister of Propaganda, for Joseph Goebbels, who was very effective in this post. Some key propaganda techniques that have been identified include: denigrating opponents, appealing to the emotions rather than to reason, emphasizing the importance of joining the group, and building a highly biased case.

Q: What is the best title for this passage?

(a) Propaganda Techniques

✔ (b) Propaganda: An Overview

(c) The Origins of Propaganda

(d) Propaganda in Totalitarian Regimes

번역 '선전'이라는 말은 1622년에 교황 그레고리 6세에 의해 처음 사용된 것으로, 그는 '신앙을 선전하기' 위해 단체를 설립했다. 1933년에 히틀러는 선전의 가능성을 깨닫고 요제프 괴벨스를 위해 새로운 직책인 선전부 장관을 신설했는데, 그는 이 직책에 아주 적격이었다. 이제까지 알려진 핵심적인 선전 기법으로는 반대자 헐뜯기, 이성보다 감정에 호소하기, 단체 가입의 중요성 역설하기, 그리고 고도로 편향된 입장 구축하기 등이 있다.

Q: 가장 적절한 제목은?

(a) 선전 기법

(b) 선전에 대한 개요

(c) 선전의 기원

(d) 전체주의 정권에서의 선전

해법 선전이라는 용어에 대해서 설명하고 있는 글이다. (a), (c), (d)는 모두 글에서 언급된 내용들이지만 글 전체의 내용을 담기에는 제한적이다. 이들 내용을 모두 아우를 수 있는 제목으로는 (b)가 가장 적절하다.

propaganda 선전 **pope** 교황 **propagate** 선전하다 **denigrate** (명예를) 훼손하다 **opponent** 적수, 반대자 **biased** 편견을 지닌 **totalitarian regime** 전체주의 정권

23 Saint Benedict is revered as the father of western monasticism, but very few facts are known about his life. The only definitive date is a visit paid him by the Gothic king Totila around 542. Benedict lived at a time of great social change, when Imperial Rome was sacked by the Goths, emptied of inhabitants, and then transformed into the Rome of the medieval papacy. Although Benedict's reforming zeal was at first resisted—at least one attempt was made to poison him—his wise and balanced monastic rule became the norm throughout Europe and has also provided inspiration for many secular legislators.

Q: Which of the following is correct according to the article?

✔ (a) Benedict was an influence on law creators.

(b) Many legends arose about Benedict's life.

(c) The king of the Goths threatened Benedict's life.

(d) Benedict was responsible for Rome's transformation.

번역 성 베네딕트는 서구 수도원 제도의 선구자로서 존경받지만, 그의 삶에 대해서 알려진 사실은 거의 없다. 유일하게 분명한 날짜는 고트족 왕인 토틸라가 542년경에 그를 방문한 것이다. 베네딕트가 엄청난 사회 변화의 시기에 살아서, 로마 제국이 고트족에게 약탈당해 거주민이 이주당했고, 그 후 중세 교황제도를 지닌 로마로 변모했다. 베네딕트의 개혁에 대한 열정은 처음에는 저항을 받았으나 — 그를 독살하려는 시도가 최소 한 번은 있었다 — 그의 현명하고 균형잡힌 수도원 규칙은 유럽 전역에 걸쳐 규범이 되었고 또한 세속의 입법자들에게 영감을 주었다.

Q: 기사에 따르면 옳은 것은?

(a) 베네딕트는 입법자들에게 영향을 주었다.

(b) 베네딕트의 삶에 대한 많은 전설이 생겨났다.

(c) 고트족 왕은 베네딕트의 목숨을 위협했다.

(d) 베네딕트는 로마의 변모에 대한 책임이 있었다.

해법 (a)의 law creators는 마지막 문장에 나온 secular legislators를 가리키는 것이므로 (a)가 정답이다.

revere 존경하다 **monasticism** 수도원 제도 **definitive** 명확한 **sack** 약탈하다 **papacy** 교황 직위[제도] **zeal** 열심, 열성 **norm** 표준, 규범 **secular** 세속의 **influence** 영향을 주는 사람

24 Until the Beijing Olympics, South Korea had won every Olympic gold medal in women's archery since 1984. At the Beijing Olympics, the US coach Lee Ki Sik, also a Korean, was reported as saying that the Korean women were unbeatable. "It's like they are adults shooting with elementary school children." During the 2004 Athens Olympics, the Korean women's team broke three world records during the initial ranking rounds. So the winning of a silver medal in the women's individual event in Beijing was a cause for mourning, rather than rejoicing, in South Korea.

Q: Which of the following is correct according to the article?

(a) Women's archery became an Olympic sport in 1984.

(b) The US coach criticized the South Korean archery team.

(c) South Korea leads the world in both men's and women's archery.

✔ (d) The Korean women's archery team did not meet expectations in Beijing.

번역 베이징 올림픽 이전까지, 대한민국은 1984년 이후로 여자 양궁에서 올림픽 금메달을 모두 획득했다. 베이징 올림픽에서 미국의 감독이며 또한 한국인인 이기식은 한국 여자팀을 이길 수 없다고 말한 것으로 보도되었다. "그들은 마치 초등학생들을 상대로 활을 쏘는 어른들과 같다"라고 하였다. 2004년 아테네 올림픽 당시, 한국 여자팀은 초반 순위 경쟁에서 세 개의 세계 기록을 깨뜨렸다. 따라서 베이징 여자 개인전에서 은메달 획득은 대한민국으로서는 기뻐할 일이라기보다 애석한 일이었다.

Q: 기사에 따르면 옳은 것은?

(a) 여자 양궁은 1984년에 올림픽 종목이 되었다.

(b) 미국의 감독은 대한민국 양궁팀을 비난했다.

(c) 대한민국은 남녀 양궁 모두에서 세계 최강이다.

(d) 한국 여자 양궁팀은 베이징에서 기대에 미치지 못했다.

해법 마지막 문장에서 한국 여자 양궁팀이 베이징에서 은메달을 수상한 것이 애석한 일이라고 했으므로 애초에는 더 나은 성적을 기대했다고 볼 수 있다. 따라서 기대에 미치지 못했다는 (d)가 정답이다. (a)의 1984년은 양궁이 올림픽 종목으로 채택된 해가 아니라 한국 여자 양궁팀이 금메달을 딴 해이다.

archery 양궁 **unbeatable** 패배시킬 수 없는 **mourning** 비탄, 애도 **rejoicing** 기쁨, 환희

25 No other jazz musician has had as strong an influence on rock music as Miles Davis. He played a crucial role in every development in jazz from the 1940s until his death in 1991. As a trumpeter, he was not technically perfect, but made up for this with his unique tone and phrasing. His quintets became the most important jazz group of the 1950s and 1960s. In 1968, he began experimenting with a fusion of jazz and rock. Towards the end of his life, he surrounded himself with young musicians, and his work became increasingly commercial. The critics complained, but his concerts sold out all over the world.

Q: Which of the following is correct about Miles Davis?
(a) He gave up jazz for rock music.
(b) He was famous for his precision with the trumpet.
(c) As he grew older, he lost touch with his audience.
✔ (d) He played in quintets in the 50s.

번역 어떤 재즈 음악가도 마일즈 데이비스만큼 록 음악에 지대한 영향을 끼치지는 못했다. 그는 1940년대부터 1991년 사망할 때까지 재즈 분야의 모든 발전에 결정적인 역할을 했다. 트럼펫 연주자로서 그는 기교면에서 완벽하지는 못했지만, 독특한 음색과 구절법으로 이를 보완했다. 그의 5중주단은 1950년대와 1960년대에 가장 중요한 재즈 연주단이 되었다. 1968년에 그는 재즈와 록의 퓨전 음악을 실험하기 시작했다. 인생 후반기로 가면서 그는 젊은 음악가들을 곁에 두었고, 그의 작품은 점점 상업적으로 되었다. 비평가들은 불평했지만, 그의 콘서트는 전세계적으로 매진되었다.

Q: 마일즈 데이비스에 관해 옳은 것은?
(a) 재즈를 포기하고 록 음악을 선택했다.
(b) 정교한 트럼펫 연주로 유명했다.
(c) 나이가 들면서 관객과의 교류가 끊어졌다.
(d) 1950년대에 5중주단에서 연주했다.

해법 50, 60년대에 그의 5중주단이 중요한 재즈 연주단이었다고 했으므로 (d)가 가장 부합한다. (b)는 트럼펫 연주가 기교면에서 완벽하지 못했다고 했으므로 알맞지 않고, 재즈와 록의 퓨전 음악을 시도했고, 인생 후반기에도 콘서트가 매진되었다고 했으므로 (a)와 (c) 둘 다 틀린 내용이다.
make up for ~을 보상하다 **quintet** 5중주단 **sell out** 매진되다

26 The Rose International School is pleased to announce the opening of our Early Bird program for children aged 3-5 years old. There are two certified teachers in every Early Bird classroom. Children learn through play and exploration in which different learning styles and intelligence levels are catered to. We aim not only at academic but also personal development and foster the skills and attitudes that will lead to a lifelong love of learning. Please find contact information below.

Q: Which of the following is correct according to the advertisement?
(a) The focus is on academic success.
(b) The school is involved in formal learning only.
(c) The school teaches children how to be independent learners.
✔ (d) The program accommodates children who learn in different ways.

번역 로즈 국제학교에서는 3세에서 5세까지의 아이들을 대상으로 하는 얼리 버드 프로그램 신설을 알리게 되어 기쁩니다. 모든 얼리 버드 학급에는 자격증을 소지한 두 명의 교사가 있습니다. 아이들은 놀이와 탐구를 통해 배우게 되는데, 각기 다른 학습 방법과 이해 수준에 맞추어 진행됩니다. 저희는 학습 발달뿐만 아니라 인성 발달에도 목표를 두고 평생 배움에 대한 사랑을 이끌어나갈 기술과 자세를 육성합니다. 아래 적힌 연락처를 참고해 주시기 바랍니다.

Q: 광고 글에 따르면 옳은 것은?
(a) 학업적 성공에 중점을 둔다.
(b) 학교는 오직 정규 학습에만 관계한다.
(c) 학교에서는 아이들에게 자주적인 학습자가 되는 법을 가르친다.
(d) 프로그램에서는 각기 다른 방식으로 배우는 아이들에게 맞추어 준다.

해법 어린 아이들을 대상으로 하는 교육 프로그램을 홍보하는 글이다. 본문에서 different learning styles and intelligence levels are catered to는 아이들 수준에 맞추어 학습을 진행한다는 의미로 (d)가 이 내용에 부합한다. (c)에 대한 언급은 없으며, (a)는 인성 발달에도 목표를 두고 있다는 본문 내용과 어긋난다.
certified 증명된 **cater to** ~의 요구를 채우다 **foster** 기르다, 육성하다 **accommodate** 편의를 도모하다, 공급해주다

27 Crete, a large island lying in the Mediterranean between Greece and Turkey, is generally considered to be the oldest civilization in Europe. During the Bronze Age it was the center of the Minoan civilization, which existed over 4,000 years ago. It came to an end around 1450 BC, possibly because of a natural catastrophe. At a time when people in most other European countries were living in caves, Crete had both a written language and a plumbing system. Homer's *Odyssey* says that Crete was densely populated, with ninety cities.

Q: Which of the following is correct according to the passage?
(a) Crete was destroyed in 1450 BC.
(b) The Minoans were a primitive Stone Age culture.
✔ (c) The Minoans had their own plumbing system.
(d) Crete had a higher population during Homer's time than it does now.

번역 크레타는 그리스와 터키 사이 지중해에 위치한 커다란 섬인데 일반적으로 유럽에서 가장 오래된 문명으로 여겨진다. 청동기시대에 이곳은 4,000년보다도 더 전에 존재했던 미노스 문명의 중심지였다. 그것은 기원전 1450년경에 사라졌는데, 천재지변이 원인인 것으로 짐작된다. 대부분의 다른 유럽 국가 사람들이 동굴에서 살던 시절, 크레타는 문자 언어와 배관 시설을 모두 갖추고 있었다. 호머의 〈오디세이〉에서는 크레타 인구가 조밀했고, 90개의 도시가 있었다고 한다.

Q: 지문에 따르면 옳은 것은?
(a) 크레타는 기원전 1450년에 멸망했다.
(b) 미노스인들은 구석기시대의 원시 문화였다.
(c) 미노스인들은 그들 고유의 배관 시설이 있었다.
(d) 크레타는 현재보다 호머가 살던 당시에 인구가 더 많았다.

해법 크레타 섬에 있었던 미노스 문명에 대해 설명하는 글이다. 배관 시설을 갖추고 있었다고 했으므로 (c)가 글의 내용과 일치한다. 미노스인들은 다른 청동기 문화와 달리 문자와 배관 시설을 갖춘 발달된 문화이므로 (b)는 맞지 않다. 크레타의 현재 인구에 대한 언급은 없으므로 (d)도 맞지 않다.
Mediterranean 지중해 **catastrophe** 대참사, 재앙 **plumbing** 배관 **populate** ~에 거주하다

28 Elder abuse is becoming recognized as a problem in many societies. It is defined as doing something, or failing to do something, which results in harm to an elderly person. It includes physical, sexual, or emotional abuse; neglecting or deserting an older person for whom you are responsible; and taking or misusing an elderly person's money or property. Elder abuse can happen in the family, in hospitals, or in nursing homes. Many forms of elder abuse are recognized as domestic or family violence.

Q: Which of the following is correct according to the passage?
(a) Elderly people are mainly abused by other elderly people.
✔ (b) Elder abuse includes the theft of personal belongings.
(c) Old people are most at risk with people unknown to them.
(d) Senior citizens are at risk from criminal activity such as muggings.

번역 노인 학대가 많은 사회에서 문제로 인식되고 있다. 이는 뭔가를 하거나 혹은 하지 않음으로 인해서 노인에게 해를 끼치는 것으로 정의된다. 이에는 육체적, 성적, 또는 정서적 학대와 부양할 책임이 있는 노인을 방치하거나 유기하는 것, 그리고 노인의 돈이나 재산을 가로채거나 오용하는 것 등이 포함된다. 노인 학대는 집안이나 병원, 또는 요양원에서 일어날 수 있다. 여러 형태의 노인 학대는 가정이나 가족 폭력으로 인식되고 있다.

Q: 지문에 따르면 옳은 것은?
(a) 노인들은 주로 다른 노인들의 학대를 받는다.
(b) 노인 학대에는 개인의 재산을 훔치는 것도 포함한다.
(c) 노인들은 낯선 사람들과 관련된 위험에 가장 많이 놓여 있다.
(d) 노인들은 폭력 강도 같은 범죄를 당할 위험에 놓여 있다.

해법 노인 학대의 정의와 유형을 설명하고 있는데, 돈이나 재산을 가로채는 것도 노인 학대에 포함된다고 했으므로 (b)가 글의 내용과 일치한다. (a), (d)는 언급되지 않은 내용들이고, (c)에서 노인 학대는 집안이나 요양원 등에서 일어날 수 있다고 했으므로 낯선 사람들보다는 아는 사람들과 관련 있다고 볼 수 있다.
neglect 무시하다, 소홀히 하다 **desert** 버리다, 유기하다 **property** 재산, 부동산 **domestic** 가정의 **mugging** 폭력 강도

29 Van Gogh's dramatic life story is well known, especially the fact that his right ear was cut off. It has generally been supposed that Van Gogh cut off his own ear in a fit of madness. However, recently two art historians have suggested that Van Gogh's ear was accidentally cut off by his friend, the painter Gauguin, with his sword during an argument. They posit that Van Gogh told people he cut off the ear himself to protect his friend. Whatever the truth is, Gauguin left Arles and never saw Van Gogh again, who was hospitalized and in a critical state for several days.

Q: Which of the following is correct according to the passage?
(a) Van Gogh cut off his own ear.
(b) Van Gogh and Gauguin argued about their art.
✔ (c) Gauguin may have inadvertently cut off Van Gogh's ear.
(d) The painters' friendship was not affected by the incident.

번역 반 고흐의 극적인 인생담은 잘 알려졌는데, 특히 그의 오른쪽 귀가 잘린 사실은 유명하다. 대개는 반 고흐가 홧김에 스스로의 귀를 잘랐다고 추정돼 왔다. 하지만 최근에 두 명의 예술사학자가 반 고흐의 귀는 친구인 화가 고갱이 말다툼을 하다 칼을 이용해 실수로 자른 것이라고 말했다. 그들은 반 고흐가 친구를 보호하기 위해서 스스로 자신의 귀를 잘랐다고 사람들에게 말한 것으로 가정한다. 진실이 무엇이건 간에, 고갱은 아를을 떠나 다시는 반 고흐를 보지 않았고, 반 고흐는 병원에 입원해 며칠간 중태에 빠져 있었다.

Q: 지문에 따르면 옳은 것은?
(a) 반 고흐는 자신의 귀를 잘랐다.
(b) 반 고흐와 고갱은 그들의 예술에 대해 말다툼했다.
(c) 고갱이 실수로 반 고흐의 귀를 잘랐을 수도 있다.
(d) 이 화가들의 우정은 이 사건의 영향을 받지 않았다.

해법 반 고흐가 스스로 귀를 자른 게 아니라 고갱이 실수로 자른 것이라는 새로운 주장을 소개하고 있으므로 (c)가 맞으며, (a)는 단정지을 수 없는 내용이다. 이 사건 이후 두 화가가 다시는 보지 않았다고 했으므로 (d)는 맞지 않고, 두 사람이 언쟁을 벌인 이유는 언급하지 않았으므로 (b)도 정답이 될 수 없다.
cut off 자르다 **fit** 격발 **posit** 가정하다 **hospitalize** 입원시키다 **inadvertently** 우연히, 의도하지 않게

30 To the Householder
The City Council has decided, after two years of research and planning, to make Orchard City a model of an environmentally sustainable community. The new City Plan includes massive tree planting schemes, designated bike trails throughout the city and environs, updated recycling facilities, and tougher controls on industrial pollution. In order to fund these new policies, the City Council will increase property taxes by 5% beginning September 1. These proposals will inevitably cause a rise in home values as Orchard City becomes a sought-after locality, so homeowners have much to gain, both financially and in terms of quality of life.

Q: Why did the City Council write this letter?
(a) To get householders' support for the new policies
(b) To tell citizens that their properties will increase in price
✔ (c) To inform home owners that taxes are going to increase
(d) To persuade residents to become environmentally aware

번역 세대주 귀하
시의회는 2년간의 조사와 기획을 거쳐 오처드 시를 환경적으로 지속 가능한 공동체의 모범으로 만들기로 결정했습니다. 새로운 시 기획안에는 대규모 수목 조성 계획, 도시와 주변부 전역에 자전거 도로 지정, 재활용 시설 개선, 산업 오염 단속 강화 등을 포함합니다. 이같은 새로운 정책에 자금을 조달하기 위해서 시의회는 9월 1일부터 재산세를 5% 인상하기로 했습니다. 이 계획안으로 오처드 시가 인기 있는 지역이 됨에 따라 필연적으로 주택 가치도 상승하게 될 것이므로, 주택 소유주들도 경제적으로나 생활의 질적인 면에 있어서 이점이 많아질 것입니다.

Q: 시의회에서 이 편지를 보낸 이유는?
(a) 새로운 정책에 대한 세대주들의 지지를 얻기 위해서
(b) 시민들에게 그들의 부동산 가격이 오를 것임을 말해주기 위해서
(c) 주택 소유주들에게 세금이 인상될 것임을 알리기 위해서
(d) 주민들에게 환경 인식을 갖도록 설득하기 위해서

해법 자금을 조달하기 위해 세금을 인상한다는 것이므로 (c)가 편지를 보낸 주된 이유라고 볼 수 있다. (b)는 세금 인상에 대한 시민들의 불만에 대비하여 부동산 상승 가능성을 언급한 것이므로 주된 이유라고 볼 수 없다.
householder 세대주, 주택소유주 **sustainable** 지속 가능한 **scheme** 계획 **designated** 지정된 **environ** 환경 **inevitably** 불가피하게 **sought-after** 인기 있는 **locality** 장소

31 Scientists from the University of Central Florida say they have developed cancer tests that could be sold over the counter. The tests could detect seven to ten different kinds of common cancer from one drop of blood in only a few minutes. In contrast, existing methods of testing are expensive, require a lot of blood, take several hours, and can only detect advanced cancers. The new cancer tests are based on nanotechnology, which uses microscopic materials.

Q: Which of the following is correct according to the article?
(a) The new cancer tests have already begun to sell.
(b) Over-the-counter cancer tests are proving successful.
(c) Most kinds of cancer can be detected with the new tests.
✔ (d) The new tests are possible because of different technology.

번역 센트럴 플로리다 대학의 과학자들은 처방전 없이 판매할 수 있는 암 진단 시약을 개발했다고 말한다. 이 진단시약은 혈액 한 방울로부터 단 몇 분 만에 일곱 종류에서 열 종류의 일반적인 암을 탐지해낼 수 있다. 이와 대조적으로 현재의 진단 기법은 값 비싸고, 혈액을 많이 필요로하며, 몇 시간이 걸리는데다 진행된 암만 탐지해낼 수 있다. 새로운 암 진단 시약은 초미립 물질을 사용하는 나노 기술에 기반하고 있다.

Q: 기사에 따르면 옳은 것은?
(a) 새로운 암 진단 시약은 벌써 판매가 시작되었다.
(b) 처방전 없이 판매하는 암 진단 시약은 결과가 좋은 것으로 판명되고 있다.
(c) 새로운 진단 시약으로 대부분의 암을 탐지할 수 있다.
(d) 새로운 진단 시약은 다른 기술로 인해 가능하다.

해법 기사에서 소개한 암 진단 시약은 막 개발이 완료되었을 뿐 아직 결과가 입증되거나 판매되는 것은 아니므로 (a)와 (b)는 기사 내용에 어긋난다. 최대 10종류까지의 암을 탐지해낼 수 있다고 했으므로 (c)도 알맞지 않고, 나노 기술을 이용했다고 했으므로 (d)가 기사 내용에 부합한다.
over the counter 처방전 없이 (판매하는) **detect** 탐지하다 **microscopic** 극히 작은

32 A study of women in Michigan has found that what your mother ate during pregnancy can have a significant effect on your weight gain as an adult. Lake Michigan is known to have large amounts of industrial pollutants in the water. It was found that mothers who had eaten the most DDT (dichloro-diphenyl-trichloro-ethane) contaminated fish had daughters who were 20 pounds heavier by the age of 30. Fatty fish like tuna and salmon contain lots of DDT. Guidelines recommend eating no more than two servings of fish a week from certain lakes and rivers, and pregnant women should eat less.

Q: Which of the following is correct according to the article?
(a) Pregnant women should not eat fish.
(b) Eating tuna and salmon cannot harm your health.
✔ (c) Conditions in the womb can have health effects in adulthood.
(d) The Michigan area was studied because fishing is popular there.

번역 미시간 여성들에 대해 조사한 결과 어머니가 임신 중에 먹은 음식이 성인기 체중 증가에 중요한 영향을 끼칠 수 있는 것으로 나타났다. 미시간 호수는 수중에 산업 오염물질이 매우 많다고 알려져 있다. 어머니가 가장 많이 DDT에 오염된 물고기를 먹은 경우 딸들은 30세가 될 무렵에는 20파운드가 더 나가는 것으로 밝혀졌다. 참치나 연어처럼 지방이 많은 물고기는 DDT를 많이 함유하고 있다. 지침에서는 특정 호수나 강에서 나는 물고기는 일주일에 두 끼 이상 먹지 말 것을 권장하고 있으며, 임신부는 더 적게 먹어야 한다.

Q: 기사에 따르면 옳은 것은?
(a) 임신부는 생선을 먹어서는 안 된다.
(b) 참치나 연어를 먹는 것이 당신의 건강을 해칠 수 없다.
(c) 태내에서의 환경이 성인이 되었을 때 건강에 영향을 끼칠 수 있다.
(d) 미시간 지역을 조사한 것은 어업이 성행하기 때문이다.

해법 기사문은 대개 첫 문장에서 가장 핵심적인 내용을 전하고 뒤이어 이를 부연 설명하는 구조를 띤다. 임신 중 생선 섭취로 인해 나중에 자녀가 커서 비만이 될 수 있다는 것은 태내 환경이 미치는 영향을 보여주는 하나의 예이다. 따라서 (c)가 기사 내용에 가장 부합한다. 나머지는 모두 기사 내용에 어긋난다.
significant 중대한, 심각한 **pollutant** 오염물질 **contaminated** 오염된 **guideline** 지침 **serving** 한 그릇[끼]의 음식 **womb** 자궁, 태내

33 The road to modern video games is paved with all kinds of intriguing innovations that didn't quite catch on. However, we wouldn't have the best-selling, role-playing games of today without the persistent, risk-taking engineers and inventors of past decades. For example, the VHS video game Action Max from the toy company Worlds of Wonder necessitated a VCR and was non-interactive: the game was the same each time. But when Worlds of Wonder collapsed, many of its engineers are said to have taken jobs at the more successful Nintendo.

Q: What can be inferred from the article?
(a) Older video game technologies are now regarded as irrelevant.
✔ (b) Lessons learned from the Worlds of Wonder failure were used at Nintendo.
(c) VHS game engineers were not able to develop more sophisticated games.
(d) The technological superiority of Nintendo led to the collapse of Worlds of Wonder.

번역 현대 비디오 게임까지 오는 길은 그다지 인기를 얻지 못했던 온갖 흥미로운 기술 혁신으로 닦아졌다. 그러나 우리는 과거 수십 년간 끈기 있고 기꺼이 위험을 감수한 기술자나 발명가들이 없었다면 오늘날 최고로 잘 팔리는 역할 게임을 갖지 못했을 것이다. 예를 들어 완구 회사인 월즈 오브 원더에서 나온 VHS 비디오 게임인 '액션 맥스'에는 VCR이 필요했고 쌍방향 방식이 아니어서 게임은 매번 똑같았다. 하지만 월즈 오브 원더가 망하자, 그곳의 많은 기술자들은 더 성공한 회사인 닌텐도에 취직했다고 전해진다.

Q: 기사로부터 추론할 수 있는 것은?
(a) 예전의 비디오 게임 기술이 현재는 시대에 뒤진다고 간주된다.
(b) 월즈 오브 원더의 실패로부터 배운 교훈이 닌텐도에서 활용되었다.
(c) VHS 게임의 기술자들은 더 정교한 게임을 개발하지 못했다.
(d) 닌텐도의 기술적 우위로 인해 월즈 오브 원더가 망하게 되었다.

해법 현재 비디오 게임 기술은 많은 기술자들이 묵묵히 시행착오를 거치며 기술을 쌓아온 덕분이라는 내용의 글이다. 마지막 문장에서 월즈 오브 원더의 기술자들이 닌텐도에 취직했고 닌텐도는 성공을 거두고 있으므로 (b)가 가장 기사 내용에 적합하다고 볼 수 있다. (a)는 기사의 요지와 상반되는 것이고, (d)에서 월즈 오브 원더가 망한 이유는 언급되지 않았다.
pave (길을) 포장하다 **intriguing** 흥미로운 **catch on** 인기를 얻다, 유행하다 **risk-taking** 위험을 감수하는 **necessitate** 필요로하다

34 As technology changes the nature of work and even eliminates some categories of jobs, many American colleges are starting to overhaul their curricula to better prepare students to join 21st-century workforces. New programs are being constructed to offer relevant coursework and skills. These new programs include courses in business ethics, online education, homeland security, biofuels, and sustainable technology. Armed with knowledge in these subject areas, American graduates should have an easier time finding jobs than they did previously, when general liberal-arts expertise was all they had to offer.

Q: What can be inferred about current American college programs?

(a) They focus solely on liberal arts courses.
✔ (b) They are not meeting the demands of employers.
(c) They are experiencing a drop in student enrollment.
(d) They avoid subjects such as biofuels and online education.

번역 과학 기술이 일의 본질을 변화시키고 일부 종류의 직업조차 없애버림에 따라, 미국의 많은 대학에서는 학생들이 21세기형 노동력 합류에 더 잘 준비시키기 위해서 교과 과정 정비를 시작하고 있다. 관련 교과 학습 및 기술을 제공하기 위해 새로운 프로그램이 구성되고 있다. 이러한 새로운 프로그램은 기업 윤리, 온라인 교육, 국가 안보, 생물 연료, 그리고 지속 가능한 기술 과정을 포함한다. 이러한 분야의 지식으로 무장한 미국의 대학 졸업생들은 일반적인 교양 전문지식만을 제공할 수 있었던 예전보다 더 쉽게 일자리를 구할 수 있을 것이다.

Q: 미국 대학의 현재 프로그램들에 대해서 추론할 수 있는 것은?
(a) 인문학 교과에만 중점을 둔다.
(b) 고용주들의 요구에 부응하지 못하고 있다.
(c) 입학생 감소를 겪고 있다.
(d) 생물 연료나 온라인 교육 같은 과목을 피한다.

해법 미국 대학들이 21세기에 맞는 새로운 교과 과정을 마련하고 있다는 내용의 글로, 질문은 아직 개정되지 않은 현재의 교과 과정에 대해서 묻고 있다. 마지막 문장에서 앞으로는 졸업생들이 취업하기가 더 쉬워질 거라고 했으므로 현재는 상대적으로 취업이 더 어렵다는 뜻이다. 이는 곧 졸업생들을 고용하는 고용주가 원하는 조건을 갖추지 못하고 있다는 말이 되므로 (b)가 가장 알맞다.
eliminate 제거하다, 없애다 **overhaul** 정비하다 **curricula** 교과 과정 **relevant** 관련된 **expertise** 전문지식

35 A new community in Germany, Vauban, is conducting a social experiment in car-free living. Street parking, garages, and driveways are forbidden and cars must be parked in a large garage on the edge of the suburb. As a result, 70% of families in Vauban do not own a car. The experiment is part of "smart planning," a growing movement in Europe to curb greenhouse gas emissions, of which 12% is caused by cars. Suburbs have traditionally been designed around car use, but urban planners around the globe are starting to make them more compact, with better access to public transport and stores and less space for parking.

Q: What can be inferred from the passage?

(a) Urban planners in Europe are trying to phase out private cars.
✔ (b) Germany is at the forefront of environmentally friendly living.
(c) Vauban will fail as an experiment in car-free urban life.
(d) Many European communities are designed on "smart planning" principles.

번역 독일 보봉이라는 새로운 지역사회에서는 차 없는 생활로 사회적 실험을 실시하고 있다. 거리 주차나 차고, 집앞 진입로는 금지되고 차량은 반드시 도시 외곽에 있는 대형 차고에 세워져야 한다. 그 결과 보봉에 사는 가구의 70%는 자동차를 소유하고 있지 않다. 이 실험은 온실가스 배출량을 억제하기 위해 유럽에서 확산되고 있는 운동인 '스마트 정책'의 일환인데, 온실가스의 12%는 자동차가 원인이다. 도시 외곽 지역은 전통적으로 차량 사용을 중심으로 설계되었지만, 전 세계 도시 계획자들은 그곳을 좀더 조밀하게 만들어, 대중교통이나 가게 접근성을 더 좋게 하고 주차 공간을 줄이고 있다.

Q: 지문으로부터 추론할 수 있는 것은?
(a) 유럽의 도시 계획자들은 개인 차량을 서서히 없애려고 노력 중이다.
(b) 독일은 환경 친화적인 생활의 선두에 서 있다.
(c) 보봉은 차 없는 도시 생활에서 실험에 실패할 것이다.
(d) 많은 유럽 지역 사회들은 '스마트 정책' 원칙에 의거해 설계된다.

해법 독일 보봉 지역에서 시도하고 있는 차 없는 생활을 소개하고 있다. 이는 환경을 생각하는 진보적인 운동이라고 볼 수 있으므로 (b)가 가장 알맞은 말이다. (d)의 '스마트 정책'은 현재 확산되고 있는 환경 운동이므로 알맞지 않다.
driveway 도로에서 집이나 차고까지의 진입로 **curb** 억제하다 **emission** 방출, 배출 **phase out** 단계적으로 철수[제거]하다

36 A new genetic study proposes that birds originated 100 million years ago, during the time that dinosaurs ruled the earth. Until now, studies based on fossil records dated the origin of birds to 66 million years ago, about the time that dinosaurs became extinct. However, geneticists argue that the true origin of a species happens when a genetic line splits. For example, molecular biologists now say that fowl, like chickens, and waterfowl, like ducks, split 90 million years ago to form different kinds of birds. The new findings, based on DNA synthesis, may replace fossil specimens as the most exact method of dating species.

Q: What can be inferred from the passage?

(a) All birds are descended from chickens.

(b) Waterfowl and fowl are not actually related.

(c) Fossils accurately record the origin of a species.

✔ (d) Geneticists believe birds coexisted with dinosaurs.

번역 새로운 유전학 연구에서 조류의 기원은 공룡이 지구를 다스리던 시절인 1억 년 전이라고 주장한다. 지금까지는 화석 기록에 근거한 연구에서 조류의 기원을 대략 공룡이 멸종한 시기인 6600만 년 전이라고 추정했다. 그러나 유전학자들은 한 종의 진정한 기원은 유전 계통이 분리될 때 일어난다고 주장한다. 예를 들어 현재 분자생물학자들은 닭 등의 가금류와 오리 같은 물새는 9000만 년 전에 분리되어 다른 종류의 조류를 형성했다고 말한다. DNA 합성에 기반한 새로운 연구 결과가 종의 연대를 추정하는 가장 정확한 방법으로서 화석 표본을 대체할지도 모른다.

Q: 지문으로부터 추론할 수 있는 것은?

(a) 모든 조류는 닭의 계통을 이어받는다.

(b) 물새와 가금류는 실제로는 연관성이 없다.

(c) 화석은 종의 기원을 정확하게 기록한다.

(d) 유전학자들은 조류가 공룡과 공존했다고 여긴다.

해법 첫 문장에서 조류가 생긴 것은 공룡이 지구상에 존재하던 시절이라고 했으므로 (d)가 본문 내용에 가장 가깝다. 마지막 문장에서 DNA 합성에 기반한 연구가 화석보다 더 정확한 종의 연대 추정법이 될 거라고 했으므로 (c)는 틀린 추론이고, 물새와 가금류는 9000년 전에 한 종에서 분리되었다고 했으므로 (b)도 내용에 어긋난다.

fossil 화석 **extinct** 멸종된 **fowl** 가금류, 새 **synthesis** 합성 **specimen** 표본 **coexist** 공존하다

37 Jimmy Carter was President of the United States from 1977 to 1981, but his presidency finished amid widespread criticism of his policies. However, since his term of office ended, Carter has become renowned for his international humanitarian work. Carter and his wife Rosalynn established the Carter Center, which conducts peace negotiations, has monitored 70 elections in 28 countries, and works towards disease eradication and prevention in the developing world. Carter is also a key figure in Habitat for Humanity and received the Nobel Peace Prize in 2002.

Q: What can be inferred about Jimmy Carter?

(a) He is highly respected for his achievements while President.

(b) He sought to redeem his presidency through his charity work.

(c) He used his position as ex-President to influence other governments.

✔ (d) He received the Nobel Peace Prize for his work with Habitat for Humanity.

번역 지미 카터는 1977년부터 1981년까지 미국의 대통령이었지만, 그의 대통령직은 그의 정책에 대한 비판이 확산되던 중에 끝났다. 그러나 임기가 끝난 이후로, 카터는 국제 인도주의 활동으로 유명해졌다. 카터와 그의 아내인 로잘린은 평화 협상을 수행하는 카터 센터를 설립하여, 28개국에서 70차례의 선거를 관리했으며, 개발도상국에서 질병 근절과 예방을 위해서 활동한다. 카터는 또한 '사랑의 집짓기 운동'의 중심 인물로서 2002년에 노벨 평화상을 받았다.

Q: 지미 카터에 대해서 추론할 수 있는 것은?

(a) 대통령 재임 당시 업적으로 인해 많은 존경을 받았다.

(b) 자선 활동을 통해 대통령직의 명예를 회복하고자 했다.

(c) 다른 나라 정부에 영향력을 행사하기 위해 전직 대통령이라는 지위를 활용했다.

(d) 사랑의 집짓기 운동과 관련한 활동으로 노벨 평화상을 받았다.

해법 지미 카터의 대통령직이 정책에 대한 비판이 확산되던 중에 끝났다 했으므로 (a)는 옳지 않다. (b)나 (c)에 대한 언급은 없으며, 마지막 문장에서 '사랑의 집짓기 운동'의 중심 인물로서 노벨 평화상을 받았다고 했으므로 정답은 (d)이다.

presidency 대통령직 **amid** ~이 한창일 때에 **renowned** 유명한 **humanitarian** 인도주의적인 **eradication** 근절 **habitat** 거주지 **redeem** 되찾다

38 Cancer Research UK reports that skin cancer is increasing faster than any other disease in the UK. (a) It is predicted that by 2024 the disease will be the fourth most common form of cancer in Britain. (b) Women are more likely to go to the doctor and be diagnosed as having skin cancer, but more men die from the disease. (c) Experts say that artificial tanning is contributing to the rise of skin cancer. (d) Therefore, some people think the government should put a tax on sun beds.

번역 영국 암 연구회는 영국에서 피부암이 다른 어떤 질병보다 빠른 속도로 증가하고 있다고 보고하고 있다. (a) 2024년이 되면 피부암이 영국에서 네 번째로 가장 흔한 암이 될 것으로 예상되고 있다. (b) 여성들이 병원에서 피부암으로 진단받는 확률이 더 많지만, 더 많은 남성들이 이 병으로 사망한다. (c) 전문가들은 인공 태닝이 피부암 증가에 기여한다고 말한다. (d) 그래서 몇몇은 정부가 선베드에 세금을 부과해야 한다고 생각한다.

해법 영국에서 피부암 발병이 급속도로 증가하고 있다는 내용을 다룬 글이다. (a)는 피부암 발병률에 대한 앞으로의 예상, (b)는 남녀 간의 발병률 차이, (c)는 피부암의 원인을 언급하고 있는데 반해, 선베드에 세금을 부과해야 한다는 (d)는 글의 흐름에서 벗어난다.

diagnose 진단하다 **tanning** 태닝, 햇볕에 태우기 **contribute to** ~의 원인이 되다 **sun bed** 선베드(일광욕용 침대)

39 The Cambodian government may open the Angkor Wat temples at night to attract more tourists. (a) This is to attract more tourists and therefore more income for this impoverished country. (b) Already, around 500,000 tourists are expected to visit Angkor Wat this year. (c) In 2003 there were riots when a rumor spread that a Thai actress had claimed Angkor Wat was in Thailand. (d) But conservationists are unhappy about the prospect of increased tourism, saying that the earth beneath the temple is already being destabilized.

번역 캄보디아 정부는 더 많은 관광객을 유치하기 위해서 야간에 앙코르와트 사원을 개방할지도 모른다. (a) 이는 더 많은 관광객을 유치하기 위함이고, 그 결과 가난한 나라를 위한 더 많은 수입이 목적이다. (b) 벌써 약 50만 명의 관광객이 올해 앙코르와트를 방문할 것으로 예상된다. (c) 2003년에는 태국 여배우가 앙코르와트가 태국에 있다고 주장했다는 소문이 퍼져 소동이 일어났었다. (d) 그러나 환경보호론자들은 관광객이 증가할 거라는 전망에 대해 별로 달가워하지 않으며, 사원 밑에 지반이 벌써 약화되고 있다고 말한다.

해법 캄보디아의 관광산업에 대해 설명하고 있는 글이다. (a), (b), (d)는 모두 관광산업에 대해 말하고 있으나 (c)는 관광산업과 관계없는 사건을 언급하고 있으므로 주제에서 벗어난다.

impoverished 가난한 **riot** 폭동 **conservationist** 환경 보호론자 **destabilize** 불안정하게 하다

40 Generation Y is a term used to describe the generation born between the late seventies and early nineties. (a) They are characterized by their habitual use of the Internet, computers, MP3s, and mobile phones. (b) In addition, they are generally highly skilled at multi-tasking. (c) Gen Yers differ from those of previous generations in their tendency to have positive relationships with their parents, to whom they talk on a wide range of topics. (d) Young people in China experience a wide generation gap with their parents.

번역 Y세대는 70년대 말에서 90년대 초 사이에 태어난 세대를 나타낼 때 사용되는 용어이다. (a) 그들은 습관적으로 인터넷, 컴퓨터, MP3 플레이어, 그리고 휴대폰을 사용하는 것이 특징이다. (b) 또한 대체로 한번에 여러 가지 일을 하는 데 매우 능숙하다. (c) Y세대는 부모와 긍정적인 관계를 맺고 다양한 주제에 관해 얘기를 나누는 경향이 있다는 점에서 이전 세대들과 다르다. (d) 그러나 중국의 젊은이들은 부모와 현격한 세대 차이를 느낀다.

해법 Y세대에 대한 글로 다른 세대와 구별되는 Y세대만의 특징들을 중심으로 설명하고 있다. 그러나 (d)는 다른 세대와 구별되는 특징이 아니라 중국이라는 특정 지역의 젊은이들에 대해서 말하고 있으므로 글의 주제에서 벗어난다.

habitual 습관적인 **multi-tasking** 다중 작업 **tendency** 경향 **generation gap** 세대 차이

Answer Keys

Listening Comprehension

1	(c)	7	(a)	13	(d)	19	(c)	25	(d)	31	(d)	37	(b)	43	(d)	49	(d)	55	(c)
2	(b)	8	(a)	14	(d)	20	(a)	26	(c)	32	(d)	38	(d)	44	(d)	50	(b)	56	(b)
3	(c)	9	(b)	15	(b)	21	(d)	27	(d)	33	(d)	39	(d)	45	(a)	51	(c)	57	(a)
4	(c)	10	(d)	16	(a)	22	(a)	28	(d)	34	(d)	40	(c)	46	(d)	52	(c)	58	(a)
5	(d)	11	(b)	17	(b)	23	(c)	29	(d)	35	(c)	41	(b)	47	(c)	53	(b)	59	(c)
6	(d)	12	(b)	18	(b)	24	(d)	30	(d)	36	(d)	42	(d)	48	(c)	54	(c)	60	(c)

Grammar

1	(a)	6	(b)	11	(a)	16	(a)	21	(d)	26	(d)	31	(b)	36	(a)	41	(a)	46	(d)
2	(d)	7	(d)	12	(c)	17	(b)	22	(a)	27	(c)	32	(d)	37	(d)	42	(b)	47	(a)
3	(a)	8	(c)	13	(d)	18	(b)	23	(c)	28	(a)	33	(b)	38	(b)	43	(d)	48	(b)
4	(b)	9	(b)	14	(c)	19	(a)	24	(a)	29	(a)	34	(b)	39	(d)	44	(c)	49	(c)
5	(b)	10	(d)	15	(d)	20	(d)	25	(d)	30	(d)	35	(b)	40	(c)	45	(d)	50	(a)

Vocabulary

1	(c)	6	(a)	11	(a)	16	(a)	21	(a)	26	(c)	31	(a)	36	(c)	41	(d)	46	(d)
2	(d)	7	(b)	12	(d)	17	(d)	22	(d)	27	(b)	32	(d)	37	(b)	42	(a)	47	(a)
3	(a)	8	(c)	13	(b)	18	(d)	23	(b)	28	(a)	33	(b)	38	(c)	43	(b)	48	(a)
4	(b)	9	(d)	14	(b)	19	(c)	24	(c)	29	(d)	34	(c)	39	(d)	44	(d)	49	(c)
5	(d)	10	(a)	15	(a)	20	(a)	25	(a)	30	(d)	35	(a)	40	(a)	45	(c)	50	(b)

Reading Comprehension

1	(a)	5	(c)	9	(d)	13	(c)	17	(a)	21	(b)	25	(d)	29	(c)	33	(b)	37	(d)
2	(d)	6	(c)	10	(a)	14	(b)	18	(a)	22	(b)	26	(d)	30	(c)	34	(b)	38	(d)
3	(b)	7	(b)	11	(d)	15	(b)	19	(c)	23	(a)	27	(c)	31	(d)	35	(b)	39	(c)
4	(d)	8	(c)	12	(d)	16	(c)	20	(c)	24	(d)	28	(b)	32	(c)	36	(d)	40	(d)

i-TEPS Review

국내 최초 통합 영어능력 평가
*i*ntegrated-TEPS

⇨ **의사소통에 필요한 듣기, 말하기, 읽기, 쓰기 능력을 통합하여 평가한다.**

듣기, 말하기, 읽기, 쓰기 능력은 서로 밀접한 관계를 가진 요소로 듣기, 읽기 능력 혹은 말하기, 쓰기 능력만을 단순히 측정해서는 정확한 영어능력을 평가하기 어렵다. *i*-TEPS는 유기적인 연관성을 지닌 이 네 가지 의사소통 능력을 통합적으로 측정하여 수험자의 영어능력을 정확하게 평가한다.

⇨ **변별력과 신뢰도가 있는 시험이다.**

i-TEPS는 국내 최고 권위의 영어능력 평가로 듣기, 읽기 분야에서 탁월한 변별력을 인정받은 TEPS와 국내 최초 CBT 방식의 영어 말하기 · 쓰기 시험인 TEPS-Speaking & Writing의 성공 노하우를 바탕으로 개발되었다. 실전 영어능력을 보다 정밀하게 측정할 수 있도록 세분화된 채점 요소를 적용하고 있으며, 출제자와 채점자를 어학 분야의 최고 전문가들로 선정하여 높은 신뢰도와 탁월한 변별력을 지니고 있다.

⇨ **실전 영어능력을 측정한다.**

간단한 대화를 할 수 있는 능력부터 도표를 보고 발표하는 분석력과 구성력까지, 접하는 상황에 따라 필요한 영어능력도 다양하다. *i*-TEPS는 유학이나 비즈니스 등 특정한 분야에서의 영어 활용 능력을 집중적으로 평가하는 타 시험과는 달리, 비즈니스 상황을 포함한 다양한 영어 사용 환경을 재현하여 실질적으로 활용 가능한 영어능력을 평가한다.

⇨ **경제성과 효율성을 갖춘 시험이다.**

i-TEPS는 타 통합 영어능력 평가시험에 비해 응시료가 저렴하다. 한 번의 시험으로 듣기, 말하기, 읽기, 쓰기 능력을 종합적으로 평가하여 각각의 영역을 별도로 평가해야 하는 타 시험과 비교해도 응시료 부담이 적다. *i*-TEPS는 최소의 시간과 비용으로 수험자의 영어능력을 정확히 측정하는 높은 효율성을 갖춘 시험이다.

i-TEPS 영역별 유형 및 설명

i-TEPS는 기존의 TEPS와 TEPS-Speaking & Writing 시험을 토대로 듣기, 말하기, 읽기, 쓰기 능력을 종합적으로 측정하는 통합형 시험으로 개발되었다. Listening, Grammar & Vocabulary, Reading, Speaking, Writing의 5개 영역에 걸쳐 약 3시간 동안 진행되며, 총 143문항, 400점 만점으로 구성되어 있다.

영역		문제유형	문항수	시간		총점
Listening	Part 1	짧은 대화를 듣고 이어질 대화로 가장 적절한 답 고르기	15	35분		80점
	Part 2	긴 대화를 듣고 질문에 가장 적절한 답 고르기	15			
	Part 3	담화를 듣고 질문에 가장 적절한 답 고르기	10			
Grammar & Vocabulary	Part 1	대화문의 빈칸에 가장 적절한 답 고르기	15	20분		20점
	Part 2	단문의 빈칸에 가장 적절한 답 고르기	15			
	Part 3	대화문의 빈칸에 가장 적절한 어휘 고르기	15			20점
	Part 4	단문의 빈칸에 가장 적절한 어휘 고르기	15			
Reading	Part 1	지문을 읽고 빈칸에 가장 적절한 답 고르기	10	40분		80점
	Part 2	지문을 읽고 질문에 가장 적절한 답 고르기 (1지문 1문항)	19			
	Part 3	지문을 읽고 질문에 가장 적절한 답 고르기 (1지문 2문항)	6			
Speaking	Part 1	간단한 질문에 대답하기	1(3)		답변 10초	100점
	Part 2	소리내어 읽기	1	준비 30초	답변 45초	
	Part 3	일상 대화 상황에서 질문에 답하기	1(5)	준비 15초	답변 10초	
	Part 4	그림 보고 연결하여 이야기하기	1	준비 60초	답변 60초	
	Part 5	도표 보고 발표하기	1	준비 120초	답변 90초	
Writing	Part 1	받아쓰기	1	10분		100짐
	Part 2	이메일 쓰기	1	15분		
	Part 3	의견 쓰기	1	30분		
계						400점

TEPS 등급표

등급	점수	영역	능력검정기준(Description)
1+급 Level 1+	901~990	전반	외국인으로서 최상급 수준의 의사소통 능력 교양 있는 원어민에 버금가는 정도로 의사소통이 가능하고 전문분야 업무에 대처할 수 있음. (Native Level of Communicative Competence)
1급 Level 1	801~900	전반	외국인으로서 거의 최상급 수준의 의사소통 능력 단기간 집중 교육을 받으면 대부분의 의사소통이 가능하고 전문분야 업무에 별 무리 없이 대처할 수 있음. (Near-Native Level of Communicative Competence)
2+급 Level 2+	701~800	전반	외국인으로서 상급 수준의 의사소통 능력 단기간 집중 교육을 받으면 일반분야 업무를 큰 어려움 없이 수행할 수 있음. (Advanced Level of Communicative Competence)
2급 Level 2	601~700	전반	외국인으로서 중상급 수준의 의사소통 능력 중장기간 집중 교육을 받으면 일반분야 업무를 큰 어려움 없이 수행할 수 있음. (High Intermediate Level of Communicative Competence)
3+급 Level 3+	501~600	전반	외국인으로서 중급 수준의 의사소통 능력 중장기간 집중 교육을 받으면 한정된 분야의 업무를 큰 어려움 없이 수행할 수 있음. (Mid Intermediate Level of Communicative Competence)
3급 Level 3	401~500	전반	외국인으로서 중하급 수준의 의사소통 능력 중장기간 집중 교육을 받으면 한정된 분야의 업무를 다소 미흡하지만 큰 지장 없이 수행할 수 있음. (Low Intermediate Level of Communicative Competence)
4+급 Level 4	201~400	전반	외국인으로서 하급 수준의 의사소통 능력 장기간의 집중 교육을 받으면 한정된 분야의 업무를 대체로 어렵게 수행할 수 있음. (Novice Level of Communicative Competence)
5+급 Level 5	10~200	전반	외국인으로서 최하급 수준의 의사소통 능력 단편적인 지식만을 갖추고 있어 의사소통이 거의 불가능함. (Near-Zero Level of Communicative Competence)

취업 전에도, 취업 후에도

Multi TEPS!

취업 전 입시, 편입, 졸업에서도!
취업 후 승진, 해외파견, 사내 커뮤니케이션에서도!
언제 어디서든 활용할 수 있는 TEPS로
모든 도전에 통(通)하라.

TEPS 공식페이스북

자격국가공인 영어능력평가
(2010-11호, 1+급, 1급, 2+급, 2급 해당)

TEPS

대기업, 의 · 치전원, 고시 등 다방면에서 활용되는 한국대표 영어시험

TEPS-Speaking

• 실전 영어말하기 능력평가!
대기업, 공기업 취업 및 주요대학 내 평가활용

***i*-TEPS**

• 듣기, 읽기, 말하기, 쓰기 통합 영어능력 측정!
공무원 국외장기훈련 파견 선발시험 등

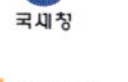

SNULT

• 제2외국어능력평가의 정확한 기준!
영어, 일어, 중어, 불어, 독어, 서어, 노어

서울대학교 TEPS관리위원회 Homepage: www.teps.or.kr Tel: 02-886-3330

넥서스 수준별 TEPS 맞춤 학습 프로그램

서울대 기출문제

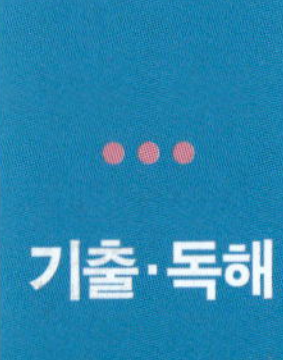

기출·독해

서울대 텝스 관리위원회 최신기출 1000 | 서울대학교 TEPS관리위원회 문제 제공 · 양준희 해설 | 628쪽 | 28,000원
서울대 텝스 관리위원회 최신기출 1200/SEASON 2~3 문제집 | 서울대학교 TEPS관리위원회 문제 제공 | 352쪽 | 19,500원
서울대 텝스 관리위원회 최신기출 1200/SEASON 2~3 해설집 | 서울대학교 TEPS관리위원회 문제 제공 · 넥서스 TEPS연구소 해설 | 472쪽 | 25,000원
서울대 텝스 관리위원회 최신기출 Listening | 서울대학교 TEPS관리위원회 문제 제공 · 넥서스 TEPS연구소 해설 | 320쪽 | 19,800원
서울대 텝스 관리위원회 최신기출 Reading | 서울대학교 TEPS관리위원회 문제 제공 · 넥서스 TEPS연구소 해설 | 568쪽 | 24,800원

실전 모의고사

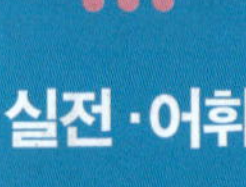

실전·어휘

How to TEPS 영역별 끝내기 청해 | 테리 홍 지음 | 424쪽 | 19,800원
How to TEPS 영역별 끝내기 문법 | 장보금 · 써니 박 지음 | 260쪽 | 13,500원
How to TEPS 영역별 끝내기 어휘 | 양준희 지음 | 240쪽 | 13,500원
How to TEPS 영역별 끝내기 독해 | 김무룡 · 넥서스 TEPS연구소 지음 | 504쪽 | 25,000원

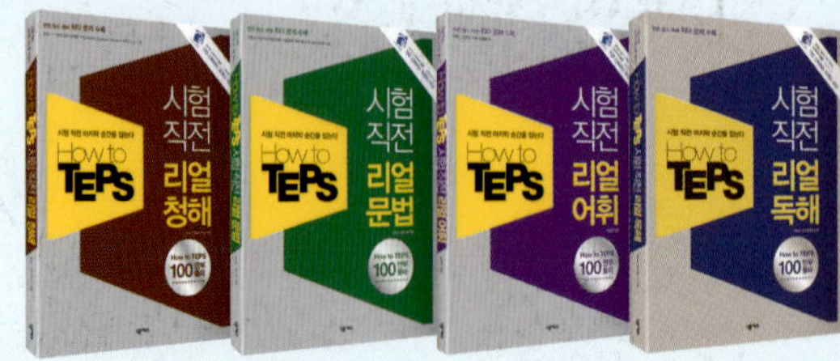

How to TEPS 시험 직전 리얼 청해 | 넥서스 TEPS연구소 지음 | 296쪽 | 19,50
How to TEPS 시험 직전 리얼 문법 | 장보금 · 써니 박 지음 | 260쪽 | 14,000원
How to TEPS 시험 직전 리얼 어휘 | 양준희 지음 | 252쪽 | 14,000원
How to TEPS 시험 직전 리얼 독해 | 넥서스 TEPS연구소 지음 | 504쪽 | 25,00

초급 (400~500점)

영역별

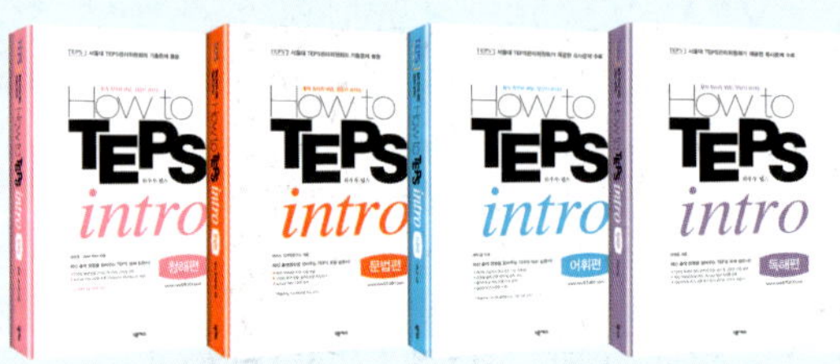

How to TEPS intro 청해편 | 강소영 · Jane Kim 지음 | 444쪽 | 22,000원
How to TEPS intro 문법편 | 넥서스 TEPS연구소 지음 | 424쪽 | 19,000원
How to TEPS intro 어휘편 | 에릭 김 지음 | 368쪽 | 15,000원
How to TEPS intro 독해편 | 한정림 지음 | 392쪽 | 19,500원

중급 (600~700점)

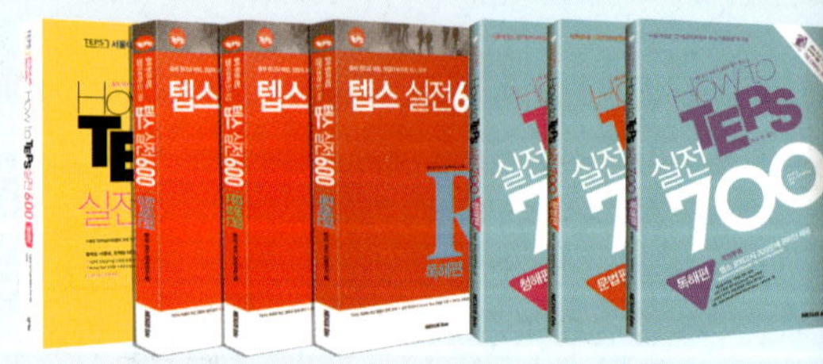

How to TEPS 실전 600 어휘편 · 청해편 · 문법편 · 독해편 | 서울대학교 TEPS관리위원회 문제 제공(어휘), 이기헌(청해), 장보금 · 써니 박(문법), 황수경 · 넥서스 TEPS연구소(독해) 지음 | 어휘: 15,000원, 청해: 19,500원, 문법: 17,500원, 독해: 19,000원
How to TEPS 실전 700 청해편 · 문법편 · 독해편 | 강소영 · 넥서스 TEPS연구소(청해), 이신영 · 넥서스 TEPS연구소(문법), 오정우 · 넥서스 TEPS연구소(독해) 지음 | 청해: 16,000원, 문법: 15,000원, 독해: 19,000원

종합서

How to TEPS New Starter | 넥서스 TEPS연구소 지음 | 584쪽 | 25,900원
How to TEPS New Starter 모의테스트 | 넥서스 TEPS연구소 지음 | 296쪽 | 15,000원
How to TEPS Basic Listening | 고명희 · 넥서스 TEPS연구소 지음 | 320쪽 | 18,500원
How to TEPS Basic Reading | 박미영 · 넥서스 TEPS연구소 지음 | 368쪽 | 19,500원

텝스 상급 진입을 위한 최적의 실전 모의고사

HOW TO TEPS

TEPS 기출문제 재구성 • TEPS 700점 정복을 위한 모의고사 3회분 수록 • 부록 : 휴대용 빈출 문법 매뉴얼+MP3 CD 1장

넥서스 TEPS연구소 지음

점수대별 TEPS 실전 모의고사

실전력 700

문제집

넥서스

HOW TO TEPS

점수대별 TEPS 실전 모의고사

실전력 700

문제집

넥서스

Actual Test 1

Listening Comprehension

Grammar

Vocabulary

Reading Comprehension

TEPS

LISTENING COMPREHENSION

DIRECTIONS

1. In the Listening Comprehension section, all content will be presented orally rather than in written form.
2. This section contains 4 parts. In parts I and II, each passage will be read only once. In parts III and IV, each passage and its corresponding question will be read twice. But in all sections, the options will be read only once. After listening to the passage and question, listen to the options and choose the best answer.

해설집 P 20

Part I **Questions 1—15**

You will now hear fifteen conversation fragments, each made up of a single spoken statement followed by four spoken responses. Choose the most appropriate response to the statement.

Part II **Questions 16—30**

You will now hear fifteen conversation fragments, each made up of three spoken statements followed by four spoken responses. Choose the most appropriate response to complete the conversation.

Part III **Questions 31—45**

You will now hear fifteen complete conversations. For each item, you will hear a conversation and its corresponding question, both of which will be read twice. Then you will hear four options which will be read only once. Choose the option that best answers the question.

Part IV **Questions 46—60**

You will now hear fifteen spoken monologues. For each item, you will hear a monologue and its corresponding question, both of which will be read twice. Then you will hear four options which will be read only once. Choose the option that best answers the question.

TEPS

Grammar

Directions

This part of the exam tests your grammar skills. You will have 25 minutes to complete the 50 questions. Be sure to follow the directions given by the proctor.

해설집 P 38

Part I **Questions 1–20**

Choose the best answer for the blank.

1. A: Do you exercise much?

B: Yes, I go _________ in the park every afternoon.

(a) jogging
(b) to jogging
(c) having jogged
(d) to have jogged

2. A: I need to see Sylvia as soon as possible.

B: Okay, I'll give her the message _________.

(a) she arrives when
(b) when she arrives
(c) she will arrive when
(d) when she will arrive

3. A: Hey there, Sam. How _________?

B: Not great. I just got over a bad cold.

(a) having been
(b) do you have
(c) have you been
(d) are you having

4. A: I've got tickets to the symphony this Saturday.

B: Really? What a coincidence! _________!

(a) So do I
(b) I do so
(c) Do so I
(d) So I do

5. A: Have you picked out a new computer for your office yet?

B: No. I'm still _________ between the two top models.

(a) decided
(b) decisive
(c) decision
(d) deciding

6. A: Will you be able to finish the project by the deadline?

B: Right now it looks that way, but I can't _________.

(a) be sure
(b) surely be
(c) be sure of
(d) have been sure

7. A: I can't wait for this weekend. Kim and Mike's wedding is going to be so much fun.

B: I know. They _________ it for months!

(a) plan
(b) are planning
(c) will be planning
(d) have been planning

8. A: Okay, Ms. Johnson. Tell me about _________ biggest strengths.

B: I have many strengths, but the most important one is that I'm a great team player.

(a) your
(b) yours
(c) you're
(d) you'll

9. A: Are you taking a vacation this summer?

B: I enjoy _________, but I don't have the money for it right now.

(a) to travel
(b) traveling
(c) the traveling
(d) being traveled

10. A: _________ down the music just a little? I'm trying to get some sleep.

B: Of course not. I didn't realize it was so loud.

(a) Mind your turning
(b) Would you mind turning
(c) You mind having turned
(d) Wouldn't you have turned

11. A: My name is Henry Dawson and I'd like to check in now.

B: Okay, Mr. Dawson. Your room will _________ in five minutes.

(a) be ready
(b) be already
(c) have been readily
(d) have been already

12. A: Do you know what you're going to write about for your essay?

B: I've thought long and hard, but I still _________.

(a) no idea have
(b) have no idea
(c) an idea haven't
(d) haven't had idea

13. A: I wasn't going to vote in the election, but my wife convinced me to.

B: I knew she _________.

(a) would
(b) would do
(c) would have to do
(d) would have that

14. A: How can you be sure that your lawyer _________ the plaintiff's?

B: Well, he graduated at the top of his class from Harvard Law.

(a) knows more
(b) has more knowledge
(c) has been knowing more than
(d) is more knowledgeable than

15. A: Professor, I'm not sure _________ I understand the science project.

B: Let's go over it again, shall we?

(a) if
(b) as
(c) like
(d) what

16. A: I'm afraid the new supervisor won't be able to improve work performance.

B: All he has to do is raise our output _________.

(a) less
(b) least
(c) little
(d) a little

17. A: Kathy and Anna seem very close. They spend practically all their time together.

B: Yes, they've known _________ since grade school.

(a) others
(b) another
(c) one other
(d) each other

18. A: I can't believe someone lost the client list.

B: _________ did is in a lot of trouble.

(a) Whoever
(b) Whatever
(c) Whichever
(d) Whenever

19. A: This store is terrible. I've been here for hours and I haven't found _________ jacket in my size.

B: I told you, you should have tried the one in the mall.

(a) the
(b) any
(c) this
(d) each

20. A: Have you heard? Mr. Martinez is being released from the hospital today.

B: _________ he passes his final blood test, that is.

(a) Assume
(b) Assumed
(c) Assuming
(d) To assume

Part II Questions 21–40

Choose the best answer for the blank.

21. Jimmy had trouble _________ all the dishes while the dishwasher was broken.

(a) wash
(b) to wash
(c) washed
(d) washing

22. The style of art _________ Impressionism was created in the 1860s by a group of French painters.

(a) known as
(b) to know as
(c) like knowing
(d) to be known

23. _________ all night for a test can actually lead to less retention of knowledge in the long run.

(a) Studied
(b) Studying
(c) He studied
(d) As he studied

24. Geoffrey Chaucer was the first major author _________ literary works in the English language, as opposed to Latin or French.

(a) wrote
(b) to write
(c) in writing
(d) had written

25. Despite what the commercial said, Katie doubted that _________ could really help improve her time in the 400 meters.

(a) pairs of shoe
(b) a pair of shoe
(c) pairs of shoes
(d) a pair of shoes

26. Some people _________ in order to lose a little weight.

(a) an extremely measured
(b) go to extreme measures
(c) measure extremely to go
(d) went to measure an extreme

27. Pluto is now classified as a Kuiper Belt Object, whereas it _________ considered one of the solar system's planets.

(a) uses to
(b) is to use
(c) was of use
(d) used to be

28. The newspaper's music critic published _________ review of my band's performance that I didn't play guitar for a week.

(a) such bad
(b) a bad such
(c) a such bad
(d) such a bad

29. The sea otter is _________ animals that uses tools to prepare its food.

(a) of only a few
(b) a few of the one
(c) only a few of one
(d) one of only a few

30. For seven years, Jason has worked _________ a chef at one of New York's most popular restaurants.

(a) as
(b) on
(c) at
(d) in

31. The professor informed everyone that behavior in the classroom that disrupts the learning of other students will _________.

(a) not tolerate
(b) be not tolerate
(c) not be tolerated
(d) be not tolerated

32. Business travelers are advised to take a course on _________ of their destination prior to embarking.

(a) custom
(b) few customs
(c) some custom
(d) the customs

33. The members of the school board _________ William as a gifted and promising student.

(a) thought of always
(b) always was thinking
(c) had thoughts of always
(d) have always thought of

34. The thief was caught while _________ into another jewelry store last night.

(a) break
(b) broken
(c) breaks
(d) breaking

GRAMMAR

35. Samuel bought a new digital camera and asked Conrad to show him ________.

(a) how to use it
(b) to how it use
(c) using it how
(d) how it used to

36. Health experts maintain that ________ more than two cups of coffee a day.

(a) you drink ought to
(b) drinking you ought
(c) you ought not to drink
(d) ought not your drinking

37. Local tourism agencies recommend ________ the rare animals in the city zoo.

(a) to visitors see of
(b) that visitors see
(c) visitors see that
(d) seeing the visitors

38. ________ interested in learning more about the history of the California Gold Rush can find information on the library's website.

(a) They
(b) Every
(c) Them
(d) Anyone

39. Most parents agree that raising children is ________ thing they've ever done.

(a) most rewarded
(b) a most rewarded
(c) mostly rewarding
(d) the most rewarding

40. No one knows what ________ have happened if the United States had fought on the side of the Germans in World War I.

(a) will
(b) must
(c) should
(d) would

Part III **Questions 41–45**

Identify the option that contains an awkward expression or an error in grammar.

41. (a) A: You always do so well in science class.
(b) B: Well, it's a lot the more enjoyable for me than other subjects.
(c) A: Do you think you could help me study for our test next week?
(d) B: Of course. I'd be happy to help you out.

42. (a) A: Have you seen Robert? How'd his interview go?
(b) B: Excellent. He was naming the new head of sales.
(c) A: That's terrific! He must be thrilled.
(d) B: He is. And the company's excited to have him.

43. (a) A: Sir, I'm afraid your reservation was accidentally canceled.
(b) B: Really? Are there any other rooms available?
(c) A: Yes. I've booked you into a double instead of a single, and sorry for the inconvenience.
(d) B: Don't worry about it. All we make mistakes.

44. (a) A: Dr. Carter is with another patient, so your appointment will be delayed.
(b) B: That's unfortunate. Do you know how long he'll be?
(c) A: He shouldn't be long. You can wait right over there.
(d) B: Well, I hope he can see me until 5:00 because I have another engagement at 5:30.

45. (a) A: I have a lot of studying to do in the library today.
(b) B: Me, too. There's a major test I need to prepare for.
(c) A: Is that so? Who's class is it for?
(d) B: Professor Donovan. Her exams are always incredibly difficult.

Part IV Questions 46–50

Identify the option that contains an awkward expression or an error in grammar.

46. (a) It's understandable that some people object to scientific research harms animals. (b) But the truth is that this kind of experimentation has many benefits. (c) Animal testing allows scientists to develop new drugs that can cure serious human diseases. (d) If it weren't for animal research, we wouldn't have developed penicillin, which is now used to treat many ailments.

47. (a) Grease residue can remain on your pots and pans for years, ruining the taste of everything you cook. (b) To eliminate grease, it's time you added a new weapon to your kitchen: Grease Buster. (c) Grease Buster's patented cleansing formula has been showing to remove twice as much residue as leading brands of dish soap. (d) You won't be able to recognize your old pots and pans after one application of Grease Buster—guaranteed.

48. (a) The Arc de Triomphe is one of the most iconic structures in Paris. (b) It was designed in 1806, but the construction work was not completed until the 1830s. (c) Based on a classical Roman design, it is nearly 30 meters tall and 15 meters in width. (d) The enormous arch honors France's soldiers and the generals who led themselves into battle.

49. (a) Before the nineteenth century, every city or region kept its own time, based on the occurrence of local noon. (b) However, with the advent of railroads, the lack of a standardized time system became a problem. (c) People were now able to travel long distances very quickly, so to avoid confusion it was necessary for different locales to keep the same time. (d) By the end of the century, most countries have adopted the worldwide time standard we use today.

50. (a) Most students who attend university has experienced an "all-nighter," where they stay up all night studying for a big exam. (b) Yet studies show that this method of studying is not very effective. (c) When we're tired, our minds are unable to retain information in any sort of meaningful way. (d) In other words, you may be able to pass your test after pulling an all-nighter, but you're unlikely to remember the information in the long term.

This is the end of the Grammar section. Do NOT move on to the next section until instructed to do so. You are NOT allowed to turn to any other section of the test.

VOCABULARY

DIRECTIONS

This part of the exam tests your vocabulary skills. You will have 15 minutes to complete the 50 questions. Be sure to follow the directions given by the proctor.

해설집 P 49

Part I **Questions 1–25**

Choose the best answer for the blank.

1. A: Thanks for buying dinner. I'll leave the ________.
   B: No, it was included in the bill.
   (a) tip
   (b) gift
   (c) check
   (d) change

2. A: We missed you at the movie yesterday.
   B: Sorry I couldn't make it. My car got a ________ on the way there.
   (a) tire
   (b) flat
   (c) spare
   (d) wheel

3. A: Can I give you a(n) ________ to finish any of these reports?
   B: Thanks, but I should be able to manage.
   (a) run
   (b) offer
   (c) hand
   (d) chance

4. A: I didn't really understand the plot of the book.
   B: Don't worry. I can ________ for you.
   (a) sum it up
   (b) tell it off
   (c) turn it on
   (d) leave it out

5. A: Can you believe I only paid $10 for this cell phone?
   B: What a ________!
   (a) steal
   (b) thief
   (c) crime
   (d) robbery

6. A: I'm worried I'm going to fail my calculus class.
   B: If you need extra help, I know a great ________.
   (a) tutor
   (b) mentor
   (c) advertiser
   (d) professor

7. A: Could you ________ me a few sheets of paper? I left my notebook at home.
   B: I only have one piece, and I need it for myself.
   (a) pay
   (b) lend
   (c) provide
   (d) borrow

8. A: Where are we going to ________ the football game tomorrow?
   B: How about my house?
   (a) eye
   (b) look
   (c) sight
   (d) watch

9. A: Don't forget your jacket when you leave today. It's freezing out there.
B: You're right. I wouldn't want to _________ a cold.
(a) find
(b) grab
(c) catch
(d) keep

10. A: I didn't enjoy the taste of that new chicken recipe.
B: Neither did I. I could _________ eat mine.
(a) hardly
(b) surely
(c) poorly
(d) finally

11. A: Is there someone who can help me _________ my groceries?
B: I can do that. Would you like paper or plastic?
(a) bag
(b) fill
(c) sack
(d) case

12. A: I'm afraid Professor Robinson isn't in his office right now.
B: That's okay. I'll _________ later.
(a) take back
(b) hang out
(c) carry out
(d) check back

13. A: The words in this poem really paints a picture, don't they?
B: Yes, the _________ is beautiful.
(a) imagery
(b) erosion
(c) strokes
(d) fracture

14. A: Are you thinking about buying a new air conditioner?
B: Yes, but I'll probably _________ until winter, when prices are lower.
(a) lift up
(b) hold off
(c) move on
(d) figure out

15. A: It looks like Park Drive is closed up ahead due to construction.
B: We'll have to make a _________ around the park, I guess.
(a) path
(b) route
(c) detour
(d) highway

16. A: I just heard the defendant cut a deal, so we won't have to _________ the case.
B: That's good news. Our evidence was pretty thin, anyway.
(a) dilute
(b) attribute
(c) prosecute
(d) substitute

17. A: How much _________ do hotels charge in this country?
B: It's around fifteen percent, I believe.
(a) tax
(b) fee
(c) pay
(d) cost

VOCABULARY

18. A: This used coat would look great on me.

B: Check it closely before you buy it. This store doesn't accept _________.

(a) refunds
(b) returns
(c) rebates
(d) receipts

19. A: Make sure not to _________ any sensitive information during the convention.

B: Right. I wouldn't want to help out any of our competitors.

(a) coerce
(b) exempt
(c) sanction
(d) disclose

20. A: I pleaded with Jon not to sell his house in such a buyer's market, but he didn't listen.

B: I know. His decision doesn't _________ well with me, either.

(a) sit
(b) feel
(c) stay
(d) seem

21. A: What do you think of the new intern?

B: She's brilliant. Her contribution to the budget plan was _________.

(a) invaluable
(b) ostentatious
(c) substandard
(d) theoretical

22. A: Why should I talk with a trainer at the gym?

B: He can help you develop a fitness _________ that works for you.

(a) sojourn
(b) regimen
(c) appraisal
(d) rendition

23. A: Gas is so expensive these days.

B: I know it. I'm paying close to $100 every time I _________!

(a) fill up
(b) buy out
(c) pump out
(d) pull down

24. A: I'm sorry we couldn't agree on which sofa to buy.

B: Don't apologize. It's I who should be taking the _________.

(a) fault
(b) turn
(c) guilt
(d) blame

25. A: What do you consider when you _________ your monthly budget?

B: Everything from bills to spending for entertainment.

(a) add
(b) count
(c) figure
(d) number

Part II **Questions 26–50**

Choose the best answer for the blank.

26. Yuri Gagarin, the Soviet cosmonaut, became the first man to _________ into space on April 12, 1961.

(a) exhale
(b) repulse
(c) venture
(d) convene

27. During the Middle Ages in Europe, noblemen who owned land were given the _________ of baron.

(a) title
(b) calling
(c) address
(d) caricature

28. The singer's fans were upset that she canceled the concert without any _________ warning.

(a) prior
(b) adjacent
(c) former
(d) rabid

29. Each customer who _________ us feedback about the new promotion will be entered into a drawing to win a new stereo.

(a) gives
(b) grants
(c) allows
(d) retrieves

30. Politicians have no _________ for their errors to become public knowledge.

(a) will
(b) care
(c) idea
(d) desire

31. Due to the tremendous rate of _________, the price of bread rose by nearly 50% overnight.

(a) tariff
(b) inflation
(c) downturn
(d) commission

32. The famous novelist gets most of the _________ material for his books from his real-life travels through the Middle East.

(a) raw
(b) gruff
(c) barren
(d) meager

33. People of the Rifard region have a bad reputation for rudeness among tourists but some are quite _________.

(a) habitual
(b) indisposed
(c) impetuous
(d) hospitable

34. Scientists are nearly finished designing an advanced telescope to send into _________ around the Earth.

(a) orbit
(b) circuit
(c) distance
(d) revolution

35. Most children these days are allowed too much freedom for their own _________.

(a) good
(b) brevity
(c) wealth
(d) reason

36. It is easy to _________ the entire dish by adding too much salt or pepper.

(a) ruin
(b) crash
(c) delude
(d) damage

37. The environmental organization charges that the tire manufacturer acted _________ when it decided to dump its chemical waste in the river.

(a) blatantly
(b) concisely
(c) pertinently
(d) negligently

38. Michael's Seafood is best known for its lobster plate, which _________ with a salad, a side of vegetables, and fries.

(a) stays
(b) joins
(c) tables
(d) comes

39. These days, in order to _________ a good job you really need to have a graduate degree.

(a) land
(b) swipe
(c) discover
(d) inflate

40. The doctor _________ his patient a mild sedative to treat her insomnia.

(a) donated
(b) extended
(c) prescribed
(d) transmitted

41. The company gave the workers one week to review the labor _________ and either sign it or submit their proposed revisions.

(a) script
(b) record
(c) contract
(d) evidence

42. World War I textbooks often label the powers of the Triple Alliance as the _________, but the truth is that neither side was completely blameless.

(a) treaties
(b) armistices
(c) detonators
(d) aggressors

43. Due to a need for more productivity, company employees will no longer be allowed to take _________ in the afternoons.

(a) lapses
(b) breaks
(c) intervals
(d) stoppages

44. Sign language was developed in the 18th century to _________ communication with deaf people and is now widely used.

(a) nullify
(b) convolute
(c) endorse
(d) facilitate

45. The company recently accused of financial fraud has learned that a government task force is planning to _________ its yearly records.

(a) audit
(b) contort
(c) gauge
(d) balance

46. The Pope is the most important figure in Catholicism and is _________ with directing Catholic doctrine worldwide.

(a) sworn
(b) upheld
(c) charged
(d) positioned

47. Artificial pesticides are one of the primary substances that are _________ our rivers.

(a) littering
(b) polluting
(c) irrigating
(d) weakening

48. The accounting software that was released yesterday already has over 10,000 registered _________.

(a) users
(b) shoppers
(c) employees
(d) technicians

49. The employee's promotion is being postponed until _________ of misconduct can be investigated.

(a) situations
(b) royalties
(c) allegations
(d) formalities

50. All medical research must involve both a control group and an experimental group if its findings are to be _________.

(a) contrived
(b) appeased
(c) expunged
(d) legitimized

This is the end of the Vocabulary section. Do NOT move on to the Reading Comprehension section until instructed to do so. You are NOT allowed to turn to any other section of the test.

READING COMPREHENSION

DIRECTIONS

This part of the exam tests your ability to comprehend reading passages. You will have 45 minutes to complete the 40 questions. Be sure to follow the directions given by the proctor.

해설집 P 59

Part I **Questions 1–16**

Read the passage. Then choose the option that best completes the passage.

1. You know it's true, even though you may not want to admit it: you don't get enough exercise. National health statistics show that nearly 30% of the population suffers from obesity. At the same time, it's been proven that even modest amounts of exercise can reduce one's risk of obesity-related diseases. You don't have to turn yourself into an athletic superstar or a 300-pound bodybuilder to ______________________. Join Pat's Gym today and we'll show you exactly what it takes to create a better you.

(a) gain that extra muscle
(b) achieve a healthy level of fitness
(c) become more active in these sports
(d) recover from a life-threatening illness

2. The creation of virtual online worlds is a troubling trend. Games and programs that encourage users to construct entire existences apart from their lives in the real world are dangerous to our way of life. They prevent our youth from learning valuable social skills and make it too easy for others to ignore their responsibilities. If everyone spends their time in artificial worlds, ______________________.

(a) the gaming industry will boom
(b) their skills will greatly improve
(c) the real one may cease to function
(d) they might understand young people better

3. Scientists aren't exactly sure why moths tend to fly towards light bulbs and candle flames, which is sometimes a fatal behavior. One theory ties it to the ______________________. In natural dark skies, moths may rely on the distant light of the moon to find their way. Man-made artificial light sources confuse the insects, causing them to constantly adjust their flight patterns to coordinate with the bright light they assume is the moon. Many wind up getting too close and burning their delicate bodies and wings.

(a) heat given off by bright lights
(b) odd shape of the insect's wings
(c) process they use for navigation
(d) poor night vision of these creatures

4. Banner ads and popup windows ______________________________. Research shows they have been losing their effectiveness as users become more and more familiar with them. Companies interested in utilizing the next wave of Internet marketing are embracing content-based marketing. Through this method, ad material is embedded directly into the text of popular websites, much like the product placement techniques seen in movies.

(a) will soon be undergoing a transformation
(b) are reliable sources of advertising revenue
(c) attract web surfers from different demographics
(d) represent traditional forms of online advertising

5. Modern professional duties have become increasingly location-independent, even for corporate executives. It can be difficult to hold meetings when you have 15 different executives in 15 different locales. Thankfully, this problem is solved in large part by videoconferencing. Through a combination of video and audio technologies, it allows face-to-face, real-time interaction among agents who physically may be thousands of miles apart. Videoconferencing, therefore, is the preferred medium of communication for ______________________________.

(a) employees of telecommunications firms
(b) traveling salespeople seeking new contacts
(c) corporations with a multinational presence
(d) executives who have a demanding work schedule

6. Mary Shelley's 1818 debut novel Frankenstein is significant in many respects. In it, she pioneered the use of a plot structure that creates a framework around the main action. Instead of directly relating the plot herself, it is a character within the novel that tells the story secondhand through a letter. Moreover, Frankenstein is seen by many today as the first true science-fiction novel. Its mix of science, fantasy, and horror was more or less unique for the time. Therefore, Shelley's novel is recognized as groundbreaking ______________________________.

(a) in both stylistic and thematic contexts
(b) for influencing so many female authors
(c) despite its use of secondhand storytelling
(d) because of its inclusion of intellectual subjects

7. Is your idea of a good time standing knee-deep in an ice-cold stream, reeling in a 20-inch rainbow trout? If your answer is "Yes," then a subscription to Fly Fishing Monthly is just what you need. Sign up today and we'll send you 18 issues of this award-winning magazine for the incredible low price of $25.99. That's a savings of over $30 off the list price! Moreover, you'll be getting the best coverage available on ______________________.

(a) all water-related outdoor activities
(b) everything related to the world of fly fishing
(c) deals being offered in the publishing industry
(d) health updates regarding the consumption of fish

8. Throughout the seventeenth to nineteenth centuries, the exchange of goods in the West was dominated by the Transatlantic Triangular Trade. As in any form of triangular trade, ______________________. In Africa, people were captured and shipped to the Americas as slaves. There, their labor was utilized to produce raw goods such as cotton, sugar, and tobacco. These were in turn shipped to England, where manufacturers processed them into products that were sold in Africa and elsewhere in the world.

(a) there were three principal regions involved
(b) one partner was more powerful than the others
(c) the products being shipped were agricultural in nature
(d) the human rights of those involved were not recognized

9.

> Dear customer service representative,
>
> I am writing in regards to a refurbished EasyScan 600 portable scanner that I purchased from your company on August 6. According to the certificate of refurbishment I received with the product, its condition had been completely restored and it was guaranteed to function as well as a brand-new EasyScan 600. However, after only one week of use, the rollers that feed paper through the scanning device stopped working. ______________________, I am unable to operate the scanner and am requesting a full refund.
>
> Sincerely,
> Eileen Chambers

(a) Without a replacement part
(b) Until the problem is resolved
(c) Despite the rollers' malfunction
(d) As a result of this product defect

10. Modern surfers owe a debt to one man: Duke Kahanamoku. Though surfing was an ancient tradition among the Hawaiian people, Kahanamoku is credited with popularizing it throughout the world. He traveled extensively, giving exhibitions of the sport in addition to his tremendous swimming talents. He brought the fad to California in 1914, and to this day the state is known as a hotbed of surfing culture. ______________________, he is now immortalized in legend among surfers everywhere.

(a) Because of his latest win
(b) Due to his unique surfing style
(c) For his contributions to the sport
(d) In spite of his controversial reputation

11. Beginning in the early 1900s, psychologists came to believe that birth order played an important role in a child's psychological development. That is, when a child was born in relation to his or her siblings had strong implications for his or her mental characteristics. The theory held that firstborn children demonstrated greater independence and social dominance, whereas later-borns tended to be more agreeable and open to compromise. In recent years, however, many have dismissed this theory, arguing that birth order ______________________.

(a) is part of our genetic makeup
(b) has little or no effect on personality
(c) is more important than parental care
(d) has become irrelevant in these species

12. In Greek mythology, the nine Muses were goddesses responsible for imparting creativity to humanity. Poets, storytellers, musicians, and playwrights all acknowledged the Muses for endowing their work with wisdom and meaning. According to myth, they were daughters of Zeus, king of the gods, and led by Apollo, the god of the arts. The Muses remain a part of our culture today, fulfilling a very similar role. For example, we still use the word "muse" to name ______________________.

(a) our motivation for creating art
(b) an artist whose work we bought
(c) a mysterious occurrence we don't understand
(d) the inspiration behind our creative endeavors

13. Tom Michaels ______________________. As a teenager, he started a small company transporting documents and packages for local businesspeople on his bicycle. He continued with this enterprise throughout his school years. After graduation, he was ready to expand. He hired 20 cyclists to carry out deliveries around the city. Soon, he was earning enough money to add a handful of trucks to his fleet. The rest is history: Michaels went on to build the most successful shipping company on the planet.

(a) inherited his family's shipping business
(b) is a major advocate for the use of bicycles
(c) has been in the delivery business all his life
(d) experienced both ups and downs in his life

14. Scholars often point to an English legal charter drafted in the year 1215 as the earliest sign of democracy in Western Europe. Known by its Latin name, Magna Carta, its purpose was to force King John to guarantee certain rights to his subjects. In essence, it was the first time an English king had admitted to being bound by the rule of law. Though a far cry from the guiding documents of modern governments, it nonetheless represents an important steppingstone in ______________________.

(a) the rise of individual self-expression
(b) a shift towards greater English power
(c) the evolution of today's democratic nation-states
(d) a movement to abolish the monarchy in England

15. In many ecosystems, there is often a single species—most typically an animal species—whose existence is vital to ensuring a healthy balance within the ecosystem. Such species are known as keystone species. Much like the keystone that forms the apex of an arch, the keystone species maintains the structure and order of natural processes among the other members of its habitat. It may do so in a number of ways. ______________________________, the predation of a keystone species may control the populations of other species that would otherwise explode and overwhelm the ecosystem.

(a) Regardlessly
(b) For instance
(c) At the same time
(d) Despite this fact

16. Along with the rise of the automobile in America came that of drive-in theaters, outdoor facilities where movies were projected to be viewed by people in their cars. The popularity of drive-ins peaked in the 1950s and '60s. They appealed to teenagers, who saw it as a great opportunity to escape their parents and go on dates. ______________________________, families with young children enjoyed being able to bring their kids to the movies without having to worry about them disturbing other members of the audience. The '70s saw a decline in drive-ins, but in recent years there have been nostalgic revivals across the country.

(a) Hereby
(b) Likewise
(c) Consequently
(d) On the contrary

Part II **Questions 17—37**

Read the passage and the question. Then choose the option that best answers the question.

17. Researchers have handed smokers yet another reason to kick the habit: third-hand smoke. For years, we've heard reports of how secondhand smoke, that which is inhaled by people standing close to smokers, can negatively affect our health. As it turns out, though, cigarettes produce toxins that linger long after the smoke has dissipated. A study carried out by Mass General Hospital for Children found that toxic particulates present in cigarette smoke cling to clothing, hair, and other objects and can later be ingested and cause harm, especially to children.

Q: What is the main idea of the passage?
(a) Cigarettes harm with more than smoke.
(b) Smoking should be prohibited in homes.
(c) Children are particularly vulnerable to tobacco smoke.
(d) Third-hand smoke is more dangerous than secondhand smoke.

18. At National Airways, we know you're fed up with all the extra fees being charged by airlines these days. That's why we're happy to introduce "1 Bag Free." On every National Airways flight, you'll be able to check one luggage item free of charge, no matter how short the journey. This is a big improvement over other carriers who continue to charge high fees for your first checked bag.

Q: What is mainly being advertised?
(a) A limited-time deal on airfare
(b) An airline's new baggage policy
(c) A new method for checking bags
(d) A recently created budget air carrier

19. One of the earliest and most important works of English literature is the epic poem *Beowulf*. Although written in Old English, which differs significantly from the modern language, *Beowulf*'s influence can be seen in the works of countless English-language authors. It tells the story of an Anglo-Saxon warrior who battles different monsters in order to keep his people safe. As such, the character of *Beowulf* can also be seen as the culture's first hero.

Q: What is the best title for the passage?

(a) Reinterpreting the Meaning of *Beowulf*
(b) Appearances of Heroes in English Literature
(c) Examining the Old English Used in *Beowulf*
(d) Background to the Significance of *Beowulf*

20. Spring City's 180th anniversary celebration promises to be a lot of fun. As always, there's something for the whole family. Kids will love the custom-built inflatable castle and swimming pool, while adults can kick back and listen to the melodious tunes of Spring City's own Rockin' Jukebox Band. Please note that the event will not be held on August 5 this year, but instead will take place on Saturday, August 3. This should ensure a great turnout, so don't miss it!

Q: What is the announcement mainly about?

(a) Scheduling and activity details for a local festival
(b) Safety information concerning children's fair activities
(c) The postponement of an annual community celebration
(d) An upcoming rock-and-roll concert taking place in town

21. When Ricardo Diaz opened the not-for-profit Bread and Butter Bureau years ago, all he knew was that he wanted to help deliver food to homeless people in the Los Angeles area. Little did he know that six short years later he'd be leading an operation that had become a leader in California's homeless rights movement. The BBB was quick to score several large private donations from LA philanthropists, which is what enabled its rapid expansion. But if you talk to Diaz today, you'll encounter the same intensity and passion for his cause that he possessed six years ago.

Q: What is the passage mainly about?

(a) An ex-homeless business entrepreneur
(b) A nonprofit success story in California
(c) The business model of a charitable group
(d) The plight of the homeless in Los Angeles

22. Today, film posters are collectors' hot items, but it wasn't always so. In the golden age of film, the 1940s and '50s, posters were produced in small quantities by film distribution companies and leaned to theaters on a temporary basis. Under this system, posters seldom found their way to the general public. Things didn't change until the 1980s, when recording studios took over the responsibility of creating posters and started mass-producing them. Consequently, posters advertising films from the '70s and earlier can be rare and incredibly valuable.

Q: What is the best title for the passage?
(a) Movie Posters during Film's Golden Age
(b) The Evolution of the Art of Film Posters
(c) The History behind Movie Poster Distribution
(d) Why People Enjoy Collecting Hollywood Posters

23. Robert LeRoy Parker, better known as Butch Cassidy, is one of the Wild West's most infamous figures. What many people don't realize, though, is that Parker spent the last eight years of his life not in Colorado or New Mexico, but rather in South America. To escape criminal charges in the U.S., he fled to Argentina in 1901. His initial intention was to lead a new, law-abiding life. However, he soon returned to robbery to earn a living and was killed by Bolivian army troops in 1908.

Q: Which of the following is correct about Parker according to the passage?
(a) He became a lawman in Argentina.
(b) He was born and raised in Colorado.
(c) He was an outlaw in America's Wild West.
(d) He was wrongly accused of robbery in Bolivia.

24. The sport of soccer is popularly termed "the world's game," and rightly so. Many countries attempt to claim credit for the invention of soccer. While the majority of rules governing the modern version of the game come from England, similar sports were played throughout history by different cultures. FIFA, the official international body in charge of determining soccer policy, points to the ancient Chinese game of cuju as the first known incarnation.

Q: Which of the following is correct according to the passage?

(a) There is no single origin of the soccer.
(b) The sport of soccer has multiple governing organizations.
(c) The Chinese invented many of the rules for the modern soccer.
(d) Today's soccer is played differently in England than it is elsewhere.

25. The popularity of Nashville country music in the early 1960s produced many revered stars, and Patsy Cline was one of the most memorable. Her melodic voice ensured that songs like "I Fall to Pieces" and "Crazy" became unstoppable hits. Unfortunately, the singer seemed to be destined for disaster. She suffered two serious automobile accidents, the second of which nearly took her life. Then, in 1963, Cline's plane crashed while en route to Nashville, killing everyone on board. She was only 30 years old.

Q: Which of the following is correct according to the passage?

(a) Cline often traveled by plane.
(b) Nashville was Cline's birthplace.
(c) Cline wrote only two popular songs.
(d) Cline came close to dying in a car crash.

26. Sudden infant death syndrome (SIDS) remains one of the biggest mysteries in early-life healthcare. Infants perishing from SIDS are found dead in their cribs after being put to bed. They show no symptoms of illness before the onset of SIDS, and autopsies reveal no definitive cause of death. Though the mechanism that triggers SIDS is still unknown, many health professionals feel that a child's risk can be minimized by putting him or her to sleep in a supine, or face-up, position. This comes on the heels of numerous studies suggesting that babies set in their cribs in the prone (face-down) position are more likely to die from SIDS.

Q: Which of the following is correct according to the passage?

(a) The cause of SIDS is related to the infant's sleep position.
(b) It's possible to manage the risk but not prevent SIDS altogether.
(c) Traditional child autopsies do not investigate the cause of SIDS.
(d) Children who sleep supinely are healthier than those sleeping in the prone position.

27. From the ninth to the nineteenth centuries A.D., southern and central Vietnam was controlled by the Champa kingdom. The Cham people were seafarers who spoke a language related to Malay and practiced the religion of Hinduism. Though its existence lasted for many centuries, Champa was constantly threatened by its neighbors. To the north lay Dai Viet, home of the predecessors of today's Vietnamese, and to the west was the vast Khmer empire. These three powers warred and traded territory back and forth for hundreds of years, but in the end Champa proved incapable of resisting two simultaneous pressures.

Q: Which of the following is correct according to the passage?

(a) Champa's dependence on the ocean proved to be a weakness.
(b) The religion of Champa was different from that of the Khmer.
(c) Champa was more powerful than Dai Viet before the ninth century.
(d) The Cham are not considered forerunners of the modern Vietnamese.

28. The authority and reputation of the Catholic Church has been shaken recently by a series of sexual abuse cases brought against priests. Most of the earliest reported cases occurred in the Boston archdiocese, and most involved the abuse of minors. Later, the courage of victims there prompted others around the country and the world to come forward with their own stories and allegations. Most shocking is the fact that the Church seems to have known about the priests' actions. However, instead of punishing them, authorities simply transferred the priests to other parishes.

Q: Which of the following is correct according to the passage?

(a) Boston saw few of the sexual abuse cases.
(b) The offending priests have recently been punished.
(c) The majority of victims of abuse were young people.
(d) Catholic parishes around the world have expressed regret.

29. Claude Monet is seen as the most important founding member of the artistic school of Impressionism. Indeed, it was his painting Impression, Sunrise from which the style took its name in 1870s France. Central to Monet's artistic philosophy was a dismissal of the past and a reliance on his own subjective experience of the world. It was a revolutionary approach, but one the international art community came to identify with strongly. Monet is still widely popular in the twenty-first century. His work regularly sells for over $20 million.

Q: Which of the following is correct about Monet according to the passage?
(a) His art is in high demand today.
(b) His style was copied by many painters.
(c) He received no formal training in painting.
(d) He named a painting after his art movement.

30.

> Dear Mr. Hank Hensley
>
> The Windy Beach Condominium Complex will soon be undergoing some much-needed renovations that may affect the supply of certain utilities to your unit. From August 29 to October 10, the complex's sewer system will be completely overhauled. In order to allow the work to proceed, the water main will occasionally be turned off, blocking transmission of potable water to all units in your building. We recommend stocking up on bottled water so you are not inconvenienced during the outages.
>
> Thank you for your cooperation,
> Windy Beach Condominium Owners Board

Q: Which of the following is correct according to the letter?
(a) It is advisable that Mr. Hensley buys his own water.
(b) The maintenance work will last for several months.
(c) The interior of Mr. Hensley's unit will be renovated.
(d) Mr. Hensley will experience periodic power outages.

31. The 2009 swine flu pandemic was a rare case in which a virus causing influenza in pigs also created a contagious illness in humans. Ordinarily, strains of the swine influenza virus may pass from pigs to humans, but it cannot be transferred from human to human. The last major occurrence of human spread flu came in 1918 during a major flu outbreak. Research has shown that swine influenza viruses are always present in pigs, but that it is only when they mutate in certain ways that they pose a threat to humans.

Q: Which of the following is correct according to the passage?
(a) The swine influenza virus first appeared in 1918.
(b) Swine flu is usually transmittable between humans.
(c) The recent swine flu outbreak represents an anomaly.
(d) Swine and human influenzas are virtually indistinguishable.

32. We may like to believe that parents care for each of their children equally. But recent research done by the Institute of Evolutionary Science shows that fathers give more care to children that resemble them physically. The study involved thirty families in several villages in Senegal. For each father-child pair, measurements were taken of how closely the child resembled the father and how much time he spent with the child. The results suggest that the more a child looks like its father, the more time he will invest in the child's growth and development.

Q: Which of the following is correct according to the passage?
(a) The study took into account two variables.
(b) Fathers in Senegal are more caring than others.
(c) Childcare is influenced by the gender of the child.
(d) A father's care is essential to a child's development.

33.

> Dear Editor:
>
> Last Thursday, I read an article in your paper discussing the questionable impact of charitable donations. The author, Lynn Smith, suggested that it's impossible to know if your charity dollars are being spent appropriately. As the national director of the organization Options for Orphans, I was deeply offended by this article. At Options for Orphans, 80% of the donations we receive go directly to orphans around the world. We also report on our finances twice annually, so contributors can see where their money is going. I would very much like to see a letter of apology for Ms. Smith's misinformed and irresponsible article.

Q: What can be inferred from the letter?
(a) Lynn Smith runs a charitable operation.
(b) The writer will publish a letter of rebuttal.
(c) Options for Orphans is a new organization.
(d) Options for Orphans strives to be accountable.

34. Vertical integration refers to a business model in which a single entity controls all steps in the production, promotion, and distribution of a product. The phrase famously came into being to describe the Carnegie Steel company. Carnegie owned the iron mines, the ships that transported the iron ore, the steel processing facilities, and even the railroads that delivered the final product. While vertical integration can generate impressive profits for companies, it also has its problems. For example, vertically integrated operations often wind up dominating the market as monopolies, and it is consumers who suffer.

Q: What can be inferred from the passage?

(a) Vertical integration is a threat to consumers rights.
(b) Consumers rarely voice concerns about vertical integration.
(c) Vertical integration delivers guaranteed product quality.
(d) Many of today's companies choose to adopt vertical integration.

35. The theory of emotional memory in psychology holds that events accompanied by strong emotions lead to the creation of clearer, longer-lasting memories. But exactly how long the details of a memory last also depends on the hue of the emotion. For example, among the general population, events that generate positive emotions are remembered more powerfully than those that cause negative emotions. The average person is also more likely to recall a positive memory at any given moment. This dynamic reverses, however, in people suffering from depression. Such individuals are more likely to process, store, and retrieve event memories that resulted in negative feelings.

Q: What can be inferred from the passage?

(a) Our mood dictates which memories we recall.
(b) Most people have control over which events they remember.
(c) The theory of emotional memory predicts psychological disorders.
(d) Negatively charged memories are subdued by the subconscious mind.

36. In the last few decades, science papers advocating an evolutionary link between birds and dinosaurs have proliferated. More recently, however, the tide appears to be turning. Oregon State University, for instance, just published a study comparing the skeletal structure of birds and dinosaurs. It pinpoints an important difference between the two. The skeletal structure of birds requires a specific position of the thigh bone to allow the animals sufficient capacity for their lungs to expand. This characteristic is absent in the skeletons of most dinosaurs.

Q: What can be inferred from the passage?

(a) The Oregon State University study was flawed.
(b) Dinosaurs on average had larger lungs than birds do.
(c) The study suggests that birds did not evolve directly from dinosaurs.
(d) The position of the thigh bone is related to the size of the animal.

37. We citizens must start demanding more from our elected leaders. It's looking like the senator who recently admitted to having an extramarital affair is not going to resign. The senate chose to censure his actions but did not ask him to step down. I feel it is now up to us to see that this dishonest man is removed from office. Allowing him to remain in power sends a message to the rest of the world that we tolerate corruption in our government.

Q: What can be inferred from the passage?

(a) The writer first exposed the senator's affair.
(b) The senator will not choose to resign on his own.
(c) The writer once supported the senator in question.
(d) The senator has been convicted of misconduct before.

Part III **Questions 38–40**

Read the passage. Then identify the option that does NOT belong.

38. Everyone wants to live a longer life, but the truth is our social services are already buckling under the pressures of a growing elderly population. (a) Today, the average person lives around 75 years, but experts say this number is set to rise. (b) Health-care costs in the form of taxes climb as more government money is spent to care for the old. (c) But perhaps the most serious problem is the shortage of trained health-care personnel in comparison to the numbers of elderly. (d) These problems must be addressed quickly, or our entire health-care system faces the prospect of collapse.

39. MeetingWeb is a valuable tool for businesses in need of a platform to conduct virtual meetings. (a) With nothing more than computers and headsets, dispersed employees can interact as if they were in the same room together. (b) Audio and video synchronization enables real-time chatting, while MeetingWeb's robust server allows the sharing and transfer of large files. (c) Companies that act now may qualify for special discounts on this and other MeetingWeb products. (d) Best of all, with the Group Desktop function, all invited participants can access a communal desktop from their computers.

40. When the 6,880 concertgoers entered Hampton Memorial Auditorium last Friday evening, they had no idea they'd be witnessing the birth of a star. (a) The show was the first public performance by teenage hip-hop artist Alex Sharp. (b) From the opening number, Sharp had the entire building on its feet, grooving along to his infectious beats. (c) The highlight for many came during the encore, when he sang a medley of three popular R&B covers. (d) Sharp had performed previously at private functions, but had not encountered anything so untoward.

This is the end of the Reading Comprehension section. Please remain seated until the proctor has instructed otherwise. You are NOT allowed to turn to any other section of the test.

Actual Test 2

Listening Comprehension

Grammar

Vocabulary

Reading Comprehension

TEPS

Listening Comprehension

Directions

1. In the Listening Comprehension section, all content will be presented orally rather than in written form.
2. This section contains 4 parts. In parts I and II, each passage will be read only once. In parts III and IV, each passage and its corresponding question will be read twice. But in all sections, the options will be read only once. After listening to the passage and question, listen to the options and choose the best answer.

해설집 P 74

Part I **Questions 1–15**

You will now hear fifteen conversation fragments, each made up of a single spoken statement followed by four spoken responses. Choose the most appropriate response to the statement.

Part II **Questions 16–30**

You will now hear fifteen conversation fragments, each made up of three spoken statements followed by four spoken responses. Choose the most appropriate response to complete the conversation.

Part III **Questions 31–45**

You will now hear fifteen complete conversations. For each item, you will hear a conversation and its corresponding question, both of which will be read twice. Then you will hear four options which will be read only once. Choose the option that best answers the question.

Part IV **Questions 46–60**

You will now hear fifteen spoken monologues. For each item, you will hear a monologue and its corresponding question, both of which will be read twice. Then you will hear four options which will be read only once. Choose the option that best answers the question.

GRAMMAR

DIRECTIONS

This part of the exam tests your grammar skills. You will have 25 minutes to complete the 50 questions. Be sure to follow the directions given by the proctor.

해설집 P 92

Part I **Questions 1—20**

Choose the best answer for the blank.

1. A: You know, __________.
   B: The paintings were so powerful, weren't they?
   (a) really that art exhibit I moved
   (b) I really moved that art exhibit
   (c) art exhibit that moved me really
   (d) that art exhibit really moved me

2. A: Do you listen to much music?
   B: Yes, I always have my earphones in while __________.
   (a) I've exercised
   (b) I'm exercising
   (c) I'd exercised
   (d) I'll be exercising

3. A: This math class is a pain, if you ask me.
   B: I don't know. I kind of like __________ equations.
   (a) solve
   (b) solving
   (c) to be solved
   (d) the solution

4. A: What's the matter with Kate? She seems __________.
   B: She lost her cell phone yesterday and has to buy a new one.
   (a) agitated
   (b) agitating
   (c) to agitate
   (d) to have agitated

5. A: Who wants to come with me to the film premier tonight?
   B: __________! What time does it start?
   (a) Do I
   (b) I do
   (c) I do it
   (d) Do it

6. A: Have you seen the remote control lately?
   B: I left it __________ the table the last time I used it.
   (a) of
   (b) on
   (c) in
   (d) to

7. A: Kelly's performance has been outstanding recently.
   B: Yes. __________ a new contract, but her sales have been off the chart.
   (a) Only closing she did not
   (b) She only did not close
   (c) Not only did she close
   (d) She closed not only

8. A: Where __________? I've been calling for hours.
   B: Sorry, I was stuck in traffic on the interstate.
   (a) having been
   (b) have you been
   (c) you have been
   (d) are you having

9. A: I can't believe you quit your job.
B: Well, life's too short for me _________ my time with that company.

(a) wasting
(b) to be wasting
(c) having wasted
(d) I have wasted

10. A: Where's Arnold? It's not like him to be so late.
B: He _________ we were meeting at your apartment.

(a) can think
(b) should think
(c) should be thinking
(d) must have thought

11. A: I can't believe I ate all the cookies. I just _________ help myself.
B: Don't worry. They were actually low in fat and relatively healthy.

(a) hadn't
(b) wouldn't
(c) couldn't
(d) shouldn't

12. A: Have you decided which shoes to buy?
B: Not quite, but I've narrowed it down to the _________ pairs.

(a) sturdy two brown
(b) two sturdy brown
(c) two brown sturdy
(d) brown sturdy two

13. A: What kind of format do you recommend for the essay, Professor?
B: _________ you want to structure it is fine with me.

(a) However
(b) Whatever
(c) Whichever
(d) Wherever

14. A: Can you tell where the noise is coming from?
B: Well, it sounds like it's originating somewhere in _________ rear of the vehicle.

(a) a
(b) the
(c) that
(d) this

15. A: Are you sure everyone is ready for the product launch?
B: Yes, all of the department heads _________.

(a) are alerting
(b) have been alerted
(c) are to have alerted
(d) having been alerted

16. A: Today's the big day. Let me know _________.
B: I'll call you as soon as I get out of class.

(a) how the exam goes
(b) how goes the exam
(c) the exam how it goes
(d) how the exam's going

17. A: This jacket's on sale, but it'll never fit me.

B: You might _________ try it on. You never know.

(a) as
(b) well
(c) well as
(d) as well

18. A: Can you tell me _________ enrollment for the course has opened yet?

B: I don't believe it has, but let me check.

(a) whether
(b) when
(c) like
(d) such

19. A: Tom is always late! I can't stand it!

B: _________, he's not very responsible.

(a) I've always said it's like
(b) It's like I've always said
(c) Like I've always said it is
(d) Always I've said like it

20. A: When is Darryl Adams going to release a new book?

B: _________? It takes time for talented writers to finish a novel.

(a) Who says
(b) Says who
(c) Can who say
(d) Who can say

Part II **Questions 21–40**

Choose the best answer for the blank.

21. Penicillin is a type of antibiotic that _________ in 1928 and led to cures for many serious diseases.

(a) discovered
(b) had discovered
(c) was discovered
(d) had been discovered

22. _________ a scholarship would mean nearly an 85% discount on yearly tuition.

(a) Securing
(b) Secured
(c) Securely
(d) Secure

23. With a mixture of mammalian and reptilian traits, the platypus is considered _________ Earth's most unique animals.

(a) of the
(b) the one
(c) one of
(d) only the

24. Addicts of the drug nicotine may exhibit _________ irritability, headaches, and nausea during the withdrawal period.

(a) symptoms as such
(b) as such symptoms
(c) symptoms such as
(d) as symptoms such

25. This lecture hall __________ one of the university's founders.

(a) names to get
(b) from a name got
(c) gets its name from
(d) is getting from a name

26. The judge ordered __________ payment for all outstanding traffic tickets under penalty of arrest.

(a) the man to remit
(b) that the man remitting
(c) for the man remit
(d) that the man remitted

27. Immigration authorities may not allow you into the country __________ proof of onward travel.

(a) without
(b) unless
(c) although
(d) barring

28. An updated university policy asserts that students shall __________ to retake exams only in the case of a medical emergency.

(a) permit
(b) be permitting
(c) be permitted
(d) have permitted

29. Taking aesthetically pleasing photographs is __________, regardless of how much experience they have.

(a) anything nobody can do
(b) nothing that everyone can do
(c) not something everyone can do
(d) everyone that can do anything

30. In the Crimean War of the 1850s, Britain allied with France so __________ prevent the Russians from gaining power in Turkey.

(a) to
(b) as
(c) to as
(d) as to

31. His clients are demanding that he __________ them with more accurate and timely invoices.

(a) provides
(b) provide
(c) provided
(d) is providing

32. The boundary between Europe and Asia is demarcated by the Ural Mountains, __________ run from north to south at roughly 60 degrees east.

(a) whose
(b) which
(c) where
(d) of which

33. Typos and other small errors plague even __________ text.

(a) the most closely edited
(b) a most closely editing
(c) most closely editing
(d) few most closely edited

34. More information about the project's creators __________ in the "about" section of their website.

(a) is found
(b) is finding
(c) were found
(d) has been finding

35. To protest women's lack of voting rights, Susan B. Anthony cast an illegal ballot in the 1872 presidential election and _________ subsequently arrested.

(a) to be
(b) was
(c) had been
(d) being

36. One of the most recognizable features of the film noir genre is the absence of _________ defined morals.

(a) clearly
(b) clearing
(c) clear
(d) clearer

37. The astronomical association's decision to overturn Pluto's status as a planet _________ thousands of science textbooks obsolete.

(a) is rendered
(b) got rendered
(c) rendered
(d) render

38. Despite studying for only a few hours, Rebecca reported that she found the test _________.

(a) more easily
(b) easy
(c) an easier
(d) easily

39. Though still undecided, Max is determined that he will major _________ in biology or biochemistry.

(a) either
(b) both
(c) neither
(d) nor

40. _________ for military research, we might never have realized that the ocean floor is not perfectly flat.

(a) It have been
(b) Being it had
(c) Hadn't it been
(d) Had it not been

Part III Questions 41–45

Identify the option that contains an awkward expression or an error in grammar.

41. (a) A: How are you taking your final? Did you choose the essay or exam option?
(b) B: To be honest, I still haven't made my decision.
(c) A: Well, you have to tell the professor today, so you would better think fast.
(d) B: I know. I'm simply not looking forward to either one.

42. (a) A: Did you pick up the invitations for the wedding yet?
(b) B: No. I heard there was a delay with the printer and they're not ready yet.
(c) A: I hope they do them soon. Time's running out!
(d) B: Don't worry. Everything will sort out itself.

43. (a) A: More break time would mean increased productivity, in my opinion.
(b) B: Too badly the boss doesn't agree with you.
(c) A: I've printed out a report that should change his mind.
(d) B: I'd give it a rest, if I were you.

44. (a) A: Michael's game starts at 3 tomorrow. Did you tell Liz to come?
(b) B: I did, as she has another appointment.
(c) A: That's too bad. This is his last match of the season.
(d) B: Maybe we can videotape it for her.

45. (a) A: Was that the hotel on the phone?
(b) B: Yes. They booked our room for the wrong date, and nothing else is available for tomorrow.
(c) A: What? They gave us hard any warning at all!
(d) B: It's not fair, but I guess we'll have to look for another hotel.

Part IV **Questions 46–50**

Identify the option that contains an awkward expression or an error in grammar.

46. (a) Experts say eating habits we fall into as children often stick with us our entire lives. (b) Reflected objectively on the nutritional problems I experience today, I can't help but agree with that notion. (c) As a child, my parents didn't have the money to feed me right. (d) Fast food and junk food were centerpieces of my diet, just as they are today.

47. (a) Though practiced by many cultures, the rain dance is perhaps most strongly associated with Native North Americans. (b) Many of their communities still observe the ceremony each August, when the climate is driest. (c) In most cases, special clothing is worn, including spiritually significant masks and headdresses. (d) These outfits are made specifically for the occasion and storing safely away for the rest of the year.

48. (a) The town of Wittenoom in Western Australia has ceased but all to exist. (b) In the early 1960s it was home to around 20,000 people, but the government shut it down in 1966 due to contamination from the nearby asbestos mine. (c) Since then, nearly 2,000 people have died from conditions caused by exposure to asbestos. (d) Oddly, though, eight residents continue to live in Wittenoom, refusing to leave their homes no matter what the cost.

49. (a) Today, non-Hispanic whites make up the majority of the population of the United States, accounting for 66%. (b) However, in the year 2050, the country's demographic composition will look quite different. (c) By then, the Hispanic population will grow to represent 30% of the total. (d) Combined with the populations of African Americans and Asian Americans, they will transform the U.S. into a truly minority nation.

50. (a) When we make an error in speech that seems likely to have been influenced by a subconscious desire, it is called a "Freudian slip." (b) The phenomenon is named after the psychologist Sigmund Freud, who studied how our subconscious mind affects our conscious actions. (c) According to him, we possess desires that our conscious mind is unaware of. (d) Sometimes, these desires make them known through so-called "slips of the tongue."

This is the end of the Grammar section. Do NOT move on to the next section until instructed to do so. You are NOT allowed to turn to any other section of the test.

VOCABULARY

DIRECTIONS

This part of the exam tests your vocabulary skills. You will have 15 minutes to complete the 50 questions. Be sure to follow the directions given by the proctor.

해설집 P 103

Part I **Questions 1–25**

Choose the best answer for the blank.

1. A: _________ a second, will you? I need to find my jacket.

B: Isn't that on the back of your chair?

(a) Hold on
(b) Carry on
(c) Go on
(d) Take on

2. A: My throat's pretty sore, but I'm sure it'll be better tomorrow.

B: No, you should see the doctor. It's best not to take any _________.

(a) possibilities
(b) opportunities
(c) chances
(d) accidents

3. A: Brian is still upset at me for losing his CD.

B: It's been three months. He should really _________ it.

(a) pass through
(b) settle on
(c) get over
(d) cut out

4. A: You can't sit back and wait for your computer to _________ fix itself.

B: I'm not. I just got off the phone with tech support.

(a) impressively
(b) miraculously
(c) formally
(d) grudgingly

5. A: Wow, you really _________.

B: I know. I can't believe the professor didn't catch my error!

(a) caught up
(b) paid off
(c) lucked out
(d) dove in

6. A: How do I deposit this paycheck?

B: First you have to _________ the back.

(a) advance
(b) endorse
(c) promote
(d) improve

7. A: The bank's _________ of the home put its value at $320,000.

B: Oh no, that's much too low.

(a) appraisal
(b) renewal
(c) loan
(d) preview

8. A: Can I try a slice of the pie?

B: Sure. Let me know how it _________.

(a) savors
(b) tastes
(c) flavors
(d) bakes

9. A: Are you going to live on campus next semester?

B: No, I'm going _________ for the whole year.

(a) abroad
(b) worldly
(c) outside
(d) afar

10. A: I'm sorry. I just don't care for the picture.

B: That's okay. Thanks for speaking your _________.

(a) mind
(b) idea
(c) thought
(d) negative

11. A: We had to take my father to the hospital last night. It's his heart.

B: My _________. Is there anything I can do?

(a) reminiscences
(b) condolences
(c) acquaintances
(d) incidences

12. A: Let's take a taxi downtown instead of riding the subway.

B: I can't. I don't have enough money for cab _________.

(a) fare
(b) price
(c) fee
(d) charge

13. A: I _________ you don't mind my joining you tonight.

B: Of course not. The more, the merrier!

(a) know
(b) find
(c) agree
(d) hope

14. A: What time do you want to meet tomorrow?

B: Whenever is most _________ for you. I'm flexible.

(a) optimistic
(b) elastic
(c) sufficient
(d) convenient

15. A: You can see the stars so clearly out here in the country.

B: I know. Look at how they _________.

(a) revolve
(b) sparkle
(c) oscillate
(d) wiggle

16. A: The quality of this writing is simply _________.

B: I'll speak to Richard about putting more effort into his work.

(a) unaffordable
(b) unavailable
(c) unacceptable
(d) unachievable

17. A: What did you think of the remake of the film?

B: I liked the ________ much better.

(a) original
(b) standard
(c) precedent
(d) creation

18. A: This bus is ________ for Detroit, isn't it?

B: Yes, by way of Chicago.

(a) filled
(b) bound
(c) made
(d) settled

19. A: Can you believe this drought?

B: I know. Today is the city's 43rd ________ day in a row.

(a) hot
(b) dry
(c) mild
(d) bright

20. A: What happened to your paragraph on ancient glassmaking?

B: The essay was running long, so I ________.

(a) mixed it up
(b) set it down
(c) left it out
(d) moved it over

21. A: Does the room have a safe?

B: Yes. You're advised to store your ________ belongings there.

(a) costly
(b) valuable
(c) scarce
(d) worthwhile

22. A: Did you ________ a check with the tax form?

B: Yes, I did. Everything's there in the envelope.

(a) enclose
(b) adhere
(c) salute
(d) contain

23. A: I don't approve of the layoffs, but we have no other choice.

B: Looks like we'll have to ________ the bullet.

(a) chew
(b) bite
(c) eat
(d) slurp

24. A: Don't you think 30 years in jail is a little harsh?

B: Well, he did ________ investors out of millions.

(a) swindle
(b) mystify
(c) gesture
(d) boggle

25. A: I can't seem to decide which of these jobs to accept.

B: Follow your ________ instinct, as I always say.

(a) feet
(b) body
(c) stomach
(d) gut

Part II **Questions 26–50**

Choose the best answer for the blank.

26. The Association of Practicing Physicians is concerned by the rise in the infant mortality ________.

(a) tempo
(b) rate
(c) proportion
(d) degree

27. One of the more ________ elements of Gothic architecture is the use of stained glass depicting scenes from the Bible.

(a) ornamental
(b) husky
(c) rugged
(d) subsistent

28. The Free Laptop Foundation aims to address the ________ in computer access between rich and poor.

(a) disparity
(b) penchant
(c) illustration
(d) amenity

29. Customers ________ after-sales service as the area in which we need the most improvement.

(a) summoned
(b) quoted
(c) extracted
(d) cited

30. There is little point in initiating a diet if you have no intention of ________ to it.

(a) following
(b) staying
(c) sticking
(d) coming

31. Lower ________ payments for first-time homebuyers is perhaps the only positive result of the current downturn.

(a) rent
(b) maintenance
(c) interest
(d) vaudeville

32. In addition to being an award-winning author, Ernest Hemingway was a(n) ________ traveler, frequenting Europe, the Caribbean, and Africa.

(a) tepid
(b) staple
(c) avid
(d) insidious

33. ________ the cleansing power of Brite Tile with other leading brands and we're sure you'll agree: Brite's the best.

(a) Separate
(b) Compare
(c) Obscure
(d) Mediate

34. China's first manned spaceflight in 2003 made it the third country in the world to have succeeded in such a(n) __________.

(a) venture
(b) speculation
(c) occupation
(d) lineup

35. The practical __________ of sociological research are numerous, from overhauling education systems to solving crime.

(a) applications
(b) connotations
(c) exonerations
(d) manipulations

36. High tannin content gives red wines a bitter and often __________ taste to the uninitiated drinker.

(a) excruciating
(b) drastic
(c) unsavory
(d) tempestuous

37. In dispersed communities located far from power transmission lines, solar technology __________ a viable alternative for the supply of electricity.

(a) assumes
(b) expresses
(c) corresponds
(d) represents

38. According to the terms of the lawsuit, the funds will be __________ to the victim at monthly intervals by the accountant.

(a) dispersed
(b) concentrated
(c) revoked
(d) solicited

39. Following a string of military defeats in the sixteenth century, much of Serbia was __________ into the Ottoman Empire.

(a) pursued
(b) absorbed
(c) enacted
(d) contributed

40. Having overheard news of the hostile takeover, the CEO came to the negotiating table with an ax to __________.

(a) wield
(b) grind
(c) sharpen
(d) chop

41. In a questionable move, the presidential candidate selected an obscure state senator to be his running __________.

(a) mate
(b) primate
(c) double
(d) confusion

42. Flashes of lightning that occur on the distant horizon and are unaccompanied by the sound of thunder are often __________ to as "heat lightning."

(a) credited
(b) referred
(c) paraded
(d) replied

43. Lucille Ball, star of the sitcom *I Love Lucy*, remains one of the most __________ symbols of U.S. popular culture.

(a) enduring
(b) responsible
(c) heightened
(d) comfortable

44. Some hand gestures regarded as _________ in one's home country may be found deeply offensive in others.

(a) mordant
(b) voracious
(c) distinctive
(d) innocuous

45. After _________ the corporation loyally for over 20 years, Mr. Reynolds was awarded a generous early retirement package.

(a) lathering
(b) gripping
(c) passing
(d) serving

46. To better _________ the status of its shipments, the company has outfitted its trucks with GPS receivers.

(a) stalk
(b) expose
(c) track
(d) capture

47. The government continually _________ it is doing all it can to weed out corruption.

(a) requests
(b) insists
(c) demands
(d) urges

48. For turkeys under ten pounds, common wisdom _________ that they should be roasted for twenty minutes per pound.

(a) holds
(b) believes
(c) regards
(d) feels

49. Self-reflection, tranquility, and inner peace are all qualities associated with the practice of _________.

(a) celebration
(b) insulation
(c) origination
(d) meditation

50. Desert plant and animal species have evolved various biological _________ that enable them to survive in an otherwise inhospitable environment.

(a) principles
(b) mechanisms
(c) devices
(d) proxies

This is the end of the Vocabulary section. Do NOT move on to the Reading Comprehension section until instructed to do so. You are NOT allowed to turn to any other section of the test.

READING COMPREHENSION

DIRECTIONS

This part of the exam tests your ability to comprehend reading passages. You will have 45 minutes to complete the 40 questions. Be sure to follow the directions given by the proctor.

해설집 P 113

Part I **Questions 1–16**

Read the passage. Then choose the option that best completes the passage.

1. In literature, magic realism weaves fantastical elements into stories of everyday life. Characters within this genre inhabit realistic settings yet do not regard the magical occurrences as out of the ordinary. Magic realism is seen most often in Latin American literature, where cultural folktales provide the inspiration for supernatural beings and events. The genre allows authors to question social conventions or government policies without incurring the censorship such critiques would face were they ____________________________.

(a) leveled in a more direct fashion
(b) aimed instead at a culture's myths
(c) offered through a different medium
(d) endorsed by artists in various fields

2. The name Alexander Graham Bell is widely recognized as belonging to the inventor of the telephone. Yet, Bell's famous creation was an unintended consequence of his experimentation with one of his true passions: helping the deaf and mute. Both his mother and wife had lost their hearing and played a large role in motivating Bell's work. It was through his efforts to develop a rudimentary hearing aid for the deaf that he came up with the concept of the telephone. Later in life, Bell avoided keeping a phone in his workshop, regarding it as a ____________________________.

(a) youthful error in judgment
(b) useless piece of technology
(c) distraction from his true calling
(d) financial failure and a disappointment

3. It can be difficult for an individual to understand ____________________________. Many health advocates recommend that the average person drink at minimum two liters of water every 24 hours to avoid dehydration. Other medical professionals, however, put the figure much lower, at just one liter per day. Moreover, an individual's need for water can vary greatly according to body type and size, weather conditions, and the nature and duration of physical activities undertaken.

(a) the serious health risks of dehydration
(b) how much water he or she should consume
(c) how his or her body uses the water that is drunk
(d) the latest research findings on water consumption

4.

> Dear valuable customer,
>
> The editorial staff at *Design Monthly* would like to make you aware of an exciting new offer. For a limited time only, a month-long subscription to our award-winning architectural magazine is available for just $26.99. That's a savings of over $30 off the newsstand price! ____________________________, simply fill out the enclosed order form and mail it in to us. You won't regret it!
>
> Gratefully yours,
> *Design Monthly* editorial staff

(a) To help with this incredible survey
(b) If you have an interest in modern landscaping
(c) To be removed from the *Design Monthly* mailing list
(d) If you choose to take advantage of this one-time deal

5. The Mongol Empire was the largest continuous empire the world has ever known, spanning nearly a quarter of Earth's land area. It was initiated by the legendary Genghis Khan and spread quickly from its heart in modern-day Mongolia. Extending from the East Sea to Europe's Danube River, and from the Arctic to tropical Southeast Asia, it ruled over 100 million people in its heyday. However, the empire's great size ultimately led to its undoing. Succession struggles after Genghis' death led to civil wars, ____________________________.

(a) and the once mighty empire split apart
(b) but the empire's dominance lasted for centuries
(c) as each Mongol general expanded the empire
(d) for a united Mongolia was important to the Mongols

6. I have nothing against portable music players. In fact, I own one of the latest models and enjoy listening to it during my morning subway commute. What I don't approve of is the use of these players by bicyclists. Part of being a responsible bicycle rider is being aware of your surroundings, but how can you if you can't hear the horn of the car you just cut off? Cyclists have gotten the message about helmet safety. Now it's time to tell them to ____________________________!

(a) take off those earphones
(b) travel with more awareness
(c) keep their bikes maintained
(d) commute by subway instead

7. In terms of cargo tonnage, which is the measure of the weight of all goods loaded and unloaded, ______________________________. Located as it is in proximity to one of China's most developed and economically vital cities, Shanghai's port is the primary point of exit and entry for products involved in China's vast trade networks. Prior to 2005, the ports of Singapore and Rotterdam offered competition for the cargo tonnage title. But, reflecting the continued growth of China's economic might, Shanghai has since overtaken both of them.

(a) several ports are overtaking Shanghai
(b) the port of Shanghai is the world's busiest
(c) Shanghai is a relatively newly established port
(d) Shanghai imports less cargo than it used to

8. In the early 1980s, video games consisted of a large, upright box with a video monitor, joystick, and a few buttons—what was known as an arcade game. The logistics of play were quite limited, as were the games themselves. Today, consoles no larger than a textbook utilize motion sensors to remotely transmit a player's movements and commands to the game. Where controllers are used, they are complex and comprehensive, and the selection of games is seemingly infinite. Clearly, ______________________________.

(a) video games have undergone a drastic transformation
(b) these games are much more popular than they once were
(c) video game production has become a profitable industry
(d) advances in technology have made arcade games obsolete

9. Tired of traipsing around town with your laptop, trying to find a wireless network to get online? Then Catalyst Electronics has some good news for you, as they're introducing the iWi, the world's first portable personal network device. Simply insert the iWi card into your laptop and a wi-fi "bubble" will instantly form around you, allowing you to connect securely and reliably to the Internet. Never again will you have to ______________________________.

(a) leave home with your laptop
(b) reboot to take advantage of wi-fi
(c) hunt for that elusive network signal
(d) worry about compromising your privacy

10. Lasik—or laser-eye surgery, as it is commonly known—is a type of refractive surgery that utilizes a laser beam. As in all refractive surgeries, the goal is to modify the dimensions of the patient's cornea in order to correct naturally developing vision problems. In a Lasik procedure, these modifications are made with a precisely directed and controlled Excimer laser. Though some remain skeptical, concerned about long-term damage, ____________________________.

(a) the technology behind Lasik surgeries is brand new
(b) human eyes have proven resistant to the damage caused
(c) the procedure has yet to be approved by medical associations
(d) thousands of Lasik operations have been performed successfully

11. When considering adolescent males, ____________________________. Those who reach puberty first will typically grow taller and stronger in the coming years than their late-blooming peers. For this reason, they tend to develop a better body image and are more comfortable with their appearance. On the other hand, the early onset of puberty can make boys aggressive and unpredictable due to increased hormone levels. In addition, because they look more like adults, these adolescents will often be assumed to possess more developed emotional states to match their physical progress. This, of course, is usually not the case.

(a) the onset of puberty brings many difficulties
(b) the timing of puberty determines their personalities
(c) there are positives and negatives to early maturation
(d) much about their maturation process remains a mystery

12. The name "comic book" was coined because the earliest manifestations were nothing more than collections of humorous newspaper-style comic strips. The term is still in use today, despite the fact that ______________________________. In America, the super-hero genre is most popular, with titles such as *Superman*, *Spiderman*, and *X-Men*. Japanese and European comic books feature real-life situations, and their content tends to be more dramatic.

(a) most modern comics are serious in tone
(b) the market for comics has since expanded
(c) the popularity of comics is at an all-time low
(d) fewer people read newspapers than in the past

13. For a period of roughly 100 years beginning in the 1860s, millions of Italians emigrated from their homeland. The driving force behind this mass migration was poverty, as conditions for poor farmers living in the Italian countryside were harsh. The majority of emigrants headed for either North or South America, but many others chose destinations within Europe and also Australia. Regardless of where they went, they always brought their traditions with them. The result is that many locales, from New York to Brazil to New Zealand, ______________________________.

(a) no longer allow immigration by Italians
(b) encouraged their citizens to settle in Italy
(c) became prosperous thanks to Italian laborers
(d) have been heavily influenced by Italian culture

14. When a patient is suffering from a bacterial infection, common practice is to administer an antibiotic to neutralize the bacteria. What medical professionals are beginning to discover, however, is that over time strains of bacteria can evolve a resistance to overused antibiotics. These so-called "superbugs" present a dangerous new challenge to medicine. What once may have been considered a relatively harmless infection could become a life-threatening condition. For now, the focus is on preventing the evolution of superbugs in the first place, ______________________________.

(a) something doctors have long advocated
(b) meaning more judicious use of antibiotics
(c) through the use of a new class of medicine
(d) and keeping patients on antibiotic treatments

15. Among increasing consensus that large-scale, top-down models of foreign aid have failed to produce results and may even be causing more harm than good, a new approach is gaining acceptance. Microfinance projects are popping up in all corners of the developing world, and some hope they will one day replace government-gifted aid altogether. Proponents point out that supporting local small businesses via microloans is the best way to promote financial responsibility and economic growth in the third world. ______________________________, people take better care of things they've earned themselves than things simply given them.

(a) Yet
(b) After all
(c) Nonetheless
(d) In spite of that

16. In the late summer and fall of 2006, several Southeast Asian nations experienced one of the worst air pollution events in their histories. Unfettered slash-and-burn agricultural operations in rural Indonesia created a haze that overwhelmed skies over Malaysia, Thailand, and as far north as South Korea. In addition to affecting visibility, the haze contained a number of toxic compounds, such as sulfuric acid. Regional governments accused Indonesia's leaders of complicity in the burning. ______________________________, the truth is that the country's officials had little power to control the actions of corporate farmers and private landowners.

(a) However
(b) Likewise
(c) Moreover
(d) Therefore

Part II **Questions 17—37**

Read the passage and the question. Then choose the option that best answers the question.

17. Computer files are bigger than ever these days, and transferring them from computer to computer can present a real dilemma if the machines are not connected via a network. Standard email accounts impose strict file size limits, and even physical storage media such as CDs may be inadequate. To address this need, several companies offer online transfer services. All a user needs to do is upload the file to the company's server, and then the website delivers a download invitation to the recipient. In the beginning, companies charged for this service, but now there are many free alternatives.

Q: What is the best title for the passage?

(a) The Limitations of Email
(b) A New Way to Swap Files
(c) Sharing Files via a Network
(d) Zero-Cost Software Options

18. Dog owners know there are times when their dogs are far from man's best friend. So, to help your dog live up to his or her potential, obedience training is essential. At Northpark Canine Academy, we do more than just teach your dog to sit, stay, and roll over. Our methods have been certified by the American Kennel Club to produce animals that will comply with your every command. We'll make sure your dog remains your best friend.

Q: What is mainly being advertised?

(a) A learning program for dog owners
(b) A training institution for dogs
(c) A certified method of pet training
(d) A dog-care service for busy owners

19. Many English students are familiar with Shakespeare's plays, with works such as *Hamlet* and *Romeo and Juliet* featured on many curricula. But fewer may be aware that the famous bard also penned over 150 sonnets. The poems, originally published in a single collection in 1609, deal primarily with the subjects of love and romance, and each of them adheres to the strict formatting standards that define the genre.

Q: What is the passage about?
(a) Poetry in Shakespeare's plays
(b) The style and format of sonnets
(c) Some lesser-known poetry of Shakespeare
(d) Shakespeare's preference of poetry over drama

20. Winter is fast approaching, and there's no time like the present to make sure your snow gear needs are satisfied. But why pay hundreds of dollars for new products in the store when you can get last year's models for up to 70% off from your friends and neighbors? That's why the East Rutherford Winter Gear Swap comes in. This Saturday, September 29, come to the City Auditorium to buy, sell, and trade used gear with your fellow East Rutherford citizens. You'll never know what kinds of deals await until you get here.

Q: What is being announced?
(a) A secondhand product exchange
(b) A yearly winter product exhibition
(c) A new gear outlet in East Rutherford
(d) A discount on name-brand winter gear

21. The two European members of World War II's Axis powers, Germany and Italy, had yet to warm to each other in the early 1930s. Mussolini, the leader of Italy, initially did not approve of the anti-Jewish and overall racist policies being forwarded by Germany's Adolf Hitler. As war approached, he even considered siding with the French against Germany. However, as Hitler consolidated his power, it became impossible for Mussolini to resist an alliance with the Nazis.

Q: What is the main idea of the passage?
(a) World War II created many unlikely alliances.
(b) Mussolini advised Hitler on his policies of race.
(c) Italy fought briefly against Germany during WWII.
(d) The Axis powers' pre-war relationship was tenuous.

22. If there were a "mother" of chemotherapy, it would be Polish physicist Marie Curie. Her studies in radioactivity—a term she created—led her to experiment for the first time with using radioactive isotopes to halt the growth of cancerous tumors. Her investigations into this powerful new medical tool, along with the radioactive chemical elements she discovered, profoundly affected scientists' understanding of our world. Sadly, Curie died at the age of 66 from exposure to radiation, but her legacy lives on in the millions of cancer patients who have been cured through chemotherapy.

Q: What is the best title for the passage?
(a) Curie and Chemotherapy: Her Tragic Story
(b) The Health Risks of Studying Radioactivity
(c) The Woman behind Modern Cancer Treatment
(d) Marie Curie and the Discovery of Radioactivity

23. One element that often goes unconsidered in the current debate on whaling is the cultural rights of indigenous peoples. For instance, the Makah people of America's Pacific Northwest have a long tradition of whaling for nutritional, communal, and spiritual purposes. Beginning in the 1920s, the Makah were prohibited from whale killing, a response to declining populations worldwide. However, in 1999, the U.S. government reinstituted the Makah's right to carry out their cultural tradition, granting permission for the hunting of one whale per year.

Q: Which of the following is correct about the Makah?
(a) The whales they hunted were usually eaten.
(b) They continued whaling in the '20s despite the ban.
(c) Their culture condones the hunting of most wild animals.
(d) The government prevents them from practicing their religion.

24. London's British Museum houses artifacts from all over the world, collected primarily during the zenith of the British Empire. Now, the countries from which these priceless historical items were taken are demanding that they be returned. Egypt, for example, would very much like to be able to display the famous Rosetta Stone in one of its domestic collections. The British Museum has refused the majority of such requests, arguing that its possession of foreign artifacts is protected under British law.

Q: Which of the following is correct according to the passage?
(a) Most British Museum artifacts are of British origin.
(b) The Rosetta Stone was removed from Egypt by the British.
(c) The Rosetta Stone is the British Museum's most prized item.
(d) The British Museum is willing to entertain the countries' claims.

25. World health monitoring bodies have long recommended the breastfeeding of infants as the best way to ensure their physical health. What there is less consensus on, however, is whether or not the practice has anything to do with a child's cognitive development. A series of studies carried out since 2000 offer up inconclusive results. Some have found that children who were breastfed for at least six months score up to seven points higher on intelligence tests, whereas others claim that no correlation exists between the two variables.

Q: Which of the following is correct about breastfeeding?

(a) It is the method that most infants prefer.
(b) It has no impact on a child's intelligence.
(c) It is sanctioned by most health authorities.
(d) It affects an infant's cognitive development.

26. When it comes to wind power, one country is clearly leading the way: Denmark. As an early adopter of wind turbine technology in the 1970s, Denmark quickly developed into not only the number-one producer of wind-generated electricity, but also the world's top manufacturer of wind turbines. Today, the Scandinavian nation meets just under 20% of its electricity needs via wind farms located both on land and at sea. Moreover, Danish firms like Vestas Wind Systems are responsible for almost half of global turbine manufacturing.

Q: Which of the following is correct according to the passage?

(a) No other nation has stronger winds than Denmark.
(b) Denmark was one of the first countries to embrace wind power.
(c) A majority of Danish manufacturers produce wind systems.
(d) Denmark plans to increase its wind-generated electricity output by 20%.

27. Musician and songwriter Nina Simone produced songs that were difficult to categorize. Though arguably classifiable under the general label of "jazz," Simone's many hits also mix elements of blues, gospel, soul, and even folk music. Her eclectic style was combined with a haunting and unusually low female singing voice, resulting in music that was truly memorable. Indeed, numerous modern artists cite Simone as one of their major inspirations.

Q: Which of the following is correct about Nina Simone?

(a) She had difficulty singing high notes.
(b) She did not meet with critical acclaim.
(c) She preferred jazz music to other genres.
(d) She influenced a number of later musicians.

28.

Dear Mr. Chairman,

I have been a member of the Rawlson Anthropological Society for six years and have thoroughly enjoyed receiving the society's newsletters and participating in discussions on anthropological issues. Unfortunately, a recent change in my financial situation will make it impossible for me to pay my annual membership dues of $75. For this reason, I must ask to be removed from the society roster for the coming year. Hopefully I will be in a position to rejoin next year.

Yours,
Melissa Block

Q: Which of the following is correct according to the letter?

(a) The society was founded six years ago.
(b) Ms. Block is a colleague of the society's chairman.
(c) The society collects a yearly fee from its members.
(d) Ms. Block hopes to continue receiving the newsletter.

29. The Tainos inhabited a number of Caribbean islands at the time of the arrival of Christopher Columbus and the Spanish conquest. Among the many cultural traits noted by the Spaniards was a sport played in all Taino communities called batey. Not unlike volleyball, it featured two opposing teams and a small rubber ball that was passed back and forth. The players, however, were not allowed to touch the ball with their hands. Instead, the shoulder, elbow, knee, head, and other body parts were used. More than simple recreation, batey matches seemed to function as a means of conflict resolution between neighboring villages.

Q: Which of the following is correct according to the passage?

(a) The Taino were a fit and athletic people.
(b) The Spanish participated in matches of batey.
(c) Batey was similar to a mix of volleyball and soccer.
(d) Batey opponents were always from different villages.

30. Though many airlines around the world are rushing to enable passengers to make in-flight cellular calls, the concept has encountered some unexpected turbulence in the U.S. For one thing, American service providers haven't yet resolved how to bill customers for making calls 30,000 feet in the air. But additionally, poll after poll shows that the majority of passengers frown on the idea. Just as cell use is discouraged in movie theaters and some restaurants, the image of one's seat neighbor blabbing away throughout the flight is not a pleasant prospect.

Q: Which of the following is correct according to the passage?

(a) The debate over cell use on airplanes has been settled.
(b) Americans would find inflight phone calls disruptive.
(c) U.S. air carriers do not approve of in-flight cell service.
(d) Making in-flight calls could be prohibitively expensive.

31. We think of HIV as a modern disease, but scientists believe similar illnesses have been plaguing mammals for the last 100 million years. Researchers have discovered traces of retroviruses—the class of virus to which HIV belongs—in the genetic coding of the two-toed sloth, a direct descendant of the oldest mammals. In fact, this puts the earliest known incidence of retroviruses at 100 million years ago, whereas before this finding scientists had dated them to just 15 million years old. It is hoped that studying the relationship between retroviruses and mammalian evolution will lead to more advanced treatments for HIV, or even a cure.

Q: Which of the following is correct about retroviruses?

(a) They first appeared 15 million years ago.
(b) They are a leading cause of death in sloths.
(c) They all result in fatal conditions in humans.
(d) They have evolved in parallel with mammals.

32. A major figure in the story of Antarctic exploration was Sir Ernest Shackleton. Shackleton's first journey to the southernmost continent came in 1901, and he returned six years later in an attempt to reach the South Pole. He failed, but his team came to within 100 miles of their target, the closest ever at that time. In 1914, he went back a third time with plans to traverse the continent from shore to shore. Despite his vessel being destroyed by sea ice, Shackleton and his entire crew survived for three years before being rescued.

Q: Which of the following is correct according to the passage?
(a) Antarctica had never been explored prior to 1901.
(b) Shackleton was the first to set foot on the South Pole.
(c) Shackleton overcame disaster during his 1914 voyage.
(d) The location of the South Pole was unknown to Shackleton.

33. Over the last 20 months, businesses nationwide have been going crazy over the Collins & Whitmore Problem Solving Program. More than 160,000 copies of the course materials have been sold, and it is estimated that as many as 1.6 million employees have been obliged by their companies to complete the program. Now that results are finally coming in, the truth is coming out. The average employee is no better at solving everyday workplace problems today than he or she was 20 months ago. Unfortunately for employers, Collins & Whitmore does not offer refunds.

Q: What can be inferred from the passage?
(a) The product in question has been used improperly.
(b) Collins & Whitmore's popularity continues to grow.
(c) Companies feel cheated by the problem solving course.
(d) A lack of problem solving skills plagues most businesses.

34. Anyone doubting the richness of Earth's biodiversity has only to travel to the jungles of Southeast Asia, where 63 new animal species were discovered in 2008 alone. The previously unknown creatures included a frog with fangs that preys on birds and a gecko with orange eyes and body stripes resembling a leopard. A new species of pit viper and a bird that seems disdainful of flying were also among the discoveries.

Q: What can be inferred from the passage?
(a) Most newly discovered species are reptiles.
(b) Southeast Asian countries are rich with wildlife.
(c) Most of the world's frogs live in Southeast Asia.
(d) An increase in studies by Asian biologists occurred in 2008.

35. In my opinion, the biggest problem with healthcare today is that there aren't enough skilled general practitioners. Doctors know they can make more money by becoming specialists in fields like cosmetic surgery or neurosurgery, so most end up there. To fix this problem, we need to address how doctors get paid. Physicians in general practice, who handle the highest percentage of patients, need to be making more than specialists, who don't help as large a percentage of the population.

Q: What can be inferred from the passage?

(a) Most general practitioners are not highly skilled.
(b) The author is a physician with a general practice.
(c) Physician pay scales have changed in recent years.
(d) The author believes general practitioners are treated unfairly.

36. "Buffalo Bill" Cody was a charismatic figure of the American West. He earned his nickname by killing 4,860 buffalo for eight months to feed the workers of the Kansas Pacific Railroad. Modern Cody fans highlight his support of Native American rights and the fact that he employed many Indians in the "Wild West" shows he produced. His detractors, on the other hand, label such shows as derogatory and finger Cody as a major player in the destruction of Native American culture.

Q: What can be inferred about "Buffalo Bill" Cody?

(a) His legacy is open to debate.
(b) His biggest fans were Indians.
(c) He was part Native American.
(d) He is usually remembered fondly.

37. To describe the process of socialization, sociologists often refer to two different stages: primary and secondary. Primary socialization involves children learning about the morals and norms of their society at large. For example, general guidelines for what behaviors a culture deems polite are picked up during primary socialization. Secondary socialization is more specific, dealing with the beliefs and behaviors of smaller groups—such as one's peers or coworkers—to which teenagers and adults belong.

Q: What can be inferred from the passage?

(a) Primary socialization occurs at a young age.
(b) Primary socialization is more difficult to study.
(c) Secondary socialization is not undergone by all.
(d) Secondary socialization teaches cultural taboos.

Part III **Questions 38–40**

Read the passage. Then identify the option that does NOT belong.

38. Americans searching for a bicycling adventure need to look no further than their own backyards. (a) The U.S. is home to a wide array of bike trails, no matter which region you live in. (b) Whether you want to cycle the entire Atlantic coast or just go for an off-road day ride, you're sure to find what you're looking for. (c) American-made bicycles have earned an impressive reputation for reliability and quality. (d) Check out the website of the American Cycling Association for specific route information.

39. The only woman ever to lead a Chinese dynasty was Empress Wu Zetian. (a) In the latter half of the 7th century A.D., she controlled the Chinese state through her husband, a Tang Dynasty emperor, and later her sons. (b) In 690 she seized the throne for herself, halting the Tang and initiating a new dynasty called the Zhou. (c) Despite their disapproval of her methods, later historians would admit that she was a capable ruler. (d) Shortly before her death in 705, she was overthrown and the Tang Dynasty was reestablished.

40. Contrary to popular opinion, the growth rate of humankind's global population is currently declining. (a) There were still less than one billion people alive on the planet in the year 1800. (b) A peak was reached in 1962 with 2.2% growth, and today that figure is over a full percentage point lower. (c) It is true that growth trends in many developing nations remain high. (d) On the other hand, the majority of Western industrialized nations are experiencing negative growth.

This is the end of the Reading Comprehension section. Please remain seated until the proctor has instructed otherwise. You are NOT allowed to turn to any other section of the test.

Actual Test 3

Listening Comprehension

Grammar

Vocabulary

Reading Comprehension

LISTENING COMPREHENSION

DIRECTIONS

1. In the Listening Comprehension section, all content will be presented orally rather than in written form.
2. This section contains 4 parts. In parts I and II, each passage will be read only once. In parts III and IV, each passage and its corresponding question will be read twice. But in all sections, the options will be read only once. After listening to the passage and question, listen to the options and choose the best answer.

해설집 P 128

Part I **Questions 1–15**

You will now hear fifteen conversation fragments, each made up of a single spoken statement followed by four spoken responses. Choose the most appropriate response to the statement.

Part II **Questions 16–30**

You will now hear fifteen conversation fragments, each made up of three spoken statements followed by four spoken responses. Choose the most appropriate response to complete the conversation.

Part III **Questions 31–45**

You will now hear fifteen complete conversations. For each item, you will hear a conversation and its corresponding question, both of which will be read twice. Then you will hear four options which will be read only once. Choose the option that best answers the question.

Part IV **Questions 46–60**

You will now hear fifteen spoken monologues. For each item, you will hear a monologue and its corresponding question, both of which will be read twice. Then you will hear four options which will be read only once. Choose the option that best answers the question.

TEPS

GRAMMAR

DIRECTIONS

This part of the exam tests your grammar skills. You will have 25 minutes to complete the 50 questions. Be sure to follow the directions given by the proctor.

해설집 P 146

Part I **Questions 1–20**

Choose the best answer for the blank.

1. A: Why do you go to the gym every day, Jules?
   B: I enjoy ________.

   (a) exercising
   (b) to exercise
   (c) being exercised
   (d) having been exercised

2. A: ________ Jack calls tonight, I'll ask him to come over.
   B: Great! I'm looking forward to seeing him again.

   (a) As
   (b) So
   (b) Until
   (d) When

3. A: Did anyone cheat in your final exam yesterday?
   B: No chance. The proctor ________ at the front of the room.

   (a) had everyone leave their bag
   (b) got everyone leave their bags
   (c) got everyone leaving their bag
   (d) had to everyone leave bags

4. A: Justin, how was the marathon?
   B: Pretty good. I finished in under four hours and ________.

   (a) so Bryan did
   (b) so did Bryan
   (c) also did Bryan
   (d) also Bryan did

5. A: Did your brother go to the rally this evening?
   B: Yes, and now ________.

   (a) he is arrested
   (b) he has been arrested
   (c) he had been arrested
   (d) he should have been arrested

6. A: Do you think Jin Soo has been invited to the wedding?
   B: I don't know, but ________.

   (a) I hope it
   (b) I hope so
   (c) I will hope it
   (d) I would be hoping

7. A: What are you looking for?
   B: I can't find my diamond earrings. I think ________.

   (a) they steal
   (b) they've stolen
   (c) they were stealing
   (d) they've been stolen

8. A: Do you like strong black coffee?
   B: Not usually, but I liked ________ we had this morning.

   (a) coffee
   (b) a coffee
   (c) the coffee
   (d) some coffee

9. A: The burglar put a hole in the wall.
B: _________ to get into the safe.

(a) Definitely he was trying
(b) He was definitely trying
(c) Trying he was definitely
(d) He was trying definitely

10. A: What was your physics final like?
B: It was horrible. In fact, it _________ worse.

(a) can't be
(b) couldn't be
(c) can't have been
(d) couldn't have been

11. A: It looks really dirty in here. How often are these offices _________?
B: Twice a week, sir.

(a) cleaned
(b) cleaning
(c) to clean
(d) been cleaned

12. A: Do you agree that money can't buy happiness?
B: No. _________.

(a) Richer I get, happier I am
(b) Richer I get, more I am happy
(c) The richer I get, the happier I am
(d) The more rich I get, the more happy I am

13. A: What was your wedding dress like?
B: It was a _________ gown.

(a) short off-white beautiful satin
(b) beautiful satin short off-white
(c) short satin off-white beautiful
(d) beautiful short off-white satin

14. A: How was your flight to Australia?
B: Terrible. The traffic was so heavy that _________ the bus, but we missed our plane as well.

(a) we not only missing
(b) not only we did miss
(c) not only did we miss
(d) we had not only missed

15. A: I've heard your brother is studying piano at college. _________?
B: He's better than me, but not outstanding.

(a) How good pianist is he
(b) How good is he pianist
(c) How is he a good pianist
(d) How good a pianist is he

16. A: _________ your new job!
B: Thank you very much.

(a) Congratulations on
(b) Congratulation on
(c) Congratulations for
(d) Congratulation for

17. A: Your new Italian boyfriend cooked dinner for you?

B: Yes. He asked his mother _________.

(a) how pizza to make
(b) how to make pizza
(c) how pizza he can make
(d) how could he make pizza

18. A: Do you want me to get that cake or the other one?

B: Both are great! You can have _________.

(a) however you like
(b) whichever you like
(c) what else you like
(d) no matter which you like

19. A: _________?

B: I think it's at the Rockstone Stadium in Greenleigh.

(a) Where's the rock festival being held
(b) Where's being held the rock festival
(c) Where the rock festival is being held
(d) Where the rock festival being held is

20. A: Robin says he'd be delighted _________ stay with us during summer vacation.

B: That's a relief! I thought he'd object.

(a) if Ken coming to
(b) Ken to come and
(c) with Ken to come to
(d) for Ken to come and

Part II **Questions 21–40**

Choose the best answer for the blank.

21. A common aphorism is "talking to _________ is the first sign of madness."

(a) me
(b) one
(c) itself
(d) oneself

22. When we receive a sudden shock, it can feel _________ our legs have turned to jelly.

(a) like
(b) though
(c) as like
(d) although

23. A large segment of the population agrees that wealthy people should pay more taxes to help _________.

(a) poors
(b) a poor
(c) the poor
(d) the poors

24. Although his hip-hop albums had been the fastest-selling in music history, after 2005 Eminem did not release another album _________ almost four years.

(a) for
(b) while
(c) during
(d) since

25. Academics are always interested to meet another professor __________ thesis topic is similar to their own.

(a) who
(b) who's
(c) which
(d) whose

26. __________, most parents still pay extra private tuition for their school-age children.

(a) As it is expensive
(b) It is as expensive
(c) As expensive it is
(d) As expensive as it is

27. Astronomy is complex, but kindergarten teachers should __________ Earth's position among the planets of our solar system.

(a) explain children enough to understand
(b) explain to understand children enough
(c) explain enough for children to understand
(d) enough explain for children to understand

28. It is generally agreed that nothing is __________ difficult as to foresee the future.

(a) so
(b) such
(c) so much
(d) such more

29. __________ baby sea turtles have emerged from their nests, they must reach the safety of the sea before being caught by a predator.

(a) Once
(b) If ever
(c) At once
(d) Whenever

30. Most people discover as they age that life is really __________ short and the years pass quickly.

(a) such
(b) much
(c) that
(d) very

31. According to school policy, teasing __________ and will be dealt with in the same way as bullying.

(a) will not allow
(b) is not allowed
(c) was not allowed
(d) is not being allowed

32. The injured man __________ to the hospital too late and was already dead on arrival.

(a) is brought
(b) has brought
(c) had brought
(d) had been brought

33. The Immigration Department wasn't __________ the refugees who were flooding into the remote offshore islands.

(a) aware
(b) aware of
(c) aware that
(d) aware of that

34. Although pressure is intense, no athlete can compete successfully if they miss too __________ training.

(a) many
(b) much
(c) a lot of
(d) many of

35. Pentax and Canon _________ new digital SLR models this month.

(a) brought out have both
(b) have both brought out
(c) brought out both have
(d) have brought both out

36. Italy is _________ known for the excellent quality of its coffee.

(a) well
(b) very
(c) such
(d) far

37. The trainee manager _________ at the presentation, but he had gone home early.

(a) would be
(b) should be
(c) is supposed to be
(d) was supposed to be

38. When a disagreement occurs, it is important to try to see things _________ the other person's point of view.

(a) after
(b) from
(c) through
(d) at

39. By the age of two the child _________ soundly through the night for over a year.

(a) has slept
(b) was sleeping
(c) has been sleeping
(d) had been sleeping

40. Audrey Hepburn had _________ sure sense of chic that she became a major fashion influence.

(a) so
(b) such
(c) such a
(d) a such

Part III **Questions 41–45**

Identify the option that contains an awkward expression or an error in grammar.

41. (a) A: I'm planning to conduct experiment on the psychological effects of being a prisoner.
(b) B: It would be better if you studied prison guards rather than prisoners.
(c) A: I've never thought of that before. Why?
(d) B: How to treat terrorists in prison is a big issue right now.

42. (a) A: What's up? You look really worried.
(b) B: I've just offered a promotion within my company.
(c) A: I would have thought that would be good news.
(d) B: Maybe. But it means I'd have to move from Seoul to Pyeongtaek.

43. (a) A: I'd like to confirm my reservation for next week.
(b) B: Can you give me your name and reservation number, please?
(c) A: It's Ken Brown, AH09-821. You do have my reservation, don't you?
(d) B: Yes, Mr. Brown. We have you reserved for March 6 through 8 a non-smoking double room.

44. (a) A: I've just spent a few days with my relatives in Seoul.
(b) B: Did you enjoy being in our capital city?
(c) A: I always enjoy visiting Seoul, and I wouldn't like to live there because it's too big.
(d) B: I love the sea, which is why I prefer living in Busan.

45. (a) A: How did you like the show you went to last night?
(b) B: It was much too long. It lasted until 11 o'clock.
(c) A: Was Dr. Laugh as humorous as people have been saying?
(d) B: I didn't find him funny at all. In fact, I was embarrassing for him.

Part IV Questions 46–50

Identify the option that contains an awkward expression or an error in grammar.

46. (a) At Harvard University, 55,000 mice and 1,500 primates are kept for animal experimentation. (b) The vast majority of the mice are used in programs focusing on genetic research. (c) Scientists are always aware that a stray bacteria could wipe out millions of dollars worth of animal experiments. (d) Therefore, instead researchers want to enter the laboratories, they have to shower and change into scrubs.

47. (a) My mother, whom we hope will be out of the hospital soon, is looking forward to being home again. (b) She had brain surgery two weeks ago. (c) The doctors say that she will take two months to fully recover. (d) However, my mother is hoping to be able to return to work in about six weeks.

48. (a) The Ishtar Gate, dedicated to the goddess Ishtar, was one of the gates of the ancient city of Babylon. (b) King Nebuchadnezzar II was constructed it in about 575 BC. (c) For many centuries, the gate was considered one of the Seven Wonders of the World. (d) The walls surrounding the doors were covered in blue-glazed tiles with gold animals in bas-relief.

49. (a) Greenwich Mean Time (GMT) was established when the Royal Observatory was built in Greenwich, London, in 1685, to help establish longitude at sea. (b) More recently, the advent of atomic clocks has ushered in a new time system, Coordinated Universal Time or UTC. (c) Some countries have retained GMT, but the majority doesn't use it any longer, preferring UTC. (d) However, many newspapers and television channels fail to distinguish between GMT and UTC.

50. (a) The term misogyny was coined by Greek philosophers to describe women-haters. (b) The parallel term is misandry, which is hatred of the male sex. (c) Both terms are related to misanthropy, which is hatred of humanity in general. (d) The Greek philosophers considered misogyny to be caused by gynophobia—that is, fear of women.

This is the end of the Grammar section. Do NOT move on to the next section until instructed to do so. You are NOT allowed to turn to any other section of the test.

TEPS

VOCABULARY

DIRECTIONS

This part of the exam tests your vocabulary skills. You will have 15 minutes to complete the 50 questions. Be sure to follow the directions given by the proctor.

해설집 P 157

Part I **Questions 1—25**

Choose the best answer for the blank.

1. A: You don't look very happy. What's up?
   B: This kind of music always __________ me sad.
   (a) hands
   (b) feels
   (c) makes
   (d) gives

2. A: I'd better be going.
   B: OK, let's __________ over the weekend.
   (a) call out
   (b) talk it up
   (c) touch down
   (d) get in touch

3. A: I'm looking for a new lawyer. Who do you go to?
   B: Lia Cheng, but she's so busy she's not taking new __________ right now.
   (a) clients
   (b) consumers
   (c) agents
   (d) partners

4. A: Could his story really be true?
   B: I don't think so. We should probably __________ the facts before accepting it.
   (a) tug
   (b) check
   (c) leave
   (d) put

5. A: Congratulations on your pregnancy! How are you holding up?
   B: Unfortunately, I'm feeling really __________.
   (a) electric
   (b) elated
   (c) naughty
   (d) nauseous

6. A: The subprime mortgage crisis has had serious consequences.
   B: That's right. Many homeowners have been badly __________.
   (a) affected
   (b) effected
   (c) infected
   (d) defected

7. A: My boyfriend's never going to come back to me!
   B: I'm sorry, but I think you have to __________ the situation.
   (a) except
   (b) accept
   (c) harass
   (d) receive

8. A: I heard that most of the first-class passengers died in the accident.
   B: The front of the plane took the full __________ of the crash.
   (a) brutality
   (b) implosion
   (c) impact
   (d) absorption

9. A: The Phillies are a much better team than the Dodgers.

B: On what _________ did you make that decision?

(a) bases
(b) base
(c) basics
(d) basis

10. A: Visiting my sister always makes me question whether I want to have children.

B: Me, too. Her kids are so _________.

(a) unruly
(b) unfavorable
(c) unfamiliar
(d) uncoordinated

11. A: I heard your aunt was injured at the supermarket.

B: Yes, someone ran their shopping _________ into her and knocked her down.

(a) cart
(b) bag
(c) basket
(d) buggy

12. A: What's your cousin Moira like?

B: She's great! But she _________ money like water.

(a) runs up
(b) runs out of
(c) goes at
(d) goes through

13. A: My favorite poem is *The Road Less Traveled* by Robert Frost.

B: I hate that poem! We _________ it to death when I was in high school.

(a) watched
(b) analyzed
(c) resolved
(d) clarified

14. A: I took my diamond earrings to the jewelers to be _________.

B: Good idea. Your insurance company will be happy about that.

(a) pattered
(b) appraised
(c) appreciated
(d) depreciated

15. A: Can you tell me the way to the post office?

B: Sure. Drive through the _________, turn right by the gas station, and go one more block.

(a) intersection
(b) shoulder
(c) freeway
(d) avenue

16. A: I owe you an _________ for my behavior last night.

B: Don't worry about it. It's not important.

(a) apology
(b) excuse
(c) offense
(d) admission

17. A: Your new colleague had a great time at the party last night.

B: Yes, Rod is very _________.

(a) extreme
(b) excited
(c) existent
(d) extroverted

18. A: You look really sick! Go and see a doctor.

B: You're right, and I'll have to _________ my reservation for tonight's dinner.

(a) bracket
(b) defuse
(c) predict
(d) cancel

19. A: How did your dad react when you told him about the car?

B: He was really _________ with me, I can tell you!

(a) raging
(b) dubious
(c) furious
(d) maddening

20. A: What happened to that case you were working on last month?

B: The wife will _________ trial, charged with murdering her husband.

(a) stand
(b) undergo
(c) experience
(d) withstand

21. A: How was your exam?

B: Awful. By the time I finished I felt _________.

(a) devastated
(b) scattered
(c) splintered
(d) injured

22. A: You look really tired.

B: I feel it. I didn't sleep a _________ last night.

(a) beat
(b) breath
(c) nod
(d) wink

23. A: I won a free holiday in Bermuda!

B: Wow! Does that include airfare and _________?

(a) reserve
(b) accommodation
(c) service
(d) confirmation

24. A: I heard your aunt broke her leg. How is she doing?

B: She was _________ from the hospital this morning.

(a) rushed
(b) admitted
(c) discharged
(d) disbursed

25. A: How do you manage to get straight As on your homework assignments?

B: Well, one thing I always do is a spell _________.

(a) check
(b) tally
(c) routine
(d) checklist

Part II **Questions 26–50**

Choose the best answer for the blank.

26. Famous musicians generally spend hours __________ with the orchestra before their concerts.

(a) conforming
(b) straddling
(c) rehearsing
(d) executing

27. Queen Victoria __________ longer than any other British monarch.

(a) resigned
(b) reigned
(c) registered
(d) reinstated

28. Many Britney Spears fans have been severely __________ by the controversies surrounding her personal life.

(a) disillusioned
(b) reprimanded
(c) damaged
(d) accused

29. All our orders are __________ within two days, or you can upgrade to one day for only $3.99 extra.

(a) generated
(b) fulfilled
(c) infected
(d) shipped

30. When *Vogue* (UK) was __________ in 1912 it made history by being the first overseas edition of a US magazine.

(a) floated
(b) proposed
(c) publicized
(d) launched

31. The drop in mortgage __________ rates for homeowners is one of the few benefits of the present economic crisis.

(a) interest
(b) money
(c) currency
(d) wallet

32. The novelist Ernest Hemingway __________ himself in the cultures of the places he visited before writing vividly about them.

(a) surrounded
(b) riveted
(c) concentrated
(d) immersed

33. Since 1988, when the Kawerau Bridge became the world's first full-time bungee site, it has been __________ as the home of bungee jumping.

(a) collected
(b) recognized
(c) inspired
(d) varnished

34. Cyclists will be able to bike close to the North Korean border when a restricted military area is opened to __________ later this year.

(a) personnel
(b) commoners
(c) civilians
(d) wheelers

35. She sought a divorce from her pop-star husband _________ cruelty.

(a) on the grounds of
(b) in accordance with
(c) with the antecedent of
(d) on suspicion of

36. The music of Norah Jones _________ jazz, soul, and mellow pop to create a celebrated, award-winning sound.

(a) crosses
(b) smoothes
(c) blends
(d) slices

37. Eco Villages represent a worldwide movement to create _________ developments which do not harm the environment in any way.

(a) coherent
(b) sustainable
(c) systemic
(d) malign

38. We _________ our chef's special: fresh rainbow trout with pesto sauce and spring vegetables.

(a) refer
(b) mention
(c) recommend
(d) explain

39. Each year our company _________ a few talented graduates from throughout the country.

(a) searches
(b) deducts
(c) subscribes
(d) recruits

40. The Department of Health recommends that people over 40 years old have their blood pressure _________ regularly.

(a) checked
(b) determined
(c) controlled
(d) audited

41. The trade union is concerned that many workers do not have a written _________.

(a) scandal
(b) negotiation
(c) stipulation
(d) contract

42. When Adolf Hitler became the leader of Germany in 1933, he _________ democracy and behaved like a dictator.

(a) abolished
(b) unhinged
(c) vetoed
(d) revised

43. The global economic crisis has led to workers in many countries being fired or _________.

(a) let up
(b) laid off
(c) given up
(d) left off

44. Whenever Maria gets excited she _________ wildly with her hands while talking.

(a) impresses
(b) dilates
(c) communicates
(d) gesticulates

45. This week Apple warned that iPhone and iPod users could receive small electric shocks while using these products, due to the buildup of _________ electricity in dry weather.

(a) timid
(b) negative
(c) static
(d) menial

46. China fears that the Dalai Lama visits foreign countries in order to _________ Tibetan independence from China.

(a) elevate
(b) inhibit
(c) traverse
(d) promote

47. Please try to _________ as much of the packaging that comes into your home as you can.

(a) recycle
(b) escalate
(c) convert
(d) reprocess

48. Gossip seems harmless, but is in fact so _________ that it can destroy friendships.

(a) insidious
(b) invidious
(c) surreptitious
(d) disingenuous

49. Throughout the world, the multinational company found _________ politicians whom they were able to bribe easily.

(a) debauched
(b) defiled
(c) crooked
(d) perverted

50. Medical practitioners are concerned because many bacterial diseases are becoming _________ to antibiotic drugs.

(a) unyielding
(b) resistant
(c) antagonistic
(d) repellent

This is the end of the Vocabulary section. Do NOT move on to the Reading Comprehension section until instructed to do so. You are NOT allowed to turn to any other section of the test.

READING COMPREHENSION

DIRECTIONS

This part of the exam tests your ability to comprehend reading passages. You will have 45 minutes to complete the 40 questions. Be sure to follow the directions given by the proctor.

해설집 P 167

Part I **Questions 1—16**

Read the passage. Then choose the option that best completes the passage.

1. Newtown Aquatic Center is open every day from 6:00 am to 9:00 pm. It offers a full range of water-related activities under one roof. The Aquatic Center features a 50-meter main pool, a competitive diving pool, learners' and toddlers' pools, plus private spas, saunas, a swim shop, cafe, and short-term daycare. Activities include kayaking, water polo, underwater hockey, and aqua jogging. In addition, you can rest assured that ______________________________, so chlorine-induced eye and breathing problems are a thing of the past.

(a) all pool water is carefully monitored
(b) children are not allowed in the pools
(c) patrons can release stress in the pools
(d) the water filters are covered properly

2.

To the Editor,

The issue of human rights abuses by United States interrogators is crucial to international attitudes about the US, which would be well advised to learn from its own history. During World War II, interrogators were trained to extract information through psychological and not physical means. Prisoners of war were well treated, but their conversations were wiretapped and subsequently studied carefully. Reports on prisoners' idle chatter were found to be a rich source of useful intelligence. If the US is really interested in building new nation-states in Iraq and Afghanistan, then it should remember the Golden Rule and apply it when ______________________________.

(a) writing reports on prisoner interrogations
(b) POWs' conversations are being examined
(c) cross-examining accused terrorists in court
(d) formulating and implementing an interrogation policy

3. Researchers have discovered that mockingbirds can recognize people who have touched their nests in the past. Zoology researchers at the University of Florida made this unexpected discovery during a study of the effects of urbanization on mockingbirds. Birds are much more aware of all aspects of their environment than previously thought, and humans are an important part of that environment. As part of mockingbirds' survival strategies, they have learned to identify people ______________________________.

(a) who have a natural antipathy to birds
(b) who have previously threatened their nests
(c) who form an irregular part of their ecosystem
(d) who look significantly different from each other

4. Although this is a golden age for Spanish men's tennis, it has been nine years since a Spanish woman reached the singles semifinals of a Grand Slam event. However, a short but sturdy 20-year-old shows promise of reaching No. 1 in the world. Carla Suarez has a powerful one-handed backhand that makes her a challenging and complex player. Suarez has spent considerable time studying Justine Henin, ______________________________.

(a) who taught her to tee off
(b) a powerful women's volleyball finalist
(c) who is also a sports journalist
(d) from whom she learned her backhand

5. The Internet's potential as an agent of social change is being demonstrated in China. Incidents involving individual citizens and powerful Communist Party officials used to be known only to nearby residents. But now such cases are being broadcast on the Internet, and millions of people are staging what is becoming known as "online mass incidents." Public awareness of democratic ideas such as accountability and transparency is growing. With each case ______________________________, progress is inching forward.

(a) defended by the local bureaucracy
(b) that is censored by local officials
(c) that is successfully fought on the web
(d) shown to be invalid by the government

6. Recent research into business leadership reveals surprising results. Traits like being a good listener, a good team builder, or an able communicator do not seem to be very important for leading a successful company. What matters is emotional stability, conscientiousness, reliability, attention to detail, and persistence. CEOs need to fill an organizational role, not a charismatic one. Warm, flexible, empathetic people are less likely to succeed as business leaders than ______________________.

(a) flamboyant, enthusiastic, truly idealistic types
(b) charming, ruthless, essentially callous leaders
(c) resolute, efficient, slightly boring personalities
(d) magnetic, larger-than-life, very engaging characters

7. Godwit Air is way ahead when it comes to passenger facilities! All our airplanes boast three innovative features. We are the first airline in the world to install discrete face screens between you and the next person, which can be activated at your convenience. Our planes boast more bathrooms per passenger than regulations demand. And our new headsets not only deliver superior stereo sound, but ______________________.

(a) with entertainment options
(b) keep exterior sounds out, too
(c) when you want to sleep in comfort
(d) with its selection of meals

8. The Irish have celebrated St. Patrick's Day, March 17, as a religious holiday for over one thousand years. When Irish immigrants flooded into the US during the Irish potato famine of the 1840s, the newspapers lampooned the St. Patrick's Day parades in cartoons. However, the Irish soon realized that, in spite of their poverty and lack of education, their great numbers gave them political power. They began to organize themselves into a power bloc known as the "green machine." Soon, St. Patrick's Day Parades became a show of strength attended by ______________________.

(a) Irish immigrants fresh off the boat
(b) environmentally conscious Irish workers
(c) political candidates hoping to woo the Irish
(d) Socialist parties seeking support from the left

9. Major airplane crashes are dramatic and command the attention of the world's media. This creates ______________________. Nevertheless, statistics show a different picture. In the last 20 years there have been 2,100 commercial airline accidents. However, this is set in the context of 11.5 billion passenger trips. The chances of surviving an air flight are 99.9999%.

(a) many photos of wrecked planes
(b) a dramatic illustration of how safe it is
(c) some people to suffer from aviophobia
(d) a perception that air transport is inherently risky

10. Black holes in space are areas into which light waves are drawn and cannot escape. Recently, Israeli scientists succeeded in creating a sonic black hole, trapping sound waves instead of light. The aim of the experiment was to discover more about how the universe works. This could help physicists to ______________________. It will also give a new perspective on some complex issues involving quantum mechanics, thermodynamics, and gravity.

(a) learn more about naturally occurring black holes
(b) reduce sound levels in particularly noisy locations
(c) prove definitively that Israeli scientists were correct
(d) test whether the experiment is possible or not

11. The levels and variety of media exposure in children's lives are topics receiving increasing attention in academic circles. It has been found that media can encourage violence, but it can also stimulate pro-social behavior. However, because of the swift rate of technological development, ______________________. So the question still remains, are children at risk in our media-rich society?

(a) children are not influenced by any single medium for very long
(b) the general public knows the potential effects of media on children
(c) many parents can assess the programs to which their children are exposed
(d) there is a lack of data on the long-term effects of new media forms on children's behavior

12. The Museum of Modern Art (MoMA), in New York City, has played a unique role in developing and collecting modernist art. It is generally agreed to __________________________. Scholars come not just to view MoMA's unparalleled collections, but also to study the history of modern and contemporary art in the museum's extensive archives. MoMA was the brainchild of Abby Rockefeller and opened in 1929, nine days after the Wall Street Crash.

(a) rival the Louvre in its extensive acquisitions
(b) contain many valuable examples of classical artworks
(c) be a unique showcase of ancient indigenous painting
(d) be the most influential museum of modern art in the world

13. Homework is __________________________. However, studies of homework have repeatedly highlighted its negative effects. Physical and emotional fatigue, satiation, and lack of time for leisure and community activities are consistently reported. Cheating is also a problem, through copying from other students, or through having a tutor help with homework assignments. Studies of elementary school students show no difference in achievement later in life between students who received homework and those who did not.

(a) exhausting for students
(b) a path to success in life
(c) a cornerstone of education
(d) understood to create problems

14. A new study conducted at the School of Veterinary Medicine in Barcelona, Spain, suggests that the innocent-looking English cocker spaniel may be one of the world's most aggressive dogs. Cocker spaniels were found to be more likely than other dogs to behave aggressively towards their owners, as well as unfamiliar people. In contrast, dogs from other aggressive breeds were more likely to show hostility towards other dogs. The study adds to increasing evidence indicating that aggressiveness is caused not so much by environment as by __________________________.

(a) lack of training during puppyhood
(b) genetically inherited characteristics
(c) the temperaments of the dogs' owners
(d) the geographic origins of various canine breeds

15. The Depression-era robbers Bonnie and Clyde have become celebrated American antiheroes. ______________________________, the truth is that they were bumbling and utterly ruthless murderers. After they were gunned down by police in 1934, Bonnie and Clyde were almost forgotten for thirty years. The fame they enjoy today is solely due to the 1967 movie *Bonnie and Clyde*, which portrayed them as glamorous, dashing, polite, and persecuted. The many recent biographies written about the couple attest to a continuing fascination with their lives.

(a) Moreover
(b) However
(c) Therefore
(d) Likewise

16. Welcome to the 4th Annual East Asian English Conference. Since the East Asian English Society was founded in 2005, our conferences have gained a reputation for a uniquely harmonious sharing of research and resources among English teachers of the East Asian region. ______________________________, several EAES task forces are now tackling the biggest issues facing English teachers in the area. This year sees our biggest conference yet, with almost 1,000 attendees gathered here in the lovely historic city of Kyoto.

(a) And yet
(b) In the end
(c) As a result
(d) By contrast

Part II **Questions 17–37**

Read the passage and the question. Then choose the option that best answers the question.

17. A recent article in the journal *Sleep Medicine* reports that people who sleep too little, not enough, or erratically are at higher risk of developing diabetes. Other recent studies have also shown a link between length of sleep and obesity, heart disease, and premature death. It appears that sleep disruption affects hormones and proteins which regulate appetite and plays a role in various chronic diseases.

Q: What is the best title for the passage?
(a) Sleep Patterns Impact Health
(b) Insomnia Implicated in Illness
(c) Diabetes Caused by Irregular Sleep
(d) Sleeping Patterns and Body Weight

18. Discussions about semantics, syntax, and phonology focus on abstract concepts and generally use constructed examples. Little attention is paid to such factors as who is speaking and the interrelationships between language and life. Dissecting language in isolation is a limited and arbitrary approach. Instead, it is imperative to study the language of real people in the real world.

Q: What is the main idea of the passage?
(a) Social factors must be included in any study of linguistics.
(b) Linguistic abstractions are useless when studying human language.
(c) Natural utterances should be used when constructing language theory.
(d) Linguistics should be broadened to include other areas of specialization.

19. Victorian literature refers to British literature written during the reign of Queen Victoria (1837-1901). During the 19th century the novel became the leading form of literature in English, and this period is often regarded as the peak of British, American, Russian, and French literature. Victorian novels contained many detailed descriptions of the effects of rapid industrialization on the lives of the working poor and were powerful agents of social change. As the century progressed, novels became grimmer and more realistic, with unhappy endings seen more frequently.

Q: What is the passage mainly about?
(a) Popularity of 19th-century literature
(b) Social realism in the Victorian novel
(c) The characteristics of Victorian literature
(d) The rise of the English novel during the 1800s

20. This year the spring 'Hi Seoul Festival' runs from May 1 through May 9. As always during the festival, the city's cultural venues will feature the talents of artists from many different countries. However, this year the Seoul city government is placing its main emphasis not on culture, but on the environment. The many free activities will include bikes at subway stations throughout Jongno, whole streets closed to cars to permit safe cycling, children's craft activities which find new uses for common packaging materials, and street theater groups demonstrating how to better care for Seoul's environment.

Q: What is the announcement mainly about?
(a) 'Green' activities in Seoul
(b) Children's activities during a festival
(c) The new focus of the Hi Seoul Festival
(d) Cultural events during the Hi Seoul Festival

21. At the East Asian World Economic Forum, the twin issues of the global economy and environmental threats were discussed. Asian cities are vulnerable to the impact of climate change, as many are situated on coastlines, and two thirds of the world's poorest people live in Asia. It was emphasized that these two issues cannot be separated, and a comprehensive policy response must be adopted. Designing low-carbon economies and creating jobs through green growth plans were discussed.

Q: Which of the following is correct according to the article?
(a) Green policies restrict growth in the job market.
(b) Extreme weather conditions could affect many Asian cities.
(c) Asia has the opportunity to lead the world in environmental issues.
(d) Climate change is a bigger problem than the world economic crisis.

22. The term "propaganda" was first used in 1622 by Pope Gregory VI, who established a society for "Propagating the Faith." In 1933, Hitler realized the potential of propaganda, creating a new position, Minister of Propaganda, for Joseph Goebbels, who was very effective in this post. Some key propaganda techniques that have been identified include: denigrating opponents, appealing to the emotions rather than to reason, emphasizing the importance of joining the group, and building a highly biased case.

Q: What is the best title for this passage?
(a) Propaganda Techniques
(b) Propaganda: An Overview
(c) The Origins of Propaganda
(d) Propaganda in Totalitarian Regimes

23. Saint Benedict is revered as the father of western monasticism, but very few facts are known about his life. The only definitive date is a visit paid him by the Gothic king Totila around 542. Benedict lived at a time of great social change, when Imperial Rome was sacked by the Goths, emptied of inhabitants, and then transformed into the Rome of the medieval papacy. Although Benedict's reforming zeal was at first resisted—at least one attempt was made to poison him—his wise and balanced monastic rule became the norm throughout Europe and has also provided inspiration for many secular legislators.

Q: Which of the following is correct according to the article?
(a) Benedict was an influence on law creators.
(b) Many legends arose about Benedict's life.
(c) The king of the Goths threatened Benedict's life.
(d) Benedict was responsible for Rome's transformation.

24. Until the Beijing Olympics, South Korea had won every Olympic gold medal in women's archery since 1984. At the Beijing Olympics, the US coach Lee Ki Sik, also a Korean, was reported as saying that the Korean women were unbeatable. "It's like they are adults shooting with elementary school children." During the 2004 Athens Olympics, the Korean women's team broke three world records during the initial ranking rounds. So the winning of a silver medal in the women's individual event in Beijing was a cause for mourning, rather than rejoicing, in South Korea.

Q: Which of the following is correct according to the article?
(a) Women's archery became an Olympic sport in 1984.
(b) The US coach criticized the South Korean archery team.
(c) South Korea leads the world in both men's and women's archery.
(d) The Korean women's archery team did not meet expectations in Beijing.

25. No other jazz musician has had as strong an influence on rock music as Miles Davis. He played a crucial role in every development in jazz from the 1940s until his death in 1991. As a trumpeter, he was not technically perfect, but made up for this with his unique tone and phrasing. His quintets became the most important jazz group of the 1950s and 1960s. In 1968, he began experimenting with a fusion of jazz and rock. Towards the end of his life, he surrounded himself with young musicians, and his work became increasingly commercial. The critics complained, but his concerts sold out all over the world.

Q: Which of the following is correct about Miles Davis?
(a) He gave up jazz for rock music.
(b) He was famous for his precision with the trumpet.
(c) As he grew older, he lost touch with his audience.
(d) He played in quintets in the 50s.

26. The Rose International School is pleased to announce the opening of our Early Bird program for children aged 3-5 years old. There are two certified teachers in every Early Bird classroom. Children learn through play and exploration in which different learning styles and intelligence levels are catered to. We aim not only at academic but also personal development and foster the skills and attitudes that will lead to a lifelong love of learning. Please find contact information below.

Q: Which of the following is correct according to the advertisement?
(a) The focus is on academic success.
(b) The school is involved in formal learning only.
(c) The school teaches children how to be independent learners.
(d) The program accommodates children who learn in different ways.

27. Crete, a large island lying in the Mediterranean between Greece and Turkey, is generally considered to be the oldest civilization in Europe. During the Bronze Age it was the center of the Minoan civilization, which existed over 4,000 years ago. It came to an end around 1450 BC, possibly because of a natural catastrophe. At a time when people in most other European countries were living in caves, Crete had both a written language and a plumbing system. Homer's *Odyssey* says that Crete was densely populated, with ninety cities.

Q: Which of the following is correct according to the passage?
(a) Crete was destroyed in 1450 BC.
(b) The Minoans were a primitive Stone Age culture.
(c) The Minoans had their own plumbing system.
(d) Crete had a higher population during Homer's time than it does now.

28. Elder abuse is becoming recognized as a problem in many societies. It is defined as doing something, or failing to do something, which results in harm to an elderly person. It includes physical, sexual, or emotional abuse; neglecting or deserting an older person for whom you are responsible; and taking or misusing an elderly person's money or property. Elder abuse can happen in the family, in hospitals, or in nursing homes. Many forms of elder abuse are recognized as domestic or family violence.

Q: Which of the following is correct according to the passage?
(a) Elderly people are mainly abused by other elderly people.
(b) Elder abuse includes the theft of personal belongings.
(c) Old people are most at risk with people unknown to them.
(d) Senior citizens are at risk from criminal activity such as muggings.

29. Van Gogh's dramatic life story is well known, especially the fact that his right ear was cut off. It has generally been supposed that Van Gogh cut off his own ear in a fit of madness. However, recently two art historians have suggested that Van Gogh's ear was accidentally cut off by his friend, the painter Gauguin, with his sword during an argument. They posit that Van Gogh told people he cut off the ear himself to protect his friend. Whatever the truth is, Gauguin left Arles and never saw Van Gogh again, who was hospitalized and in a critical state for several days.

Q: Which of the following is correct according to the passage?
(a) Van Gogh cut off his own ear.
(b) Van Gogh and Gauguin argued about their art.
(c) Gauguin may have inadvertently cut off Van Gogh's ear.
(d) The painters' friendship was not affected by the incident.

30.

To the Householder

The City Council has decided, after two years of research and planning, to make Orchard City a model of an environmentally sustainable community. The new City Plan includes massive tree planting schemes, designated bike trails throughout the city and environs, updated recycling facilities, and tougher controls on industrial pollution. In order to fund these new policies, the City Council will increase property taxes by 5% beginning September 1. These proposals will inevitably cause a rise in home values as Orchard City becomes a sought-after locality, so homeowners have much to gain, both financially and in terms of quality of life.

Q: Why did the City Council write this letter?
(a) To get householders' support for the new policies
(b) To tell citizens that their properties will increase in price
(c) To inform home owners that taxes are going to increase
(d) To persuade residents to become environmentally aware

31. Scientists from the University of Central Florida say they have developed cancer tests that could be sold over the counter. The tests could detect seven to ten different kinds of common cancer from one drop of blood in only a few minutes. In contrast, existing methods of testing are expensive, require a lot of blood, take several hours, and can only detect advanced cancers. The new cancer tests are based on nanotechnology, which uses microscopic materials.

Q: Which of the following is correct according to the article?
(a) The new cancer tests have already begun to sell.
(b) Over-the-counter cancer tests are proving successful.
(c) Most kinds of cancer can be detected with the new tests.
(d) The new tests are possible because of different technology.

32. A study of women in Michigan has found that what your mother ate during pregnancy can have a significant effect on your weight gain as an adult. Lake Michigan is known to have large amounts of industrial pollutants in the water. It was found that mothers who had eaten the most DDT (dichloro-diphenyl-trichloro-ethane) contaminated fish had daughters who were 20 pounds heavier by the age of 30. Fatty fish like tuna and salmon contain lots of DDT. Guidelines recommend eating no more than two servings of fish a week from certain lakes and rivers, and pregnant women should eat less.

Q: Which of the following is correct according to the article?
(a) Pregnant women should not eat fish.
(b) Eating tuna and salmon cannot harm your health.
(c) Conditions in the womb can have health effects in adulthood.
(d) The Michigan area was studied because fishing is popular there.

33. The road to modern video games is paved with all kinds of intriguing innovations that didn't quite catch on. However, we wouldn't have the best-selling, role-playing games of today without the persistent, risk-taking engineers and inventors of past decades. For example, the VHS video game Action Max from the toy company Worlds of Wonder necessitated a VCR and was non-interactive: the game was the same each time. But when Worlds of Wonder collapsed, many of its engineers are said to have taken jobs at the more successful Nintendo.

Q: What can be inferred from the article?
(a) Older video game technologies are now regarded as irrelevant.
(b) Lessons learned from the Worlds of Wonder failure were used at Nintendo.
(c) VHS game engineers were not able to develop more sophisticated games.
(d) The technological superiority of Nintendo led to the collapse of Worlds of Wonder.

34. As technology changes the nature of work and even eliminates some categories of jobs, many American colleges are starting to overhaul their curricula to better prepare students to join 21st-century workforces. New programs are being constructed to offer relevant coursework and skills. These new programs include courses in business ethics, online education, homeland security, biofuels, and sustainable technology. Armed with knowledge in these subject areas, American graduates should have an easier time finding jobs than they did previously, when general liberal-arts expertise was all they had to offer.

Q: What can be inferred about current American college programs?
(a) They focus solely on liberal arts courses.
(b) They are not meeting the demands of employers.
(c) They are experiencing a drop in student enrollment.
(d) They avoid subjects such as biofuels and online education.

35. A new community in Germany, Vauban, is conducting a social experiment in car-free living. Street parking, garages, and driveways are forbidden and cars must be parked in a large garage on the edge of the suburb. As a result, 70% of families in Vauban do not own a car. The experiment is part of "smart planning," a growing movement in Europe to curb greenhouse gas emissions, of which 12% is caused by cars. Suburbs have traditionally been designed around car use, but urban planners around the globe are starting to make them more compact, with better access to public transport and stores and less space for parking.

Q: What can be inferred from the passage?
(a) Urban planners in Europe are trying to phase out private cars.
(b) Germany is at the forefront of environmentally friendly living.
(c) Vauban will fail as an experiment in car-free urban life.
(d) Many European communities are designed on "smart planning" principles.

36. A new genetic study proposes that birds originated 100 million years ago, during the time that dinosaurs ruled the earth. Until now, studies based on fossil records dated the origin of birds to 66 million years ago, about the time that dinosaurs became extinct. However, geneticists argue that the true origin of a species happens when a genetic line splits. For example, molecular biologists now say that fowl, like chickens, and waterfowl, like ducks, split 90 million years ago to form different kinds of birds. The new findings, based on DNA synthesis, may replace fossil specimens as the most exact method of dating species.

Q: What can be inferred from the passage?
(a) All birds are descended from chickens.
(b) Waterfowl and fowl are not actually related.
(c) Fossils accurately record the origin of a species.
(d) Geneticists believe birds coexisted with dinosaurs.

37. Jimmy Carter was President of the United States from 1977 to 1981, but his presidency finished amid widespread criticism of his policies. However, since his term of office ended, Carter has become renowned for his international humanitarian work. Carter and his wife Rosalynn established the Carter Center, which conducts peace negotiations, has monitored 70 elections in 28 countries, and works towards disease eradication and prevention in the developing world. Carter is also a key figure in Habitat for Humanity and received the Nobel Peace Prize in 2002.

Q: What can be inferred about Jimmy Carter?
(a) He is highly respected for his achievements while President.
(b) He sought to redeem his presidency through his charity work.
(c) He used his position as ex-President to influence other governments.
(d) He received the Nobel Peace Prize for his work with Habitat for Humanity.

Part III **Questions 38–40**

Read the passage. Then identify the option that does NOT belong.

38. Cancer Research UK reports that skin cancer is increasing faster than any other disease in the UK. (a) It is predicted that by 2024 the disease will be the fourth most common form of cancer in Britain. (b) Women are more likely to go to the doctor and be diagnosed as having skin cancer, but more men die from the disease. (c) Experts say that artificial tanning is contributing to the rise of skin cancer. (d) Therefore, some people think the government should put a tax on sun beds.

39. The Cambodian government may open the Angkor Wat temples at night to attract more tourists. (a) This is to attract more tourists and therefore more income for this impoverished country. (b) Already, around 500,000 tourists are expected to visit Angkor Wat this year. (c) In 2003 there were riots when a rumor spread that a Thai actress had claimed Angkor Wat was in Thailand. (d) But conservationists are unhappy about the prospect of increased tourism, saying that the earth beneath the temple is already being destabilized.

40. Generation Y is a term used to describe the generation born between the late seventies and early nineties. (a) They are characterized by their habitual use of the Internet, computers, MP3s, and mobile phones. (b) In addition, they are generally highly skilled at multi-tasking. (c) Gen Yers differ from those of previous generations in their tendency to have positive relationships with their parents, to whom they talk on a wide range of topics. (d) Young people in China experience a wide generation gap with their parents.

This is the end of the Reading Comprehension section. Please remain seated until the proctor has instructed otherwise. You are NOT allowed to turn to any other section of the test.

TEPS

Test of English Proficiency
developed by
Seoul National University

앞면(Side1)

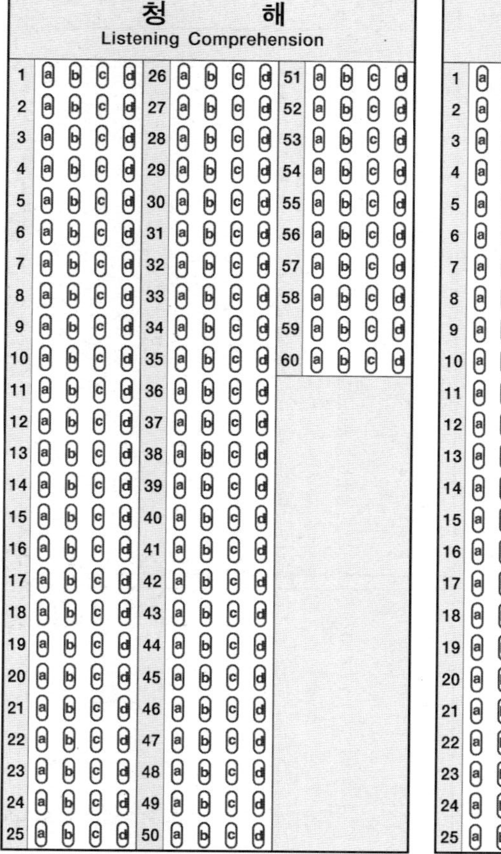

TEPS

Test of English Proficiency
developed by
Seoul National University

수험번호 Registration No.	
성명 Name — 한글	
성명 Name — 한자	

문 제 지 번 호 Test Booklet No.

감독관확인란

청 해 Listening Comprehension
1–60 (a b c d)

문 법 Grammar
1–50 (a b c d)

어 휘 Vocabulary
1–50 (a b c d)

독 해 Reading Comprehension
1–40 (a b c d)

주 민 등 록 번 호 National ID No.

고사실란 Room No.

수 험 번 호 Registration No.

비밀번호 Password

좌석번호 Seat No.

서 약	본인은 필기구 및 기재오류와 답안지 훼손으로 인한 책임을 지고, 부정행위 처리규정을 준수할 것을 서약합니다.	

답안작성시 유 의 사 항

1. 답안 작성은 반드시 **컴퓨터용 싸인펜**을 사용해야 합니다.
2. 답안을 정정할 경우 수정테이프(수정액 불가)를 사용해야 합니다.
3. 본 답안지는 컴퓨터로 처리되므로 훼손해서는 안되며, 답안지 하단의 타이밍마크(❙❙❙)를 찢거나, 낙서 등으로 인한 훼손시 불이익이 발생할 수 있습니다.
4. 답안은 문항당 정답을 1개만 골라 ▮와 같이 정확히 기재해야 하며, 필기구 오류나 본인의 부주의로 잘못 표기한 경우에는 당 관리위원회의 OMR판독기의 판독결과에 따르며, 그 결과는 본인이 책임집니다.
   Good ▮ Bad
5. 감독관의 확인이 없는 답안지는 무효처리됩니다.

뒷면(Side2)

TEPS

Test of English Proficiency
developed by
Seoul National University

성명	영문	
	서명	

응시일자 : 20　　년　　월　　일

<부정행위 및 규정위반 처리규정>

1. 모든 부정행위 및 규정위반 적발 및 이에 대한 조치는 TEPS관리위원회의 처리규정에 따라 이루어집니다.

2. 부정행위 및 규정위반 행위는 현장 적발 뿐만 아니라 사후에도 적발될 수 있으며 모두 동일한 조치가 취해집니다.

3. 부정행위 적발 시 당해 성적은 무효화되며 사안에 따라 최대 5년까지 TEPS관리위원회에서 주관하는 모든 시험의 응시자격이 제한됩니다.

4. 문제지 이외에 메모를 하는 행위와 시험 문제의 일부 또는 전부를 유출하거나 공개하는 경우 부정행위로 처리됩니다.

5. 각 파트별 시간을 준수하지 않거나, 시험 종료 후 답안 작성을 계속할 경우 규정위반으로 처리됩니다.

성　　명 (성·이름순으로 기재)

EX　H O N G　G I L　D O N G

A B C D E F G H I J K L M N O P Q R S T U V W X Y Z

단체구분

학생	일반
( )	( )

질 문 란

1. 귀하의 TEPS 응시목적은?
   - ⓐ 입사지원 ⓑ 인사정책
   - ⓒ 개인실력측정 ⓓ 입시
   - ⓔ 국가고시 지원 ⓕ 기타

2. 귀하의 영어권 체류 경험은?
   - ⓐ 없다 ⓑ 6개월 미만
   - ⓒ 6개월 이상 1년 미만 ⓓ 1년 이상 3년 미만
   - ⓔ 3년 이상 5년 미만 ⓕ 5년 이상

3. 귀하께서 응시하고 계신 고사장에 대한 만족도는?
   - ⓐ 0점 ⓑ 1점
   - ⓒ 2점 ⓓ 3점
   - ⓔ 4점 ⓕ 5점

4. 최근 2년내 TEPS 응시횟수는?
   - ⓐ 없다 ⓑ 1회
   - ⓒ 2회 ⓓ 3회
   - ⓔ 4회 ⓕ 5회 이상

학력	재학	졸업	전공	직업
초등학교	( )	( )	인문학 ( )	공무원 ( )
중학교	( )	( )	사회과학·법학 ( )	고시준비 ( )
고등학교	( )	( )	경제학·경영학 ( )	교사 ( )
전문대학	( )	( )	자연과학 ( )	군인 ( )
대학교	( )	( )	의학·약학·간호학 ( )	의료인 ( )
대학원	( )	( )	공학 ( )	자영업 ( )
			교육학 ( )	학생 ( )
			음악·미술·체육 ( )	회사원 ( )
			기타 ( )	무직 ( )
				기타 ( )

직종		직책
고위임직원 ( )	무역 ( )	임원 ( )
전문직(과학.공학) ( )	외환 ( )	부장 ( )
전문직(교육) ( )	자금 ( )	차장 ( )
전문직(법률,회계,금융) ( )	공무 ( )	과장 ( )
기술직 ( )	업무 ( )	대리 ( )
영업 ( )	품질관리 ( )	계장 ( )
홍보 ( )	전산 ( )	사원 ( )
총무 ( )	행정직 ( )	인턴 ( )
인사 ( )	생산관리 ( )	기타 ( )
경리 ( )	서비스 ( )	
기획 ( )	기타 ( )	
구매 ( )		

앞면(Side1)

TEPS

Test of English Proficiency
developed by
Seoul National University

수험번호 Registration No.	
성명 Name 한글	
한자	

문제지번호 Test Booklet No.	감독관확인란

청해 Listening Comprehension

1	a b c d	26	a b c d	51	a b c d
2	a b c d	27	a b c d	52	a b c d
3	a b c d	28	a b c d	53	a b c d
4	a b c d	29	a b c d	54	a b c d
5	a b c d	30	a b c d	55	a b c d
6	a b c d	31	a b c d	56	a b c d
7	a b c d	32	a b c d	57	a b c d
8	a b c d	33	a b c d	58	a b c d
9	a b c d	34	a b c d	59	a b c d
10	a b c d	35	a b c d	60	a b c d
11	a b c d	36	a b c d		
12	a b c d	37	a b c d		
13	a b c d	38	a b c d		
14	a b c d	39	a b c d		
15	a b c d	40	a b c d		
16	a b c d	41	a b c d		
17	a b c d	42	a b c d		
18	a b c d	43	a b c d		
19	a b c d	44	a b c d		
20	a b c d	45	a b c d		
21	a b c d	46	a b c d		
22	a b c d	47	a b c d		
23	a b c d	48	a b c d		
24	a b c d	49	a b c d		
25	a b c d	50	a b c d		

문법 Grammar

1	a b c d	26	a b c d
2	a b c d	27	a b c d
3	a b c d	28	a b c d
4	a b c d	29	a b c d
5	a b c d	30	a b c d
6	a b c d	31	a b c d
7	a b c d	32	a b c d
8	a b c d	33	a b c d
9	a b c d	34	a b c d
10	a b c d	35	a b c d
11	a b c d	36	a b c d
12	a b c d	37	a b c d
13	a b c d	38	a b c d
14	a b c d	39	a b c d
15	a b c d	40	a b c d
16	a b c d	41	a b c d
17	a b c d	42	a b c d
18	a b c d	43	a b c d
19	a b c d	44	a b c d
20	a b c d	45	a b c d
21	a b c d	46	a b c d
22	a b c d	47	a b c d
23	a b c d	48	a b c d
24	a b c d	49	a b c d
25	a b c d	50	a b c d

어휘 Vocabulary

1	a b c d	26	a b c d
2	a b c d	27	a b c d
3	a b c d	28	a b c d
4	a b c d	29	a b c d
5	a b c d	30	a b c d
6	a b c d	31	a b c d
7	a b c d	32	a b c d
8	a b c d	33	a b c d
9	a b c d	34	a b c d
10	a b c d	35	a b c d
11	a b c d	36	a b c d
12	a b c d	37	a b c d
13	a b c d	38	a b c d
14	a b c d	39	a b c d
15	a b c d	40	a b c d
16	a b c d	41	a b c d
17	a b c d	42	a b c d
18	a b c d	43	a b c d
19	a b c d	44	a b c d
20	a b c d	45	a b c d
21	a b c d	46	a b c d
22	a b c d	47	a b c d
23	a b c d	48	a b c d
24	a b c d	49	a b c d
25	a b c d	50	a b c d

독해 Reading Comprehension

1	a b c d	26	a b c d
2	a b c d	27	a b c d
3	a b c d	28	a b c d
4	a b c d	29	a b c d
5	a b c d	30	a b c d
6	a b c d	31	a b c d
7	a b c d	32	a b c d
8	a b c d	33	a b c d
9	a b c d	34	a b c d
10	a b c d	35	a b c d
11	a b c d	36	a b c d
12	a b c d	37	a b c d
13	a b c d	38	a b c d
14	a b c d	39	a b c d
15	a b c d	40	a b c d
16	a b c d		
17	a b c d		
18	a b c d		
19	a b c d		
20	a b c d		
21	a b c d		
22	a b c d		
23	a b c d		
24	a b c d		
25	a b c d		

주민등록번호 National ID No.

						–							
0	0	0	0	0	0			0	0	0	0	0	0
1	1	1	1	1	1		1	1	1	1	1	1	1
2	2		2	2	2		2	2	2	2	2	2	2
3	3		3	3	3		3	3	3	3	3	3	3
4	4		4		4		4	4	4	4	4	4	4
5	5		5		5	–	5	5	5	5	5	5	5
6	6		6		6		6	6	6	6	6	6	6
7	7		7		7		7	7	7	7	7	7	7
8	8		8		8		8	8	8	8	8	8	8
9	9		9		9		9	9	9	9	9	9	9

고사실란 Room No.

0	0
1	1
2	2
3	3
4	4
5	5
	6
	7
	8
	9

수험번호 Registration No.

0	0	0	0	0	0	0
1	1	1	1	1	1	1
2	2	2	2	2	2	2
3	3	3	3	3	3	3
4	4	4	4	4	4	4
5	5	5	5	5	5	5
6	6	6	6	6	6	6
7	7	7	7	7	7	7
8	8	8	8	8	8	8
9	9	9	9	9	9	9

비밀번호 Password

0	0	0	0
1	1	1	1
2	2	2	2
3	3	3	3
4	4	4	4
5	5	5	5
6	6	6	6
7	7	7	7
8	8	8	8
9	9	9	9

좌석번호 Seat No.

A	1
B	2
C	3
D	4
E	5
	6
	7

서 약 **본인은 필기구 및 기재오류와 답안지 훼손으로 인한 책임을 지고, 부정행위 처리규정을 준수할 것을 서약합니다.**

답안작성시 유의사항

1. 답안 작성은 반드시 **컴퓨터용 싸인펜**을 사용해야 합니다.
2. 답안을 정정할 경우 수정테이프(수정액 불가)를 사용해야 합니다.
3. 본 답안지는 컴퓨터로 처리되므로 훼손해서는 안되며, 답안지 하단의 타이밍마크(❙❙❙)를 찢거나, 낙서 등으로 인한 훼손시 불이익이 발생할 수 있습니다.
4. 답안은 문항당 정답을 1개만 골라 ▮와 같이 정확히 기재해야 하며, 필기구 오류나 본인의 부주의로 잘못 표기한 경우에는 당 관리위원회의 OMR판독기의 판독결과에 따르며, 그 결과는 본인이 책임집니다.
   Good ▮ Bad
5. 감독관의 확인이 없는 답안지는 무효처리됩니다.

뒷면(Side2)

TEPS

Test of English Proficiency
developed by
Seoul National University

성명	영문	
	서명	

응시일자 : 20 년 월 일

<부정행위 및 규정위반 처리규정>

1. 모든 부정행위 및 규정위반 적발 및 이에 대한 조치는 TEPS관리위원회의 처리규정에 따라 이루어집니다.
2. 부정행위 및 규정위반 행위는 현장 적발 뿐만 아니라 사후에도 적발될 수 있으며 모두 동일한 조치가 취해 집니다.
3. 부정행위 적발 시 당해 성적은 무효화되며 사안에 따라 최대 5년까지 TEPS관리위원회에서 주관하는 모든 시험의 응시자격이 제한됩니다.
4. 문제지 이외에 메모를 하는 행위와 시험 문제의 일부 또는 전부를 유출하거나 공개하는 경우 부정행위로 처리됩니다.
5. 각 파트별 시간을 준수하지 않거나, 시험 종료 후 답안 작성을 계속할 경우 규정위반으로 처리됩니다.

성 명 (성 · 이름순으로 기재)

EX H O N G G I L D O N G

A
B
C
D
E
F
G
H
I
J
K
L
M
N
O
P
Q
R
S
T
U
V
W
X
Y
Z

단체구분

학생	일반
( )	( )

질 문 란

1. 귀하의 TEPS 응시목적은?
   - a 입사지원 b 인사정책
   - c 개인실력측정 d 입시
   - e 국가고시 지원 f 기타
2. 귀하의 영어권 체류 경험은?
   - a 없다 b 6개월 미만
   - c 6개월 이상 1년 미만 d 1년 이상 3년 미만
   - e 3년 이상 5년 미만 f 5년 이상
3. 귀하께서 응시하고 계신 고사장에 대한 만족도는?
   - a 0점 b 1점
   - c 2점 d 3점
   - e 4점 f 5점
4. 최근 2년내 TEPS 응시횟수는?
   - a 없다 b 1회
   - c 2회 d 3회
   - e 4회 f 5회 이상

학력	재학	졸업	전 · 공	직업
초등학교	( )	( )	인문학 ( )	공무원 ( )
중학교	( )	( )	사회과학 · 법학 ( )	고시준비 ( )
고등학교	( )	( )	경제학 · 경영학 ( )	교사 ( )
전문대학	( )	( )	자연과학 ( )	군인 ( )
대학교	( )	( )	의학 · 약학 · 간호학 ( )	의료인 ( )
대학원	( )	( )	공학 ( )	자영업 ( )
			교육학 ( )	학생 ( )
			음악 · 미술 · 체육 ( )	회사원 ( )
			기타 ( )	무직 ( )
				기타 ( )

직종		직책
고위임직원 ( )	무역 ( )	임원 ( )
전문직(과학.공학) ( )	외환 ( )	부장 ( )
전문직(교육) ( )	자금 ( )	차장 ( )
전문직(법률.회계.금융) ( )	공무 ( )	과장 ( )
기술직 ( )	업무 ( )	대리 ( )
영업 ( )	품질관리 ( )	계장 ( )
홍보 ( )	전산 ( )	사원 ( )
총무 ( )	행정직 ( )	인턴 ( )
인사 ( )	생산관리 ( )	기타 ( )
경리 ( )	서비스 ( )	
기획 ( )	기타 ( )	
구매 ( )		

앞면(Side1)

TEPS

Test of English Proficiency
developed by
Seoul National University

수험번호 Registration No.	
성명 Name 한글	
한자	

문제지번호 Test Booklet No.	감독관확인란

청해 Listening Comprehension

1–60 (a b c d)

문법 Grammar

1–50 (a b c d)

어휘 Vocabulary

1–50 (a b c d)

독해 Reading Comprehension

1–40 (a b c d)

주민등록번호 National ID No.

고사실란 Room No.

수험번호 Registration No.

비밀번호 Password

좌석번호 Seat No.

서약	본인은 필기구 및 기재오류와 답안지 훼손으로 인한 책임을 지고, 부정행위 처리규정을 준수할 것을 서약합니다.	

답안작성시 유의사항

1. 답안 작성은 반드시 **컴퓨터용 싸인펜**을 사용해야 합니다.
2. 답안을 정정할 경우 수정테이프(수정액 불가)를 사용해야 합니다.
3. 본 답안지는 컴퓨터로 처리되므로 훼손해서는 안되며, 답안지 하단의 타이밍마크(❙❙❙)를 찢거나, 낙서 등으로 인한 훼손시 불이익이 발생할 수 있습니다.
4. 답안은 문항당 정답을 1개만 골라 ▮와 같이 정확히 기재해야 하며, 필기구 오류나 본인의 부주의로 잘못 표기한 경우에는 당 관리위원회의 OMR판독기의 판독결과에 따르며, 그 결과는 본인이 책임집니다.

   Good ▮ Bad

5. 감독관의 확인이 없는 답안지는 무효처리됩니다.

뒷면(Side2)

TEPS

Test of English Proficiency
developed by
Seoul National University

성명	영문	
	서명	

응시일자 : 20　　년　　월　　일

<부정행위 및 규정위반 처리규정>

1. 모든 부정행위 및 규정위반 적발 및 이에 대한 조치는 TEPS관리위원회의 처리규정에 따라 이루어집니다.

2. 부정행위 및 규정위반 행위는 현장 적발 뿐만 아니라 사후에도 적발될 수 있으며 모두 동일한 조치가 취해집니다.

3. 부정행위 적발 시 당해 성적은 무효화되며 사안에 따라 최대 5년까지 TEPS관리위원회에서 주관하는 모든 시험의 응시자격이 제한됩니다.

4. 문제지 이외에 메모를 하는 행위와 시험 문제의 일부 또는 전부를 유출하거나 공개하는 경우 부정행위로 처리됩니다.

5. 각 파트별 시간을 준수하지 않거나, 시험 종료 후 답안 작성을 계속할 경우 규정위반으로 처리됩니다.

성　　명 (성 · 이름순으로 기재)

EX　H O N G　G I L　D O N G

A B C D E F G H I J K L M N O P Q R S T U V W X Y Z

단 체 구 분

학생	일반
( )	( )

질 문 란

1. 귀하의 TEPS 응시목적은?
   - ⓐ 입사지원　ⓑ 인사정책
   - ⓒ 개인실력측정　ⓓ 입시
   - ⓔ 국가고시 지원　ⓕ 기타

2. 귀하의 영어권 체류 경험은?
   - ⓐ 없다　ⓑ 6개월 미만
   - ⓒ 6개월 이상 1년 미만　ⓓ 1년 이상 3년 미만
   - ⓔ 3년 이상 5년 미만　ⓕ 5년 이상

3. 귀하께서 응시하고 계신 고사장에 대한 만족도는?
   - ⓐ 0점　ⓑ 1점
   - ⓒ 2점　ⓓ 3점
   - ⓔ 4점　ⓕ 5점

4. 최근 2년내 TEPS 응시횟수는?
   - ⓐ 없다　ⓑ 1회
   - ⓒ 2회　ⓓ 3회
   - ⓔ 4회　ⓕ 5회 이상

학력	재학	졸업	전공	직업
초등학교	( )	( )	인문학 ( )	공무원 ( )
중학교	( )	( )	사회과학 · 법학 ( )	고시준비 ( )
고등학교	( )	( )	경제학 · 경영학 ( )	교사 ( )
전문대학	( )	( )	자연과학 ( )	군인 ( )
대학교	( )	( )	의학 · 약학 · 간호학 ( )	의료인 ( )
대학원	( )	( )	공학 ( )	자영업 ( )
			교육학 ( )	학생 ( )
			음악 · 미술 · 체육 ( )	회사원 ( )
			기타 ( )	무직 ( )
				기타 ( )

직종		직책
고위임직원 ( )	무역 ( )	임원 ( )
전문직(과학공학) ( )	외환 ( )	부장 ( )
전문직(교육) ( )	자금 ( )	차장 ( )
전문직(법률,회계,금융) ( )	공무 ( )	과장 ( )
기술직 ( )	업무 ( )	대리 ( )
영업 ( )	품질관리 ( )	계장 ( )
홍보 ( )	전산 ( )	사원 ( )
총무 ( )	행정직 ( )	인턴 ( )
인사 ( )	생산관리 ( )	기타 ( )
경리 ( )	서비스 ( )	
기획 ( )	기타 ( )	
구매 ( )		

Memo

How to TEPS 실전력 700

목표! TEPS 700점!

TEPS 700점 획득을 위해 반드시 알아야 할 문제로만 구성

시험 직전 문법 핵심 정리를 위한 빈출 문법 매뉴얼 증정

취업, 승진, 진학, 고시 등 영어시험 기준 점수 획득을 위한 실전 모의고사

독해 · 청해

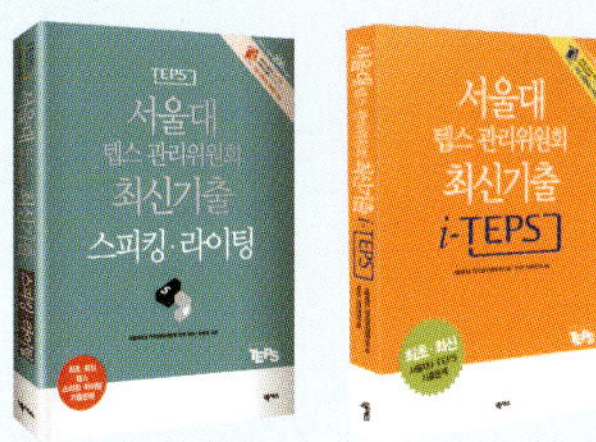

서울대 텝스 관리위원회 최신기출 스피킹·라이팅 | 서울대학교 TEPS관리위원회 문제 제공 · 유경하 해설 | 340쪽 | 28,000원
서울대 텝스 관리위원회 최신기출 *i*-TEPS | 서울대학교 TEPS관리위원회 문제 제공 · 넥서스 TEPS연구소 해설 | 296쪽 | 19,800원

How to **텝스 독해 기본편** | 양준희 · 넥서스 TEPS연구소 지음 | 312쪽 | 17,500원
How to **텝스 독해 중급편** | 장우리 지음 | 360쪽 | 17,500원
How to **텝스 독해 고난도편** | 넥서스 TEPS연구소 지음 | 324쪽 | 17,500원
How to **텝스 청해 중급편** | 양준희 지음 | 276쪽 | 18,500원

어휘

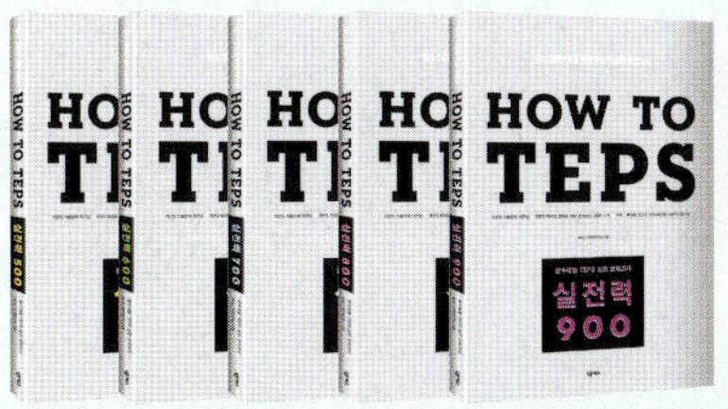

How to TEPS **실전력 500 · 600 · 700 · 800 · 900** | 넥서스 TEPS연구소 지음 | 308쪽 | 실전력 500~800: 16,500원, 실전력 900: 18,000원
서울대 텝스 관리위원회 속성 실전테스트 | 서울대학교 TEPS관리위원회 문제 제공 | 164쪽 | 9,800원
텝스 기출모의 5회분 | 김학수 · 넥서스 TEPS연구소 지음 | 364쪽 | 14,500원

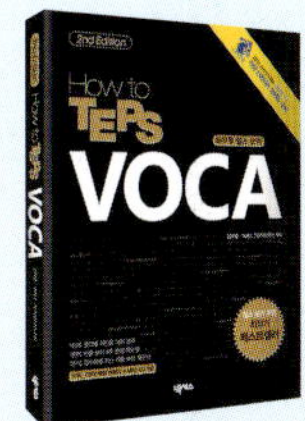

How to TEPS VOCA 2nd Edition | 김무룡 · 넥서스 TEPS연구소 지음 | 320쪽 | 12,800원
How to TEPS **넥서스 텝스 보카** | 이기헌 지음 | 536쪽 | 15,000원
How to **텝스 어휘 기본편** | 고명희 · 넥서스 TEPS연구소 지음 | 304쪽 | 15,500원
How to **텝스 어휘 고난도편** | 김무룡 · 넥서스 TEPS연구소 지음 | 296쪽 | 17,000원

고급 (800점 이상)

How to TEPS **시크릿 청해편 · 독해편** | 유니스 정(청해), 정성수(독해) 지음 | 청해: 22,500원, 독해: 14,500원
텝스, 어려운 파트만 콕콕 찍어 점수 따기 | 이성희 · 전종삼 지음 | 176쪽 | 13,000원

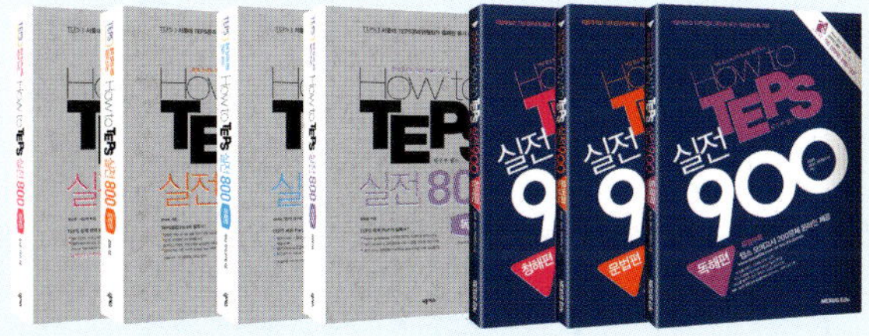

How to TEPS **실전 800 청해편 · 문법편 · 어휘편 · 독해편** | 강소영 · 서인석(청해), 김태희(문법), 넥서스 TEPS연구소(어휘), 한정림(독해) 지음 | 청해: 22,000원, 문법: 15,000원, 어휘: 12,800원, 독해: 22,000원
How to TEPS **실전 900 청해편 · 문법편 · 독해편** | 김철용(청해), 이용재(문법), 김철용(독해) 지음 | 청해: 16,000원, 문법: 16,000원, 독해: 17,500원

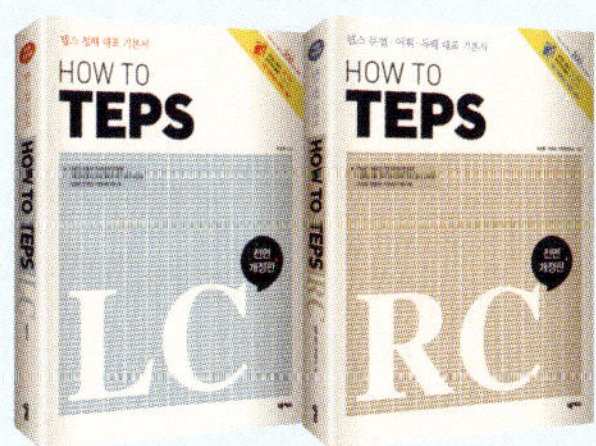

How to TEPS L/C | 이성희 지음 | 400쪽 | 19,800원
How to TEPS R/C | 이정은 · 넥서스 TEPS연구소 지음 | 396쪽 | 19,800원

How to TEPS Expert L | 박영주 지음 | 340쪽 | 21,000원
How to TEPS Expert GVR | 박영주 지음 | 520쪽 | 28,000원
How to TEPS Expert **고난도 실전 모의고사** | 넥서스 TEPS연구소 지음 | 388쪽 | 21,500원

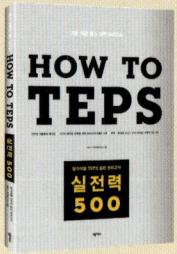